国内外经典教材辅导系列·法学类

法学考研真题和典型题详解

主编：圣才考研网
www. 100xuexi. com

中国石化出版社
·北京·

内 容 提 要

本书是普通高等教育“十一五”国家级规划教材《民法》(第9版，魏振瀛主编)的学习辅导书。本书遵循该教材第9版的章目编排，共分为7编48章，每章由两部分组成：第一部分为复习指南，知识框架部分清晰勾勒出了每章的知识脉络，通关提要部分剖析了本章重难点、考查特点和学习方法；第二部分为考研真题与典型题详解，精选了近年的部分名校考研真题、法考真题，并提供了详细的分析和解答。

圣才考研网(www.100xuexi.com)提供全国所有院校各个专业的考研考博辅导方案【网络课程、电子书、题库等】。购书即可享受增值服务。手机扫码(本书封底)领取本书AI电子书。

图书在版编目(CIP)数据

法学考研真题和典型题详解/圣才考研网主编.—北京:中国石化出版社,2021.7(2025.6重印)
国内外经典教材辅导系列·法学类
ISBN 978-7-5114-6345-6

Ⅰ.①法… Ⅱ.①圣… Ⅲ.①法的理论-研究生-入学考试-题解 Ⅳ.①D90-44

中国版本图书馆CIP数据核字(2021)第125924号

中国石化出版社出版发行
地址:北京市东城区安定门外大街58号
邮编:100011 电话:(010)57512500
发行部电话:(010)57512575
http://www.sinopec-press.com
E-mail:press@sinopec.com
武汉市盛宏源印务有限公司印刷
全国各地新华书店经销
*
787毫米×1092毫米16开本19.5印张483千字
2021年7月第1版 2025年6月第2次印刷
定价:68.00元

序　言

国内外经典教材辅导系列是一套全面解析当前国内外各大院校权威教科书的辅导资料。我国各大院校一般都把国内外通用的权威教科书作为本科生和研究生学习专业课程的参考教材，这些教材甚至被很多考试（特别是硕士和博士研究生入学考试）和培训项目作为指定参考书。为了帮助读者更好地学习专业课，我们有针对性地编写了一套与国内外教材配套的复习资料，并提供配套的名师讲堂和题库。

魏振瀛主编的《民法》是我国高校采用较多的民法学权威教材之一。本书遵循该教材第9版的章目编排，共分为7编48章，每章由两部分组成：第一部分为复习指南，知识框架部分清晰勾勒出了每章的知识脉络，通关提要部分剖析了本章重难点、考查特点和学习方法；第二部分为考研真题与典型题详解，精选了近年的部分名校考研真题（含法律硕士真题）、法考真题，并提供了详细的分析和解答。所选习题基本涵盖了每章的考点和难点，特别注重理论联系实际，凸显当前热点。

要深深牢记：考研不同于一般考试，概念题（名词解释）要当作简答题来回答，简答题要当作论述题来解答，而论述题的答案要像是论文，多答不扣分。有的论述题的答案简直就是一份优秀的论文（其实很多考研真题就是选自一篇专题论文，完全需要当作论文来回答）！

购书即可享受增值服务。手机扫码（本书封底）领取本书AI电子书。

圣才考研网（www.100xuexi.com）是圣才学习网旗下的考研考博专业网站，提供考研公共课和全国各高校法学类专业考研考博辅导班【一对一辅导（面授/网授）、网授精讲班等】、电子书、题库、全套资料（历年真题及答案、笔记讲义等）、国内外经典教材名师讲堂、考研教辅图书等。

圣才考研网编辑部

目　录

第一编　总　论

第二编　物　权

第三编　债　权

第四编 人身权

第五编 婚姻家庭

第六编 继 承

第七编 侵权责任

第一编　总　论

第一章　民法概述

1.1　复习指南

【知识框架（庖丁解牛）】

- 民法概述
  - 民法的概念
    - 性质
      - 私法：注重私主体及其利益
      - 权利法：以权利为核心，主体平等、意思自治
      - 基本法：调整市民社会关系、市场经济关系
    - 调整对象
      - 平等主体之间的人身关系：人格关系、身份关系
      - 平等主体之间的财产关系：财产归属、流转关系
    - 与商法、经济法的关系
  - 民法的历史：我国《民法典》于2020年5月通过
  - 民法的渊源：制定法[主要]、习惯、判例、法理

【通关提要（提纲挈领）】

本章主要介绍民法的入门知识，较为基础且简单。学习时，要掌握民法的概念和渊源，重点掌握民法的性质和调整对象，了解民法的历史。本章主要考查概念题和简答题，要理解记忆、打好基础。

1.2　考研真题与典型题详解

一、单项选择题

1. 下列行为中，由民法调整的是（　　）。[2019年法硕（法学、非法学）真题]

A. 甲与网友相约一起参加电子竞技

B. 乙大学拒绝授予郑某硕士学位

C. 丙在相亲活动中与王某成功“牵手”

D. 丁公安局发布公告：“提供破案线索者，奖励3000元”

【解析】《民法典》第2条规定，民法调整平等主体的自然人、法人和非法人组织之间的人身关系和财产关系。D项，丁公安局发布的公告是悬赏广告。悬赏广告，是指以广告的方式公开表示对于完成一定行为的人给予报酬的意思表示。在悬赏广告中，公安局与提供破案线索者之间是平等主体，应由民法调整。

A项，相约游戏在当事人之间不产生民事权利和民事义务，不由民法调整。

B项，大学与学生之间在学位方面是管理与被管理的关系，二者并非平等主体之间的关系，不应由民法调整。乙若对大学的决定不服，可以向法院提起行政诉讼。

C项，民法不调整恋爱关系。若二人由恋爱步入婚姻，才由民法调整。

1D

2. 根据法律规定，下列哪一种社会关系应由民法调整？（ ）［2016 年法考真题］

A. 甲请求税务机关退还其多缴的个人所得税

B. 乙手机丢失后发布寻物启事称："拾得者送还手机，本人当面酬谢"

C. 丙对女友书面承诺："如我在上海找到工作，则陪你去欧洲旅游"

D. 丁作为青年志愿者，定期去福利院做帮工

【解析】AB 两项，民法调整平等主体间的财产关系和人身关系，依民法规范确立的法律关系也就只能是平等主体之间的关系。税务机关与纳税人之间的税收征缴法律关系非平等主体之间的关系，不受民法调整。而乙手机丢失后发布的寻物启事的行为属于单方允诺，应由民法调整。

CD 两项，民事法律关系是民事主体之间发生的、符合民事法律规范的、以权利义务为内容的社会关系。而有些社会关系是当事人之间自主形成的，没有纳入法律调整范围之列，不属于民事法律关系。丙的承诺不属于设定法律权利义务的意思表示，没有形成民事法律关系；丁的帮工行为没有缔结法律关系的意图，丁与福利院之间没有形成民事法律关系。

二、概念题

1. 民法［浙工商 2015 年研］

答：民法是指以确立主体地位平等为基本方法，调整私人或者基于私人地位的自然人、法人、非法人组织之间的人身关系和财产关系的法律规范的总称。民法的调整对象是自然人、法人、非法人组织以主体私人利益或独立自我利益为内容的社会关系，包括人身关系和财产关系。民法既是行为规范，又是裁判规范。在社会生活中，民法是人们的行为规则，规定民事主体相互间权利义务的实体内容；如果不遵守这种规则而发生诉讼时，民法即为司法机关正确处理民事纠纷所要依循的准则。

2. 民法学与民法典［中南财大 2005 年研］、**民法典**［浙工商 2016 年研］

答：（1）民法学是指以民法为研究对象的科学，是法学中的一门分支学科。民法既包括以民法典形式表现出来的普通民法规范，也包括以其他法律、法规、司法解释等形式表现出来的特别民法规范，以及以习惯、判例、学说等形式表现出来的补充性民法规范。形式意义上的民法学就是立法程序系统编纂的民法典。

（2）民法典是民法学的表现形式，是指按照一定体系结构将各项基本的民事法律规则与制度加以系统编纂的民事规范性文件。它由国家立法机关制定和颁布，通常冠以"民法典"的称谓。《民法典》是对社会生活规则的总结，是调整市民社会关系的基本法。按照是否为专门针对某个方面制定，民法可分为一般法与特别法，民法典属于一般法。

3. 财产［中南财大 2012 年研］

答：参见本章简答题答案。

4. 财产流转关系［北邮 2009 年研］

答：参见本章简答题答案。

5. 人身关系［浙江财大 2016 年研］

答：参见本章简答题答案。

6. 民法的渊源［东财 2015 年研；北科 2014 年研］

答：民法的渊源，是指现行法律渊源中涉及民事关系的表现形式，也是司法中寻找民事纠纷裁判依据的来源。根据《民法典》第 10 条规定，其主要渊源为制定法与习惯。其中，制定法具有确定性、公开性等特点，包括：①宪法（民事立法根据，具有最高效力）；②民法典、民事特别法与其他法律中的民事规定；③国务院与其部门发布法规中的民事规定；④地方性法规与特别行政区法律中的民事规定；⑤相关有权法

2B

律解释；⑥国际条约与国际惯例。习惯作为渊源需为“习惯法”，满足经长期形成、具地域性或交易惯常性、形成法的确信且不违背公序良俗。此外，我国司法实践中部分判例（如最高人民法院指导性案例可参照）与法理（可作为裁判论证理由）虽非正式渊源，仍在个案中具有参考作用。

三、简答题

我国民法的调整对象。［山东大学 2019 年研］

相关试题：简述民法调整的人身关系的特点。［湘潭大学 2016 年研］

答：（1）民法的调整对象是平等主体的自然人、法人和非法人组织之间的人身关系和财产关系。

（2）民法调整的人身关系：

①人身关系是指与人身不可分离、基于人格或身份而发生的、不具有直接财产内容的权利义务关系。人身关系包含人格关系和身份关系两部分内容。

a. 人格关系是民事主体为实现人格利益而产生的权利义务关系。具体而言，是因民事主体的生命权、健康权、姓名权、肖像权、名誉权等的享有而产生的民事法律关系。

b. 身份关系是民事主体基于身份利益而产生的权利义务关系。具体而言，表现为自然人因婚姻家庭关系等产生的身份关系。

②民法调整的人身关系的特征：

a. 主体地位平等。民法调整的人身关系的主体之间在民事法律关系中法律地位是平等的，任何人都不具有凌驾或优越于另一方的法律地位。

b. 与人身不可分离。人身关系是基于主体的人格或身份而发生的利益关系，与人身不可分离。

c. 不直接体现财产利益。人身关系不直接表现为财产利益，但与财产利益间接联系。

（3）民法调整的财产关系：

①财产是指人体以外对人具有经济价值、能够为人支配的事物。民法上财产可分为广义和狭义两种。广义的财产是指财产权利和财产义务的总和；狭义的财产是指有金钱价值的权利的总和，如物权、债权、知识产权等。具有精神或纪念意义的私人书信、照片、手稿和录音等尚未形成财产权利但具有实际价值的利益，也可以通过保护财产权的方式予以保护。

②财产关系是指人们在物质资料的生产、分配、交换、消费的过程中形成的具有经济内容的社会关系。民法调整的财产关系以财产归属和财产流转为主要内容。

③民法调整的财产关系的发生应体现主体的意思自治。自然人、法人、非法人组织基于私人地位，即平等地位发生财产关系，必须以主体的意志自由为原则，由当事人自主决定。民法调整的财产关系的平等性和自愿性是其区别于行政法和经济法的本质。

④民法调整的财产关系可分为两大类：

a. 财产归属关系是静态财产关系，指财产归属于特定主体的权利直接支配范围，其他任何人不得妨害其支配的财产关系，包括财产所有权关系、他物权关系、知识产权关系等。

b. 财产流转关系是动态财产关系，指财产的归属或利用由一主体向另一主体转移而发生的财产关系，如财产买卖关系、借贷借用关系。这些关系体现了商品生产或者商品交换的不同环节或者不同形式。除了有偿的关系外，财产流转关系还包括财产的赠与关系、物品的借用关系等无偿的关系。

四、论述题

论民法的性质。［广东财大 2018 年研］

相关试题：

（1）民法的性质。［简答题，中国海大 2020 年研］

（2）试论民法的性质。［2014 年法硕（法学）真题］

答：民法是调整平等主体之间发生的人身关系和财产关系的法律规范的总和。我国《民法典》第 2 条明确规定，民法调整平等主体的自然人、法人和非法人组织之间的人身关系和财产关系。作为法律体系中的一个独立部门，民法的性质如下：

(1)民法是私法。

民法以调整平等主体之间的关系为核心，强调意思自治和契约自由，这是私法的核心特征。民法的私人利益导向和平等主体关系，决定了其私法属性。作为私法，民法注重保障个人自由和独立，减少国家干预，倡导当事人通过协商解决争端。这种设定有助于培养公民的权利意识和平等观念，使得个体能够在法律框架内自主安排生活和经济活动。

(2)民法是权利法。

民法以权利为中心，规定民事主体间的权利和义务，强调主体平等和意思自治。其核心职能在于对民事权利的确认、保护和救济，保障主体的自由意志和人格尊严。民法通过权利确认当事人的行为规则，通过救济确保权利得到实现。民法典围绕权利展开，通过详细的法律规则和原则，确保权利得到充分实现和保护。这种强调权利的法律结构，增强了民事主体在社会生活中的自主性和安全感。

(3)民法是调整市民社会关系的基本法。

市民社会是与政治国家相对存在的，一般是指当代社会秩序中的各种非政治领域，即政治国家之外的社会领域。民法源于市民法，主要规范市民社会关系，强调个体的私权和社会秩序的维护。民法是市民社会的百科全书。民法通过保护私权、规范市民社会中的各种行为和关系，促进经济和社会的良性互动。其作用在于通过法律保障个人自由权利，促进各类社会关系的和谐与稳定，推动市民社会的健康发展。

(4)民法是调整市场经济关系的基本法。

民法通过规范财产权利的归属和流转，支持市场经济的有效运行。财产制度包括民事主体、物权、债权、知识产权等，构成了市场交易的法律基础。民法的财产关系调整机制确保了市场经济的健康发展，为经济活动提供了必要的法律保障。这种法律安排不仅可以维护交易安全，提高市场效率，还能通过合同自由原则促进创新和竞争，使市场经济更加繁荣。

综上，民法通过其私法、权利法、市民社会法和市场经济法的多重属性，全面规范个人与组织之间的关系，为社会的秩序和经济的发展提供了坚实的法律保障。通过对个人权利的明确保护，民法促进了社会和谐、经济繁荣和法治建设。

第二章　民法的基本理念与基本原则

2.1　复习指南

【知识框架(庖丁解牛)】

- 民法的基本理念与基本原则
  - 民法基本理念［根基、灵魂］
    - 平等：法律人格［权利能力］平等
    - 意思自治［自愿］：自主设定权利义务
  - 民法基本原则［规范化工具］
    - 本质：补充具体规则
    - 类型
      - 诚信原则：国际共识，贯穿民事活动全过程
      - 公序良俗原则：公共秩序＋善良风俗
      - 禁止权利滥用原则：权利外观＋利益对立［必要条件］
      - 绿色原则［生态环境保护原则］：我国首创
    - 功能：指导、约束、漏洞补充功能
    - 法律适用
      - 适用条件
        - 规则与原则冲突
        - 无规则可用［穷尽规则］
      - 适用步骤

【通关提要(提纲挈领)】

本章主要介绍民法的基本理念与基本原则，内容基础但考查频率较高。学习时，要区分民法的基本理念与基本原则，掌握民法的基本理念——平等和自愿，熟悉民法基本原则的本质、功能和法律适用，重点掌握民法的基本原则——诚信原则、公序良俗原则、禁止权利滥用原则和绿色原则。可以将不同原则的含义和主要体现对比记忆，避免混淆。其中“绿色原则”在《民法典》中被多处强调，要多加注意。本章各种题型都有可能考查，复习时要整体把握，理解记忆。

2.2　考研真题与典型题详解

一、单项选择题

1. A男与B女在离婚协议中约定：为了婚生女小萍的健康成长，B女若再婚也不可再生育子女，该约定违反了哪一项原则？(　　)［2019年法考真题］

A. 公序良俗原则　　B. 平等原则　　C. 自愿原则　　D. 公平原则

【解析】A项，公序，即公共秩序，是指由法律和社会共同体维护的秩序，与家规、校风相对应；良俗是指善良风俗，即符合伦理道德的习惯和风俗。约定再婚后不得再生子女，违背人伦道德，违反公序良俗原则。

B项，民法中的平等是指主体的身份平等。平等原则的违法以产生了“特权”“歧视”为特征，本题无对应案情。

C 项，自愿原则又称意思自治原则，其本意就是给予当事人在民事活动中的自主权，民法上称为意思自治。自愿原则的违反以"意思表示不自由"为前提，本题无对应案情。

D 项，公平原则是指在民事活动中以利益均衡作为价值判断标准，在民事主体之间发生利益关系摩擦时，以权利和义务是否均衡来平衡双方的利益。公平原则的违反以"一方别无选择、只能就范"为特征，本题无对应案情。

2. 甲、乙二人同村，宅基地毗邻。甲的宅基地倚山、地势较低，乙的宅基地在上将其环绕。乙因琐事与甲多次争吵而郁闷难解，便沿二人宅基地的边界线靠己方一侧，建起高 5 米围墙，使甲在自家院内却有身处监牢之感。乙的行为违背民法的下列哪一基本原则？（ ）[2017 年法考真题]

A. 自愿原则　B. 公平原则　C. 平等原则　D. 诚信原则

【解析】民法的基本原则的效力贯穿民法始终，对民事立法、民事活动和民事司法均有指导意义。根据《民法典》规定，自愿原则是指民事主体从事民事活动，应当按照自己的意思设立、变更、终止民事法律关系；公平原则是指民事主体从事民事活动，应当合理确定各方的权利和义务；平等原则是指民事主体在民事活动中的法律地位一律平等；诚信原则是指民事主体从事民事活动，应当秉持诚实，恪守承诺。本题中，乙在行使自己所有权时损害了甲的利益，违背了民法中的诚实信用原则。

3. 张某从银行贷得 80 万元用于购买房屋，并以该房屋设定了抵押。在借款期间房屋被洪水冲毁。张某尽管生活艰难，仍想方设法还清了银行贷款。对此，周围多有议论。根据社会主义法治理念和民法有关规定，下列哪一观点可以成立？（ ）[2012 年法考真题]

A. 甲认为，房屋被洪水冲毁属于不可抗力，张某无须履行还款义务。坚持还贷是多此一举

B. 乙认为，张某已不具备还贷能力，无须履行还款义务。坚持还贷是为难自己

C. 丙认为，张某对房屋的毁损没有过错，且此情况不止一家，银行应将贷款作坏账处理。坚持还贷是一厢情愿

D. 丁认为，张某与银行的贷款合同并未因房屋被冲毁而消灭。坚持还贷是严守合约、诚实信用

【解析】A 项，《民法典》第 7 条规定，民事主体从事民事活动，应当遵循诚信原则，秉持诚实，恪守承诺。诚实信用是要求按照市场制度的互惠性行事。在缔约时，诚实并不欺不诈；在缔约后，守信用并自觉履行。

BC 两项，即使张某不具备还贷能力，借贷合同和抵押合同成立，张某应当承担风险履行还贷义务。

D 项，社会主义法治理念中的公平正义价值要求是每一个社会成员的正当利益和合理诉求平等地在法律中得到表达和体现，公平地得到法律的保障和维护。本题中，张某用以向银行设定抵押贷款的标的物房屋已经由于不可抗力而灭失，但是买卖合同已经成立，房屋的风险由张某承担。张某仍坚持还贷的行为体现了诚实信用原则。

二、概念题

1. 自愿原则[北理 2008 年研]

答：参见本章简答题第 2 题答案。

2. 诚实信用原则[中国政法 2022 年研；北大 2009 年研]

答：参见本章简答题第 3 题答案。

3. 绿色原则[首经贸 2020 年研；浙工商 2020 年研]

答：参见本章论述题第 2 题答案。

4. 公序良俗原则[山东大学 2015 年研；湘潭大学 2015 年研]

相关试题：公共秩序[浙工商 2015 年研]

2D 3D

答：参见本章论述题第4题答案。

三、简答题

1. 简述民法的平等原则。［扬州大学2017年研；山东大学2008年研］

相关试题：

（1）试述民法中的平等原则。［论述题，湖南师大2020年研］

（2）试述民法的平等原则。［论述题，广东财大2018年研］

答： 平等原则，又称法律地位平等原则。《民法典》第4条规定，民事主体在民事活动中的法律地位一律平等。平等观念是民法得以产生和发展的思想前提。平等原则首先体现为一项民事立法和民事司法的准则，还体现为一项民事主体进行民事活动的行为准则。平等原则主要体现在以下方面：

（1）民事权利能力平等。《民法典》第14条规定，自然人的民事权利能力一律平等。民事权利能力与生俱来，为公民终身享有，并且公民的民事权利能力在范围上是平等的。除法律特别规定的之外，任何单位和个人不得限制和剥夺公民的民事权利能力。法人自有效成立时起，具有民事权利能力，享有民事主体资格。作为民事主体的自然人、法人和其他组织的民事主体资格一律平等。

（2）民事主体地位平等。尤其是在合同关系中，无论参与合同关系的当事人在事实上是否具有隶属关系或不平等的地位，在合同关系中当事人都是完全平等的。此外，民事主体在民事法律关系的产生、变更和消灭上，必须平等协商，任何一方当事人不得将自己的意志强加给另一方当事人。

（3）民事权益平等地受法律保护。无论主体在所有制、经济实力等方面存在何种差异，当其权利受到侵害时，法律都给予一体保护，这是在补救方法上贯彻平等性的体现。就民事权利保护而言，任何主体都不能比其他主体享有更多的特权，即便公有财产从政治层面上讲神圣不可侵犯，但在民法中它也应与私人财产受到同等的保护。社会上存在的分配不公、贫富差距悬殊等问题，应由行政法、经济法和社会保障法等解决；民法可以在其功能范围内进行弱势意义上的平等对待，即区分不同情况，进行有针对性的处理，以避免造成事实上的不平等。

2. 简述民法意思自治原则。［中南财大2012年研］

相关试题：

（1）简述民法自愿原则。［浙江财大2016年研；山东大学2005年研］

（2）试论私法自治原则。［论述题，东财2011年研；北科2008年研］

答：（1）意思自治原则的含义：

意思自治原则又称自愿原则、私法自治原则，是指民事主体依法享有在法定范围内广泛的行为自由，并可以根据自己的意志产生、变更、消灭民事法律关系的原则。在私法领域，“法无禁止皆自由”。所有公法不加以禁止的范围，均由私法主体进行意思自治。《民法典》第5条规定，民事主体从事民事活动，应当遵循自愿原则，按照自己的意思设立、变更、终止民事法律关系。

（2）意思自治原则的内涵：

①赋予民事主体在法律规定范围内广泛的行为自由。意思自治的实质就是允许当事人在法律规定的范围内，自主决定自己的事务，自由从事各种民事行为，最充分地实现自己的利益。

②允许民事主体通过法律行为调整其相互间的关系。意思自治的重要意义在于允许主体在从事民事行为，尤其是从事民事法律行为时，通过其自己的意志产生、变更和消灭民事法律关系。该方法的特点在于，它并不确立具体的行为准则，而只是划定了一个界限和范围，要求民事主体在该范围之内自主行为。

③允许民事主体依法处分和利用其民事权利。财产权可以依据民事主体依法转让，人格权也不例外，依据我国《民法典》人格权编的规定，权利人对其享有的有关姓名、名称、肖像、个人信息等人格利益，可以自己利用，也可以许可他人利用。对当事人依法作出的相关决定，法律应当予以尊重。

3. 何谓诚实信用原则？它的具体要求如何？它在民法上有何体现？［北大2008年研］

相关试题：

(1)论诚实信用原则的功能。[论述题，浙江财大2020年研]

(2)试述诚实信用原则。[论述题，杭师大2016年研；北邮2010年研]

(3)简述诚信原则的功能。[华南理工2015年研]

(4)论民法中的诚实信用原则。[论述题，中山大学2010年研]

答：(1)诚实信用原则又称"诚信原则"，是指民事活动的当事人在行使权利和履行义务时，应维持双方的利益平衡以及当事人的利益与社会利益的平衡，遵循诚实信用的道德准则。《民法典》第7条规定，民事主体从事民事活动，应当遵循诚信原则，秉持诚实，恪守承诺。诚信原则是对民事主体之间相互关系的基本要求。

(2)诚实信用原则的具体要求。诚实信用原则是针对民事社会生活中一切唯利是图、尔虞我诈、欺行霸市、损人利己等不正当行为提出的矫正原则，是民事社会生活中欺诈、胁迫、乘人之危、恶意通谋、权利滥用等损害他人利益和社会利益的行为的对立物。

(3)诚实信用原则的主要体现：

①民事主体在从事民事活动时，必须将有关事项和真实情况如实告知对方，禁止隐瞒事实真相和欺骗对方当事人。

②民事主体之间一旦作出意思表示并且达成合意，就必须重合同、守信用，正当地行使权利和履行义务。法律禁止当事人背信弃义、擅自毁约的行为。

③在合同履行过程中，当事人应当依据诚信原则承担通知、协助、保密、忠实、告知、保护等附随义务。民事活动过程中发生损害，民事主体双方均应及时采取合理的补救措施，避免和减少损失。同时，任何人不得从违法行为中获取不正当利益。

四、论述题

1. 试论我国民法的基本原则。[中山大学2016年研]

答：民法基本原则是贯穿民法始终的核心准则，对民事立法、民事行为和民事司法具有普遍指导意义。这些原则源于民法的基本理念，决定了民法的价值定位和实施框架。

(1)民法的基本理念：

民法的基本理念是民法存在和发展的前提性条件。这些理念为民法的价值定位提供了基础，并指导民事主体的活动。主要包括：

①平等。《民法典》第4条规定："民事主体在民事活动中的法律地位一律平等。"

a. 法律上的平等。所有民事主体在法律地位上平等，没有特权。

b. 权利能力平等。所有自然人，包括未成年人和精神不健全者，享有平等的权利能力。

②意思自治(自愿)，又称私法自治。《民法典》第5条规定："民事主体从事民事活动，应当遵循自愿原则，按照自己的意思设立、变更、终止民事法律关系。"

a. 自主行为。民事主体有权自主决定和安排自己的法律关系和利益，不受外来干预。

b. 责任自负。民事主体享有自由的同时也要对其行为后果负责。

(2)民法的基本原则：

民法基本原则是指导民法实践的基本规范，具有具体的法律适用意义。

①诚实信用原则，简称诚信原则。《民法典》第7条规定："民事主体从事民事活动，应当遵循诚信原则，秉持诚实，恪守承诺。"该原则起源于罗马法，现已成为各国民法的基本原则。该原则贯穿设立、变更和终止民事法律关系的全过程。

②公序良俗原则。即民事活动不得违反法律和社会的公共秩序和善良风俗。《民法典》第8条规定："民事主体从事民事活动，不得违反法律，不得违背公序良俗。"第10条规定："处理民事纠纷，应当依照法律；法律没有规定的，可以适用习惯，但是不得违背公序良俗。"该原则已被多国法律采纳，违背该原则的行为无效。

③禁止权利滥用原则。即禁止滥用权利损害他人或社会公共利益。《民法典》第132条规定："民事主

体不得滥用民事权利损害国家利益、社会公共利益或者他人合法权益。”滥用权利可能导致多种法律后果，如停止侵害、金钱赔偿等。

④绿色原则，又称生态环境保护原则。《民法典》第 9 条规定：“民事主体从事民事活动，应当有利于节约资源、保护生态环境。”该原则反映我国对生态文明的重视，是法律对环境保护的具体化。该原则要求在民事活动中贯彻生态保护理念，为未来法律适用提供方向。民事主体从事民事活动，造成资源浪费、生态环境破坏的，应承担相应的民事责任。

(3)我国《民法典》的规定：

我国《民法典》总则编第一章对民法基本原则作出了规定，具体包括保护民事权益原则、平等原则、自愿原则、公平原则、诚信原则、公序良俗原则、绿色原则。即除了上述原则外，还包括：

①保护民事权益原则，即民事权益受法律保护原则。《民法典》第 3 条规定：“民事主体的人身权利、财产权利以及其他合法权益受法律保护，任何组织或者个人不得侵犯。”民法不仅保护权利而且保护利益，主要保护人身、财产等民事权益，且对新型民事权益提供了保护机制。权利人可以请求义务人履行相应的法律义务。

②公平原则。指民事主体应本着利益均衡的价值判断标准合理确定民事主体的权利义务，实施民事法律行为。《民法典》第 6 条规定：“民事主体从事民事活动，应当遵循公平原则，合理确定各方的权利和义务。”公平原则是民事活动的基本遵循，是民事活动的目的性评价标准，是法官适用民法遵循的重要理念。这一原则对于维护市场经济秩序、弥补法律漏洞有重要意义。

综上，我国民法的基本原则构成了民法制度的核心框架，为民事主体提供了清晰的法律指引和保障。这些原则不仅在理论上巩固了民法的价值体系，也在实践中保障了社会的公平公正和可持续发展。

2. 试论民法中的绿色原则。［宁波大学 2020 年研］

相关试题：

(1)试述民法绿色原则的具体运用。［中山大学 2019 年研］

(2)简述民法总则的绿色原则(生态原则)。［简答题，华侨大学 2018 年研］

答：(1)绿色原则，是指民事活动中应当遵循节约资源、保护生态环境的原则。其含义应包括：

①绿色原则作为民事活动的基本原则，应适用于民事活动的全部领域。

②绿色原则要求民事主体在行使权利或履行义务时，应节约资源、有利生态环境的自律。

③绿色原则是限制性原则，对不符合甚至违反这一原则的法律行为应有所约束。

(2)绿色原则体现了三重正义观：

①在人与自然的关系上秉承一代人之内的分配正义，即代内正义。

②在人与自然的关系上秉承不同代人之间的分配正义，即代际正义。

③在人与自然的关系上秉承人与其他物种之间的分配正义，即种际正义。

(3)绿色原则强调的内容：

①强调要有效率地利用资源。现代社会，资源的有限性与人类不断增长的需求之间形成尖锐的矛盾和冲突。解决这种矛盾和冲突的有效办法之一就是有效率地利用资源。在我国资源严重短缺、生态严重恶化的背景下，更应当重视资源的有效利用。《民法典》物权编将明确物的归属，发挥物的效用确认为立法目的，实际上就是确认了物尽其用的立法宗旨，强调的就是要最大限度地发挥资源的效用。《民法典》合同编的编纂始终贯彻了“鼓励交易”的立法宗旨，尽可能实现资源的优化配置，为资源的有效利用开辟可能。

②强调保护生态和环境。现代民法的一个重要发展趋势是保护环境、维护生态。《民法典》侵权责任编设专章规定环境污染责任的基础上进一步完善了环境污染和生态破坏责任的相关规定。《民法典》第 132 条确认的禁止权利滥用原则，也包含有保护环境、维护生态的内容。

(4)绿色原则的功能：

①确立价值导向的功能。绿色原则为法律规则的制定和适用确立了一种价值导向，即无论是立法还是司法都应当考虑生态环境的保护问题，考虑社会的可持续发展。绿色原则同时体现了权利本位的理念，规范了权利行使行为，以更好地兼顾私人权利的保护与社会公共利益的保护，并为立法适应将来社会发展预

留了很大的空间。

②对财产权利作出必要限制的功能。绿色原则也对财产权利的行使设置了一定的限制，即权利人在行使财产权利时，应当考虑个人利益与社会利益的平衡。传统民法以个人利益为中心，而生态环境体现的是公共利益。所以，保护生态环境其实在一定程度上是对个人利益的一种限制，在一定程度上可以说是《民法典》社会化的重要体现。例如，就物权的行使与抛弃而言，就应当尽量做到物的有效利用，要尽量节约资源、保护生态环境。

③为民事主体设定法定义务的功能。我国《民法典》在物权编、侵权责任编等相关的规则设计中切实贯彻了绿色原则，为民事主体设定节约资源、保护生态环境的义务。绿色原则在性质上属于民法基本原则，一般不能直接作为裁判依据。即便民事主体违反了绿色原则，仍应当依据具体的法律规则判断其是否需要承担民事责任，而不宜直接依据绿色原则加以认定。当然，在法律适用过程中，绿色原则可以指导相关规则的解释与适用。

④解释合同的功能。绿色原则可以指导合同的解释活动。严格来说，对环境的保护就是保护公共利益。因而，在涉及危害环境和生态利益的情况下，民法上的公序良俗原则具有可适用的价值。法官在解释合同时，涉及合同是否违反公序良俗，其实就要考虑合同的履行是否会损害生态环境，如果合同的履行确实有可能损害生态环境，则可能被认定为违背公序良俗，依据《民法典》规定可以宣告合同无效。

3. 论民法上的禁止权利滥用原则。［中山大学 2015 年研］

相关试题：

(1)禁止权利滥用原则［概念题，浙工商 2017 年研］

(2)禁止权利滥用原则的功能。［简答题，山东大学 2016 年研］

答：(1)禁止权利滥用原则的含义：

《宪法》第 51 条规定，中华人民共和国公民在行使自由和权利的时候，不得损害国家的、社会的、集体的利益和其他公民的合法的自由和权利。《民法典》第 132 条规定，民事主体不得滥用民事权利损害国家利益、社会公共利益或者他人合法权益。据此，禁止权利滥用应成为我国民法的基本原则。

(2)禁止权利滥用原则的构成要件。权利滥用是指权利主体行使民事权利超出了一定界限而损害他人权益或者公共利益的行为。构成权利滥用需具备三个条件：①具有行使权利的表征或与行使权利有关；②违背权利本旨或超越权利正当界限；③是一种违法行为。

(3)诚实信用原则和禁止权利滥用原则的关系：

①诚实信用原则是最高原则，禁止权利滥用原则是违反诚实信用原则的效果。

②诚实信用原则是从主观上要求建立的权利的内在界限，禁止权利滥用原则是划出权利的客观界限。民法从主观和客观两个方面对权利的行使进行了规定，二者的范围有时一致，但其基准不同。

(4)权利滥用的认定。是否构成权利滥用，应结合实际情况，对行为人的利益和他人或者社会受到的损害程度进行判断。

4. 论民法中的公序良俗原则。［浙江财大 2018 年研；中山大学 2014 年研］

相关试题：

(1)论民法中的公序良俗原则及其在司法实践中的意义。［中山大学 2011 年研］

(2)论公序良俗原则。［武汉理工 2010 年研；中山大学 2009 年研］

答：公序良俗原则是指民事主体从事民事活动的内容和目的不得违反公共秩序或者善良风俗。《民法典》第 8 条规定，民事主体从事民事活动，不得违反法律，不得违背公序良俗。该条规定了合法性和公序良俗原则。第 153 条第 2 款规定，违背公序良俗的民事法律行为无效。

(1)公序良俗原则的内涵：

公序良俗是公共秩序与善良风俗的简称。

①公共秩序，是指现存社会的秩序，或者说是“社会之存在及其发展所必要之一般秩序”。对公共秩序的维护，在法律上大多有明确的规定，因此，违反社会公共秩序通常也就是违反法律的强制性规定。但有

时法律规定并不可能涵盖无遗，因此需要借助公共秩序的概念对法律进行有效补充。

②善良风俗，相当于社会公共道德，是指社会全体成员所普遍认许、遵循的公共道德准则。善良风俗的含义包含两个方面：一是指社会所普遍承认的伦理道德，二是指某个区域社会所普遍存在的风俗习惯。在善良风俗中，许多道德规则已经表现为法律的强行规定，但有很多现存或在发展中的道德未被涵盖，所以需要通过善良风俗这一条款，尽可能将其引入民法体系中来。

③公共秩序与善良风俗的关系。学者通说认为二者的范围大致相同，区别在于前者关注的是社会秩序，后者则着眼于人们道德方面，二者概括起来就是要求主体的行为具有社会妥当性。

(2)违反公序良俗原则的情形：

①利用他人处于急迫情势、没有经验、缺乏判断力或者意志显著薄弱的状态，以法律行为使他人为某项给付，而使自己或者第三人获得不合理的暴利。

②恶意串通，损害他人合法权益。

③滥用垄断地位，规定不合理的交易条件，违背交易应遵循的法律和道德秩序，谋取不合理的利益。

④订立限制人身自由或者限制近亲属正常往来的合同。

⑤以婚外同居为条件赠与财产。

⑥订立借腹生子协议。

⑦订立以实施犯罪行为为目的的协议等。

(3)公序良俗原则的意义：

①公序良俗原则具有调节性的功能，可以协调个人利益与社会公共利益、国家利益之间的冲突，维护正常的社会经济和生活秩序。另外，这一原则实际上赋予了法官一定的自由裁量权，从而使其能够有效地调整各种利益冲突。

②公序良俗原则可以弥补强行法规定的不足，是沟通强行法与道德规范的桥梁，为道德规范引入法律提供了媒介。公序良俗原则也有利于避免法律的僵化，能够实现法律强行性规范与道德的有机协调，维护社会经济生活秩序的和谐稳定。

五、案例分析题

甲(女)与乙(男)于1963年登记结婚，婚后收养一子女，购买房屋一套，1996年乙与比他小近30岁的丙相识，此后便一直在外租房公开同居生活，周围的群众都认为乙和丙是老夫少妻关系。2000年，甲、乙将夫妻共有的房产以80万元的价格出售，该款项一直存在银行，准备另行购买房屋。

2008年初，乙因患肝癌住院治疗，丙去医院照顾乙，但遭到甲及其亲友的怒骂。2008年5月11日乙立下书面遗嘱，将其出售房屋所获款项的一半(40万元)、住房补贴金、公积金、抚恤金、手机一部合约50万元的财产遗赠给“朋友”丙所有。13日，当地公证处对该遗嘱出具了公证书。15日，乙因病去世。乙的遗体火化前，丙协同律师宣布了乙的遗嘱。甲感到十分震惊，双方再次发生争吵。当日下午丙诉至法院。原告诉称，原告与乙是朋友关系，乙立下公证遗嘱将价值约50万元的财产遗赠给原告，现在遗嘱生效，原告接受遗赠，但被告甲控制了全部财产，拒不给乙，因此甲侵害了丙的财产权，现请求法院判令被告交付财产。

该遗产纠纷案诉至法院后，社会各界对该案十分关注，对于原告是否有权享有乙的财产，众说纷纭。如果丙取得遗产的所有权，有人认为这有悖于民法的公序良俗原则；如果丙不能取得遗产的所有权，有人认为这无异于剥夺了所有人乙的处分权，也违背私权自治的民法精神。当地法院对本案十分慎重，在4次开庭后，认定遗嘱无效，作出了驳回原告诉讼请求的判决。宣判后，1500名旁听群众掌声雷动。[中山大学2010年研]

问题：分析本案中的法律关系，并对法院的判决进行评析。

答：(1)本案中的法律关系包括：

①婚姻关系。甲(女)与乙(男)于1963年登记结婚，形成了合法的婚姻关系。乙在婚后与丙公开同居，违反了婚姻法中关于夫妻忠诚义务的规定。且乙与丙的同居关系明显违背了社会公德和公共秩序，可

能构成对公序良俗原则的违反。

②财产关系。甲和乙共同购买了一套房屋，并于2000年以80万元的价格出售，所得款项存入银行。该款项属于夫妻共同财产，甲和乙各享有一半的所有权。

③继承关系：遗嘱与遗赠。2008年5月11日，乙立下书面遗嘱，将出售房屋所获款项的一半（40万元）、住房补贴金、公积金、抚恤金、手机一部（共计约50万元）遗赠给“朋友”丙。该遗嘱经过公证处公证，具有法律效力。

（2）对法院判决的评析：

①法院认定遗嘱无效的理由：

a. 公序良俗原则。《民法典》第8条规定，民事主体从事民事活动，不得违反法律，不得违背公序良俗。乙与丙的同居关系明显违背了社会公德和公共秩序，这种行为不应得到法律的支持和保护。

b. 夫妻共同财产。乙在遗嘱中处分的财产属于夫妻共同财产，乙无权单独处分。根据《民法典》第1062条规定，夫妻共同财产应由双方共同决定如何处分。

②评析：

a. 公序良俗原则的应用。法院在审理过程中充分考虑了公序良俗原则，认为乙与丙的同居关系违背了社会道德和公共秩序，因此认定该遗嘱无效。这一判决体现了法律对社会道德的维护，符合民法的基本精神。

b. 夫妻共同财产的保护。乙在遗嘱中处分的财产属于夫妻共同财产，乙无权单独处分。法院的判决保护了甲的合法权益，符合《民法典》的相关规定。

c. 私权自治与公序良俗的平衡。虽然乙有权处分自己的财产，但这种处分不能违反公序良俗原则。法院在判决中平衡了私权自治与公序良俗的关系，既尊重了乙的意愿，又维护了社会道德和公共秩序。

（3）结论。法院认定遗嘱无效并驳回原告诉讼请求的判决是合理的。这一判决不仅维护了社会公德和公共秩序，也保护了甲作为妻子的合法权益。通过本案例可以看到，在处理涉及公序良俗原则的问题时，法院应当综合考虑法律、道德和社会公共利益，确保判决的公正性和合理性。

第三章　民事法律关系

3.1　复习指南

【知识框架(庖丁解牛)】

- 民事法律关系
  - 概述
    - 概念、特征、意义
    - 要素
      - 主体：自然人、法人和非法人组织
      - 内容：民事权利、民事义务
      - 客体[标的]
    - 分类
      - 调整对象：人身、财产法律关系
      - 义务主体范围：绝对、相对法律关系
      - 复杂程度：单一、复合法律关系
      - 权利义务对应性：单务、双务法律关系
  - 民事法律事实
    - 概念、构成
    - 分类
      - 事件：自然事件、社会事件
      - 行为：民事法律[表意]行为、民事事实[非表意]行为
  - 民事权利
    - 内涵、本质[正义]
    - 体系
      - 基础性权利：内涵、特征、类型[人格权、身份权、财产权等]
      - 辅助性权利
        - 内涵
        - 内容
          - 请求权：物权请求权、债权请求权等
          - 抗辩权：阻碍性、否定性抗辩权
          - 形成权：撤销权、解除权、追认权
      - 救济性权利
        - 诉权[诉讼救济]：确认之诉、给付之诉、形成之诉
        - 自力救济权[诉讼外救济]：正当防卫、紧急避险、自助行为
  - 民事义务：内涵；本质：自愿性
  - 民事责任
    - 内涵
    - 与民事义务的区别[责任本质：强制性]
    - 类型
      - 侵权责任：过错责任、过错推定责任、无过错责任、严格责任
      - 合同责任：违约责任、缔约过失责任

【通关提要(提纲挈领)】

本章主要介绍民事法律关系的相关知识，属于重点章节。学习时，要重点掌握民事法律事实、民事权利、民事责任的概念、特征及区别；掌握民事法律关系的要素，并能在具体题目中学会判断；同时要熟悉民事法律关系的概念、特征、分类和意义，民事义务的本质，民事责任与民事义务的区别等。本章各种题型都有可能考查，可结合具体案例来理解记忆。

3.2 考研真题与典型题详解

一、单项选择题

1. 下列选项中，不属于自然事实的是(　　)。[2023 年法硕(法学、非法学)真题]

A. 战争爆发　　B. 侵权行为　　C. 时间的经过　　D. 人的出生

【解析】自然事实即事件，是指与人的意志无关，能够引起民事法律关系产生、变更、消灭的客观现象。ACD 三项属于自然事实。B 项，侵权行为属于民事法律事实中的民事法律行为，不属于自然事实。

2. 甲和乙签订了一份合同，未约定履行顺序。甲请求乙先履行，乙以甲未履行为由拒绝。乙拒绝履行系行使(　　)。[2022 年法硕(非法学)真题]

A. 请求权　　B. 抗辩权　　C. 形成权　　D. 相对权

【解析】民事权利根据权利作用的不同可分为：①支配权，指可以对标的物直接支配并排除他人干涉的权利。②请求权，指可以请求他人为一定行为或者不为一定行为的权利。③形成权，指当事人一方可以以自己的行为使法律关系发生变动的权利。④抗辩权，指对抗请求权或否认对方权利的权利。同时履行抗辩权，是指双务合同的当事人在没有约定履行顺序或约定应同时履行的情况下，一方当事人在对方未为对待给付之前，得拒绝履行自己债务的权利。本题中，乙拒绝履行，系行使抗辩权中的同时履行抗辩权。

3. 下列事实中，能引起甲乙之间民事法律关系发生的是(　　)。[2017 年法硕(法学、非法学)真题]

A. 甲向乙问路，乙因疏忽指错方向

B. 甲赌博输给乙 2 万元并当场给付

C. 甲、乙约定某日商谈“互联网＋创意”合作合同

D. 甲开车撞断乙公司的输电线，造成损失 3000 元

【解析】民事法律关系是由民法所确认和调整的、以民事权利和民事义务为核心内容的人与人之间的社会关系。它主要调整平等民事主体之间的财产关系和人身关系。

A 项，乙虽然指错了路的方向，但在甲乙之间并不产生权利义务关系，不能引起民事法律关系发生。

B 项，民法不调整赌博行为，因此该项无法产生民事法律关系。

C 项，甲、乙商谈合作合同，没有正式签订合作合同，即在甲乙之间没有形成权利义务关系，没有产生民事法律关系。

D 项，甲撞断了乙公司的输电线，给乙公司造成了财产损失。《民法典》第 1165 条规定，行为人因过错侵害他人民事权益造成损害的，应当承担侵权责任。第 1184 条规定，侵害他人财产的，财产损失按照损失发生时的市场价格或者其他合理方式计算。由此可知，甲需承担损害赔偿的责任，具有赔偿义务；乙公司具有收取赔偿款权利。即甲乙之间产生了民事法律关系。

4. 下列选项中，属于民事法律关系的是(　　)。[2013 年法硕(非法学)真题]

A. 甲男与乙女之间的恋人关系

B. 甲公司与乙公司之间的技术转让关系

C. 甲公司与其分支机构之间的业务指导关系

D. 甲教育局与乙中学之间的管理关系

【解析】民事法律关系是由民法所确认和调整的、以民事权利和民事义务为核心内容的人与人之间的社会关系。它主要调整平等民事主体之间的财产关系和人身关系。

B 项，技术转让合同是一种合同关系，相互确立了对方享有的权利和承担的义务，双方主体地位平等，权利义务对等，故是一种民事法律关系。

A 项，甲乙之间的恋人关系不属于民法调整的范围。

C 项，甲公司与分支机构之间的业务指导关系，主体地位并不平等，没有互担权利义务，不属于民事

1B　2B　3D　4B

法律关系。

D 项，甲教育局与乙中学的关系属于行政关系，主体地位是一方隶属于另一方。

5. 兹有四个事例：①张某驾车违章发生交通事故致搭车的李某残疾；②唐某参加王某组织的自助登山活动因雪崩死亡；③吴某与人打赌举重物因用力过猛致残；④何某心情不好邀好友郑某喝酒，郑某畅饮后驾车撞树致死。根据公平正义的法治理念和民法有关规定，下列哪一观点可以成立？（　　）［2013 年法考真题］

A. ①张某与李某未形成民事法律关系合意，如让张某承担赔偿责任，是惩善扬恶，显属不当

B. ②唐某应自担风险，如让王某承担赔偿责任，有违公平

C. ③吴某有完整意思能力，其自担损失，是非清楚

D. ④何某虽有召集但未劝酒，无须承担责任，方能兼顾法理与情理

【解析】B 项，从合同角度来看，王某和唐某之间并未形成旅游合同关系。旅游合同是指旅游者支付旅游费用，经营者收取旅游者的费用后为旅游者提供约定服务的合同。王某组织自助登山活动，属于自发组织非营利性旅游活动，并没有形成旅游合同关系。因此，在唐某因雪崩发生死亡时，不能按《民法典》追究王某的违约赔偿责任。从侵权责任角度来看，《民法典》第 180 条规定，因不可抗力不能履行民事义务的，不承担民事责任。法律另有规定的，依照其规定。不可抗力是不能预见、不能避免且不能克服的客观情况。唐某是因雪崩死亡的，雪崩属于不可抗力，王某能够免责。因此发生意外，唐某应自担风险。

A 项，侵权行为是指民事主体违反法定义务，侵害他人民事权益，依法应当承担民事责任的行为。依法律规定，侵权行为发生后，加害人负有赔偿受害人损失等义务，受害人享有请求加害人赔偿损失等权利。张某驾车违章致李某残疾，张某存在过错，张某应当承担赔偿责任。

C 项，打赌举重物，吴某与对方形成射幸合同关系，射幸合同是指当事人一方是否履行义务有赖于偶然事件出现的一种合同。这种合同的效果在于订约时带有不确定性。吴某的履行合同义务的行为致自己残疾。对方与吴某打这种赌，致使吴某陷入受伤风险，体现违法性。损害事实(残疾)也存在。损害虽由吴某自己造成，但吴某的行为正是因为对方与吴某打赌，陷吴某于风险，所以可以认定因果关系，造成的损害不应由吴某独自承担。

D 项，邀请别人喝酒或者劝酒承担侵权责任的基础，在于“前一个行为产生作为义务”的规则，这种作为的义务不履行，构成不作为的违法行为。邀请别人喝酒应当承担妥善安置和救助醉酒者的作为义务；若撒手不管，就违反了这种作为义务，对于造成的损害应当承担侵权责任。何某邀郑某喝酒，该行为产生了作为义务，即何某须妥善安置和救助郑某，保障其人身安全，郑某喝醉了，何某还让郑某醉驾，违反了妥善安置和保障安全的义务，应承担侵权责任。

6. 下列哪一情形下，乙的请求依法应得到支持？（　　）［2010 年法考真题］

A. 甲应允乙同看演出，但迟到半小时。乙要求甲赔偿损失

B. 甲听说某公司股票可能大涨，便告诉乙，乙信以为真大量购进，事后该支股票大跌。乙要求甲赔偿损失

C. 甲与其妻乙约定，如因甲出轨导致离婚，甲应补偿乙 50 万元，后二人果然因此离婚。乙要求甲依约赔偿

D. 甲对乙承诺，如乙比赛夺冠，乙出国旅游时甲将陪同，后乙果然夺冠，甲失约。乙要求甲承担赔偿责任

【解析】民事法律关系是由民法规范调整的、以权利义务为内容的社会关系，包括人身关系和财产关系。民事法律关系的产生可以由行为或事件等民事法律事实所引起。不属于民事法律关系的典型情形包括：好意施惠行为以及引发宗教关系、同乡关系、师生关系、同学关系、同事关系、恋爱关系、友谊关系等非法律关系的客观情况等。

5B　6C

AD 两项，“应允同看演出”与“承诺陪同旅游”都属于道德范畴，不属于民法的调整对象，受道德调整。

B 项，甲只是向乙转述一下听闻，乙作为成年人应该自己判断该信息的真伪，自己承担擅自依照该信息行事而产生的风险，乙不享有对甲法律意义上的请求权。

C 项，夫妻之间对出轨导致离婚的补偿协议为忠诚协议，符合民法中意思自治的原则，该协议有效，乙依照协议约定主张的请求权能得到支持。

二、多项选择题

下列现象中，属于民事法律事实的有（ ）。[2010 年法硕（非法学）真题]

A. 甲被宣告死亡 B. 乙参加朋友的婚礼

C. 丙抛弃旧电脑 D. 丁参加当地人大代表的选举

【解析】民事法律事实是指依法能够引起民事法律关系产生、变更和消灭的客观事实。

A 项，甲被宣告死亡，能够引起婚姻关系终止、继承开始，其民事权利能力和民事行为能力也一并终止，即民事主体实施了行为引起民事法律关系的变动，因此属于民事法律事实。

C 项，丙抛弃旧电脑属于抛弃所有权的单方法律行为，能引起所有权消灭，属于民事法律事实。

B 项，乙参加朋友的婚礼，不会导致民事法律关系的变动，仅是情谊行为，不是民事法律事实。

D 项，丁参加当地人大代表的选举，属于宪法关系中选举关系的范畴，是公法行为，不是民事法律关系。

三、概念题

1. 民事法律关系[广东财大 2016 年研；东财 2010 年研]

答：参见本章简答题第 1 题答案。

2. 民事法律事实[广东财大 2017 年研；复旦大学 2014 年研；南开大学 2012 年研；中南财大 2012 年研；清华大学 2009 年研]、**非行为事实**[中山大学 2016 年研]

答：参见本章简答题第 2 题答案。

3. 请求权与支配权[中南财大 2006 年研]

相关试题：请求权[浙工商 2017 年研]、**支配权**[浙工商 2016 年研；武大 2014 年研]

答：（1）请求权是指权利人请求他人为或不为一定行为的权利。请求权的权能是向义务人发出请求，权利人不能仅凭自己的请求行为实现其利益，而必须借助于义务人对其请求的响应，以义务履行行为的协助才能实现。请求权产生的基础是享有基础权利，有基础权利，才能有请求权。

（2）支配权是指主体仅凭自己的单方意思就可以直接作用于客体实现其利益的权利。支配权具有直接性和排他性。权利主体直接作用于客体实现其利益，无须义务人的积极行为的介入协助，并排除其他任何人的干涉。其权能是对客体的支配。

（3）二者的区别包括：

①权利的作用方式不同。请求权的实现表现为对特定人行为的请求；支配权的实现则表现为对特定标的物的直接支配。

②是否需义务人的配合不同。请求权仅有权利人的行为并不足以实现权利利益，尚需相应义务人的相应给付行为与之配合；支配权则可以完全由权利人的行为实现，不需义务人的配合。

③是否具有排他性不同。由于请求权所针对的客体是某种行为，而行为是可以不断重复的，并不具有如同特定物的唯一性，故在同一客体上，可以成立数个不兼容的请求权；支配权则具有排他性，在同一客体上不能同时存在两个不相容的支配权。

AC

4. 形成权[广东财大 2024 年研；中国政法 2018 年研；湘潭大学 2016 年研；武大 2015 年研]

相关试题：形成权和抗辩权[中南财大 2022 年研]、**抗辩权**[中国政法 2022 年研；湘潭大学 2017 年研；武大 2013 年研]

答：(1)形成权是指权利人仅凭自己的单方意思表示，使自己的民事权利或参与的民事法律关系或他人的民事法律关系发生变动的权利。形成权理论是由德国学者 Emil Secke 提出的。形成权的主要功能在于权利人得依其单方的意思表示，使已成立的法律关系的效力发生、变更或消灭，如债权人的撤销权。形成权的类型、范围广泛，依形成权所生效力不同可以分为三类：生效形成权、变更形成权和消灭形成权。

(2)抗辩权是指对抗他人请求权或其他权利，拒绝应为给付的权利。抗辩权的作用主要在于阻止请求权或其他权利的效力，从而使抗辩权人能够拒绝向债权人履行义务，而不在于否认相对人的请求权或其他权利。一般而言，抗辩权是与请求权相对应的，享有抗辩权的民事主体有权拒绝对方请求给付的要求。抗辩权可以对抗请求权和形成权。例如，合同一方当事人行使解除权(在性质上属于形成权)时，另一方当事人可以行使抗辩权予以拒绝。形成权可以通过单方意思表示变动双方法律关系，而抗辩权仅仅是一种防御性的权利。

5. 自助行为[山东大学 2017 年研；武大 2015 年研]

答：参见本章论述题第 2 题答案。

6. 紧急避险[广东财大 2018 年研；武大 2014 年研]

答：紧急避险是指为了使公共利益、本人或他人的人身或财产免受正在发生的侵害，不得已采取的损害另一方的较小权益以保护较大利益的行为。因紧急避险造成损害的，由引起险情发生的人承担民事责任。危险由自然原因引起的，紧急避险人不承担民事责任，可以给予适当补偿。紧急避险人应当对避险不当或避险过限造成的损害承担相应的民事责任。

7. 民事义务[山东大学 2022 年研；南航 2015 年研]

相关试题：不作为义务[浙工商 2016 年研]

答：参见本章简答题第 6 题答案。

8. 民事责任[四川师大 2018 年研；北邮 2009 年研]

答：民事责任是指民事主体违反民事义务而应当承担的民事法律后果，是法律责任的一种类型。民事责任的含义包括：①民事责任是违反民事义务应承担的法律后果；②民事责任是应由责任人承担的一种不利的法律后果；③民事责任以一方当事人补偿另一方当事人的损失为主要目的；④民事责任既有过错责任，也有无过错责任；⑤民事责任可以由当事人在法律允许的范围内协商。

四、简答题

1. 简述民事法律关系的概念及特征。[西北政法 2020 年研]

相关试题：

(1)简述民事法律关系的特点。[扬州大学 2023 年研]

(2)论述民事法律关系的概念、特征和意义。[论述题，扬州大学 2017 年研]

(3)简述民事法律关系。[中山大学 2016 年研]

答：(1)民事法律关系是指民法为调整民事社会关系而规范的，或者依据规范形成的具有民事权利义务内容的社会关系，包括民事法律规范属性的民事权利义务关系和依据规范发生的现实的具体民事生活的权利义务关系两层含义。通常，民事法律关系的基本内容是民事权利和民事义务，不同的民事法律关系有不同的内容。

(2)民事法律关系的特征：

①民事法律关系具有平等性，是平等主体之间财产关系和人身关系在法律上的表现。因此，在这种关系中，不仅当事人在法律地位上是平等的，而且当事人的权利、义务具有对等性和相应性，一方的权利即

是另一方的义务，一方的义务即是另一方的权利。

②民事法律关系是以民事权利和民事义务为基本内容的社会关系。民事法律关系的内容就是民事权利和民事义务，具体来说就是人身和财产权利义务关系。自然人享受权利，则承担相应义务。权利通常可以放弃，但义务不得违反，不履行义务应承担民事责任。

③民事法律关系中的财产关系大多具有等价有偿性。民事法律关系是民法对商品经济关系进行法律调整的反映和体现，其核心是以物质利益为主的财产关系。当事人之间的财产流动通常遵循市场交易规律，以等价交换的方式实现各自的经济利益。民事法律关系的保障机制具有补偿性质，主要目的是弥补损失。

综上所述，民事法律关系的变动以民事法律规范为根据，以民事法律事实为原因。民事法律关系是民法调整平等主体之间的财产关系和人身关系的结果。

2. 简述民事法律事实。［暨南大学2019年研；首经贸2014年研］

相关试题：

(1)简述民事法律事实的概念和分类。［广西民大2023年研］

(2)简述民事法律事实的含义及其分类。［中财2012年研］

(3)简述民事法律事实的种类。［北科2010年研］

答：(1)民事法律事实，是指符合民事规范，能够引起民事法律关系的发生、变更或者消灭的客观现象。民事法律事实是民事法律关系产生的具体条件。只有在一定的民事法律事实发生后，民事法律关系才能产生，并因一定的民事法律事实的发生而变更或消灭。

(2)民事法律事实的意义。民事法律事实的出现可以引起不同的法律后果。

①民事法律关系的产生，即民事权利义务的产生。例如，订立合同的行为引起合同权利义务的产生、侵权行为引起索赔权利和赔偿义务的产生、自然人死亡引起继承权利义务关系的产生等。

②民事法律关系的变更，即民事法律关系主体、内容或者客体的变化。例如，当事人双方的协议可以使原已成立的合同权利义务内容发生改变、不可抗力的出现可以使合同关系发生变更等。

③民事法律关系的消灭，即民事法律关系不复存在。例如，履行债务的行为可以使债权债务关系归于消灭、分割共同财产的行为可以使财产共有关系归于消灭等。

(3)民事法律事实的类型：

根据是否与当事人的意志有关，民事法律事实可以分为事件和行为两大类。

①事件，指与当事人的意志无关，能够引起民事法律后果的客观现象。事件包括自然事件与社会事件。

a. 自然事件，指不受民事主体主观意志影响，但能引起民事法律关系发生、变更或消灭的客观自然现象，如人的死亡、自然灾害等。

b. 社会事件，指不受民事主体主观意志影响，但能引起民事法律关系发生、变更或消灭的社会现象，如战争、罢工等。

②行为，指能引起民事法律关系发生、变更或消灭的人的意志。行为可分为以下两种类型：

a. 民事法律行为，又称意思表示行为、表意行为、意定行为等，指民事主体通过意思表示设立、变更、终止民事法律关系的行为，如合同行为等。其是最主要的民事法律事实。

b. 民事事实行为，又称非意思表示行为、非表意行为、法定行为等，指直接依据民法规定引发法律效果的行为，如拾得遗失物、侵权行为、违约行为等。

3. 民事权利按照作用如何分类？［浙工商2015年研］

答：以民事权利的作用为标准，民事权利可分为：

(1)支配权，指可以对标的物直接支配并排除他人干涉的权利。支配权的行使无须其他人积极义务的配合，人身权、物权、知识产权中的财产权等属于支配权。

(2)请求权，指特定人得请求特定他人为一定行为或不为一定行为的权利。请求权没有排他效力，请求权人对权利客体不能直接支配，其权利的实现有赖于义务人的协助。

(3)形成权，指当事人一方可以以自己的行为使法律关系发生变动的权利。形成权的独特性在于只要有权利人一方的意思表示就足以使权利发生法律效力。撤销权、解除权、追认权、抵销权等都属于形成权。形成权由法律规定或者当事人约定。

(4)抗辩权，指能够阻止请求权效力的权利。抗辩权主要是针对请求权的，通过行使抗辩权，一方面可以阻止请求权效力，另一方面可以使权利人能够拒绝向相对人履行义务。根据作用不同，抗辩权可分为：

①永久性抗辩权，指权利人有永久阻止他人行使请求权的权利。

②延期性抗辩权，指权利人在一定期间、一定条件下可以提出的抗辩权，而非永久可以抗辩。

抗辩权的作用在于永久或暂时地阻止请求权的实施，但并不导致请求权消灭。抗辩权是一种防御性而非攻击性的权利，因此在权利存在且提出请求的前提下，抗辩权得以行使。

4．判断：无权代理中被代理人的追认权系请求权。［首师大 2011 年研］

答：这个说法是错误的，具体分析如下：

(1)无权代理中被代理人的追认权系形成权。追认是本人接受无权代理之行为效果的意思表示。形成权是指当事人一方可以单方意思表示使法律关系发生变动的权利。请求权是指特定人得请求特定他人为一定行为或不为一定行为的权利。请求权的权利人须通过义务人的作为或者不作为，才能实现其权利。

(2)无权代理中的被代理人只要在对方行使撤销权之前行使追认权，就可凭自己的意思表示使无权代理行为有效，不需要其他人再做出相关行为，因此无权代理中被代理人的追认权是形成权，不是请求权。

5．形成权在我国法律上是怎么规定的？［北邮 2013 年研］

相关试题：论民法上的形成权。［论述题，浙工商 2017 年研］

答：形成权是指当事人一方可以以自己的行为使法律关系发生变动的权利。形成权在我国法律中的规定具体如下：

(1)形成权的行使原则上不得附条件或期限，以避免置相对人于不确定的法律状态。《民法典》第 568 条第 2 款规定，当事人主张抵销的，应通知对方。通知自到达对方时生效。抵销不得附条件或者附期限。

形成权按照其行使对涉及的法律关系所产生的效力的不同，可以分为：

①设立性形成权，即因形成权的行使而创设一定法律关系的形成权，如对无主物的先占权、亲权的重新获得权、出典人对典物的回赎权、先买权、追认权。

②变更性形成权，即因形成权的行使而使既有法律关系发生变更的形成权，如选择之债中的选择权、损害赔偿权人多种救济方法的选择权、给付确定权、通知到期权等。

③消灭性形成权，即因形成权的行使而使既有法律关系消灭的形成权，如撤销权、抵销权、解除权、终止权、免除权、离婚权、主张婚姻无效权、继承抛弃权等。这种形成权是最典型、最常见的。

(2)形成权的产生是基于法律的规定，或是基于法律行为。有些形成权无现行法律规定，只能通过法律行为设立，如买回权；有些形成权则只能基于法律规定而产生，如抵销权、撤销权等，当事人不可凭空创设；有些则不仅要基于法律的规定，还要通过法律行为才能设立，如终止权、解除权、撤回权、先买权等。通过法律行为而设定形成权要么是一项处分行为，要么是类似于负担行为，如债权性的先买权。形成权的行使是通过单方法律行为进行的，这种单方法律行为一般是私法上的处分行为，所以要求行为人具有行为能力和处分能力，有些形成权的行使除了权利人做出行为外还要借助于国家行为，如《民法典》中规定的债权人撤销权和婚姻撤销权。

(3)形成权可因权利人的放弃而消灭。大多数形成权基于私法自治都可以放弃，即使在亲属法领域的形成权，如离婚权也不例外。对形成权的放弃可以是单方法律行为，也可以是双方法律行为；可以是要式的法律行为，也可以是不要式的；可以是生前法律行为，也可以是死后法律行为；可以是有待对方特定当事人接受的意思表示，也可以是任意表达的意思表示。但有些形成权是不可放弃的，特别是侵入型的干涉权。形成权不是请求权，不受诉讼时效的限制。但形成权持续时间太长会产生不良后果，并且会使效力减弱。因此，形成权在一定的时期内不行使，将导致其消灭。此一期间被称为除斥期间。这种除斥期间可以是基于法律的规定，也可以是由对方当事人单方确定的，或者双方合意一起确定的。

6. 民事义务的含义与分类。［山东大学 2011 年研］

答：（1）民事义务是指义务人为满足权利人的利益而为一定行为或不为一定行为的必要性。其含义如下：①民事义务的产生依据是民事法律的规定或者当事人的约定。②民事义务的限度以满足权利人的权利要求为限。义务人必须履行义务，否则即应当承担相应的民事责任。

（2）民事义务的分类：

民事义务与民事权利相对应，因此可以与民事权利的分类相对应。除此之外，民事义务还有独立的分类，按照不同的标准可作如下分类：

①按照民事义务的发生根据不同，民事义务可分为：

a. 法定义务，是直接由民法规范规定的义务，如对物权的不作为义务、对父母的赡养义务等。法定义务具有强制性。

b. 约定义务，是按当事人意思确定的义务，如合同义务等。约定义务以不违反法律的强制性规定为界限，否则法律不予承认。

②按照民事义务主体行为的方式不同，民事义务可分为：

a. 作为义务又称积极义务，是指以义务人须为一定行为为内容的义务，如给付财物的义务等。

b. 不作为义务又称消极义务，是指义务人应为消极行为或者容忍他人的行为，如不得侵占他人的财产等。不作为义务主要是所有权关系，其他以支配权为内容的财产关系以及人身关系中民事义务的内容。不作为义务同时也可以是债权关系的内容。

五、论述题

1. 从民事法律关系的要素出发阐述民法是逻辑严谨的体系。［首师大 2010 年研］

相关试题：试述民事法律关系的构成要素。［浙江财大 2015 年研］

答：（1）民事法律关系及其要素：

民事法律关系是指基于民事法律事实，由民法规范调整而形成的民事权利义务关系。民事法律关系的要素是指构成民事法律关系的必要因素。民事法律关系的要素具体包括：

①民事法律关系的主体，简称民事主体，是指参加民事法律关系，享有民事权利、负有民事义务和承担民事责任的人。民事法律关系是人与人之间的一种社会关系，每一项民事法律关系都是一定的民事主体之间的关系；没有主体就不能构成民事法律关系，主体是民事法律关系的首要要素。

②民事法律关系的客体，指民事权利和民事义务指向的对象。确切地说，民事法律关系的客体是指民事权利和民事义务所由发生的事物。通说认为民事法律关系的客体主要有四类，即物、行为、智力成果和人身利益。

③民事法律关系的内容，指民事法律关系的主体所享有的民事权利和负有的民事义务。主体是否具有民事权利义务，是民事法律关系与其他法律关系及非法律的社会关系相区别的标志。没有民事权利义务内容，就不能构成民事法律关系。

民事法律关系是主体、客体、内容三个要素不可分离的有机整体，其中主体为权利义务的所属，客体为权利义务的所附，内容为权利义务的具体化。

（2）民事法律关系是整个民法逻辑体系展开与构建的基础。

①国家制定各种民事法律规范，目的是要求人们以其为根据设立各种民事法律关系，使人们的行为纳入民法调整的法律轨道。民法所调整的社会关系的范围极为广泛，涉及自然人的生老病死，涉及各种法人及其他组织的设立、变更、终止，涉及经济、文化、科学、技术、卫生、体育等各行各业，内容纷繁，变化万千。如此错综复杂的社会关系，通过民法调整，反映在民事法律关系上，即主体、客体、内容三种因素。

②民事法律关系是整个民法逻辑体系展开和构建的基础。以民事法律关系构建民法体系的方法肇始于注释法学派，后为潘德克顿学派所发展完善。该学派将法律关系理论系统运用于法典编纂之中，构建了完

整的民法典体系结构。具体而言，总则编根据法律关系的基本要素确立了主体(自然人、法人)、法律行为(意思表示)和客体(物、权利客体)制度；分则编则规定了法律关系的内容，即各项具体民事权利，包括债权、物权、亲属权和继承权等。当总则编确立的主体、行为和客体制度与分则编规定的各项权利相结合时，便构成一个完整的民事法律关系。这种以法律关系三要素(主体、客体和内容)为框架，围绕法律关系的产生、变更和消灭展开的规范体系，最终形成了民法严密而自洽的逻辑体系。

③民法总论可以称为民事法律关系总论。自然人、法人、非法人组织，属于民事法律关系的主体。物、行为、智力成果和人身利益属于民事法律关系的客体。民事法律行为、代理、诉讼时效、除斥期间与期限，属于民事法律关系发生、变更与消灭的原因。分论中包括物权、债权、继承权、人身权，这些都是研究各类民事法律关系。各类民事法律关系有不同的主体、客体、内容，有不同的发生、变更与消灭的规则。分论部分犹如巨型建筑中相对独立的建筑物。侵权责任的内容是侵害他人民事权利的法律后果。上述全部内容是民事法律关系的整体结构。整个民法体系是围绕民事法律关系的各要素的内容、法律关系的成立、变更和消灭进行的，因而可以说整部民法是一个完整的逻辑体系。

2. 论民事权利的保护。[中山大学2009年研]

相关试题：

(1)简述民事权利的保护方法。[简答题，湘潭大学2017年研]

(2)简述自助行为的条件。[简答题，中山大学2015年研]

(3)自助行为的要件。[简答题，山东大学2016年研]

答：民法上的民事权利的保护是指民事权利受到侵害时或有侵害的危险时，用民法方式防止、减少、补救权利人所受到的损害，恢复其利益。民法对民事权利的保护方式有两种：

(1)民事权利的国家保护，又称公力救济，是指民事权利受到侵害时，由国家机关通过法定程序予以保护。国家保护民事权利是由多种机关采取多种手段完成的，一般是由民事权利主体提起民事诉讼，请求法院予以保护。

(2)民事权利的自我保护，又称私力救济或称自力救济，是指民事权利受到侵害时，权利人自己采取各种合法手段来保护其权利。具体包括：

①自卫行为。指当民事权利受到侵害或者有受到侵害的现实危险时，权利人以法律许可的方式和措施，并在法律允许的限度内防止损害的发生或者扩大。自卫行为有正当防卫和紧急避险两种形式。

a. 正当防卫是指为了使本人或者他人的财产或人身免遭正在进行的不法侵害，在必要限度内对侵权行为人采取的防卫行为。其必须具备的条件有：一是，有不法侵害。若是合法的侵害，不得对其进行防卫行为；二是，须为现实的不法侵害，具有紧迫性，不是过去或者将来的；三是，只能针对不法侵害人本人，不能对侵害人以外的人实施；四是，防卫目的是为了保护本人或者他人的合法民事权益或者公共利益；五是，正当防卫不得超过必要的限度，造成不应有的损害应当承担适当的民事责任。

b. 紧急避险是为了使公共利益、本人或他人的人身或财产免受正在发生的侵害，不得已采取的损害另一方的较小权益以保护较大利益的行为。其必须具备的条件有：一是，须有急迫现实的危险存在。包括因为人的行为、意外事故、自然灾害、动物的侵害等造成的危险。二是，须是关系到本人或者他人的民事权益或者公共利益的急迫的危险。三是，行为应当适当或者未超过必要限度，不应造成不应有的损害，否则应当承担适当的民事责任。

②自助行为。指特殊情况下，权利人为了保护自己的权利，对他人的财物采取扣留等措施的行为。《民法典》第1177条第1款规定，合法权益受到侵害，情况紧迫且不能及时获得国家机关保护，不立即采取措施将使其合法权益受到难以弥补的损害的，受害人可以在保护自己合法权益的必要范围内采取扣留侵权人的财物等合理措施；但应当立即请求有关国家机关处理。自助行为一般需要的条件有：

a. 合法权益受到侵害。

b. 情况紧急且不能寻求公力救济。

c. 采取的方法适当，不超过必要的限度。受害人采取的措施不当造成他人损害的，应当承担侵权责任。

d. 报告国家机关的义务。为了防止自助行为遭到滥用，受害人在采取自助行为后，应当立即报告国家机关。

自助行为实施之后，如产生争议应当立即请求法院等国家机关处理以保障自助行为的合法性。

3. 试述民事责任的本质和特征。［苏州大学2009年研］

相关试题：民事责任的特点与分类。［中山大学2009年研］

答：(1)民事责任的本质：

①民事责任为民事法律关系的构成要素。民事法律关系是由民事权利、民事义务和民事责任三者结合而成。权利、义务为法律关系的内容，责任则是权利、义务实现的法律保障。唯有与民事责任相结合，民事权利才会受到责任关系的保护。

②民事责任使民事权利具有法律上之力。民事权利系由特定利益与法律上之力两种因素构成。法律上之力是指法律所赋予的强制力，受法律及整个国家机器的支持与保障。

③民事责任是联结民事权利与国家公权力的中介。民事责任伴有诉权，使民事权利得以有法律上之力，并能发挥其保护民事权利的功能。因此，国家公权力的活动形式，如诉讼、裁判、破产、强制执行等，必以民事责任为发动之根据。

④民事责任是一种特别债。近代民法之民事责任，本质上是一种特殊的债权债务关系。其特殊性在于：

a. 这种特殊的债权债务关系之发生非出于当事人双方的自愿，而是出于民法的直接规定。

b. 民事责任以有效的法律义务的存在为前提。这种法律义务可以是出于合同约定，也可以是法律直接规定。有义务即有责任，无义务即无责任。

c. 民事责任以义务的不履行为停止条件。此条件成就前，责任关系虽已存在，但未生效，即效力处于停止状态。

d. 民事责任的内容与普通债不同。为赋予权利人法律上之力，使之能够强制义务人为特定行为，包括：实际履行义务、返还财产、停止侵害行为、恢复财产之原状、赔礼道歉、恢复权利人的名誉、支付违约金或损害赔偿金等。

e. 民事责任由国家公权力保障其实现，表现为由法院作出裁判，强制义务人履行或由执行机关强制执行。

(2)民事责任的特征：

①民事责任是当事人一方对他方承担的责任。民事责任是不履行民事义务侵害他人民事权益的法律后果，与行政责任和刑事责任不同，行政责任和刑事责任主要是责任人向国家和社会承担的责任。

②民事责任主要以赔偿、补偿权益受损害一方当事人的利益为目的。责任的内容是赔偿、补偿受害的一方当事人所受的损害，恢复其权益，一般不具有惩罚性。赔偿、补偿的给付利益也直接由受害方当事人受领，而不是上缴给国家。

③民事责任包括过错责任和无过错责任。民事责任的构成要件中一般都包括当事人过错，当然也有不以当事人过错为要件的民事责任。在一般情况下，民事责任以民事主体违反民事义务侵害他人民事权益为依据，但民事主体具有的过错的轻重与最终确定的民事责任轻重无关，这与行政责任和刑事责任的确定存在不同。

④民事责任的内容可以由当事人在法律允许的范围内协商。民事责任的私法性质还体现在民事责任的确定和承担可以由当事人依法协商。根据《民法典》第585条规定，当事人可以约定违约金的数额以及损失赔偿的计算方法。实践中，当事人可以约定赔偿损失，不适用违约金，相反亦可。在不违背法律的前提下，当事人也可以依据意思自治，协商确定并承担侵权责任。

⑤民事责任有独立性和实现上的优先性。民事责任、行政责任、刑事责任相互独立，不能以行为人民事责任的承担代替其他责任，反之亦不行。另外，相较于其他法律责任，民事责任在实现上具有优先性。根据《民法典》第187条规定，民事主体因同一行为应当承担民事责任、行政责任和刑事责任的，承担行政责任或者刑事责任不影响民事责任的承担；民事主体的财产不足以支付的，优先用于承担民事责任。

4. 试论民事权利、民事义务、民事责任的相互关系。［西安交大 2008 年研］

相关试题：

(1) 简述民事权利与民事义务的关系。［简答题，广东财大 2024 年研］

(2) 民事责任与民事义务的区别。［简答题，浙工商 2016 年研］

(3) 民事义务和民事责任［概念题，武汉理工 2008 年研］

答：(1) 民事权利、民事义务、民事责任的概念：

①民事权利，是指民事主体实现其特定利益而依法为某种行为或不为某种行为的自由。

②民事义务，是指法律规定或者当事人依法约定，义务人为一定的行为或者不行为，以满足权利人的利益的法律约束手段。

③民事责任，是法律责任的一种类型，是指民事主体违反民事义务而应当承担的民事法律后果。

(2) 民事权利与民事义务的关系：

①民事权利和民事义务共同构成民事法律关系的内容。

②民事权利和民事义务相互依存。没有无民事权利的民事义务，也没有无民事义务的民事权利，民事权利和民事义务在具体的民事法律关系中并存。

③全部民事活动中，民事权利的总和和民事义务的总和基本相等。只有民事权利和民事义务总和相当，才意味着公平原则在民事活动中的切实贯彻，表明市场秩序的健康。

(3) 民事权利与民事责任的关系：

民事权利的实现有赖于对方当事人作为或者不作为义务的履行。如果当事人不履行民事义务，则通过民事责任制度强制其履行义务，以确保民事权利的实现。所以民事责任是保护民事权利，促进民事主体履行民事义务的重要法律手段。

(4) 民事义务和民事责任的关系：

①民事责任不同于民事义务，民事责任的产生以义务的存在为基础，是不履行民事义务应当承担的法律后果。无义务就无责任。

②民事义务对应的是原权利，而民事责任对应的是救济权。救济权是在基础权利受到侵害时而启动的援助性权利，只有当民事主体对其应当履行的民事义务没有或没有适当履行时，民事责任才开始启动。所以民事义务是民事法律关系中必然发生的，而民事责任则可能发生可能不发生。

③虽然民事责任和民事义务在内容上经常一致，但存在本质的区别：民事义务的履行为社会所倡导和鼓励；民事责任的承担则体现了社会对不履行民事义务的谴责。

第四章　自然人

4.1　复习指南

【知识框架（庖丁解牛）】

- 自然人
  - 自然人的民事权利能力
    - 概念
    - 开始：出生［胎儿视为享有］
    - 终止：生理死亡、宣告死亡
  - 自然人的民事行为能力
    - 概念
    - 划分
      - 完全民事行为能力
      - 限制民事行为能力
      - 无民事行为能力
    - 认定、终止
  - 自然人的民事责任能力：概念、判断标准
  - 监护
    - 监护的概念、设立目的
    - 监护人的设立、职责
    - 监护人的消极资格、资格撤销
    - 监护的终止
  - 自然人的住所：概念、法律意义、确定标准、种类
  - 宣告失踪与宣告死亡
    - 宣告失踪
      - 概念、目的、条件与程序
      - 宣告失踪的效力
      - 失踪宣告的撤销：情形、程序、效力
    - 宣告死亡
      - 概念、目的、条件与程序
      - 宣告死亡的效力
      - 死亡宣告的撤销：事由、效力
  - 个体工商户与农村承包经营户：概念、特征、法律地位、债务承担

【通关提要（提纲挈领）】

本章主要介绍自然人，较为重要。学习时，要重点掌握自然人的民事权利能力和民事行为能力、监护以及宣告失踪与宣告死亡，尤其要比较记忆宣告失踪与宣告死亡的不同；熟悉自然人的住所、个体工商户与农村承包经营户等。本章主要考查概念题、简答题和论述题，要在理解的基础上比较记忆。

4.2　考研真题与典型题详解

一、单项选择题

1. 小倩(9 岁)的父亲因坐牢与小倩的母亲离婚，小倩的母亲再婚生子后虐待小倩，小倩的祖父母想要成为其监护人。以下说法正确的是(　　)。[2019 年法考真题]

A. 祖父母想要成为其监护人，需要向法院申请

B. 因小倩母亲的虐待行为，祖父母自动成为监护人

C. 祖父母想要成为其监护人，需要经小倩的父亲同意

D. 祖父母想要成为其监护人，需要经民政部门同意

【解析】AB 两项，根据《民法典》第 36 条第 1 款规定，监护人有实施严重损害被监护人身心健康行为的，人民法院根据有关个人或者组织的申请，撤销其监护人资格，安排必要的临时监护措施，并按照最有利于被监护人的原则依法指定监护人。因此，小倩的祖父母需要向法院申请，而不能自动成为监护人。

CD 两项，在被监护人父母不能担任监护人的情况下，其他人担任监护人，无须其父母同意，也无须民政部门、居村委会的同意。

2. 小张从小天赋异禀，聪明伶俐。爷爷老张对孙子甚是喜爱。在小张 6 岁时，爷爷将家中祖传的一幅价值 200 万元的名画赠与小张。母亲刘某得知此事后，坚决表示反对。在小张 8 岁那年，爷爷又将自己价值 27500 元的欧米茄手表赠与小张。母亲刘某亦明确表示反对。关于本案，下列哪一说法是正确的？(　　)[2018 年法考真题]

A. 爷爷将名画赠与小张的行为因纯获利益而有效

B. 爷爷将名画赠与小张的行为因母亲刘某反对而无效

C. 爷爷将手表赠与小张的行为因纯获利益而有效

D. 爷爷将手表赠与小张的行为因母亲刘某反对而无效

【解析】AB 两项，《民法典》第 20 条规定，不满 8 周岁的未成年人为无民事行为能力人，由其法定代理人代理实施民事法律行为。第 144 条规定，无民事行为能力人实施的民事法律行为无效。因此，小张 6 岁时作为无民事行为能力人，其所实施的受赠名画的民事法律行为无效，母亲刘某反对与否并不影响民事法律行为的无效。

CD 两项，《民法典》第 19 条规定，8 周岁以上的未成年人为限制民事行为能力人，实施民事法律行为由其法定代理人代理或者经其法定代理人同意、追认；但是，可以独立实施纯获利益的民事法律行为或者与其年龄、智力相适应的民事法律行为。本题中，小张 8 岁时属于限制民事行为能力，其所实施的受赠手表的民事法律行为因纯获利益而有效。

3. 肖特有音乐天赋，16 岁便不再上学，以演出收入为主要生活来源。肖特成长过程中，多有长辈馈赠：7 岁时受赠口琴 1 个，9 岁时受赠钢琴 1 架，15 岁时受赠名贵小提琴 1 把。对肖特行为能力及其受赠行为效力的判断，根据《民法典》相关规定，下列哪一选项是正确的？(　　)[2017 年法考真题]

A. 肖特尚不具备完全的民事行为能力

B. 受赠口琴的行为无效，应由其法定代理人代理实施

C. 受赠钢琴的行为无效，因与其当时的年龄智力不相当

D. 受赠小提琴的行为无效，因与其当时的年龄智力不相当

【解析】A 项，《民法典》第 18 条第 2 款规定，16 周岁以上的未成年人，以自己的劳动收入为主要生活来源的，视为完全民事行为能力人。本题中，肖特 16 岁便不再上学，但其以演出收入为主要生活来源，应视为完全民事行为能力人。

B 项，《民法典》第 20 条规定，不满 8 周岁的未成年人为无民事行为能力人，由其法定代理人代理实

1A　2C　3B

施民事法律行为。第144条规定，无民事行为能力人实施的民事法律行为无效。本题中，肖特7岁时为无民事行为能力人，受赠口琴的行为属于无效民事法律行为，应当由其法定代理人代理实施受赠行为。

CD两项，《民法典》第19条规定，8周岁以上的未成年人为限制民事行为能力人，实施民事法律行为由其法定代理人代理或者经其法定代理人同意、追认；但是，可以独立实施纯获利益的民事法律行为或者与其年龄、智力相适应的民事法律行为。本题中，肖特在9岁和15岁时均为限制行为能力人，受赠钢琴和小提琴的行为属于纯获利益的民事法律行为，该行为有效。

4. 2014年6月1日，家住北京市通州区的韩某乘坐MH360航班从马来西亚飞回北京。飞机中途失事，至今下落不明。韩某妻子何某欲将儿子小韩送养以便再嫁。韩某的父母不知如何处理，咨询刘律师。关于刘律师的答复，下列哪一说法是正确的？（ ）［2018年法考真题］

A. 韩某的利害关系人申请宣告韩某死亡有顺序先后的限制

B. 韩某的父母申请宣告韩某死亡，其妻何某申请宣告失踪，通州区法院应当根据父母的申请宣告韩某死亡

C. 如通州区法院宣告韩某死亡，则判决作出之日视为韩某死亡的日期

D. 如通州区法院宣告韩某死亡但是韩某并未死亡的，在被宣告死亡期间韩某所实施的民事法律行为效力待定

【解析】A项，《民法典》第46条规定，自然人有下列情形之一的，利害关系人可以向人民法院申请宣告该自然人死亡：①下落不明满4年；②因意外事件，下落不明满2年。因意外事件下落不明，经有关机关证明该自然人不可能生存的，申请宣告死亡不受2年时间的限制。本题中，韩某乘坐MH360飞机中途失事属于意外事件，利害关系人依法有权申请宣告韩某死亡，且没有顺序先后的限制。

B项，《民法典》第47条规定，对同一自然人，有的利害关系人申请宣告死亡，有的利害关系人申请宣告失踪，符合本法规定的宣告死亡条件的，人民法院应当宣告死亡。本题中，韩某因意外事件下落不明，依法满2年即可宣告死亡，至今已4年有余，符合宣告死亡的条件。因此，法院应当根据韩某父母的申请宣告韩某死亡。

C项，《民法典》第48条规定，被宣告死亡的人，人民法院宣告死亡的判决作出之日视为其死亡的日期；因意外事件下落不明宣告死亡的，意外事件发生之日视为其死亡的日期。本题中，韩某因意外事件下落不明被法院宣告死亡的，意外事件发生之日而非判决作出之日视为韩某死亡的日期。

D项，《民法典》第49条规定，自然人被宣告死亡但是并未死亡的，不影响该自然人在被宣告死亡期间实施的民事法律行为的效力。本题中，如韩某被通州区法院宣告死亡而实际上并未死亡的，其在被宣告死亡期间所实施的民事法律行为的效力可分为有效、无效、效力待定和可撤销这几种情形。因此，并非一定效力待定。

5. 甲被法院宣告失踪，其妻乙被指定为甲的财产代管人。3个月后，乙将登记在自己名下的夫妻共有房屋出售给丙，交付并办理了过户登记。在此过程中，乙向丙出示了甲被宣告失踪的判决书，并将房屋属于夫妻二人共有的事实告知丙。1年后，甲重新出现，并经法院撤销了失踪宣告。现甲要求丙返还房屋。对此，下列哪一说法是正确的？（ ）［2016年法考真题］

A. 丙善意取得房屋所有权，甲无权请求返还

B. 丙不能善意取得房屋所有权，甲有权请求返还

C. 乙出售夫妻共有房屋构成家事代理，丙继受取得房屋所有权

D. 乙出售夫妻共有房屋属于有权处分，丙继受取得房屋所有权

【解析】AB两项，乙单方处分夫妻共有房屋，构成无权处分，但由于乙向丙出示了甲被宣告失踪的判决书，并将房屋属于夫妻二人共有的事实告知丙，这种情况下丙为恶意占有人，不符合善意取得的构成要件，不能取得房屋的所有权，其对房屋的占有属于无权占有。甲作为房屋的共同共有人，对丙享有返还原

4B 5B

物请求权，甲有权请求其返还房屋。

C 项，根据《民法典》规定，家事代理权适用于因日常生活需要而处理夫妻共同财产的情形。本题中，乙将登记在自己名下的夫妻共有房屋出售给丙，交付并办理了过户登记，并非日常生活需要，不属于家事代理，因此丙不能继受取得房屋所有权。

D 项，对于财产代管人的权限，尤其是财产代管人是否有权处分失踪的被代管人的财产，我国立法目前未有明确规定。《民法典》第 43 条第 2 款规定，失踪人所欠税款、债务和应付的其他费用，由财产代管人从失踪人的财产中支付。“其他费用”包括赡养费、扶养费、抚育费和因代管财产所需的管理费等必要的费用。此种代管行为主要限定于保管该财产并用以支付失踪人所欠各类债务。本题中，乙将登记在自己名下的夫妻共有房屋出售给丙，显然不属于代管人的权限范围，故其行为属于无权处分。

6. 甲的儿子乙(8 岁)因遗嘱继承了祖父遗产 10 万元。某日，乙玩耍时将另一朋友丙的眼睛划伤。丙的监护人要求甲承担赔偿责任 2 万元。后法院查明，甲已尽到监护职责。下列哪一说法是正确的？( )［2015 年法考真题］

A. 因乙的财产足以赔偿丙，故不需用甲的财产赔偿

B. 甲已尽到监护职责，无须承担侵权责任

C. 用乙的财产向丙赔偿，乙赔偿后可在甲应承担的份额内向甲追偿

D. 应由甲直接赔偿，否则会损害被监护人乙的利益

【解析】《民法典》第 1188 条规定，无民事行为能力人、限制民事行为能力人造成他人损害的，由监护人承担侵权责任。监护人尽到监护职责的，可以减轻其侵权责任。有财产的无民事行为能力人、限制民事行为能力人造成他人损害的，从本人财产中支付赔偿费用。不足部分，由监护人赔偿。本题中，甲尽到监护责任并不免除监护人的民事责任；因为乙继承的遗产足以支付赔偿，则不用甲赔偿。

7. 关于监护，下列哪一表述是正确的？( )［2013 年法考真题］

A. 甲委托医院照料其患精神病的配偶乙，医院是委托监护人

B. 甲的幼子乙在寄宿制幼儿园期间，甲的监护职责全部转移给幼儿园

C. 甲丧夫后携幼子乙改嫁，乙的爷爷有权要求法院确定自己为乙的法定监护人

D. 市民甲、乙之子丙 5 周岁，甲、乙离婚后对谁担任丙的监护人发生争议，丙住所地的居民委员会有权指定

【解析】A 项，委托监护是由合同设立的监护人，委托监护属意定监护。甲委托医院照料其精神病配偶，即通过合同将医院设立为委托监护人。关于委托监护和法定监护的责任问题，委托监护不论是全权委托或限权委托，委托人仍要对被监护人的侵权行为承担民事责任，但另有约定的除外；被委托人只有在确有过错时，才应承担连带赔偿责任。即法定或指定监护人对被监护人应承担的民事责任，不因委托发生移转，委托监护人只承担过错连带赔偿责任，其在尽到监护职责而无过错时，被监护人之行为如依法律仍需由监护人负责时，则由法定监护人承担。

B 项，根据《民法典》及相关规定，现行法律将学校对未成年人的责任界定为一种教育、管理的职责，学校是负有教育和管理义务的主体，不是委托监护人，不存在未成年人法定(指定)监护人将监护职责转移给寄宿制学校委托监护的问题。

CD 两项，《民法典》第 27 条规定，父母是未成年子女的监护人。未成年人的父母已经死亡或者没有监护能力的，由下列有监护能力的人按顺序担任监护人：①祖父母、外祖父母；②兄、姐；③其他愿意担任监护人的个人或者组织，但是须经未成年人住所地的居民委员会、村民委员会或者民政部门同意。因此，由于不存在“未成年人的父母已经死亡或者没有监护能力的”情况，所以父母仍为监护人，祖父无权要求成为法定监护人，也不适用居委会指定的规定。

6A 7A

二、多项选择题

1. 林某在国外定居，回国探亲时受到好友刁某的热情招待，林某高兴之余，承诺好友刁某妻子腹中胎儿出生后赠与其2万元，后孩子出生，林某反悔，未给予赠款。关于此案，下列哪些说法正确？（　　）[2019年法考真题]

A. 该赠与合同生效　　B. 受赠人为刁某　　C. 受赠人为胎儿　　D. 赠与合同未生效

【解析】AD两项，《民法典》第16条规定："涉及遗产继承、接受赠与等胎儿利益保护的，胎儿视为具有民事权利能力。但是，胎儿娩出时为死体的，其民事权利能力自始不存在。"本题中，胎儿视为具有民事权利能力，胎儿正常出生，赠与合同有效。

BC两项，林某明确表示赠与胎儿，故受赠人是胎儿，而非刁某。

2. 甲为躲避债务一走了之，5年后妻子乙申请宣告死亡，乙和丙结婚1年后离婚，7年后甲归来。此时，关于婚姻关系表述，下列哪些说法是正确的？（　　）[2019年法考真题]

A. 法院宣告甲死亡时，甲、乙的婚姻关系消灭

B. 法院撤销死亡宣告后，甲、乙的婚姻关系自行恢复

C. 法院撤销死亡宣告后，甲、乙需要登记结婚方能确立婚姻关系

D. 甲下落不明时，甲、乙的婚姻关系消灭

【解析】A项，婚姻关系终止，是宣告死亡的后果之一。

BC两项，宣告死亡后，死亡宣告被撤销的，婚姻关系自撤销死亡宣告之日起自行恢复，但其配偶再婚或者向婚姻登记机关书面声明不愿意恢复的除外。本题中，乙再婚，故甲、乙的婚姻关系不能自行恢复，需要另行登记结婚才能确立婚姻关系。

D项，下落不明并非婚姻关系的终止事由。

3. 2015年2月，家住陕西省W县的孙某(男，51周岁，有配偶)依法收养了孤儿小丽(女，11周岁)为养女，后孙某多次对小丽实施性侵害，造成小丽先后产下两名女婴。2017年5月，当地群众向公安机关匿名举报，媒体也纷纷曝光此事。2017年8月，当地法院判决孙某构成强奸罪，判决有期徒刑3年。关于本案，下列哪些说法是错误的？（　　）[2018年法考真题]

A. W县民政部门可以直接取消孙某的监护人资格

B. 孙某被人民法院取消监护资格后可以不再给付抚养费

C. 孙某出狱后，如确有悔改表现的，经其申请，人民法院可以恢复其监护人资格

D. 小丽对孙某的损害赔偿请求权的诉讼时效期间自法定代理终止之日起计算

【解析】A项，《民法典》第36条第3款规定，前款规定的个人和民政部门以外的组织未及时向人民法院申请撤销监护人资格的，民政部门应当向人民法院申请。本题中，孙某作为养父对养女小丽实施性侵害，属于严重损害被监护人身心健康行为，依法可以取消监护人资格。但有权取消孙某监护人资格的机关是法院而非民政部门，民政部门只能作为申请人。

B项，《民法典》第37条规定，依法负担被监护人抚养费、赡养费、扶养费的父母、子女、配偶等，被人民法院撤销监护人资格后，应当继续履行负担的义务。本题中，孙某虽然被取消监护人资格，但是抚养费应当继续履行。

C项，《民法典》第38条规定，被监护人的父母或者子女被人民法院撤销监护人资格后，除对被监护人实施故意犯罪的外，确有悔改表现的，经其申请，人民法院可以在尊重被监护人真实意愿的前提下，视情况恢复其监护人资格，人民法院指定的监护人与被监护人的监护关系同时终止。本题中，孙某对小丽实施性侵害，构成强奸罪，属于故意犯罪，不能恢复监护人资格。

D项，《民法典》第191条规定，未成年人遭受性侵害的损害赔偿请求权的诉讼时效期间，自受害人年满18周岁之日起计算。本案中，孙某对小丽实施性侵害，小丽对孙某的损害赔偿请求权依法自年满18周

1AC　2AC　3ABCD

岁之日起计算而非法定代理终止之日。

4. 余某与其妻婚后不育，依法收养了孤儿小翠。不久后余某与妻子离婚，小翠由余某抚养。现余某身患重病，为自己和幼女小翠的未来担忧，欲作相应安排。下列哪些选项是正确的？(　　)［2017 年法考真题］

A. 余某可通过遗嘱指定其父亲在其身故后担任小翠的监护人

B. 余某可与前妻协议确定由前妻担任小翠的监护人

C. 余某可与其堂兄事先协商以书面形式确定堂兄为自己的监护人

D. 如余某病故，应由余某父母担任小翠的监护人

【解析】A 项，《民法典》第 29 条规定，被监护人的父母担任监护人的，可以通过遗嘱指定监护人。本题中，余某作为小翠的父亲，可通过遗嘱为小翠指定监护人。

C 项，《民法典》第 33 条规定，具有完全民事行为能力的成年人，可以与其近亲属、其他愿意担任监护人的个人或者组织事先协商，以书面形式确定自己的监护人，在自己丧失或者部分丧失民事行为能力时，由该监护人履行监护职责。

BD 两项，《民法典》第 27 条规定，父母是未成年子女的监护人。第 30 条规定，依法具有监护资格的人之间可以协议确定监护人。本题中，余某与其妻依法收养了孤儿小翠，形成法律意义上的父母子女关系，该关系不因夫妻离婚而受影响。余某前妻作为小翠的养母，具有对小翠的监护资格，可以与余某协议确定监护人。但是，在小翠的养母有监护能力且未丧失监护能力的情形下，余某的父母无权监护。

5. 甲、乙为夫妻，长期感情不和。2010 年 5 月 1 日甲乘火车去外地出差，在火车上失踪，没有发现其被害尸体，也没有发现其在何处下车。2016 年 6 月 5 日法院依照法定程序宣告甲死亡。之后，乙向法院起诉要求铁路公司对甲的死亡进行赔偿。关于甲被宣告死亡，下列哪些说法是正确的？(　　)［2016 年法考真题］

A. 甲的继承人可以继承其财产

B. 甲、乙婚姻关系消灭，且不可能恢复

C. 2016 年 6 月 5 日为甲的死亡日期

D. 铁路公司应当对甲的死亡进行赔偿

【解析】A 项，在被宣告死亡人的住所地为中心的区域，宣告死亡的效果等同于生理死亡，婚姻、监护等身份关系终止，财产作为遗产被继承。本题中，甲被宣告死亡，甲的继承人可以依法继承其财产。

B 项，《民法典》第 51 条规定，被宣告死亡的人的婚姻关系，自死亡宣告之日起消除。死亡宣告被撤销的，婚姻关系自撤销死亡宣告之日起自行恢复。但是，其配偶再婚或者向婚姻登记机关书面声明不愿意恢复的除外。本题中，如果甲后来生还，申请撤销死亡宣告，其配偶乙尚未再婚且未向婚姻登记机关书面声明不愿意恢复，则甲、乙的婚姻关系自撤销死亡宣告之日起自行恢复。

C 项，《民法典》第 48 条规定，被宣告死亡的人，人民法院宣告死亡的判决作出之日视为其死亡的日期。本题中，2016 年 6 月 5 日法院依照法定程序宣告甲死亡，故 2016 年 6 月 5 日即为甲的死亡日期。

D 项，本题中，甲乘火车，与铁路公司成立运输合同。但题目中无证据证明甲失踪是由于承运人履行运输合同造成，故承运人铁路公司的运输与甲的因失踪而被宣告死亡之间无因果关系，所以铁路公司也无须对甲的死亡承担损害赔偿责任。

三、不定项选择题

70 岁丧偶的甲有一对成年子女，已经独立生活。甲喜欢上了 50 岁的奶奶乙，后甲与乙订立协议，甲约定：“当我丧失行为能力时，希望你能来照顾我。我死后分给你一半的财产。”甲的子女不同意。关于此案，下列说法正确的有(　　)。［2019 年法考真题］

A. 甲可以自己选择监护人

B. 该协议在甲死后才生效

C. 甲处分遗产的部分无效

D. 甲有成年子女，协议无效

【解析】A 项，《民法典》第 33 条规定，完全民事行为能力人可以与他人约定，在自己丧失行为能力情

4ABC　5AC　❙　A

况下，由该他人担任自己的监护人。因此，甲作为完全行为能力人，可以选择自己的监护人。

B 项，该协议既包括事先协商监护的内容，也包括遗赠扶养协议的内容。只有死后分财产的部分，为甲死亡后生效，其他部分均生效于甲生前。

CD 两项，甲有权处分自己的财产，也有权事先协商监护和签订遗赠扶养协议，不受是否有成年子女的影响。

四、概念题

1. 自然人民事行为能力［东财 2014 年研］

答：参见本章简答题第 1 题答案。

2. 自然人的民事责任能力［南京理工 2011 年研］

相关试题：民事责任能力［中山大学 2009 年研］

答：自然人的民事责任能力又称不法行为能力，是指行为人对民事违法行为承担民事责任的能力。《民法典》未对民事责任能力作出具体规定，一般情况下民事责任能力所指即为侵权责任能力。《民法典》第 1188 条规定："无民事行为能力人、限制民事行为能力人造成他人损害的，由监护人承担侵权责任；监护人尽到监护责任的，可以减轻其侵权责任。有财产的无民事行为能力人，限制民事行为能力人造成他人损害的，从本人财产中支付赔偿费用。不足部分，由监护人赔偿。"根据这一规定，不具有完全行为能力不等于没有责任能力。

3. 监护与亲权［宁波大学 2018 年研］、**监护**［广东财大 2023 年研；温州大学 2018 年研；北师 2012 年研；中南财大 2012 年研］

答：监护是指对未成年人和精神病人（无行为能力人和限制行为能力人）的人身、财产及其他合法权益进行监督和保护的一种民事法律制度。亲权是指父母对未成年子女在人身和财产方面的管教和保护的权利和义务。现代亲权实行共同亲权原则，即由父母亲共同享有，双方地位平等。现代亲权是男女平等原则的产物。二者的区别如下：

（1）亲权立法采放任主义，法律对父母持信任态度，因此立法上对亲权人的限制较少；监护制度则采限制主义，尽管监护人与被监护人存在某种身份关系，但毕竟较为疏远，而且被监护人不具有保护自己的能力，因此立法对监护人的活动进行严格的限制。

（2）亲权的成立是以亲子关系为基础，亲权人对子女负有抚养义务；而监护人与被监护人之间则无此种特定的身份关系，因而监护人对被监护人一般不负抚养义务。

（3）亲权人对子女的财产进行处分的限制比较宽松，并享有该财产的用益权；而监护人处分被监护人财产的权利则受到法律的严格限制，通常只能以被监护人的利益而处分，并且不享有用益权。

4. 宣告失踪与宣告死亡［中南财大 2003 年研］

相关试题：宣告失踪［复旦大学 2020 年研；湘潭大学 2017 年研；南航 2016 年研；浙工商 2015 年研；青岛大学 2015 年研］、**宣告死亡**［湘潭大学 2016 年研；东财 2011 年研］

答：宣告失踪是指自然人离开自己的住所，下落不明达到法定期限，经利害关系人申请，由人民法院宣告其为失踪人的法律制度。宣告死亡是指自然人下落不明达到法定期限，经利害关系人申请，人民法院宣告其死亡的法律制度。二者的区别在于：

（1）目的不同。宣告失踪是对一种确定的自然事实状态的法律确认，目的在于结束失踪人财产关系的不确定状态，保护失踪人的利益和利害关系人的利益；宣告死亡是法律上的推定死亡，即从自然人下落不明达到法定期限的事实，推定出他已死亡的事实。

（2）期限不同。宣告失踪所需要经过的法定期限一般要短于宣告死亡需要经过的法定期限。

五、简答题

1. 简述我国《民法典》对自然人的民事行为能力的规定。［华中农大 2017 年研改编］

相关试题：

（1）论自然人的民事行为能力。［论述题，华东政法 2024 年研］

（2）中国制定民法如何规定自然人的民事行为能力？［山东大学 2016 年研］

（3）试述自然人民事行为能力及其种类。［浙江财大 2016 年研］

答：自然人的民事行为能力，是指自然人能以自己的行为享有民事权利、承担民事义务的资格。自然人具有民事行为能力要求自然人达到一定的年龄并拥有正常的精神状态。

（1）自然人民事行为能力的内涵：

①民事行为能力以意思能力为基础。意思能力是指自然人可以判断自己的行为的法律后果的能力。《民法典》第 187 条规定的“识别能力”即“意思能力”，自然人具有民事行为能力的关键是具备意思能力。

②《民法典》中当事人民事行为能力影响民事责任能力。《民法典》没有明文规定责任能力，按照一般理论，民事责任能力是指侵权责任能力。《民法典》第 1188 条规定：“无民事行为能力人、限制民事行为能力人造成他人损害的，由监护人承担侵权责任。监护人尽到监护职责的，可以减轻其侵权责任。有财产的无民事行为能力人、限制民事行为能力人造成他人损害的，从本人财产中支付赔偿费用；不足部分，由监护人赔偿。”因此应当认为，完全民事行为能力人具有完全民事责任能力，而无民事行为能力人、限制民事行为能力人仅在特定情况下具有完全民事责任能力。

（2）自然人民事行为能力的分类。《民法典》根据我国自然人的具体情况，按照年龄阶段的不同和理智是否正常，将自然人的民事行为能力划分为以下三类：

①完全民事行为能力，指自然人具有的通过自己独立的意思表示进行民事法律行为的能力。我国民事法律规定，18 周岁以上的公民是成年人，具有完全民事行为能力，可以独立进行民事活动，是完全民事行为能力人。16 周岁以上不满 18 周岁的公民，以自己的劳动收入为主要生活来源的，视为完全民事行为能力人。

②限制民事行为能力，指自然人独立通过意思表示进行民事法律行为的能力受到一定的限制。《民法典》规定，8 周岁以上的未成年人是限制民事行为能力人。不能完全辨认自己行为的成年人为限制民事行为能力人。

③无民事行为能力，指自然人不具有以自己独立的意思表示进行民事活动的能力。《民法典》规定，不满 8 周岁的未成年人是无民事行为能力人。完全不能辨认自己行为的成年人是无民事行为能力人。

2. 辨析：享有民事权利能力的民事主体均可享有民事权利和承担民事义务。［北师 2008 年研］

答：上述观点是不准确的，具体分析如下：

（1）该观点混淆了民事权利能力和民事行为能力之间的界限。民事权利能力和民事行为能力是不同的，具备民事权利能力的主体，不一定具备民事行为能力。这一点主要体现在自然人身上。自然人的民事权利能力是指自然人依法享有民事权利和承担民事义务的资格。法人的民事权利能力是指法人依法享有民事权利和承担民事义务的资格。二者是存在着差异的。

（2）具有民事权利能力的主体，一般就是享有民事权利的主体，而这里的民事权利只是一种资格，而非主体可以实际上享有民事权利和承担民事义务。一个主体要想实际上享有民事权利，承担民事义务，其应当具备相应的民事行为能力。自然人和法人在民事行为能力方面存在差距，就自然人而言，享有民事权利能力的自然人，并不必然享有民事行为能力。在我国，年满 18 周岁、精神正常的自然人具有完全民事行为能力，可以独立行使权利并承担义务；限制民事行为能力人和无行为能力人则需要其法定代理人代为完成一定的行为。

3. 简述民事权利与民事权利能力的区别。［华中农大 2013 年研］

答：民事权利是指民事主体实现其特定利益的法律手段。民事权利能力是指自然人依法享有民事权利和承担民事义务的资格。自然人的民事权利能力和民事权利不同，主要表现在以下几个方面：

（1）自然人享有民事权利能力，只是具备了取得民事权利和承担民事义务的前提和可能性。自然人享有具体的民事权利和承担具体的民事义务是实现其民事权利能力的结果。

（2）民事权利能力包括当事人享受民事权利的资格和承担民事义务的能力。民事权利和民事义务则是两个不同的概念，二者在民事法律关系中互相独立，民事权利本身并不包含民事义务。

（3）民事权利能力是法律赋予的，作为一项抽象的资格，具有平等性。民事权利的内容和范围则通常直接取决于民事主体的意志，因个人的条件不同，参加的民事法律关系各异，每个人在民事权利的享有上也是千差万别的。

（4）民事权利能力与自然人的人身是不可分离的。自然人的民事权利能力非以法律规定不受限制或剥夺，而且自然人自己也不能放弃或转让。自然人的民事权利，除专属权外，自然人可以依自己的意志转让、抛弃，并且也可以依法受到限制。

4. 简述公民的民事权利能力和民事行为能力的关系。［华中农大 2011 年研］

相关试题：民事权利能力和民事行为能力［概念题，华南理工 2017 年研］

答：民事权利能力是指民事主体依法享有民事权利和承担民事义务的资格。民事行为能力是指民事主体能以自己的行为享有民事权利和承担民事义务的资格。二者存在联系且相互区别。

（1）二者的联系：

民事权利能力是民事行为能力的前提，民事行为能力是民事权利能力实现的条件。民事权利能力表明了作为民事主体的资格，行为能力则表明了民事主体能以自己的行为从事民事活动的资格。

（2）二者的区别：

①二者确认的标准不同。自然人的民事权利能力始于出生，终于死亡，因此，自然人自出生开始即享有民事权利能力。而能否获得民事行为能力，还受自然人的年龄和认知等主观因素的制约，因此，有民事权利能力者，不一定就有民事行为能力。

②民事权利能力在于确认主体是否享有民事权利和承担民事义务的资格，而民事行为能力在于确认民事主体能不能享有民事权利和承担民事义务。

5. 简述监护终止的原因。［湘潭大学 2017 年研］

答：监护终止的原因有以下几种情形：

（1）被监护人取得或恢复完全民事行为能力。被监护人成年后取得完全民事行为能力，监护终止。精神病人已经康复，恢复了民事行为能力，为其设置的监护也终止。

（2）监护人或被监护人一方死亡。这种情况包括宣告死亡，此时监护关系自然终止。

（3）监护人丧失了行为能力。监护人有监护能力是监护关系的成立的前提，监护人丧失了行为能力，则丧失监护能力，监护关系自然终止。

（4）监护人辞去监护。除未成年人的父母以外的监护人有正当理由时，可经有指定权的机关同意后辞去监护。正当理由应包括监护人患病、迁居、家庭困难等。

（5）监护人被撤销监护人资格。在监护人不履行监护职责或利用监护之便侵害被监护人合法权益的情况下，人民法院可以依照利害关系人的申请撤销监护人的监护资格。

6. 简述宣告失踪。［北理 2008 年研］

相关试题：

（1）简述宣告失踪应当具备的条件。［华南理工 2022 年研；浙江财大 2020 年研］

（2）民法宣告失踪的概念和效力。［河北师大 2020 年研］

答：（1）宣告失踪是指自然人离开自己的住所，下落不明达到法定期限，经利害关系人申请，由人民法院宣告其为失踪人的法律制度。

（2）宣告失踪的条件和程序：

①自然人失踪的事实。此时应当符合两个条件：a. 自然人离开自己的住所或者居所没有任何音讯；b. 上述状态持续时间满 2 年。

②利害关系人的申请。利害关系人的申请既是宣告失踪的条件之一，又是宣告失踪程序的开始所说利害关系人是指下落不明人的近亲属或者对该人负有监护职责的人以及该人的债权人和债务人。

③人民法院的受理与宣告。除人民法院之外的其他机关和个人无权作出宣告失踪的决定。

(3)宣告失踪的效力主要针对有关失踪人财产的处理问题。《民法典》第42条规定："失踪人的财产由其配偶、成年子女、父母或者其他愿意担任财产代管人的人代管。代管有争议，没有前款规定的人，或者前款规定的人无代管能力的，由人民法院指定的人代管。"

(4)宣告失踪的撤销。《民法典》第45条规定，失踪人重新出现，经本人或者利害关系人申请，人民法院应当撤销失踪宣告。失踪人重新出现，有权要求财产代管人及时移交有关财产并报告财产代管情况。

①撤销失踪宣告的程序：

a. 失踪人重新出现，由失踪人本人或者他的利害关系人向人民法院提出撤销失踪宣告的申请。

b. 人民法院对申请进行审核并确认事实后，依法作出撤销失踪宣告的判决。

②失踪宣告撤销的效力。撤销失踪宣告后，代管人终止代管行为，丧失代管权利，并就其代管财产及收益及时返还，告知财产处理详情。

7. 简述宣告死亡的条件和法律效果。［东财2009年研］

相关试题：

(1)简述民法上死亡宣告的要件。［华南理工2017年研；北师2008年研］

(2)宣告死亡撤销的法律后果。［山东大学2010年研］

答：宣告死亡是指自然人下落不明达到法定期限，经利害关系人申请，人民法院宣告其死亡的法律制度。

(1)宣告死亡的条件：

①自然人下落不明须达到法定的期间。一般情况下，自然人离开住所下落不明满4年的；因意外事件下落不明，从事件发生之日起满2年的，利害关系人可以申请宣告他死亡。因意外事件下落不明，经有关机关证明该自然人不可能生存的，申请宣告死亡不受2年时间的限制。战争期间下落不明的，申请宣告死亡的失踪期间适用4年的规定。下落不明的起算时间，从自然人音讯消失之次日起算。

②须有利害关系人的申请。申请宣告死亡的利害关系人包括：被申请人的近亲属；代位继承人或者对公婆、对岳父岳母尽了主要赡养义务的丧偶儿媳、女婿；债权人、债务人、合伙人等与被申请人有民事权利义务关系的民事主体，但是不申请宣告失踪不影响其权利行使、义务履行的除外。

③须由人民法院受理并宣告。宣告死亡的公告期间为1年，因意外事故下落不明，经有关机关证明该自然人不可能生存的，宣告死亡的公告期间为3个月。公告期间届满仍不能确定失踪人尚生存的，人民法院才能依法对其作出死亡宣告。

(2)宣告死亡的法律效果：①被宣告死亡的自然人与其配偶之间婚姻关系消灭；②其继承人因此可以继承其遗产；③受遗赠人可以取得遗赠等；④有民事行为能力人在被宣告死亡期间，仍然能够独立参加各种民事活动，其实施的民事法律行为仍然可以是有效的。

六、论述题

1. 试比较自然人民事行为能力和自然人民事责任能力。［苏州大学2014年研］

相关试题：

(1)行为能力与责任能力的区别。［中国政法2021年研］

(2)民事行为能力与民事责任能力［概念辨析题，宁波大学2018年研］

答：(1)二者的概念：

①自然人的民事行为能力，是指自然人独立参加民事法律关系，以自己的法律行为取得民事权利或承担民事义务的法律资格。

②自然人的民事责任能力，是指自然人据以独立承担民事责任的法律地位或法律资格，又称侵权行为能力。凡具有民事责任能力的主体，将对自己的行为所造成的违法后果承担民事责任。

(2)二者的联系。《民法典》未规定民事责任能力概念。《民法典》第1188条规定："无民事行为能力人、限制民事行为能力人造成他人损害的，由监护人承担侵权责任；监护人尽到监护责任的，可以减轻其侵权责任。有财产的无民事行为能力人，限制民事行为能力人造成他人损害的，从本人财产中支付赔偿费用。不足部分，由监护人赔偿。”根据这一规定，完全行为能力人有责任能力，无行为能力人和限制行为能力人不一定没有责任能力。

(3)二者的区别：

①目的不同。法律设民事行为能力，在于使主体可以按照自己的意思追求自身利益；设民事责任能力之目的，在于对主体的违法行为追究民事责任，保护他人和社会的利益。

②效力不同。民事行为能力为决定民事法律行为是否有效的根据，民事责任能力为决定主体是否自己承担民事责任的根据。

③性质不同。民事行为能力是具体的，有一定的范围；民事责任能力是抽象的，并无一定范围。主体的行为超出其民事行为能力范围将不生效，但其违法行为无论是否超出民事行为能力范围，均发生法律效果，即应受法律追究。

2. 试述民法上的监护制度。［中山大学 2015 年研］

相关试题：何谓监护？设立监护的目的是什么？［简答题，广东财大 2018 年研］

答：(1)监护，是指对未成年人和成年无民事行为能力人或者限制民事行为能力人设定专人保护其利益，监督其行为，并且管理其财产的法律制度。履行监督和保护职责的人就是监护人；被监护人监督、保护的人是被监护人。

(2)设置监护的目的在于，保护无民事行为能力人和限制民事行为能力人的合法权益，从而促进社会秩序的稳定。

(3)监护人的设立。《民法典》规定了监护人的几种设立方式，包括：法定监护、遗嘱监护、协议监护、指定监护和临时监护。

①为未成年人设立监护人：

a. 父母是未成年人的当然法定监护人。具有监护能力的父母自未成年人出生即成为其当然监护人。这种监护是一种法定监护。但父母一方或者双方作为监护人对未成年人明显不利的，人民法院可以取消其担任监护人的资格。

b. 除父母之外的未成年子女的法定监护人。未成年人的父母已经死亡或者没有监护能力的，由下列有监护能力的人按顺序担任监护人：其一，祖父母、外祖父母；其二，兄、姐；其三，其他愿意担任监护人的个人或者组织，但是须经未成年人住所地的居民委员会、村民委员会或者民政部门同意。

c. 指定未成年人的监护人。该类监护人范围为未成年人父母之外的近亲属。其在两种情况下发生：在除未成年人父母之外的近亲属争当未成年人的监护人或都不愿担任监护人的情况下，未成年人住所地的居民委员会、村民委员会或者民政部门有权指定未成年人的监护人。

d. 有关组织担任未成年人的监护人。按《民法典》第 32 条规定，没有依法具有监护资格的人的，监护人由民政部门担任，也可以由具备履行监护职责条件的被监护人住所地的居民委员会、村民委员会担任。

e. 未成年人的监护人的变更。变更原因主要有：监护人丧失了监护能力；监护人不履行监护职责，给未成年人造成损害或者利用监护方便侵害未成年人财产利益的，经与未成年人的有利害关系的个人或组织申请，人民法院可以变更监护人；在法律允许的情况下，监护人之间也可以签订变更协议，更换监护人。

②为无民事行为能力或者限制民事行为能力的成年人设立监护人：

a. 法定监护人。根据《民法典》第 28 条规定，无民事行为能力或者限制民事行为能力的成年人，由下列有监护能力的人按顺序担任监护人包括：配偶；父母；成年子女；其他近亲属。

b. 有关组织担任监护人。根据《民法典》第 32 条规定，首先应由民政部门履行监护职责，其次具备监护职责履行条件的被监护人住所地的村民委员会、居民委员会根据其意愿也可担任监护人。

c. 指定监护人(同未成年人的指定监护人)。

③成年监护。根据《民法典》第 33 条规定，具有完全民事行为能力的成年人，可以与其近亲属、其他愿意担任监护人的个人或者组织事先协商，以书面形式确定自己的监护人，在自己丧失或者部分丧失民事行为能力时，由该监护人履行监护职责。成年监护属于约定监护，监护人与被监护人之间的权利义务关系

由监护协议确定。

(4)监护人的职责，主要是保护被监护人的身体健康、照顾被监护人的生活、对被监护人进行管教、保护和管理被监护人的财产、代理被监护人进行民事活动、代理被监护人进行诉讼以及承担监护之民事责任。总之，须按最有利于被监护人和尊重被监护人意愿实施监护。

(5)监护人资格的撤销。《民法典》第36条规定，监护人有下列情形之一的，人民法院根据有关个人或者组织的申请，撤销其监护人资格，安排必要的临时监护措施，并按照最有利于被监护人的原则依法指定监护人：①实施严重损害被监护人身心健康的行为；②怠于履行监护职责，或者无法履行监护职责且拒绝将监护职责部分或者全部委托给他人，导致被监护人处于危困状态；③实施严重侵害被监护人合法权益的其他行为。

(6)监护的终止。《民法典》第39条规定，有下列情形之一的，监护关系终止：①被监护人取得或者恢复完全民事行为能力；②监护人丧失监护能力；③被监护人或者监护人死亡；④人民法院认定监护关系终止的其他情形。

七、案例分析题

杨威生于2010年9月2日，现在某小学上学。2020年9月10日，杨威在放学回家途中看到红色超市正在开展有奖销售，每消费50元人民币可领取奖券一张，最高奖金2000元人民币，于是花了50元买了一套彩笔，领到一张奖券。一周后超市开奖时，杨威领到的奖券号码中了最高奖。杨威非常激动并立马将中奖的消息告知其母朱佳，母子两人当天9月19日就到红色超市兑奖。朱佳回家后就顺手将2000元人民币现金放入书柜中。国庆假期，杨威因琐事与母亲朱佳发生争执后，一气之下便趁其母不注意时偷偷将书柜中的2000元人民币取出，一个人跑到红色超市购物报复其母。杨威花2000元买了一台高级电动滑板车并将车寄存在到同学家。2021年1月9日，朱佳购买股票差钱时想起书柜中杨威中奖的2000元人民币，准备拿去购买股票，可到书柜一看大吃一惊，钱已不见了。朱佳反复质问儿子杨威才知已经被其拿去买了电动滑板车。但由于家里已经有几台电动滑板车了，朱佳便于2021年1月19日拉着儿子杨威到红色超市退货，说儿子购买电动滑板车未经过父母同意，请红色超市退还2000元人民币。但是红色超市售货人员说已超过该超市规定的退货时间，无法退货了。[湖南师大2023年研]

请问：

(1)红色超市拒绝退货是否符合法律规定？为什么？

(2)朱佳可否使用儿子杨威中奖所得的2000元人民币购买股票？为什么？

答：(1)红色超市拒绝退货不符合法律规定。理由如下：

①杨威的购买行为无效。《民法典》第19条规定，8周岁以上的未成年人为限制民事行为能力人，实施民事法律行为由其法定代理人代理或者经其法定代理人同意、追认；但是，可以独立实施纯获利益的民事法律行为或者与其年龄、智力相适应的民事法律行为。杨威于2020年9月10日时已满10周岁，属于限制民事行为能力人；其花2000元购买电动滑板车的行为，显然超出了一个10岁儿童的正常消费能力和认知范围，属于效力待定的民事法律行为。该行为未经其法定代理人(母亲朱佳)的同意或追认。因此，该购买行为无效。

②朱佳作为杨威的法定代理人，有权要求红色超市退货并返还2000元人民币。《民法典》第145条第1款规定，限制民事行为能力人实施的纯获利益的民事法律行为或者与其年龄、智力、精神健康状况相适应的民事法律行为有效；实施的其他民事法律行为经法定代理人同意或者追认后有效。

(2)朱佳可以使用儿子杨威中奖所得的2000元人民币购买股票。理由如下：

根据《民法典》第34条规定，监护人的职责是代理被监护人实施民事法律行为，保护被监护人的人身权利、财产权利以及其他合法权益等。监护人应当按照最有利于被监护人的原则履行监护职责。监护人对被监护人的财产有管理和使用的权利，但必须是为了被监护人的利益。本题中，朱佳作为杨威的法定监护人，有权管理和使用杨威的财产，只要这种管理和使用是为了杨威的利益。因此，朱佳可以使用杨威中奖所得的2000元人民币购买股票，但必须确保这种行为是为了杨威的利益。

第五章　法　人

5.1　复习指南

【知识框架（庖丁解牛）】

- 法人
  - 法人概述
    - 概念、特征
    - 分类
      - 《民法典》：营利法人、非营利法人、特别法人
      - 外国立法和学理
        - 社团法人、财团法人
        - 营利法人、公益法人、中间法人
        - 公法人、私法人
        - 本国法人、外国法人
  - 法人的成立
    - 法人的设立：概念、原则、方式、要件、民事责任
    - 法人应具备的条件
  - 法人的民事能力
    - 法人的民事权利能力：概念、能力限制
    - 法人的民事行为能力：概念、特点
    - 法人的民事责任能力：概念、民事责任
  - 法人的机关
    - 概念、特征、构成、法定代表人
    - 决议效力、与法人的关系
  - 法人的分支机构：概念、成立条件、法律地位
  - 法人的变更、终止与清算
    - 变更：概念、类型
    - 终止：概念、原因
    - 清算：概念、种类、终结
  - 法人的登记：目的、效力；设立、变更、注销登记
  - 营利法人
    - 概念、特征
    - 种类：有限公司、股份公司、其他企业法人
    - 损害赔偿责任、社会责任
  - 非营利法人
    - 概念、特征
    - 事业单位法人：概念、国有事业单位、民办非企业单位
    - 社会团体法人：概念、条件、分类
    - 捐助法人：基金会、社会服务机构、宗教活动场所法人
  - 特别法人：机关法人、农村集体经济组织法人、城镇农村合作经济组织法人、基层群众性自治组织法人

【通关提要（提纲挈领）】

本章主要介绍法人的相关知识，内容多且杂，基础且简单。学习时，要掌握法人的成立、变更、终止与清算；重点掌握法人的民事能力，可与自然人的民事能力比较学习，此处容易出简答题或论述题。此

外，要掌握营利法人、非营利法人及特别法人的知识，可进行对比记忆，避免混淆。本章主要考查概念题和简答题，可以按框架构建知识体系来系统记忆。

5.2 考研真题与典型题详解

一、单项选择题

1. 甲是X公司董事长和法定代表人。2019年8月6日甲与田某约定：甲从田某处借款1000万元用于X公司与Y公司的合作项目。2019年8月7日田某出示汇款凭证，并出示次日X公司收到汇款并汇款给Y公司的凭证。下列说法正确的是（　　）。［2019年法考真题］

A. 甲与田某的借款合同于2019年8月8日成立

B. 甲与田某之间不构成借款合同

C. 甲与田某的借款合同于2019年8月6日成立

D. 田某不能要求X公司与甲某共同清偿债务

【解析】AC两项，无特别说明的情况下，所有合同签订即成立生效，甲与田某8月6日达成约定，借款合同即告成立。

B项，借款合同，是当事人约定一方将一定种类和数额的货币所有权移转给他方，他方于一定期限内返还同种类同数额货币的合同。本题中，甲与田某约定甲从田某处借款1000万元，属于典型的借款合同。

D项，《最高人民法院关于审理民间借贷案件适用法律若干问题的规定》第23条第2款规定，法人的法定代表人或者非法人组织的负责人以个人名义与出借人订立民间借贷合同，所借款项用于单位生产经营，出借人请求单位与个人共同承担责任的，人民法院应予支持。

2. 根据我国法律规定，关于法人成立，下列哪一说法是正确的？（　　）［2018年法考真题］

A. 事业单位法人均从登记之日起具有法人资格

B. 社会团体法人均从成立之日起具有法人资格

C. 捐助法人均从登记之日起取得法人资格

D. 有独立经费的机关法人从登记之日起具有法人资格

【解析】A项，《民法典》第88条规定，具备法人条件，为适应经济社会发展需要，提供公益服务设立的事业单位，经依法登记成立，取得事业单位法人资格；依法不需要办理法人登记的，从成立之日起，具有事业单位法人资格。

B项，《民法典》第90条规定，具备法人条件，基于会员共同意愿，为公益目的或会员共同利益等非营利目的设立的社会团体，经依法登记成立，取得社会团体法人资格；依法不需要办理法人登记的，从成立之日起，具有社会团体法人资格。

C项，《民法典》第92条第1款规定，具备法人条件，为公益目的以捐助财产设立的基金会、社会服务机构等，经依法登记成立，取得捐助法人资格。

D项，《民法典》第97条规定，有独立经费的机关和承担行政职能的法定机构从成立之日起，具有机关法人资格，可以从事为履行职能所需要的民事活动。因此，有独立经费的机关法人从成立之日起具有法人资格，无须登记。

3. 关于法人，下列哪一表述是正确的？（　　）［2012年法考真题］

A. 社团法人均属营利法人

B. 基金会法人均属公益法人

C. 社团法人均属公益法人

D. 民办非企业单位法人均属营利法人

【解析】AC两项，社团法人是指以人为基础而集合成立的法人，如公司为股东之集合，工会为会员之集合，均属社团法人。社团法人包括公益法人和营利法人。

B项，基金会法人是典型的公益法人。

1C　2C　3B

D 项，民办非企业单位是指企业事业单位、社会团体和其他社会力量以及公民个人利用非国有资产举办的，从事非营利性社会服务活动的组织，如民办学校、民办医院、民办图书馆、民办博物馆、民办科技馆等。民办非企业单位也有公益性质。

4. 根据我国法律规定，关于法人，下列哪一表述是正确的？(　　)［2010 年法考真题］

A. 成立社团法人均须登记

B. 银行均是企业法人

C. 法人之间可形成合伙型联营

D. 一人公司均不是法人

【解析】A 项，我国法人分类中的社会团体法人和企业法人均属于传统大陆法系法人分类中的社团法人。《民法典》第 88 条规定，具备法人条件，为适应经济社会发展需要，提供公益服务设立的事业单位，经依法登记成立，取得事业单位法人资格；依法不需要办理法人登记的，从成立之日起，具有事业单位法人资格。据此，并不是所有社团法人的成立都需要登记。

B 项，中国人民银行在性质上属于由国务院领导的、我国政府的重要组成部分，不是企业法人，而是机关法人。

C 项，法人的联营是两个以上法人之间联合经营，包括三种形式：①法人型联营；②合伙型联营；③合同型联营。企业之间或者企业、事业单位之间联营，共同经营、不具备法人条件的，依照法律的规定或者协议的约定负连带责任的，承担连带责任，即法人之间可以成立合伙型联营。

D 项，所有的公司均属于企业法人，一人公司是我国《公司法》明确规定的公司类型，即一人公司均为法人。

二、多项选择题

1. 下列选项中，属于非营利法人的有(　　)。［2020 年法硕(法学)真题］

A. 基层群众性自治组织法人

B. 社会团体法人

C. 事业单位法人

D. 农村合作经济组织法人

【解析】《民法典》将法人分为三类：营利法人、非营利法人和特别法人。《民法典》第 87 条规定，为公益目的或者其他非营利目的成立，不向出资人、设立人或者会员分配所取得利润的法人，为非营利法人。非营利法人包括事业单位、社会团体、基金会、社会服务机构等。第 96 条规定，本节规定的机关法人、农村集体经济组织法人、城镇农村的合作经济组织法人、基层群众性自治组织法人，为特别法人。

2. 黄逢、黄现和金耘共同出资，拟设立名为“黄金黄研究会”的社会团体法人。设立过程中，黄逢等 3 人以黄金黄研究会名义与某科技园签署了为期 3 年的商铺租赁协议，月租金 5 万元，押 3 付 1。此外，金耘为设立黄金黄研究会，以个人名义向某印刷厂租赁了一台高级印刷机。关于某科技园和某印刷厂的债权，下列哪些选项是正确的？(　　)［2017 年法考真题］

A. 如黄金黄研究会未成立，则某科技园的租赁债权消灭

B. 即便黄金黄研究会未成立，某科技园就租赁债权，仍可向黄逢等 3 人主张

C. 如黄金黄研究会未成立，则就某科技园的租赁债务，由黄逢等 3 人承担连带责任

D. 黄金黄研究会成立后，某印刷厂就租赁债权，既可向黄金黄研究会主张，也可向金耘主张

【解析】《民法典》第 75 条规定，设立人为设立法人从事的民事活动，其法律后果由法人承受；法人未成立的，其法律后果由设立人承受，设立人为二人以上的，享有连带债权，承担连带债务。设立人为设立法人以自己的名义从事民事活动产生的民事责任，第三人有权选择请求法人或者设立人承担。

ABC 三项，如果黄金黄研究会未成立，则其设立期间同某科技园签署的商铺租赁协议，应由黄逢等 3 人承担连带责任。

D 项，金耘为设立黄金黄研究会而以自己名义同某印刷厂签订的租赁合同，在黄金黄研究会成立后，某印刷厂有权选择请求黄金黄研究会或者金耘履行。

4C ▎ 1BC　2BCD

三、概念题

1. 法人[广东财大 2020 年研；中财 2017 年研；东财 2015 年研]

答：法人，是指具有民事权利能力和民事行为能力的组织。民法中不仅确立了自然人的民事主体资格，也逐步确立了法人的民事主体资格。这种组织既可以是人的结合团体，也可以是依特殊目的所组织的财产。其基本法律特征有：①法人是依法成立的一种社会组织；②法人拥有独立的财产或者经费；③法人独立承担民事责任；④法人能够以自己的名义参加民事活动。

2. 社团法人与财团法人[四川师大 2018 年研；南京理工 2011 年研]

相关试题：社团法人[中国政法 2025、2021 年研]、**财团法人**[人大 2013 研]

答：参见本章简答题第 1 题答案。

3. 法人实在说[武大 2015 年研]

答：法人实在说是有关法人本质的学说。法人的本质涉及思考法人是否有民事权利能力、民事行为能力、民事责任能力以及法人机关与法人之间的关系的问题，其主要包括三种学说：法人拟制说、法人否认说和法人实在说。法人实在说认为，法人是客观存在的主体，具有团体意思和利益。其又包含两种学说：①有机体说认为，法律主体是与意思能力联系在一起的，而法人有团体意思，因此应成为社会有机体。②组织体说认为，法人是一种具有区别于其成员的个体意志和利益的组织体。法人的本质不在于其作为社会的有机体，而在于其具有适合为权利主体的组织，我国《民法典》采取组织体说。

4. 法人机关[三峡大学 2018 年研；南京大学 2003 年研]

答：参见本章简答题第 5 题答案。

5. 法定代表人[三峡大学 2017 年研；浙工商 2016 年研]

答：法定代表人是指依法代表法人行使民事权利，履行民事义务的主要负责人。依据《民法典》第 61 条的规定，依照法律或者法人章程的规定，代表法人从事民事活动的负责人，为法人的法定代表人。根据《公司法》第 10 条规定，公司的法定代表人按照公司章程的规定，由代表公司执行公司事务的董事或者经理担任。法人由其法定代表人进行诉讼；其他组织由其主要负责人进行诉讼。法定代表人有权直接代表本单位向人民法院起诉和应诉，其所进行的诉讼行为，就是本单位（或法人）的诉讼行为，直接对本单位（或法人）发生法律效力。

6. 法人清算[青岛大学 2015 年研]

答：法人清算，是指法人在终止前，应当对其财产进行清理，对债权债务关系进行了结的行为。《民法典》第 70 条第 1 款规定："法人解散的，除合并或者分立的情形外，清算义务人应当及时组成清算组进行清算。"除机关法人以及事业单位法人的解散适用法律或行政法规的特别规定外，其他法人的解散除合并或者分立情形外应当及时组成清算组进行清算。法人清算可分为破产清算和非破产清算两种。破产清算是指依破产法规定的清算程序进行清算。非破产清算则是不依破产法规定的程序进行的清算。若在非破产清算时发现破产原因，即按破产程序处理。

7. 社会团体法人[湘潭大学 2015 年研]

答：社会团体法人是指自然人或者法人自愿组成，为实现会员共同意愿，按照其章程开展活动的非营利性社会组织。其应具备的条件有：①社会团体由会员组成；②社会团体的宗旨是实现会员的共同愿望；③社会团体以非营利为目的。社会团体法人均须制定章程，并经国家主管部门审核批准予以登记后，才能在其核准登记的业务范围及活动地区进行活动。

四、简答题

1. 简述社团法人与财团法人的区别。[中国政法 2017 年研；山东大学 2014 年研]

答：（1）按法人成立的基础不同，法人可分为：

①社团法人，是指以人为基础而集合成立的法人，包括：公司、合作社、各种协会与学会等。社团法人的成员统称社员，享有社员权。

②财团法人，是指以财产为基础而集合成立的法人。包括各种基金会组织、寺院、慈善组织等。

(2)二者的区别：

①成立基础不同。社团法人是人的集合，有组织成员或者社员；财团法人是财产的集合，没有法人成员。

②设立人的地位不同。社团法人的设立人以出资为对价，成为社员、获得社员权；财团法人的设立人通过捐赠或遗赠的方式设立财团法人，但在法人成立时与法人相脱离，不取得社员权。

③设立行为不同。社团法人的设立为合同行为、生前行为；而财团法人的设立属于单方行为，其中通过遗嘱设立的财团法人则在遗嘱人死后生效。

④有无意思机关不同。社团法人为自律法人，有自己的意思机关；财团法人为他律法人，没有该机关。

⑤目的不同。社团法人设立的目的可以是营利或公益；财团法人的设立只能以谋取公益为目的。

2. 民法关于法人分类的标准及类型。[中国政法2021年研]

相关试题：简述我国《民法典》中的法人分类体系。[中国政法2022年研]

答：《民法典》将法人分为：

(1)营利法人。《民法典》第76条规定，以取得利润并分配给股东等出资人为目的成立的法人，为营利法人。营利法人包括有限责任公司、股份有限公司和其他企业法人等。

(2)非营利法人。《民法典》第87条规定，为公益目的或者其他非营利目的成立，不向出资人、设立人或者会员分配所取得利润的法人，为非营利法人。非营利法人包括事业单位、社会团体、基金会、社会服务机构等。

(3)特别法人。《民法典》第96条规定，机关法人、农村集体经济组织法人、城镇农村的合作经济组织法人、基层群众性自治组织法人，为特别法人。

3. 简述法人的概念及其成立条件。[华中农大2015年研]

相关试题：

(1)法人成立的条件有哪些？[浙工商2015年研]

(2)简述法人的成立条件与法人的有限责任。[华南理工2013年研]

答：(1)法人是与自然人相对应的民事主体。法人是指具有民事权利能力和民事行为能力，依法独立享有民事权利和承担民事义务的组织。

(2)法人应具备的条件，是指取得法人资格所必须具备的基本条件。根据《民法典》规定，法人应具备的基本条件为：

①依法成立。指依照法律规定而成立。首先，法人组织的设立合法，其设立的目的、宗旨、组织机构等要符合法律的要求；其次，法人的成立程序符合法律、法规的规定。

②有自己的章程。法人章程规定了法人的设立目的、法人名称、宗旨、组织机构及成员地位等重要事项。法人章程保障了法人成员权利义务的依据，也指导着法人进行民事活动。

③有必要的财产或者经费。必要的财产或者经费是指法人的财产或者经费应与法人的性质、规模等相适应。法人需要独立的财产和经费进行各种民事活动，独立承担民事活动的后果。

④有自己的名称、组织机构和住所。名称可使法人与其他法人相区别，法人是社会组织，法人组织机构做出法人意思表示。法人应该有自己的住所。作为法人的场所，既可以是自己或他人所有，也可以是共用的。住所的确定有利于交易安全和国家主管机关监督。

《民法典》第63条规定，法人以其主要办事机构所在地为住所。依法需要办理法人登记的，应当将主要办事机构所在地登记为住所。当法人的事务所存在多处时，以其中心事务所的所在地为住所。法人仅有一个事务所的，以该事务所的所在地为住所。

法人成立的条件，特别法有具体规定的，从其规定。

4. 简述法人民事权利能力的限制。［湘潭大学 2016 年研］

答：法人的民事权利能力是指法人依法享有民事权利和承担民事义务的资格。对法人民事权利能力进行限制，可以对法人的民事活动范围以及行为效力进行规范。

（1）各国对法人的权利能力限制做法不一。《德国民法典》没有对法人权利能力进行限制。而《瑞士民法典》和《苏俄民法典》都规定了限制。

（2）法人的权利能力是否受限制的观点如下：

①拉伦茨认为，法人的权利能力的范围相比较自然人而言是有限制的。

②台湾学者史尚宽认为，性质、法令以及目的是限制法人权利能力的主要方面。我国法律将法人的民事权利能力限制在以下三方面：

a. 因性质之限制。如《民法典》第 683 条规定，国家机关原则上不得为保证人。

b. 因法令之限制。如《广播电视管理条例》第 10 条第 2 款规定，国家禁止设立外资经营、中外合资经营和中外合作经营的广播电台、电视台。

c. 因目的之限制。如《民法典》第 683 条规定，学校、幼儿园、医院等以公益为目的的事业单位、社会团体不得为保证人。

③梅迪库斯反对法人权利能力受限制的观点：

法人目的外的行为是否有效，应当根据有关法律规定和立法精神，区别不同的情况处理。

5. 法人机关的概念和特点。［山东大学 2010 年研］

相关试题：简述法人机关的特征。［暨南大学 2024 年研］

答：（1）法人机关是指根据章程或法律规定，对内形成法人意思、对外代表法人为民事法律行为的自然人或自然人团体。

（2）法人机关的特点有：①法人机关是根据法律、章程或者条例的规定而设立的；②法人机关依附于法人而存在，是法人的有机组成部分；③法人的机关是形成、表示和实现法人意志的机构；④法人的机关是法人的领导或者代表机关；⑤法人机关由单个或者集体组成。

法人的机关不同于法人的组织机构。法人的组织机构外延很大。法人机关是法人组织机构的重要组成部分包括权力机关、执行机关与监督机关。

6. 法人变更的情形。［山东大学 2011 年研］

答：（1）法人的变更，是指法人在存续期内，在组织机构、性质、活动范围、财产或者名称、住所、隶属关系等重要事项上发生的变动。

（2）法人变更的类型：

①法人的合并。指两个以上的法人合并为一个法人，包括吸收合并和新设合并。吸收合并是指一个法人归并到另一个现存的法人中去，使得一个法人消灭，另一个继续存续。企业法人兼并或者事业单位法人合并多属这种形式。新设合并是指两个以上的法人合并为一个新法人，导致原法人消灭的行为。

②法人的分立：

a. 新设分立，即解散原法人，而分立为两个以上的新法人。

b. 派生分立，即原法人存续，但从中分出新的法人。

法人分立后，其权利和义务由分立后的法人承担。除非债权人和债务人约定，各分立的法人之间享有连带债权，承担连带债务。

③组织形式的变更。法人成立后，其组织形式、性质可能会因各种各样的情况而发生变化，如由有限公司变成股份公司等。

④其他重要事项的变更。如名称、注册资金、住所、活动宗旨、经营方式、经营范围等方面的重大变更等。

7. 简述非营利法人的特征及其类型。［中财2018年研］

答：非营利法人是指为公益目的或者其他非营利目的而成立，不向出资人、设立人或者会员分配所取得利润的法人。非营利法人包括事业单位法人、社会团体法人和捐助法人。

（1）非营利法人的特征：①为公益目的或者其他非营利目的成立；②不向出资人、设立人或者会员分配所取得利润；③非营利法人的成立有的需要依法办理登记；④非营利法人的财产或者来源于国家财政拨款；⑤非营利法人一般实行民主管理；⑥为公益目的成立的非营利法人终止时，不得向出资人、设立人或者会员分配剩余财产。

（2）非营利法人的类型：

《民法典》第87条规定："为公益目的或者其他非营利目的成立，不向出资人、设立人或者会员分配所取得利润的法人，为非营利法人。非营利法人包括事业单位、社会团体、基金会、社会服务机构等。"据此可知，非营利法人包括事业单位法人、社会团体法人、基金会法人、社会服务机构法人等。

①事业单位法人。具备法人条件，为适应经济社会发展需要，提供公益服务设立的事业单位，经依法登记成立，取得事业单位法人资格；依法不需要办理法人登记的，从成立之日起，具有事业单位法人资格。事业单位法人通常仅能在服务于其社会公益事业目的实现所必需的范围内进行民事活动，超出范围则不具备相应的权利能力。

②社会团体法人。指自然人或者法人自愿组成，为实现会员共同意愿，按照其章程开展活动的非营利性社会组织。可分为国家主办的社会团体法人和民间主办的社会团体法人。其特征包括：a. 社会团体由会员组成；b. 宗旨是实现会员的共同愿望；c. 社会团体以非营利为目的。

③捐助法人，包括基金会法人和社会服务机构法人。基金会法人是指利用自然人、法人或者其他组织捐助的财产，以从事公益事业为目的，依据《基金会管理条例》设立的非营利法人。基金会不同于社会团体，社会团体是以会员为基础设立的，基金会是以捐助财产为基础设立的，不是以会员为基础设立的。基金会法人的设立依据《基金会管理条例》符合法人设立的条件，经法定的登记管理机关依据法定程序登记或者备案设立，取得法人资格。

④社会服务机构法人。社会服务机构是指民间力量通过捐助财产举办的为社会提供公益性服务的非营利性社会组织，这实际上是民办的事业单位，是民间捐助财产举办的。社会服务机构不以营利为目的，其事业活动收费，主要用于事业发展，不得用于营利分配，但其出资者可取得合理的收入。

第六章　非法人组织

6.1　复习指南

【知识框架(庖丁解牛)】

- 非法人组织
  - 概述：概念、特征、应具备要件、成立、解散与清算
  - 合伙
    - 概述：含义、种类、法律地位
    - 普通合伙
      - 概念、特征
      - 合伙的成立、入伙、退伙
      - 合伙的财产：构成、性质、保全
      - 合伙事务执行、损益分配与债务承担
      - 特殊普通合伙：概念、特征、适用范围、责任承担
    - 有限合伙
      - 概念、特征、设立
      - 事务执行、利润分配、解散与转变
      - 有限合伙人特有的权利与特殊规定
      - 有限合伙人的入伙、退伙
      - 有限合伙人与普通合伙人的相互转变
    - 合伙的解散与清算
      - 解散：概念、解散事由和后果
      - 清算：清算人、清算事务、清偿与分配顺序、合伙人责任
  - 其他非法人组织
    - 个人独资企业：概念、特征、法律地位
    - 筹建中的法人：概念、特征、法律地位、民事权利能力
    - 其他

【通关提要(提纲挈领)】

本章主要介绍非法人组织，比较简单。学习时，要重点掌握普通合伙、有限合伙和个人独资企业的相关内容，了解其各自的概念和特征，以及入伙、退伙与一些特殊规定；需要掌握合伙的解散与清算，比较二者的不同。本章主要考查概念题和简答题，复习时要整体把握，理解记忆。

6.2　考研真题与典型题详解

一、单项选择题

1. 甲、乙、丙共同成立了某普通合伙企业，2017 年甲向丁借款 100 万元，到期无法清偿。甲拟以其持有的合伙企业份额对丁进行清偿，其他合伙人均不同意。下列选项说法正确的是(　　)。[2018 年法考真题]

A. 可以合伙企业盈利对丁进行清偿

B. 若丁向法院申请强制执行甲的合伙份额，应经其他合伙人一致同意

1C

C. 为了避免债权人强制执行甲的合伙份额，其他合伙人协商代为清偿

D. 若丁向法院申请强制执行甲的合伙份额，其他合伙人不行使优先购买权，也不同意对外转让份额的，则视为其他合伙人同意对外转让

【解析】A 项，《合伙企业法》第 42 条第 1 款规定，合伙人的自有财产不足清偿其与合伙企业无关的债务的，该合伙人可以以其从合伙企业中分取的收益用于清偿；债权人也可以依法请求人民法院强制执行该合伙人在合伙企业中的财产份额用于清偿。本题中，甲向丁借款 100 万元，属于甲的个人债务，与合伙企业无关，应当先用甲的自有财产来清偿，当甲的自有财产无法清偿其个人负债的，可以根据上述规定进行清偿。合伙企业的盈利属于全体合伙人的共同利益，不可以用来清偿个别合伙人的个人负债。

BD 两项，《合伙企业法》第 42 条第 2 款规定，人民法院强制执行合伙人的财产份额时，应当通知全体合伙人，其他合伙人有优先购买权；其他合伙人未购买，又不同意将该财产份额转让给他人的，依法为该合伙人办理退伙结算，或者办理削减该合伙人相应财产份额的结算。

C 项，合伙企业具有较强的人合性的特点，其他合伙人基于意思自治，在征得债权人丁的同意之后，自愿代为清偿，合法又合理。

2. 逐道茶业是一家生产销售野生茶叶的普通合伙企业，合伙人分别为赵、钱、孙。合伙协议约定如下：第一，赵、钱共同担任合伙事务执行人；第二，赵、钱共同以合伙企业名义对外签约时，单笔标的额不得超过 30 万元。对此，下列哪一选项是正确的？(　　)［2017 年法考真题］

A. 赵单独以合伙企业名义，与甲茶农达成协议，以 12 万元的价格收购其茶园的茶叶，该协议为有效约定

B. 孙单独以合伙企业名义，与乙茶农达成协议，以 10 万元的价格收购其茶园的茶叶，该协议为无效约定

C. 赵、钱共同以合伙企业名义，与丙茶叶公司签订价值 28 万元的明前茶销售合同，该合同为有效约定

D. 赵、钱共同以合伙企业名义，与丁茶叶公司签订价值 35 万元的明前茶销售合同，该合同为无效约定

【解析】《合伙企业法》第 37 条规定，合伙企业对合伙人执行合伙事务以及对外代表合伙企业权利的限制，不得对抗善意第三人。据此可知，当合伙人违反合伙企业对合伙人执行合伙事务以及对外代表合伙企业权利的限制，而对外订立合同时，不能当然地认定该合同有效或无效，还要结合相对人是否为善意来加以判断。

A 项，赵单独以合伙企业名义对外签约，违反了合伙协议约定，若甲茶农知情，则甲不是善意第三人，此时构成无权代理，该协议效力待定。

B 项，孙不是合伙事务执行人，不能对外签约，但同样不能对抗善意第三人。

C 项，赵、钱共同以合伙企业名义，与丙茶叶公司签订价值 28 万元的明前茶销售合同符合合伙协议约定，合同有效。

D 项，赵、钱对外签约的金额超过 30 万，如果相对人善意，则合同有效。

3. “李老汉私房菜”是李甲投资开设的个人独资企业。关于该企业遇到的法律问题，下列哪一选项是正确的？(　　)［2017 年法考真题］

A. 如李甲在申请企业设立登记时，明确表示以其家庭共有财产作为出资，则该企业是以家庭成员为全体合伙人的普通合伙企业

B. 如李甲一直让其子李乙负责企业的事务管理，则应认定为以家庭共有财产作为企业的出资

C. 如李甲决定解散企业，则在解散后 5 年内，李甲对企业存续期间的债务，仍应承担偿还责任

D. 如李甲死后该企业由其子李乙与其女李丙共同继承，则该企业必须分立为两家个人独资企业

2C　3C

【解析】A项,《个人独资企业法》第18条规定,个人独资企业投资人在申请企业设立登记时明确以其家庭共有财产作为个人出资的,应当依法以家庭共有财产对企业债务承担无限责任。据此可知,个人独资企业设立时可以家庭共有财产作为个人出资,其性质仍为个人独资企业。

B项,《个人独资企业法》第19条第1款规定,个人独资企业投资人可以自行管理企业事务,也可以委托或者聘用其他具有民事行为能力的人负责企业的事务管理。据此,李甲可以委托他人(包括自己的儿子李乙)管理个人独资企业事务,不能因此认定李甲是以家庭共有财产出资。

C项,《个人独资企业法》第28条规定,个人独资企业解散后,原投资人对个人独资企业存续期间的债务仍应承担偿还责任,但债权人在5年内未向债务人提出偿债请求的,该责任消灭。据此,个人独资企业出资人对企业债务承担无限责任的期限为企业依法解散后5年内。

D项,个人独资企业的投资人只能是一个自然人,因继承使得不满足个人独资企业设立条件的,可以申请变更为其他企业形式,并非必须分立为两家个人独资企业。

二、多项选择题

1. 甲、乙、丙共同出资设立某普通合伙企业,分别出资50万元、10万元和40万元。甲、乙、丙共同约定由甲执行合伙事务。合伙企业经营良好,于是甲找乙和丙协商增资投资一个不在经营范围内的项目,合伙协议无特别约定,就该增资事宜合伙企业须如何作出决议?( )[2019年法考真题]

A. 可以协商不按照出资比例进行增资缴纳　　B. 决议需要甲、乙通过即可

C. 决议需要甲、乙、丙共同通过　　D. 决议需要甲、丙通过即可

【解析】A项,合伙企业强调人合性和合伙人自治,故增资比例可由全体合伙人协商决定,可以不按照原出资比例认缴。

BCD三项,根据《合伙企业法》第31条规定,除合伙协议另有约定外,合伙企业改变经营范围、主要经营场所的地点的,应当经全体合伙人一致同意。扩充合伙企业的经营范围属于全体合伙人一致决议的事项。故本案中,决议须经全体合伙人一致同意。

2. 郭蓉和王倩设立火凤凰火锅店(普通合伙企业),出资比例分别是80%和20%,合伙协议约定郭蓉是合伙企业事务执行人。后郭蓉聘请国外留学回来的表妹小黄担任火锅店的经营管理人员全权负责火锅店的运营事务。王倩后来得知此消息但未对此事表态。小黄大胆地更换了火锅店的大厨和服务员,火锅店生意日渐好转,终扭亏为盈。一年后,为扩大火锅店的规模,小黄以合伙企业名义向小李借款100万元用于火锅店的经营,并以火锅店的店面做抵押。下列说法正确的有( )。[2019年法考真题]

A. 小黄无权以火锅店店面做抵押

B. 小黄无权更换大厨和服务员

C. 小黄自王倩同意后正式成为火锅店的经营管理人员

D. 小黄无权以合伙企业名义向小李借款

【解析】《合伙企业法》第31条规定,除合伙协议另有约定外,合伙企业的下列事项应当经全体合伙人一致同意:①处分合伙企业的不动产;②聘任合伙人以外的人担任合伙企业的经营管理人员。

A项,用合伙企业店面设定抵押系处分合伙企业不动产的行为,依法应经全体合伙人一致同意,所以小黄作为经营管理人员无权实施此行为。

BD两项,更换大厨和服务员以及借款均属于合伙企业正常的经营范围,无法定特殊情形,小黄作为经营管理人员被授权全权负责火锅店的运营事务,有权代表合伙企业实施此行为。

C项,郭蓉作为合伙协议约定的合伙事务执行人,并无单独决定聘请经营管理人员的权利,其越权聘任的情形被王倩知情后,王倩未表态视为对此聘任结果的追认,故此时的聘任生效。

3. 杨某、段某、郭某、黄某、周某是某有限合伙企业的合伙人,其中杨某是普通合伙人,段某、郭某、黄某、周某是有限合伙人。合伙协议对合伙份额的转让、质押等处分行为未作约定。下列说法正确的

1AC　2AC　3CD

有(　　)。[2019年法考真题]

A. 杨某死亡后，其合法继承人有权继承杨某在该合伙企业中的份额

B. 段某的债权人申请法院执行段某的合伙份额还债，其他合伙人不能主张优先购买权

C. 郭某对外转让其合伙份额时，其他合伙人无权主张优先购买权

D. 黄某可随时转让其合伙份额给周某

【解析】A项，《合伙企业法》第50条第1款规定，合伙人死亡或者被依法宣告死亡的，对该合伙人在合伙企业中的财产份额享有合法继承权的继承人，按照合伙协议的约定或者经全体合伙人一致同意，从继承开始之日起，取得该合伙企业的合伙人资格。杨某作为普通合伙人，其死亡后继承人需要在法定条件下才能继承其资格，并非绝对"有权"继承。

B项，《合伙企业法》第74条第2款规定，人民法院强制执行有限合伙人的财产份额时，应当通知全体合伙人。在同等条件下，其他合伙人有优先购买权。虽然有限合伙人份额没有人合属性，但是在法院强制执行时，为了提高执行效率，保护其他合伙人的优先购买权。

C项，《合伙企业法》第73条规定，有限合伙人可以按照合伙协议的约定向合伙人以外的人转让其在有限合伙企业中的财产份额，但应当提30日通知其他合伙人。郭某作为有限合伙人，其份额没有人合属性，对外转让时，只需要提前30日通知其他合伙人，不用其他合伙人同意也不保护其他合伙人的优先购买权。

D项，有限合伙人的份额在合伙人内部可以自由转让。

4. 甲公司是合伙企业乙的有限合伙人之一，乙运营良好但是一直没有向甲公司分配利润。后甲公司经营不善，法院裁定进行破产重整，根据重整计划，甲公司被注销，全部资产及权利义务关系归丙公司承接。下列说法正确的有(　　)。[2019年法考真题]

A. 甲公司进入破产重整程序以后，立即丧失有限合伙人资格

B. 丙公司可继承甲公司的合伙人资格

C. 重整期间，管理人有权查阅、复制乙合伙企业的财务账簿等财务资料

D. 甲公司重整期间，管理人可以将其在乙合伙的份额设定质押

【解析】A项，根据《合伙企业法》第48条规定，作为合伙人的法人或者其他组织依法被吊销营业执照、责令关闭、撤销，或者被宣告破产的，当然退伙。第78条规定，有限合伙人有本法第48条第1款第1项、第3项至第5项所列情形之一的，当然退伙。作为有限合伙人的法人或其他组织主体灭失时才会法定退伙，而甲公司进入破产重整程序时，尚未注销或宣告破产，主体尚未灭失，不会立即丧失有限合伙人资格。

B项，《合伙企业法》第80条规定，作为有限合伙人的自然人死亡、被依法宣告死亡或者作为有限合伙人的法人及其他组织终止时，其继承人或者权利承受人可以依法取得该有限合伙人在有限合伙企业中的资格。甲公司作为有限合伙人注销，丙公司作为其权利承受人，可以继承其有限合伙人的资格。

C项，《合伙企业法》第68条规定，有限合伙人不执行合伙事务，不得对外代表有限合伙企业。有限合伙人对涉及自身利益的情况，查阅有限合伙企业财务会计账簿等财务资料的，不视为执行合伙事务。有限合伙人在合伙企业中，只是财务投资者，对其知情权有相应的限制，只能查阅与自身利益有关的财务账簿，但不能复制。

D项，《合伙企业法》第72条规定，有限合伙人可以将其在有限合伙企业中的财产份额出质；但是，合伙协议另有约定的除外。合伙协议无特殊约定的，有限合伙人有权将其份额质押。

5. 2015年，甲、乙、丙三人设立新川面馆(普通合伙企业)。随着业务扩展，合伙企业拟聘任谭某担任经理。下列说法正确的是(　　)。[2018年法考真题]

A. 聘任谭某须经全体合伙人一致同意

4BD　5ABC

B. 合伙企业和经理的关系可以类推适用委托代理法律关系

C. 谭某可以在其职权范围内以合伙企业名义签订合同

D. 谭某有权决定在现有合伙企业营业范围外新增其他业务

【解析】AD 两项，《合伙企业法》第 31 条规定，除合伙协议另有约定外，合伙企业的下列事项应当经全体合伙人一致同意：①改变合伙企业的名称；②改变合伙企业的经营范围、主要经营场所的地点；③处分合伙企业的不动产；④转让或者处分合伙企业的知识产权和其他财产权利；⑤以合伙企业名义为他人提供担保；⑥聘任合伙人以外的人担任合伙企业的经营管理人员。本题中，谭某属于合伙人以外的人。聘任谭某担任经理，在合伙协议没有约定的情况下，需要经过全体合伙人一致同意。在企业营业范围外新增其他业务，属于改变合伙企业的经营范围，需要经全体合伙人的一致同意。

B 项，经理作为由合伙企业聘用的经营管理人员，其职权的行使来源于合伙企业对其职务范围内的授权，在获得授权后谭某有权在授权范围内从事相应的经营活动，因此二者的关系可以类推适用委托代理法律关系。

C 项，《合伙企业法》第 35 条第 1 款规定，被聘任的合伙企业的经营管理人员应当在合伙企业授权范围内履行职务。因此，谭某在其职权范围内以合伙企业名义对外签订合同是合法有效的。

6. 雀凰投资是有限合伙企业，从事私募股权投资活动。2017 年 3 月，三江有限公司决定入伙雀凰投资，成为其有限合伙人。对此，下列哪些选项是错误的？（　　）[2017 年法考真题]

A. 如合伙协议无特别约定，则须经全体普通合伙人一致同意，三江公司才可成为新的有限合伙人

B. 对入伙前雀凰投资的对外负债，三江公司仅以实缴出资额为限承担责任

C. 三江公司入伙后，有权查阅雀凰投资的财务会计账簿

D. 如合伙协议无特别约定，则三江公司入伙后，原则上不得自营与雀凰投资相竞争的业务

【解析】A 项，《合伙企业法》第 43 条第 1 款规定，新合伙人入伙，除合伙协议另有约定外，应当经全体合伙人一致同意，并依法订立书面入伙协议。据此，在合伙协议没有特别约定的情况下，有限合伙人的入伙需要经过其他全体合伙人的一致同意而不仅仅是普通合伙人的同意。

B 项，《合伙企业法》第 77 条规定，新入伙的有限合伙人对入伙前有限合伙企业的债务，以其认缴的出资额为限承担责任。据此，三江公司应当以认缴的出资额而不是以实缴的出资额为限承担责任。

C 项，《合伙企业法》第 68 条第 2 款第 5 项规定，对涉及自身利益的情况，有限合伙人查阅企业财务会计账簿等财务资料不视为执行合伙企业事务。由此可知，有限合伙人只有在涉及自身利益的情况下才能够查阅合伙企业财务会计账簿，而不能随意查阅。

D 项，《合伙企业法》第 71 条规定，有限合伙人可以自营或者同他人合作经营与本有限合伙企业相竞争的业务；但是，合伙协议另有约定的除外。因此，三江公司原则上可以自营与雀凰投资相竞争的业务。

三、概念题

1. 非法人组织[华东政法 2024 年研；北航 2020 年研]**、非法人团体**[山东大学 2016 年研]

答：非法人组织又称非法人团体，是指不具有法人资格但可以自己的名义进行民事活动的组织。其特征包括：①非法人组织是人合组织体，法律对其限制较少；②非法人组织是具有相应的民事权利能力和民事行为能力的组织体；③非法人组织是不能完全独立承担民事责任的组织体。

2. 合伙[首经贸 2011 年研；北科 2009 年研；北邮 2006 年研]

答：合伙是指两个以上自然人或法人以共同经营为目的，相约共同出资、共享利益、共担风险的合同。在法律关系上，合伙有两种类型：①作为民事法律行为，即合伙合同，不设立企业；②将设立企业作为合伙合同的法律效果，企业是合伙人所组成的人与财产相结合的实体。根据我国法律规定，合伙包括普通合伙和有限合伙。合伙属于非法人组织，具有民事主体的资格。

6ABCD

3. 普通合伙［广东财大 2020 年研］

答：参见本章简答题第 2 题答案。

4. 有限合伙［暨南大学 2024 年研；杭州师大 2016 年研；武大 2014 年研；中山大学 2010 年研］

相关试题：普通合伙与有限合伙［概念比较题，西南政法 2025 年研］

答：参见本章简答题第 2 题答案。

5. 个人独资企业［浙工商 2015 年研；北邮 2009 年研］

答：个人独资企业是指一个自然人投资，财产属投资人个人所有，投资人以其个人财产对企业债务承担无限责任的经营实体。其特征包括：①一个自然人出资，生产资料归投资者所有；②雇工经营；③具有一定的生产经营规模。

四、简答题

1. 非法人团体的要件。［山东大学 2015 年研］

答：非法人团体又称非法人组织，是指不具有法人资格，可以该组织名义参加民事活动，但无独立民事责任能力的组织。其要件包括：

（1）须为有自己目的的社会组织体。非法人组织应为社会组织体。非法人组织的目的，可以是非营利目的，也可以是营利目的。营利性非法人组织进一步要求具有特定的经营范围。

（2）须有自己的名称。非法人组织须有自己的名称并以该名称对外进行民事活动，从而区别非法人组织的行为与个人的行为。

（3）须有自己能支配的财产或者经费。只要求独立支配，不要求该财产或者经费属于自己独立享有。

（4）应设有代表人或者管理人。根据《民法典》第 105 条规定，非法人组织可以确定一人或者数人代表该组织从事民事活动。

2. 简述合伙法律特征。［武汉理工 2008 年研］

答：合伙是指两个以上的人互约出资，经营共同事业。合伙属于非法人组织，具有民事主体的资格，能以合伙的名义进行民事活动。我国法律规定的合伙包括普通合伙和有限合伙。普通合伙又包括特殊的普通合伙。具体如下：

（1）普通合伙。指由两个以上的人根据协议，互约出资，经营共同事业，并对合伙债务承担无限连带责任的社会组织。普通合伙企业属于营利性普通合伙。其法律特征有：①由两个以上的人组成的组织；②合伙协议是合伙形成的基础条件；③合伙人共同出资、共同经营、共享收益、共担风险，并对合伙的债务承担无限连带责任。

特殊的普通合伙，是指在特定情况下，不由全体合伙人对合伙债务承担无限连带责任的普通合伙。其特征包括：

①是一种特殊的普通合伙。在特定情况下各合伙人对合伙债务承担的责任不同。

②在特定情况下不由全体合伙人对合伙债务承担无限连带责任。因故意或者重大过失造成的合伙债务，应当由其责任人承担无限责任或者无限连带责任，其他合伙人以合伙份额为限承担责任。非因故意或者重大过失造成的合伙债务由全体合伙人承担无限连带责任。

（2）有限合伙。指由对合伙债务承担有限责任的有限合伙人和对合伙债务承担无限责任的普通合伙人共同组成的合伙。有限合伙的特征有：

①有限责任与无限责任相结合。有限合伙中，普通合伙人对合伙企业债务承担无限连带责任，有限合伙人以其认缴的出资额为限对合伙企业债务承担责任。

②由普通合伙人执行合伙事务。有限合伙人不执行合伙事务，不得对外代表有限合伙。

3. 有限合伙设立的条件。［南京理工 2011 年研］

答：有限合伙的设立需具备以下条件：

(1)普通合伙具备的条件，包括：①有两个以上合伙人；②有书面合伙协议；③有合伙人认缴或者实际缴付的出资；④有合伙企业的名称和生产经营场所。

(2)与普通合伙不同，有限合伙还需要具备以下条件：

①除非法律另有规定的，由2个以上50个以下的合伙人组成，其中至少有一个普通合伙人。

②除普通合伙协议内容以外，还应载明法律规定的其他事项。

③有限合伙名称中应当标明“有限合伙”字样。

④有限合伙人的出资。有限合伙人可以用货币、实物、知识产权、土地使用权或者其他财产权利作价出资。有限合伙人不得以劳务出资。劳务出资会导致出资与责任分配不明，不利于保护债权人。有限合伙人应当按照合伙协议的约定按期足额缴纳出资；未按期足额缴纳的，应当承担补缴义务，并对其他合伙人承担违约责任。有限合伙登记事项中应载明有限合伙人的姓名或者名称及认缴出资数额。这一做法对维护交易安全，保护交易相对人的利益有着积极作用。

4. 简述入伙的效力。[北师2012年研]

答：入伙，是指非合伙人加入已成立的合伙，而取得合伙人资格的行为。入伙人与原合伙人依法签订入伙协议书后即取得合伙人的资格。入伙的新合伙人与原合伙人享有同等权利，承担同等责任。入伙协议另有约定的，从其约定。

(1)普通合伙人的入伙。新入伙人对入伙前的合伙债务承担无限连带责任，从而保护了债权人的利益，避免合伙人串通用推迟入伙日期的方法逃避债务。

(2)有限合伙人的入伙。新入伙的有限合伙人对入伙前有限合伙的债务，以其认缴的出资额为限承担责任。

5. 合伙企业债务的承担与清偿。[浙工商2016年研]

相关试题：合伙的债务承担。[河北经贸2024年研；广东财大2017年研]

答：(1)普通合伙人的合伙债务的承担与清偿：

①合伙债务的承担。合伙企业应先以其全部财产对其所承担的债务进行清偿。合伙企业不能清偿的，由合伙人承担无限连带责任。合伙人清偿数额超过其应当承担份额，可以向其他合伙人追偿。应注意的是：

a. 合伙人如果是以个人财产出资参与合伙，则以个人财产对合伙债务承担无限责任。

b. 合伙人如果是以家庭财产出资参与合伙，则应以合伙人家庭共有财产对合伙债务承担无限责任。

c. 合伙人如果是以个人财产出资参与合伙，但将合伙盈余分配所得用于合伙人家庭成员的共同生活，则应先以合伙人的个人财产承担清偿责任，不足部分则以合伙人的家庭共有财产承担。

②合伙人个人债务的清偿。合伙人的自有财产不足清偿其与合伙企业无关的债务的，该合伙人可以以其从合伙企业中分取的收益用于清偿；债权人也可以依法请求人民法院强制执行该合伙人在合伙企业中的财产份额用于清偿。如果同时存在合伙债务与合伙人个人债务且二者皆不能完全清偿时，合伙的财产优先清偿合伙的债务，合伙人个人的财产优先清偿个人债务。

(2)有限合伙人的合伙债务的承担与清偿：

在一个合伙企业中，普通合伙人对合伙的债务承担无限连带责任，有限合伙人对合伙的债务承担有限责任。

①有限合伙人转变为普通合伙人的，对其作为有限合伙人期间合伙发生的债务承担无限连带责任。

②普通合伙人转变为有限合伙人的，对其作为普通合伙人期间合伙发生的债务承担无限连带责任。

(3)合伙企业的清偿与分配顺序：

合伙解散后，应当开始清算，清算时合伙企业财产在支付清算费用和职工工资、社会保险费用、法定补偿金以及缴纳所欠税款、清偿债务后的剩余财产按照各合伙人应得的比例进行分配。

(4)合伙企业注销后合伙人对合伙债务的责任：

合伙注销后，原合伙人对合伙企业存续期间的债务，仍应承担清偿责任。

①普通合伙企业。普通合伙人承担无限连带责任；特殊的普通合伙的合伙人一般承担无限连带责任，但是对于部分合伙人在执业活动中因故意或者重大过失造成的合伙债务，其他合伙人以其在合伙企业中的财产份额为限承担责任。

②有限合伙企业。普通合伙人承担无限连带责任，有限合伙人以其出资为限承担责任。原合伙人对合伙企业存续期间的债务清偿应当适用《民法典》一般诉讼时效期间的规定。

五、案例分析题

张某、王某是好朋友，张某出资2万元，王某出资3万元，共同投资了一饭馆，由张某经营，利润按比例分享，亏损由双方按比例分担。后经营不善，王某提出散伙。饭馆现有资产5.5万元。[中山大学2015年研]

问：

(1)若张某提出将王某应有的份额卖给自己，王某不愿意，后张某提出4万元买下王某的份额，王某则称宁可以3万元卖给他人，后王某以2.5万元卖给了李某，为此，张某诉至法院，要求确认王、李的买卖行为无效，王某应将份额出售给他，其主张是否成立？为什么？

(2)若饭馆散伙时欠债15.5万元，应如何分担？

答：(1)张某请求确认王、李的买卖行为无效的主张不成立。理由如下：

王某和张某之间行为属于个人合伙，而非合伙企业性质。王、张二人出资，经营共同事业，但是没有合伙名称，组织松散，或者是临时性的，其性质属于合伙合同，没有民事主体资格，不受《合伙企业法》的调整。因此，张某不享有《合伙企业法》第23条规定的优先购买权。

(2)张某和王某应当按照出资比例以各自财产对该债务承担连带清偿责任。理由如下：

《合伙企业法》第38条规定，合伙企业对其债务，应先以其全部财产进行清偿。第39条规定，合伙企业不能清偿到期债务的，合伙人承担无限连带责任。

本案中，对饭馆散伙时所欠债务，张某和王某均负有清偿全部债务的义务；当张某或王某中的一人偿还合伙债务超过自己应当承担的数额时，有权要求另一人偿付其应当承担的份额。

第七章　民事法律关系客体的种类

7.1　复习指南

【知识框架(庖丁解牛)】

民事法律关系客体的种类

- 概述：概念、范围、特征[利益性、客观性]
- 物
  - 物的概念、特征、法律意义
  - 物的分类
    - 动产与不动产
    - 流通物与限制流通物
    - 特定物与种类物
    - 主物与从物
    - 原物与孳息
    - 可分物与不可分物
    - 消耗物与非消耗物
    - 有主物与无主物
    - 单一物、合成物与集合物
  - 从物：概念、条件、法律意义
  - 孳息：概念、法律意义、分类[天然孳息、法定孳息]
  - 货币：概念、特点
- 有价证券
  - 概念、法律特征、分类
  - 主要类型：票据、债券、股票、提单
- 智力成果
  - 概念、法律特征
  - 主要类型：作品、发明、实用新型、外观设计、科学发现、商标、地理标志、商业秘密、集成电路布图设计、植物新品种
- 其他客体：权利、非物质利益、数据和虚拟财产、自然人个人信息、消费积分

【通关提要(提纲挈领)】

本章主要介绍民事法律关系客体的种类，内容杂且多，但较为基础，学习时要分类记忆，同时注意有侧重地复习。其中物这部分相对来说考查频率更高，要重点掌握物的分类及其概念。其他内容掌握基本概念即可。本章主要考查概念题和简答题，比较简单。

7.2　考研真题与典型题详解

一、单项选择题

1. 下列选项中，属于孳息的是(　　)。[2010年法硕(法学)真题]

1B

A. 树上的果实　　　　B. 银行存款的利息
C. 未收割的庄稼　　　　D. 太阳能发电产生的电力

【解析】根据两物之间的派生关系，物可以分为原物与孳息。原物是指能够产生收益的物，孳息为原物产生的收益。孳息分天然孳息与法定孳息，前者为基于物的自然属性产生的孳息，如果实；后者是依法律关系所生的孳息，如利息。孳息的特征主要是独立性和派生性，大前提为民法中的物。

AC 两项，树上的果实以及未收割的庄稼均为非独立或非脱离原物之物体，不属于孳息。

B 项，银行存款的利息，是由金钱所产生的法定收益，属于法定孳息。

D 项，太阳能并非民法上之物。

2. 下列权利中，其客体既可以是动产也可以是权利的是(　　)。[2008 年法硕(非法学)真题]

A. 所有权　　B. 抵押权　　C. 地役权　　D. 留置权

【解析】A 项，所有权的客体既可以是动产，也可以是不动产，但绝对不能是权利。

B 项，在民法领域，权利客体既可以是动产，也可以是权利的仅限于抵押权和质权两种。

C 项，地役权的客体仅限于不动产，动产和权利不能成为地役权的客体。

D 项，留置权的客体只能是动产。

二、概念题

1. 物[中财 2016 年研；人大 2007 年研；北邮 2006 年研]

答：物是指能满足人的需要，并为人能够支配的物体或自然力。民法上的物是指存在于人体之外，占有一定空间，能够为人力所支配并且能满足人类某种需要，具有稀缺性的物质对象。民法上的物绝大多数是物体，如汽车、汽油等固体物和液体物。但随着现代科技的发展、人类利用自然资源能力的提高，有些自然力也开始成为稀缺性资源，进入了商品交换的领域。民法上的物，与狭义上的财产是同义语。但广义上的财产，不仅包括物，还包括财产权利和财产义务。

2. 从物[中国政法 2024 年研；浙工商 2016 年研；湘潭大学 2015 年研]

答：参见本章简答题第 2 题答案。

3. 种类物[中南财大 2011 年研]

答：种类物是指以品种、规格、质量或度量衡确认的一类具有共同特征的物。如 1 吨煤、20 公斤大米等。种类物在交易时，具有可替代性，故也称可替代物。种类物如经当事人指定后，也可成为特定物。特定物与种类物是以物是否具有独立的特征或是否被特定化而对物所作的区分。

4. 集合物[武大 2012 年研；中南财大 2006 年研]

答：集合物又称聚合物，是指由多数的单一物或结合物集合而成，各物仍保持其独立存在的物，如工厂、图书馆、羊群等。集合物是交易上被作为一个独立的权利客体的多数单一物的聚合，有事实上的集合物与法律上的集合物之分。集合物本为数个单一物的总称，但根据交易上的惯例以及当事人的意思，而在法律上被视为一物。集合物中的物一方面作为集合物的构成要素，随集合物的变动而变动，另一方面又作为单一物仍不失其独立性，可独立为法律上的变动。

三、简答题

1. 简述民法上的物及主要特征。[中财 2018 年研]

答：(1)民法上的物是指存在于人体之外，占有一定空间，能够为人力所支配并且能满足人类某种需要，具有稀缺性的物质对象。

(2)民法上物的特征：

①客观存在。物必须是客观存在。物体和自然力是不以人的意志为转移的客观存在。易言之，不是客

观存在的却能带来物质利益的，不属于物。例如，财产权利、智力成果，虽体现物质利益，但其本身不是物。基于法律对物的要求和现代文明社会的伦理道德观，有生命之自然人的活体及肢体器官不能作为物，至于自然人的尸体及与自然人分离的器官、血液、毛发，在不违背善良风俗和法律规定的情况下，可以作为物。按风俗和献血法，尸体和血液不能作为有偿物，只能作为赠与物。此外，不占据特定空间又无容积体的物不能作为物权之物，例如音波、热力、电流等，但能作为债权的交易对象。

②能被人支配与控制。物体或自然力只有被人支配和控制时，才能成为民法上的物。因为，当物不具有可支配性时，即使能带来利益，也不能成为特定民事主体的权利。如太阳、闪电，虽有巨大价值，但人对之可望而不可即，故不能成为民法上的物。

③具有效用。物体和自然力只有能满足人的物质利益和精神需求时，才能表明物有经济价值，可用来进行交换。至于物的经济价值是否由劳动创造，在所不问。如天然存在的土地、森林、频道，都可作为民法上的物。没有效用的、客观存在的可支配物，不能作为民法上的物。

2. 从物及其构成要件。［山东大学 2014 年研］

答：(1)从物，作为非主物的组成部分而附着于主物，是对主物发挥辅助效用的物。

(2)从物必须具备以下条件：

①从物具有永久性的使用目的。从物的效用即为帮助主物，并无经济效用和经济目的。从物与主物暂时分离的，仍为从物。

②从物与主物属于同一人。但如果从物所有权不属于主物所有人，主物所有人将主物从物一起出卖，买卖合同有效。

③从物是独立的物，而非主物的一部分。主物与从物均是独立的。

④从物必须在交易上也被视为从物。这是交易中的特殊习惯。

四、论述题

论民法权利客体。［山东大学 2011 年研］

相关试题：

(1)简述不同种类民事法律关系的客体。［简答题，华南理工 2017 年研］

(2)简述民事客体的特征及其类型。［简答题，中南财大 2014 年研］

(3)什么是民事权利客体？它包括哪些种类？［简答题，中山大学 2010 年研］

答：民事法律关系的客体又称民事权利客体，是指民事主体得以结成相互关系的利益对象。客体是民事权利和民事义务之所依，是主体交往的基石和利益所在。故没有客体，便无从发生民事法律关系。民事法律关系的客体，依利益的表现形式，可分为物、行为、智力成果等。

(1)民事法律关系客体的特点包括：

①利益性。民事法律关系的客体是民事主体得以结成相互关系的利益对象，来满足主体的利益需要。没有某种利益需要，就不会存在某种权利。而人的需求是多元化的，既有物质的也有非物质的，因此民事法律关系的客体也包括物质利益和非物质利益两种。

②客观性。民事法律关系的客体是独立于主体之外而存在的，不以主体的意志为转移。客观上不存在的事物则不能成为民事法律关系的客体。

(2)民事法律关系客体的范围包括：

①物。物是能满足人的需要，能够被人支配或控制的物质实体或自然力。民法上的物虽具有物理属性，但与物理学意义上的物不同，要求有可支配性、存在性和效用性。物在民法中具有重要意义，大多数民事法律关系与物有密切联系，有的以物为客体，如所有权、担保物权等；有的虽以行为为客体，但仍以物为利益体现，如交付物的买卖合同。互联网交易兴起后，与实体物不同的虚拟物，在法律不禁止时，也可以援用对实体物的相关规定。

②行为。作为客体的行为特指能满足债权人利益的行为，通常也称给付。行为主要是债这一民事法律关系的客体，因为债权是请求权，债权人只能就自己的利益请求债务人为给付，如交付物、完成工作、提

供信息等，而不能对债务人的物或其他财产直接加以支配。

③智力成果。智力成果是人脑力劳动创造的精神财富，是知识产权的客体，包括文学、艺术、科技作品、发明、实用新型、外观设计以及商标等。知识产权保护的不是智力成果的载体，而是载体上的信息，载体本身属物权保护对象。

④有价证券。有价证券是一种权利凭证。

⑤权利。通说认为，如法律有规定，则权利可成为民事法律关系的客体。

⑥非物质利益。如人身权的客体是精神利益，人格权的客体是人格利益。

⑦数据、网络虚拟财产。虚拟财产能够满足人们精神需要，兼具财产属性和其自身特殊的属性。

⑧自然人个人信息。自然人的个人信息为个人信息权的客体。

第八章 民事法律行为

8.1 复习指南

【知识框架(庖丁解牛)】

- 民事法律行为
  - 概述：概念、特征、分类、形式
  - 意思表示
    - 概念、构成要素、撤回
    - 分类：有/无相对人、对话/非对话、独立/非独立、明示/默示、健全/不健全
    - 解释：概念、原则、方法
    - 意思与表示不一致：单独虚伪表示、通谋虚伪表示、隐藏行为、错误
    - 意思表示的不自由：欺诈、胁迫
  - 民事法律行为的成立与生效
    - 成立：概念、一般成立要件、特别成立要件
    - 生效
      - 成立与生效的关系
      - 生效要件：实质要件、形式要件
  - 民事法律行为的附条件与附期限
    - 附条件：概念、特点、分类、效力
    - 附期限：概念、类型、效力
  - 无效的民事法律行为
    - 概念[自始无效、当然无效、确定无效]
    - 种类
      - 无民事行为能力人实施的民事法律行为
      - 行为人与相对人以虚假的意思表示实施的民事法律行为
      - 违反法律、行政法规的强制性规定的民事法律行为
      - 违背公序良俗的民事法律行为
      - 行为人与相对人恶意串通、损害他人合法权益的民事法律行为
    - 无效的法律后果
  - 可撤销的民事法律行为
    - 概念、撤销权的享有和行使
    - 种类
      - 因重大误解的民事法律行为
      - 因显失公平的民事法律行为
      - 受欺诈而实施的民事法律行为
      - 受胁迫而实施的民事法律行为
  - 效力未定的民事法律行为
    - 概念、特征
    - 种类
      - 欠缺民事行为能力的行为
      - 无权处分的行为
      - 无权代理(狭义)的行为
      - 自己代理和双方代理的行为

【通关提要(提纲挈领)】

本章主要介绍民事法律行为的相关内容，内容多且重要。学习时，要掌握民事法律行为的概念、特

征、成立与生效；重点掌握意思表示的概念、构成要素和分类等；重点掌握无效、可撤销与效力未定的民事法律行为的概念和种类，可结合案例进行比较分析；熟悉附条件与附期限民事法律行为的概念和区别。本章各种题型均有可能考查，复习时要整体把握，理解记忆。

8.2 考研真题与典型题详解

一、单项选择题

1. 甲受到乙的胁迫，高价购买了丙的手表，丙对甲受胁迫不知情。该手表买卖合同（ ）。[2024年法硕（非法学）真题]

A. 有效　　B. 无效　　C. 可撤销　　D. 效力未定

【解析】《民法典》第150条规定，一方或者第三人以胁迫手段，使对方在违背真实意思的情况下实施的民事法律行为，受胁迫方有权请求人民法院或者仲裁机构予以撤销。受胁迫方的撤销权不以对方当事人知情为前提。本题中，尽管丙对甲受胁迫不知情，但甲仍可撤销合同。

2. 知名中医谭某与有夫之妇兰某有染，被兰某丈夫白某发现。白某胁迫谭某为其宣传保健品，其主要成分为芝麻、红糖，一盒1000元，半年为一疗程。后谭某向某富商推售，富商购买了两疗程使用无效，欲向法院起诉撤销该买卖合同。富商可以下列哪项理由主张买卖合同无效？（ ）[2019年法考真题]

A. 重大误解　　B. 白某胁迫　　C. 白某欺诈　　D. 谭某欺诈

【解析】A项，行为人因对行为的性质、对方当事人及标的物的品种、质量、规格和数量等的错误认识，使行为的后果与自己的意思相悖，并造成较大损失的，可以认定为重大误解。本题中，富商的错误认识是因为谭某的宣传所致，而非富商自行导致，故不构成重大误解。

B项，白某胁迫的对象并非富商，故富商不得以白某胁迫为由撤销合同。

C项，保健品买卖合同的双方为白某和富商，白某并未对富商实施欺诈。

D项，《民法典》第149条规定，第三人实施欺诈行为，使一方在违背真实意思的情况下实施的民事法律行为，对方知道或者应当知道该欺诈行为的，受欺诈方有权请求人民法院或者仲裁机构予以撤销。谭某构成第三人欺诈，且相对人白某知情，故富商可以第三人欺诈为由，撤销该买卖合同。

3. 齐某扮成建筑工人模样，在工地旁摆放一尊廉价购得的旧蟾蜍石雕，冒充新挖出文物等待买主。甲曾以5000元从齐某处买过一尊同款石雕，发现被骗后正在和齐某交涉时，乙过来询问。甲有意让乙也上当，以便要回被骗款项，未等齐某开口便对乙说："我之前从他这买了一个貔貅，转手就赚了，这个你不要我就要了。"乙信以为真，以5000元买下石雕。关于所涉民事法律行为的效力，下列哪一说法是正确的？（ ）[2017年法考真题]

A. 乙可向甲主张撤销其购买行为

B. 乙可向齐某主张撤销其购买行为

C. 甲不得向齐某主张撤销其购买行为

D. 乙的撤销权自购买行为发生之日起2年内不行使则消灭

【解析】A项，乙与甲之间无民事法律行为，乙不可以向甲撤销其购买行为。

B项，《民法典》第149条规定，第三人实施欺诈行为，使一方在违背真实意思的情况下实施的民事法律行为，对方知道或者应当知道该欺诈行为的，受欺诈方有权请求人民法院或者仲裁机构予以撤销。本题中，甲为实施欺诈的第三人，齐某为欺诈方，故受欺诈方乙可向齐某主张撤销其购买行为。

C项，《民法典》第148条规定，一方以欺诈手段，使对方在违背真实意思的情况下实施的民事法律行为，受欺诈方有权请求人民法院或者仲裁机构予以撤销。本题中，甲曾因为被齐某欺诈以5000元从齐某处买过一尊石雕，故甲作为受欺诈方可向欺诈方齐某主张撤销其购买行为。

D项，《民法典》第152条第2款规定，当事人自民事法律行为发生之日起5年内没有行使撤销权的，

1C　2D　3B

撤销权消灭。本题中，乙的撤销权自购买行为发生之日起5年内不行使则消灭。

4. 陈老伯考察郊区某新楼盘时，听销售经理介绍周边有轨道交通19号线，出行方便，便与开发商订立了商品房预售合同。后经了解，轨道交通19号线属市域铁路，并非地铁，无法使用老年卡，出行成本较高；此外，铁路房的升值空间小于地铁房。陈老伯深感懊悔。关于陈老伯可否反悔，下列哪一说法是正确的？（　　）[2017年法考真题]

A. 属认识错误，可主张撤销该预售合同

B. 属重大误解，可主张撤销该预售合同

C. 该预售合同显失公平，陈老伯可主张撤销该合同

D. 开发商并未欺诈陈老伯，该预售合同不能被撤销

【解析】AB两项，行为人因对行为的性质、对方当事人及标的物的品种、质量、规格和数量等的错误认识，使行为的后果与自己的意思相悖，并造成较大损失的，可以认定为重大误解。本题中，陈老伯误以为轨道交通19号线属于地铁，是误解，但这不属于对购买房屋这个法律行为的误解，不构成可以撤销合同事由中的认识错误，也不构成对买卖行为的重大误解。

C项，《民法典》第151条规定，一方利用对方处于危困状态、缺乏判断能力等情形，致使民事法律行为成立时显失公平的，受损害方有权请求人民法院或者仲裁机构予以撤销。本题中，销售方并未利用陈老伯处于危困或是缺乏判断能力的情形，所以不构成显失公平。

D项，欺诈，是指当事人一方故意编造虚假情况或者隐瞒真实情况，使对方陷入错误而为违背自己真实意思表示的行为。《民法典》第148条规定，一方以欺诈手段，使对方在违背真实意思的情况下实施的民事法律行为，受欺诈方有权请求人民法院或者仲裁机构予以撤销。本题中，销售经理向陈老伯介绍周边有“轨道交通19号线”，并未表述为“地铁”，开发商并未编造虚假情况，不构成欺诈；此外，开发商也没有故意隐瞒真实情况，诱使或误导对方基于此作出错误的意思表示，所以不是欺诈行为。因此，该预售合同不能被撤销。

5. 潘某去某地旅游，当地玉石资源丰富，且盛行“赌石”活动，买者购买原石后自行剖切，损益自负。潘某花5000元向某商家买了两块原石，切开后发现其中一块为极品玉石，市场估价上百万元。商家深觉不公，要求潘某退还该玉石或补交价款。对此，下列哪一选项是正确的？（　　）[2016年法考真题]

A. 商家无权要求潘某退货

B. 商家可基于公平原则要求潘某适当补偿

C. 商家可基于重大误解而主张撤销交易

D. 商家可基于显失公平而主张撤销交易

【解析】ABD三项，根据《民法典》第151条规定，显失公平是指一方利用对方处于危困状态、缺乏判断能力等情形，致使民事法律行为成立时，民事权利义务明显不对称的情形。本题中，当地玉石资源丰富，且盛行“赌石”活动，买者购买原石后自行剖切，损益自负，潘某作为旅游者知晓且接受了这一行业习惯，应承担相应的交易风险，无权以违反公平原则或基于显失公平主张撤销合同。

C项，重大误解是指行为人基于对行为的性质、相对人以及标的物的品种、质量、规格和数量等的错误认识实施的民事法律行为。买卖双方在进行赌石交易前对赌石行业习惯均有清楚认识，因此对赌石交易的行为性质、标的物等的认识没有瑕疵，不存在重大误解的情形。

6. 甲单独邀请朋友乙到家中吃饭，乙爽快答应并表示一定赴约。甲为此精心准备，还因炒菜被热油烫伤。但当日乙因其他应酬而未赴约，也未及时告知甲，致使甲准备的饭菜浪费。关于乙对甲的责任，下列哪一说法是正确的？（　　）[2016年法考真题]

A. 无须承担法律责任

B. 应承担违约责任

C. 应承担侵权责任

D. 应承担缔约过失责任

【解析】情谊行为又称好意施惠行为，是指当事人因社交、帮助、道义等原因发生的，没有民法上权利义务意思内容的行为。而民事法律行为是基于当事人的意思而发生民法上权利义务关系的行为。本题中，

4D　5A　6A

甲单独邀请朋友乙到家中吃饭，乙爽快答应并表示一定赴约，此为典型的情谊行为，当事人之间不产生合同关系。即便乙因其他应酬而未赴约，也未及时告知甲，致使甲因此产生损失，乙也无须承担任何法律责任。

7. 甲用伪造的乙公司公章，以乙公司名义与不知情的丙公司签订食用油买卖合同，以次充好，将劣质食用油卖给丙公司。合同没有约定仲裁条款。关于该合同，下列哪一表述是正确的？(　　)［2013 年法考真题］

A. 如乙公司追认，则丙公司有权通知乙公司撤销

B. 如乙公司追认，则丙公司有权请求法院撤销

C. 无论乙公司是否追认，丙公司均有权通知乙公司撤销

D. 无论乙公司是否追认，丙公司均有权要求乙公司履行

【解析】AC 两项，《民法典》第 171 条规定，行为人没有代理权、超越代理权或者代理权终止后，仍然实施代理行为，未经被代理人追认的，对被代理人不发生效力。相对人可以催告被代理人在 1 个月内予以追认。被代理人未作表示的，视为拒绝追认。合同被追认之前，善意相对人有撤销的权利。撤销应当以通知的方式作出。但如果乙公司进行追认，合同便为有效合同，丙公司不再享有一通知对方便可撤销合同的权利，只能通过诉讼或仲裁形式行使其撤销权。

BD 两项，根据《民法典》第 148 条规定，一方以欺诈手段，使对方在违背真实意思的情况下实施的民事法律行为，受欺诈方有权请求人民法院或者仲裁机构予以撤销。由于甲与丙公司的合同是因甲采取欺诈手段而订立的，因此如乙公司进行追认，丙公司有权请求法院撤销。

8. 王某是甲公司的法定代表人，以甲公司名义向乙公司发出书面要约，愿以 10 万元价格出售甲公司的一块清代翡翠。王某在函件发出后 2 小时意外死亡，乙公司回函表示愿意以该价格购买。甲公司新任法定代表人以王某死亡，且未经董事会同意为由拒绝。关于该要约，下列哪一表述是正确的？(　　)［2011 年法考真题］

A. 无效　　B. 效力待定　　C. 可撤销　　D. 有效

【解析】根据《民法典》第 484 条规定，以通知方式作出的承诺，到达相对人时生效。第 483 条规定，承诺生效时合同成立，但是法律另有规定或者当事人另有约定的除外。王某以甲公司名义向乙公司发出的书面要约已经到达乙公司，并经乙公司回函予以承诺。王某作为甲公司的法定代表人，公司内部对其权利的限制不得对抗善意相对人。因此王某以甲公司名义向乙公司发出的书面要约有效。而王某在函件发出后 2 小时意外死亡，并不影响此前所发出要约的效力。因此，甲、乙公司的买卖合同已经成立，甲公司不得撤销要约。

二、多项选择题

1. A 公司欠 B、C 公司的百万借款均已到期，A 公司有房和古董花瓶可抵押。一天，B 公司法定代表人拿着礼物找到 A 公司，对其说，你的东西只足够偿还我的借款，不如和我司签订抵押合同，于是 A 公司和 B 公司订立抵押合同，未办理抵押登记。对此，以下说法正确的有(　　)。［2019 年法考真题］

A. C 公司可主张合同无效　　B. 抵押合同不成立

C. B 公司不享有抵押权　　D. C 公司可以主张撤销抵押合同

【解析】AD 两项，A 公司财产不足偿还 B、C 公司债务的情况下，B 公司与 A 公司订立抵押合同的行为，旨在使 B 公司获得优先受偿地位。《民法典》第 154 条规定，行为人与相对人恶意串通，损害他人合法权益的民事法律行为无效。因此，B 公司、A 公司通谋损害 C 公司的利益，构成恶意串通，抵押合同无效而非可撤销。

B 项，合同成立是指当事人之间意思表示达成一致，双方间形成了合意，产生了合同关系。合同成立要件达到合同即成立。

7B　8D　▎　1AC

C 项，抵押合同无效的，且抵押权未办理抵押登记，因此抵押权未设立。

2. 甲隐瞒了其所购别墅内曾发生恶性刑事案件的事实，以明显低于市场价的价格将其转卖给乙；乙在不知情的情况下，放弃他人以市场价出售的别墅，购买了甲的别墅。几个月后乙获悉实情，向法院申请撤销合同。关于本案，下列哪些说法是正确的？（　　）[2016 年法考真题]

A. 乙须在得知实情后一年内申请法院撤销合同

B. 如合同被撤销，甲须赔偿乙在订立及履行合同过程当中支付的各种必要费用

C. 如合同被撤销，乙有权要求甲赔偿主张撤销时别墅价格与此前订立合同时别墅价格的差价损失

D. 合同撤销后乙须向甲支付合同撤销前别墅的使用费

【解析】A 项，《民法典》第 148 条规定，一方以欺诈手段，使对方在违背真实意思的情况下实施的民事法律行为，受欺诈方有权请求人民法院或者仲裁机构予以撤销。根据《民法典》第 152 条规定，当事人自知道或者应当知道撤销事由之日起 1 年内没有行使撤销权则撤销权消灭。本题中，甲隐瞒了其所购别墅内曾发生恶性刑事案件的事实将房屋卖给不知情的乙，甲的行为构成了欺诈，因此乙有权在得知实情后 1 年内请求人民法院或者仲裁机构撤销合同。

BCD 三项，《民法典》第 157 条规定，民事法律行为无效、被撤销或者确定不发生效力后，行为人因该行为取得的财产，应当予以返还；不能返还或者没有必要返还的，应当折价补偿。有过错的一方应当赔偿对方由此所受到的损失；各方都有过错的，应当各自承担相应的责任。法律另有规定的，依照其规定。本题中，如果因乙被欺诈而成立的合同被撤销，甲应当赔偿乙在订立及履行合同过程当中支付的各种必要费用和因此所受到的损失。乙如果在合同撤销前使用了别墅，乙也应当支付合同撤销前别墅的使用费，否则构成不当得利。

3. 郭某意外死亡，其妻甲怀孕两个月。郭某父亲乙与甲签订协议：“如把孩子顺利生下来，就送十根金条给孩子。”当日乙把八根金条交给了甲。孩子顺利出生后，甲不同意由乙抚养孩子，乙拒绝交付剩余的两根金条，并要求甲退回八根金条。下列哪些选项是正确的？（　　）[2015 年法考真题]

A. 孩子为胎儿，不具备权利能力，故协议无效

B. 孩子已出生，故乙不得拒绝赠与

C. 八根金条已交付，故乙不得要求退回

D. 两根金条未交付，故乙有权不交付

【解析】A 项，《民法典》第 16 规定，涉及遗产继承、接受赠与等胎儿利益保护的，胎儿视为具有民事权利能力。但是，胎儿娩出时为死体的，其民事权利能力自始不存在。本题中，乙欲将金条赠与胎儿，因此尚在胎中的孩子视为具有民事权利能力。

BCD 三项，附条件的民事法律行为是指在行为中附上一定的条件，并且把该条件的成就或者不成就作为确定行为人的民事权利和民事义务发生法律效力或者失去法律效力根据的行为。本题中，对胎儿的赠与可以视为附延缓条件的赠与合同，即胎儿出生成活后赠与成立，赠与人应当履行；而若胎儿未能成活，赠与合同即不成立，赠与人无须履行。由于孩子已出生，乙不得拒绝赠与，已交付的八根金条不得要求退回，未交付的两根金条应予交付。

4. 某旅游地的纪念品商店出售秦始皇兵马俑的复制品，价签标名为“秦始皇兵马俑”，2800 元一个。王某购买了一个，次日，王某以其购买的“秦始皇兵马俑”为复制品而非真品属于欺诈为由，要求该商店退货并赔偿。下列哪些表述是错误的？（　　）[2015 年法考真题]

A. 商店的行为不属于欺诈，真正的“秦始皇兵马俑”属于法律规定不能买卖的禁止流通物

B. 王某属于重大误解，可请求撤销买卖合同

C. 商店虽不构成积极欺诈，但构成消极欺诈，因其没有标明为复制品

D. 王某有权请求撤销合同，并可要求商店承担缔约过失责任

2ABCD　3BC　4BCD

【解析】AC 两项，《民法典》第 148 条规定，一方以欺诈手段，使对方在违背真实意思的情况下实施的民事法律行为，受欺诈方有权请求人民法院或者仲裁机构予以撤销。欺诈是指当事人一方故意编造虚假情况或者隐瞒真实情况，使对方陷入错误而为违背自己真实意思表示的行为。实施欺诈的欺诈人必须有欺诈的故意，而商店无欺诈故意，因此商店的行为不构成欺诈。并且，真正的“秦始皇兵马俑”属于法律规定不能买卖的禁止流通物，即使该纪念品商店未标明“复制品”，根据一般社会人的普遍认知，王某也应当知道出售的不是真正的“秦始皇兵马俑”。

BD 两项，《民法典》第 147 条规定，基于重大误解实施的民事法律行为，行为人有权请求人民法院或者仲裁机构予以撤销。本题中，王某应当知道 2800 元不可能购买真正的“秦始皇兵马俑”，不能认定为对标的物的性质有错误认识，不构成重大误解，也无权请求撤销合同。

5. 刘某欠何某 100 万元货款届期未还且刘某不知所踪。刘某之子小刘为替父还债，与何某签订书面房屋租赁合同，未约定租期，仅约定：“月租金 1 万元，用租金抵货款，如刘某出现并还清货款，本合同终止，双方再行结算。”下列哪些表述是错误的？（　　）［2014 年法考真题］

A. 小刘有权随时解除合同　　B. 何某有权随时解除合同

C. 房屋租赁合同是附条件的合同　　D. 房屋租赁合同是附期限的合同

【解析】AB 两项，《民法典》第 730 条规定，当事人对租赁期限没有约定或者约定不明确，依据本法第 510 条的规定仍不能确定的，视为不定期租赁；当事人可以随时解除合同，但是应当在合理期限之前通知对方。但本题中的租赁并不是不定期租赁，租赁期限根据合同约定为 100 个月。因此本题中的房屋租赁不属于不定期租赁，双方均不享有合同的任意解除权。

CD 两项，《民法典》第 158 条规定，民事法律行为可以附条件，但是根据其性质不得附条件的除外。附生效条件的民事法律行为，自条件成就时生效。附解除条件的民事法律行为，自条件成就时失效。二者的重要区别在于：附条件是无法确定条件是否会发生，附期限的合同则是无法肯定条件何时实现。本题中，“刘某出现并还清货款”无法肯定能否发生，该合同为附条件合同，而此条件一旦成就则合同失效，因此是附解除条件的合同。

6. 下列哪些情形属于无效合同？（　　）［2012 年法考真题］

A. 甲医院以国产假肢冒充进口假肢，高价卖给乙

B. 甲乙双方为了在办理房屋过户登记时避税，将实际成交价为 100 万元的房屋买卖合同价格写为 60 万元

C. 有妇之夫甲委托未婚女乙代孕，约定事成后甲补偿乙 50 万元

D. 甲父患癌症急需用钱，乙趁机以低价收购甲收藏的 1 幅名画，甲无奈与乙签订了买卖合同

【解析】AD 两项，《民法典》第 148 条规定，一方以欺诈手段，使对方在违背真实意思的情况下实施的民事法律行为，受欺诈方有权请求人民法院或者仲裁机构予以撤销。第 151 条规定，一方利用对方处于危困状态、缺乏判断能力等情形，致使民事法律行为成立时显失公平的，受损害方有权请求人民法院或者仲裁机构予以撤销。A 项，甲医院以国产假肢冒充进口假肢，高价卖给乙，构成欺诈，属于可撤销合同。D 项，甲父患癌症急需用钱，乙趁机以低价收购甲收藏的 1 幅名画，属于乘人之危，应当认定为可撤销合同。

B 项，《民法典》第 146 条第 1 款规定，行为人与相对人以虚假的意思表示实施的民事法律行为无效。甲、乙将合同实际价格写为 60 万元，该合同实际上就是“阳合同”，属于以虚假的意思表示实施的民事法律行为，该合同无效。

C 项，《民法典》第 153 条第 2 款规定，违背公序良俗的民事法律行为无效。甲、乙的代孕约定违反公序良俗，损害社会公共利益，合同无效。

7. 关于意思表示法律效力的判断，下列哪些选项是正确的？（　　）［2011 年法考真题］

5ABD　6BC　7CD

A. 甲在商场购买了一台液晶电视机，回家后发现其妻乙已在另一商场以更低折扣订了一台液晶电视机。甲认为其构成重大误解，有权撤销买卖合同

B. 甲向乙承诺，以其外籍华人身份在婚后为乙办外国绿卡。婚后，乙发现甲是在逃通缉犯。乙有权以甲欺诈为由撤销婚姻

C. 甲向乙银行借款，乙银行要求甲提供担保。丙为帮助甲借款，以举报丁偷税漏税相要挟，迫使其为甲借款提供保证，乙银行对此不知情。丁有权以其受到胁迫为由撤销保证

D. 甲患癌症，其妻乙和医院均对甲隐瞒其病情。经与乙协商，甲投保人身保险，指定事故受益人为乙。保险公司有权以乙欺诈为由撤销合同

【解析】A 项，重大误解是指行为人基于对行为的性质、相对人以及标的物的品种、质量、规格和数量等的错误认识实施的民事法律行为。可见，动机的错误一般不构成重大误解，除非动机被约定为合同成立、生效的条件。题中，甲属于动机错误，不构成重大误解，不得主张撤销买卖合同。

B 项，《民法典》第 1052 条规定，因胁迫结婚的，受胁迫的一方可以向人民法院请求撤销婚姻。请求撤销婚姻的，应当自胁迫行为终止之日起一年内提出。被非法限制人身自由的当事人请求撤销婚姻的，应当自恢复人身自由之日起一年内提出。只有胁迫才是可撤销婚姻的事由，欺诈不构成可撤销婚姻的事由，因此乙无权以甲欺诈为由撤销婚姻。

C 项，《民法典》第 150 条规定，一方或者第三人以胁迫手段，使对方在违背真实意思的情况下实施的民事法律行为，受胁迫方有权请求人民法院或者仲裁机构予以撤销。在第三人丙的胁迫下，丁与乙银行签订了保证合同，由于胁迫对行为人意思表示的自由影响重大，因此相对人或者第三人的胁迫，均构成民法中的胁迫，所以，丁有权以其受到胁迫为由要求撤销保证。

D 项，《民法典》第 148 条规定，一方以欺诈手段，使对方在违背真实意思的情况下实施的民事法律行为，受欺诈方有权请求人民法院或者仲裁机构予以撤销。本题中，投保人甲虽不知自己的病情，但是受益人乙明知甲病情却向保险公司隐瞒，此行为构成欺诈，因此保险公司有权以欺诈为由撤销该保险合同。

三、概念题

1. 民事法律行为［广西民大 2024 年研；中国政法 2022 年研；山东大学 2022 年研；安徽师大 2020 年研；中财 2018 年研；温州大学 2016 年研；西南科大 2015 年研；首经贸 2010 年研］

答：参见本章简答题第 1 题答案。

2. 负担行为［山东大学 2015 年研；武大 2012 年研］

答：负担行为又称债权行为，是指以发生债权债务为内容的民事法律行为。负担行为不以行为人享有处分权作为效力发生的条件，因此负担行为的行为人可以为数次内容相同的负担行为，对数人负担相同的债务；负担行为所产生的法律效果受相对性制约，即依据生效的负担行为，一方仅得向对方主张权利的实现。

3. 意思表示［中国政法 2021 年研；首经贸 2020 年研；浙工商 2018 年研；温州大学 2018 年研；中山大学 2015 年研；浙大 2014 年研；人大 2012 年研；北理 2008 年研］

答：参见本章简答题第 4 题答案。

4. 隐藏行为［浙江财大 2019 年研；中南财大 2006 年研］

答：参见本章论述题第 1 题答案。

5. 附条件的民事法律行为［复旦大学 2020 年研；广东财大 2017 年研；武汉大学 2013 年研；东财 2013 年研］

相关试题：解除条件［浙工商 2020 年研］、**延缓条件**［武大 2015 年研］

答：(1)附条件的民事法律行为是指在行为中附上一定的条件，并且把该条件的成就或者不成就作为确定行为人的民事权利和民事义务发生法律效力或者失去法律效力根据的行为。

(2)按照所附条件达成对民事法律行为的效力不同，条件可分为延缓条件和解除条件。延缓条件又称停止条件，是指民事法律行为中所确定的民事权利和民事义务要在所附条件成就时才能发生法律效力；解除条件又称消灭条件，是指民事法律行为中所确定的民事权利和民事义务在所附条件成就时失去法律效力。

(3)附延缓条件的民事法律行为，在条件成就之前已经成立，但效力处于停止状态。附解除条件的民事法律行为，在所附条件成就以前，已经发生法律效力，当事人已经开始行使权利和承担义务；当条件成就时，权利和义务则失去法律效力。

6. 无效民事法律行为[中山大学2014年研]

答：参见本章论述题第2题答案。

7. 可撤销的民事法律行为[河南师大2017年研；广东财大2016年研；中山大学2010年研]

答：参见本章论述题第3题答案。

8. 效力未定的民事法律行为[南航2016年研；中山大学2014年研]

答：参见本章论述题第4题答案。

四、简答题

1. 简述民事法律行为的概念与有效条件。[华中农大2015年研]

相关试题：

(1)论民事法律行为的有效条件及其制度功能。[论述题，广西民大2020年研]

(2)简述民事法律行为有效的实质要件。[湘潭大学2016年研]

答：(1)民事法律行为，是指民事主体通过意思表示设立、变更、终止民事法律关系的行为。其特征有：①民事法律行为是私行为；②民事法律行为须合乎法律；③民事法律行为是表示行为；④民事法律行为是由意思决定效果的行为。

(2)民事法律行为的生效，是指已经成立的民事法律行为因符合法定有效要件而取得了法律认可的效力。民事法律行为符合了生效条件的，当事人的意思才被法律认可，从而产生预定的法律效力并受法律保护。民事法律行为的生效条件包括：

①意定条件，即当事人约定附条件或附期限。

②法定条件：

a. 行为人具有相应的民事行为能力。行为人必须具有预见其行为性质和后果的相应的民事行为能力。所以，民事法律行为以行为能力适格为其首要条件。对于自然人，应具有完全民事行为能力。限制民事行为能力人，实施的与其意思能力相适应的民事法律行为或纯获利益的行为为有效，而实施的能力范围之外的行为，须经其法定代理人同意或者追认，否则不能生效。

b. 意思表示真实。民事法律行为是以意思表示为构成要素的行为，因此，它要求行为人的意思表示必须真实。意思表示真实指内心的效果意思须与表示意思一致，如因内心有保留、认识错误、误传、误解、受欺诈或胁迫、显失公平等，表示意思与效果意思不一致，则会发生无效或被撤销的后果。

c. 不违反法律、行政法规的强制性规定，不违背公序良俗。法律规范依其适用可分为强制性规范和任意性规范。强制性规定，系指当事人无条件实施一定行为或不得实施一定行为的规定。公序良俗，是指公共秩序和善良风俗。行为如果违反二者的要求，即属违法，其行为无效。

2. 简述负担行为与处分行为的区别。[北邮2010年研]

相关试题：处分行为与负担行为[概念题，中南财大2007年研]

答：负担行为与处分行为是依据行为的直接法律效果所作的民事法律行为的分类。负担行为又称债权行为，是指使一个人相对于另一个人(或另若干人)承担为或不为一定行为义务的法律行为；处分行为是指以引起现存权利的直接变动为目的的法律行为，包括物权行为和准物权行为。二者的区别具体包括：

（1）法律效果不同。处分行为因其直接处分权利，因而无须再有其他行为，便可以直接发生权利的变动；而负担行为仅产生债权债务关系，使行为人承担给付义务，必须与处分行为相结合方能引致现权利变动。

（2）生效条件不同。处分行为因其直接发生权利变动，为保护交易秩序，必须以行为人具有处分权为生效要件，否则是效力未定的无权处分行为；而负担行为因其只产生给付义务，还未实施实际交易，不需要行为人有处分权，即便因无处分权履行不能也不影响负担行为的效力，行为人无法实际履行的需承担违约责任。

（3）与原因行为的关系不同。处分行为适用的无因原则，其效力不受原因行为的影响，即便引发其产生的原因行为无效或被撤销，处分行为的效力不受影响；负担行为往往是处分行为发生的原因。

（4）对公示的要求不同。处分行为一般需要有一定的外观才能产生公信力，对抗善意第三人，如动产的交付和不动产的登记等；负担行为只在当事人双方之间有法律效力，除法律另有规定外，当事人可以自由决定负担行为的形式。

3．简述民事法律行为和事实行为的区别。［北邮 2013 年研；北科 2012 年研］

答：（1）民事法律行为是指以意思表示为核心要素的表示行为，是民事主体通过意思表示设立、变更、终止民事法律关系的行为。

事实行为，是指行为人实施的一定行为，一旦符合了法律的构成要件，不管当事人主观上是否有确立、变更或消灭某一民事法律关系的意思，都会由于法律的规定，从而引起一定的民事法律效果的行为。事实行为包括无因管理行为、正当防卫行为、紧急避险行为及侵权行为、遗失物的拾得行为、埋藏物的发现行为等。这些行为不存在意思表示。

（2）二者的区别包括：

①是否以意思表示为必备要素不同。民事法律行为以意思表示为其必备要素，具有表意性和目的性；而事实行为完全不以意思表示为其必备要素，当事人实施行为的目的并不在于追求民事法律后果。

②发生效力的依据不同。民事法律行为依行为人的意思表示的内容而发生效力；而事实行为依法律规定而直接产生法律后果。民事法律行为的本质在于意思表示，而不在于事实构成；事实行为只有在行为人的客观行为符合法定构成要件时，才发生法律规定的后果。

③是否要求行为人具有相应民事行为能力不同。民事法律行为以行为人具有民事行为能力为生效条件；而事实行为的构成不要求行为人具有相应的民事行为能力。

④功能不同。民事法律行为具有实现私法自治的功能，是维护个人自由与尊严的重要手段；而事实行为不具有此种功能。

4．简述意思表示的概念及其构成要素。［武大 2012 年研］

相关试题：

（1）简述意思表示的构成要素。［武大 2020 年研；浙工商 2018 年研；北师 2012 年研］

（2）简述意思表示的构成要素及其法律行为中的地位。［中南财大 2010 年研］

答：（1）意思表示是指行为人把进行某一民事法律行为的内心效果意思，以一定的方式表达于外部的行为。

（2）意思表示的构成要素，即意思表示的构成成分。我国民法学界对于意思表示的构成要素存有不同认识。一般认为“三要素说”较为妥当，即主张意思表示应包括三项要素：

①目的意思。指明民事法律行为，尤其是指明民事法律行为具体内容的意思要素，它是意思表示能够成立的基础。

②效果意思。指当事人欲使其目的意思发生法律上效力的意思要素，即具有设立、变更、终止民事法律关系的意图。效果意思又常被称为效力意思、法效意思或设立法律关系的意图。

③表示行为。指行为人将其内在的目的意思和效果意思以一定方式表现于外部，为行为相对人所了解的行为要素。

(3)意思表示在民事法律行为中的地位：

①意思表示是民事法律行为的必备要素。是否以意思表示为要素，是民事法律行为与事实行为的根本区别，也是民事法律行为的重要特征。

②意思表示是民事法律行为的生效要件。意思表示真实、自愿是民事法律行为实际生效的构成要件。若因外界的影响有瑕疵，则可能影响法律行为的效力，使民事法律行为陷于无效或可撤销。

5. 简述民事法律行为的成立要件和生效要件。[中国青年政治学院2007年研]

相关试题：

(1)简述民事法律行为有效要件。[温州大学2018年研]

(2)民事法律行为的成立。[广东财大2017年研]

答：(1)民事法律行为的成立要件：

①民事法律行为的一般成立要件，指任何民事法律行为成立均须具备的共同要件。具体包括：

a. 当事人。即进行特定民事法律行为的民事主体。在单方民事法律行为中，存在一方当事人即可；在双方民事法律行为中，需要有双方当事人；在共同行为中，需要有两方以上当事人；在决议行为中，需要有某一组织的成员或内部机构参与表决。

b. 意思表示。即表意人将其期望发生某种法律效果的内心意思以一定方式表现于外部的行为。在单方民事法律行为中，有一项意思表示即可；在双方民事法律行为中，需要有两项一致的意思表示；在共同行为中，需要有两项以上内容相同的意思表示；在决议行为中，需要每个参与者独立作出意思表示，然后遵守表决程序和表决规则作出决定。

c. 标的。指行为的内容，即行为人通过其行为所要达到的效果。

②民事法律行为的特别成立要件，指依据法律或行政法规的规定或者依据当事人的约定，某些民事法律行为的成立，除当事人的意思表示外，还应具备特别的事实要素，如实施特定的事实行为或采用特定的形式等。

(2)民事法律行为的生效要件：

①意定要件。即当事人约定附条件或附期限。

②法定要件：a. 行为人具有相应的民事行为能力；b. 意思表示真实；c. 不违反法律或者公序良俗。

6. 民事法律行为成立与生效的联系与区别。[南京理工2011年研]

相关试题：

(1)辨析民事法律行为成立与生效。[浙工大2020年研]

(2)民事法律行为成立与民事法律行为生效的关系。[浙工商2020年研]

(3)试述民事法律行为成立与生效的关系。[论述题，广东财大2020年研]

(4)民事法律行为成立与生效的关系。[广东财大2016年研；中南财大2006年研]

答：(1)民事法律行为的成立与生效的概念：

①民事法律行为的成立，指符合民事法律行为的成立要件，产生成立效力。其主要解决成立民事法律行为，应具备哪些必不可少的事实要素。

②民事法律行为的生效，指已经成立的民事法律行为因符合法定有效要件而取得了法律认可的效力。民事法律行为符合了生效要件的，当事人的意思才被法律认可，从而产生预定的法律效力并受法律保护。

(2)二者的联系。民事法律行为的成立是民事法律行为生效的逻辑前提。只有民事法律行为成立后才能够进一步讨论有效还是无效的问题。相反地，民事法律行为的有效是民事法律行为成立的归宿，如果一项民事法律行为因欠缺有效要件而无效，就达不到实施民事法律行为的本来目的，因而其成立从实质上来讲也就毫无意义。在大多数情况下，民事法律行为的成立与民事法律行为的生效在时间上是一致的，即在民事法律行为成立时即具有法律效力。只有在少数情况下，民事法律行为的成立与生效不具有时间上的一致性。

(3)二者的区别：

①着眼点不同。民事法律行为的成立主要体现了当事人的意志，着眼于行为因符合法律构成要素，而在法律上视为一种客观存在；而民事法律行为的生效着眼于成立的行为因符合法定的有效条件，而取得法律认可的效力。

②构成要件不同。民事法律行为的成立的要件是意思表示的成立或意思表示一致；而民事法律行为的生效要件，则包括行为人具有相应的民事行为能力、意思表示真实、不违反法律或者公序良俗。

③发生时间不完全相同。民事法律行为具备法定构成要素即为成立，自具备法定有效要件时生效。而民事法律行为的生效时间却不能一概而论。如按《民法典》规定，“依法成立的合同，自成立时生效；法律、行政法规规定应当办理批准、登记等手续生效的，依照其规定”；“附生效条件的合同，自条件成就时生效”；“附期限的合同，自期限届至时生效”。

④效力不同。民事法律行为成立即生效的，当事人应受效果意思的约束，当事人所负担的义务主要来源于当事人的约定，承担的是违约责任；民事法律行为成立后不能生效或者被撤销或者在成立之后未生效之前，当事人的义务来源于法律的规定，承担的是缔约过失责任。

7. 附条件民事法律行为中“条件”的特点。［河北师大 2020 年研］

相关试题：

(1) 请简述附条件的民事法律行为。［华东政法 2025 年研］

(2) 附条件民事法律行为所附条件的特征。［中国海大 2020 年研］

(3) 试述附条件民事法律行为及所附条件的要求。［浙江财大 2016 年研］

(4) 简述民事法律行为所附条件的特点。［广东财大 2016 年研］

(5) 附条件的法律行为的概念和所附条件的特征。［南航 2015 年研］

答：(1) 附条件的民事法律行为是指双方当事人在民事法律行为中设立一定的事由作为条件，以条件的成就与否(是否发生)作为决定民事法律行为效力产生或解除根据的民事法律行为。

民事法律行为中所附的条件是一种特定的法律事实，它可以是某种自然现象，也可以是人的某种行为，还可以是某种特定的事件。但并非任何自然现象或任何行为，都可以作为条件。

(2) 民事法律行为所附条件的特点：

在附条件民事法律行为中，条件是意思表示的一个部分，它有如下特征：

①条件具有未来性，应当是将来发生的事实。已经发生的事实不得作为民事法律行为所附的条件。

②条件具有或然性，应当是将来可能发生也可能不发生的事实。如果是肯定能发生或肯定不能发生的事实，就不能作为民事法律行为所附的条件。如果所附生效条件是不可能发生的，应当认定该民事法律行为无效。相反，如果行为人把不可能发生的事实作为行为失效的“条件”，则视为未附任何条件。

③条件具有非法定性，应当是当事人约定(商定)的事实。法律规定的或基于行为性质所决定的事实，不能作为民事法律行为所附的条件。凡是附法定条件的，应视为未附条件，行为当然有效。

④条件应当是合法的事实。违法的事实，不能作为民事法律行为所附的条件。如果所附条件是违法的，应当认定该民事法律行为无效。

8. 辨析：“如果张三去世，我就把我的小轿车送给你”。这一民事法律行为属于附条件的民事法律行为。［首师大 2011 年研］

答：这种说法是错误的。本题中，张三去世是将来必然会发生的一件事情，这一民事法律行为属于附期限的民事法律行为。附条件的民事法律行为是指双方当事人在民事法律行为中设立一定的事由作为条件，以条件的成就与否(是否发生)作为决定民事法律行为效力产生或解除根据的民事法律行为。附期限的民事法律行为中的期限是必然发生的。而附条件的民事法律行为中条件是否发生不确定。

9. 请指出民事法律行为无效的后果主要有哪些？并逐项说明。［广东财大 2016 年研；武大 2014 年研］

相关试题：

(1) 简述民事法律行为无效的法律后果。［暨南大学 2018 年研］

(2) 简述无效民事法律行为的法律效果。［青岛大学 2017 年研］

答：无效民事法律行为是指自始、当然、确定不发生当事人预期的法律效果的民事法律行为。《民法典》第155条规定："无效的或者被撤销的民事法律行为自始没有法律约束力。"对于被确认无效和因被撤销而无效的民事法律行为，尚未履行或者已履行的，发生的法律后果如下：

(1)如果这类行为所约定的义务尚未履行，则无须再履行。因为它们根本不能使义务人承担义务。

(2)如果这类行为所约定的义务正在履行之中，则应中止履行。对于业已履行的部分，应按下面的原则去处理：

①返还财产。在给付了财产的情况下，返还财产的范围，应以全部返还为原则。如果仅仅是当事人一方取得了财产，那么该当事人负返还义务；如果当事人双方对等地取得了财产，那么双方应当相互返还财产。如果原物存在，应以原物返还；如果原物不再，则应作价偿还；如果原物有损坏，应修复后返还，或者付给相当的补偿。

②赔偿损失。如果民事法律行为无效后给对方或者第三人造成了损失，还应当赔偿损失。如果损失是一方的过错造成的，则仅过错方赔偿；如果双方都有过错，则由双方承担各自应负的责任。法律另有特别规定的，则依照其规定。

③解决争议条款之有效。在双方民事法律行为无效后，该行为中关于解决双方争议的意思表示，可以独立发生效力，不因该行为无效或被撤销不发生效力。《民法典》第507条规定，合同不生效、无效、被撤销或者终止的，不影响合同中有关解决争议方法的条款的效力。

10. 无效处分行为的特点及效力。［河北师大2020年研］

相关试题：

(1)无权处分行为的效力。［山东大学2016年研］

(2)试说明我国民法关于无处分权人处分他人财产的合同效力方面都有哪些规定。［武大2015年研］

答：(1)无权处分行为是指，无处分权人处分他人的财产，以引起财产权利变动为目的的行为。如擅自出卖他人的物、以他人的房产设立抵押等。其特点有：①权利人无权处分他人的财产；②无权处分人以自己的名义进行处分行为，如果以他人的名义处分则属于"无权代理"。

(2)无权处分行为的效力：

无权处分行为首先是财产处分权的欠缺，因此不应发生效力，但无权处分人与他人订立的合同并非无效。但法律出于对权利人意思的尊重和取得权利人利益的维护，规定了确定效力的条件。无权处分行为的效力有四种：

①无权处分行为如经权利人追认则自始发生效力。权利人可向无权处分人或相对人表示追认。

②处分后取得的权利，自始发生效力。无处分权人处分时没有处分权，但在处分后可能取得处分权。如因为继承或者买受而取得处分权，该处分权自始发生效力。

③无权处分行为权利人没有追认且处分后没有取得处分权的，对权利人自始不发生效力。

④根据《最高人民法院关于适用〈中华人民共和国民法典〉合同编通则若干问题的解释》(以下简称《合同编通则解释》)第19条第2款规定，即使无权处分合同被认定有效，且让与人已将财产交付或者移转登记至受让人，除受让人善意取得外，真正权利人请求认定财产权利未发生变动或者请求返还财产的，人民法院应予支持。

五、论述题

1. 试述我国法上的意思表示解释理论(包括意思表示解释的概念、解释的目的、解释的对象、解释的方法等)［北航2015年研］

相关试题：

(1)论意思表示的解释。［中南财大2025年研；东财2013年研］

(2)意思表示瑕疵的类型。［中南财大2023年研］

(3)简述通谋虚伪表示。［简答题，扬州大学2020年研］

(4)论意思表示。［浙工商2015年研］

(5)简述意思与表示不一致的类别和法律后果。[简答题，苏州大学2012年研]

(6)试述意思与表示不一致的几种情形。[中山大学2010年研]

(7)简述意思表示的解释。[简答题，中南财大2008年研]

答：(1)意思表示，是指民事行为能力适格的表意人，将自主形成的效果意思表达于外部的行为。作为意思表示，其表示客体必须是意思。意思表示的构成要素，即意思表示的构成成分。我国民法学界对于意思表示的构成要素存有不同认识。一般认为"三要素说"较为妥当，即主张意思表示应包括目的意思、效果意思和表示行为三项要素。

(2)意思表示的解释，是指阐明意思表示之含义，确定法律之适用的说明。解释含有分析、阐明、说明之意，即对意思表示的诠释。在对意思表示的含义理解不一发生歧义时，就需要对其进行解释，以探求表意人的真实意思。在解释方法上，有文义解释、整体解释、目的解释和习惯解释等。《民法典》第142条根据意思表示有相对人和无相对人，区分两种解释方法。对于有相对人的意思表示的解释，应当按照所使用的词句，结合相关条款、行为的性质和目的、习惯以及诚信原则，确定意思表示的含义。对于无相对人的意思表示的解释，则不能完全拘泥于所使用的词句，而应当结合相关条款、行为的性质和目的、习惯以及诚信原则，确定行为人的真实意思。

(3)意思与表示不一致，是指表意人的内心意思与外在表示不一致。其主要包括：

①单独虚伪表示又称真意保留、心中保留，属有瑕疵的意思表示，是指行为人故意隐瞒其真意，而表示其他意思的意思表示。学界通说认为，基于真意保留所为的民事法律行为，效力不因此受到影响。但该真意保留为相对人明知时，民事法律行为应不生效力。

②通谋虚伪表示又称伪装表示或虚伪表示，是指表意人与相对人通谋，不表示内心真意的意思表示。《民法典》第146条第1款规定："行为人与相对人以虚假的意思表示实施的民事法律行为无效。"该条对虚假的民事法律行为作出了规定。通谋虚伪表示的构成要件包括：a. 表意人没有真实的内心意图；b. 对方知晓这种不真实的意思表示；c. 对方故意参与不真实的合意表示。通谋虚伪表示的核心在于表意人与对方之间的意思联络，若无此通谋则不构成通谋虚伪表示。

③隐藏行为，是指表意人作出虚假的意思表示，其真实意图是实现其他法律效果。《民法典》第146条第2款规定："以虚假的意思表示隐藏的民事法律行为的效力，依照有关法律规定处理。"实践中，《合同编通则解释》第14条第1款指出，当事人就同一交易签订多份合同时，法院应认定虚假意思表示的合同无效。

④错误，是无意识的非真实意思表示，指表意人在表达意图时，由于认识不正确或缺乏认知，导致内心真实意思与外部表示不一致。其构成要件有：错误由表意人自身原因引起；表意人内心意图与表达不一致；表意人不知道这种不一致；错误必须严重到足以影响表意决定；错误的存在以意思表示成立时为准。

错误的种类有：

a. 动机错误，即发生在意志形成阶段的错误。

b. 内容错误，即意思表示内容的错误，包括：对当事人的错误、行为性质的错误、标的物错误。

c. 表示行为错误，即表意人若知道实情就不会做出的行为错误。

d. 传达错误，即因传达人或传递机关错误导致的意思表示错误。

e. 受领人错误，即受领人因误解而作出的意思表示。

(4)意思表示的不自由，是指意思表示因他人的不当干涉而存在瑕疵。根据《民法典》的规定，意思表示不自由有欺诈、胁迫两种情况。

①欺诈。指当事人一方故意编造虚假情况或负有告知义务者隐瞒真实情况，使对方陷入错误并作出违背真实意思的表示。其构成要件包括：a. 须有欺诈行为，如捏造、隐匿或歪曲事实；b. 欺诈人须有使对方陷入错误并为意思表示的故意；c. 表意人因欺诈陷入错误(含原错加深)；d. 错误与意思表示存在因果关系。第三人实施欺诈，若对方知道或应当知道该行为，受欺诈方可请求撤销民事法律行为。

②胁迫。包括以未来不法损害相恐吓(威胁)或现时身体强制(强迫)，使对方因恐惧或无法反抗作出违心表示。其构成要件包括：a. 须有胁迫行为(可针对相对人或其亲友，对象含人身、名誉、财产等)；

b. 胁迫人须有使对方恐惧并为意思表示的故意；c. 表意人因胁迫陷入恐惧（含原恐惧加深）；d. 恐惧与意思表示存在因果关系。胁迫行为具有违法性，表现为目的与手段均违法、目的合法但手段违法、手段合法但目的违法三种情形。第三人胁迫亦构成胁迫，视为行为人的胁迫。

2. 试论无效民事法律行为。［河北大学 2019 年研；扬州大学 2019 年研］

相关试题：

（1）简述无效民事法律行为的类型。［简答题，浙江财大 2020 年研］

（2）论无效民事法律行为。［山东大学 2010 年研］

答：（1）无效民事法律行为是指欠缺法律行为根本生效要件，自始、确定和当然不发生行为人意思之预期效力的民事法律行为。民事法律行为被确认无效后，当事人因为该行为而取得的财产应当返还对方，当事人有过错的应当赔偿损失，双方均有过错的应当承担各自相应的责任。

（2）无效民事法律行为的种类：

①缺乏相应民事行为能力的人作出的行为。无民事行为能力人实施的行为，因没有意思能力，不发生法律行为之效果意思的效力。限制民事行为能力人超越其行为能力范围实施的行为，因欠缺意思能力，如再没有法定代理人的同意和追认，其法律行为无效。

②虚假行为。又称伪装行为，是以虚假行为作表、以隐蔽之行为作里的复合行为。这一行为的特点是显露于表的意思表示是虚假的、不真实的，违反了意思表示须真实的生效要件，该表面行为无效；而遮盖、隐蔽于里的民事法律行为却是真实的，其是否有效，不能一概而论。《民法典》第 146 条规定："行为人与相对人以虚假的意思表示实施的民事法律行为无效。以虚假的意思表示隐藏的民事法律行为的效力，依照有关法律规定处理。"

③恶意串通行为。行为人与相对人恶意串通，损害他人合法权益的民事法律行为无效。表意人与相对人通谋实施虚伪的意思表示，是专为侵害他人合法权益的，而他人不是表意人，既无从阻遏，又无权补救，甚至还可能"蒙在鼓里"，故法律直接干预，使它无效。该行为须具备下列条件：a. 须表示与内心不一致；b. 须有恶意通谋；c. 须损害他人的合法权益。

④违反法律、行政法规的强制性规定或者违背公序良俗的行为。民事法律行为的根本属性之一是意思表示内容的合法性。意思表示违法，不仅指违反民法规定，也包括违反行政法等其他部门法的规定，当然也不能有悖于公序良俗。关于违反强制性规定的民事法律行为的效力，《民法典》第 153 条第 1 款规定："违反法律、行政法规的强制性规定的民事法律行为无效，但是该强制性规定不导致该民事法律行为无效的除外。"

3. 论可撤销的民事法律行为。［华东师大 2021 年研；复旦大学 2020 年研］

相关试题：

（1）民事法律行为可撤销的事由及其法律后果。［简答题，西南政法 2025 年研］

（2）简述可撤销法律行为。［简答题，中国政法 2023 年研］

（3）简述可撤销民事法律行为的类型。［简答题，中南财大 2023 年研；湘潭大学 2015 年研］

（4）简述可撤销的民事法律行为的含义和类型。［简答题，温州大学 2020 年研］

（5）简述可撤销民事法律行为的种类及撤销权的行使。［简答题，东财 2015 年研］

答：（1）可撤销的民事法律行为，简称可撤销行为，是指已经成立、生效，因为意思表示不真实或者其他法定原因，行为人有撤销权的民事法律行为。

（2）可撤销民事法律行为的种类：

①因重大误解的民事法律行为。重大误解是指行为人基于对行为的性质、相对人以及标的物的品种、质量、规格和数量等的错误认识实施的民事法律行为。《民法典》第 147 条规定："基于重大误解实施的民事法律行为，行为人有权请求人民法院或者仲裁机构予以撤销。"

②因乘人之危致显失公平的民事法律行为。乘人之危致显失公平是指乘他人处境危难，迫使他人不得已而作出对自己严重不利的意思表示，使成立的民事法律行为显失公平的情形。《民法典》第 151 条规定：

“一方利用对方处于危困状态、缺乏判断能力等情形，致使民事法律行为成立时显失公平的，受损害方有权请求人民法院或者仲裁机构予以撤销。”乘人之危的法律要件包括：a. 须乘人之危，即对他人的危难处境加以利用；b. 须有乘人之危的故意；c. 须显失公平，即乘人之危造成的后果对危难人严重不利，而乘危人大得其利，违反了公平原则。

③受欺诈而实施的民事法律行为。欺诈，是故意欺骗他人，使之陷于错误的行为。欺骗即为使受领人陷于错误而故意将不真实的虚假情况当作真实情况表示。受欺诈意思表示，就是由于他人的欺骗作出的意思表示。《民法典》第 148 条规定，受欺诈方有权请求人民法院或者仲裁机构予以撤销。欺诈可以是当事人一方所为，也可以是第三人所为。

④受胁迫而实施的民事法律行为。胁迫是因他人的威胁或者强迫，陷于恐惧而作出的不真实意思表示。威胁是指以预告未来的损害使相对人精神感到恐惧；强迫是指对相对人或其亲属的身体强制或伤害。当事人因受胁迫而作出的不真实的意思表示，即是胁迫行为。胁迫可以是当事人一方所为，亦可以是第三人所为。

(3)可撤销民事法律行为的法律后果。如果享有撤销权的权利人在一定期间内行使撤销权则该民事法律行为自始无效，双方权利义务回归开始状态；如果在法定期间内没有行使撤销权，则该民事法律行为是有效的。《民法典》第 157 条规定，民事法律行为无效、被撤销或者确定不发生效力后，行为人因该行为取得的财产，应当予以返还；不能返还或者没有必要返还的，应当折价补偿。有过错的一方应当赔偿对方由此所受到的损失；各方都有过错的，应当各自承担相应的责任。法律另有规定的，依照其规定。

(4)撤销权的行使：①撤销权的主体。撤销权应当由因意思表示不真实而受损害的一方当事人享有。②撤销权是一种专属的权利，不得与法律行为相分离而单独转让。③依照《民法典》的规定，撤销权的行使应采用诉讼或仲裁方式，其立法目的是鼓励交易原则的体现。④撤销权并不包括变更权。⑤撤销权必须在法定期限内行使。

4. 试述效力未定的民事法律行为的概念及类型。［中山大学 2011 年研］

相关试题：简述效力未定行为的种类。［简答题，武汉理工 2010 年研］

答：(1)效力未定的民事法律行为，是指民事法律行为成立之后，是否能发生效力尚不能确定，有待享有形成权的第三人作出追认或拒绝的意思表示来使之有效或无效的民事法律行为。其特征有：

①效力未定的民事法律行为已经成立，但因缺乏处分权或行为能力而使效力不齐备。

②效力未定的民事法律行为的效力既非完全无效，也非完全有效，而是处于一种效力不确定的中间状态。

③效力未定的民事法律行为是否发生效力尚不能确定，有待于其他行为或事实使之确定。

④效力未定的民事法律行为确定为有效的，其效力溯及于行为成立时；确定为无效的，自始无效。

(2)效力未定的民事法律行为的类型：

①限制民事行为能力人待追认的行为。指限制民事行为能力人实施超越其民事行为能力范围的行为。这类行为若取得法定代理人同意或追认，即变为有效民事法律行为；反之，则为无效民事法律行为。《民法典》第 145 条第 1 款规定，限制民事行为能力人实施的纯获利益的民事法律行为或者与其年龄、智力、精神健康状况相适应的民事法律行为有效；实施的其他民事法律行为经法定代理人同意或者追认后有效。

②欠缺代理权的代理行为。无代理权人所为之“代理行为”对本人是没有效力的，但若本人事后追认，就成为名正言顺的“代理行为”，对本人发生效力；若本人否认，则该行为仅对行为人生效。在本人承认与否认前，该行为的效力处于不确定状态。《民法典》第 171 条第 1 款规定，行为人没有代理权、超越代理权或者代理权终止后，仍然实施代理行为，未经被代理人追认的，对被代理人不发生效力。

③债务承担。债务承担是债的效力不变而由第三人承受债务的民事法律行为。由于债务承担的效果是更换债务人，而新债务人的清偿能力影响债权人利益，故债务承担须经债权人同意始对债权人生效，在债权人同意之前，债务承担行为处于效力不确定状态。

5. 可撤销与效力未定民事法律行为的比较。［中山大学2004年研］

答：（1）二者的概念：

①可撤销民事法律行为，简称可撤销行为，是因行为有法定的重大瑕疵而须以诉撤销的民事法律行为。撤销权人行使撤销权后，该行为自始无效；若撤销权人在法定期限内没有行使撤销权，则该民事法律行为继续有效。

②效力未定的民事法律行为，是指民事法律行为成立之后，是否能发生效力尚不能确定，有待享有形成权的第三人作出追认或拒绝的意思表示来使之有效或无效的民事法律行为。

（2）二者的区别：

①发生事由不同。可撤销民事法律行为的发生事由包括：重大误解、显失公平、欺诈和胁迫。效力未定的民事法律行为的发生事由为：a. 限制民事行为能力人待追认的行为；b. 欠缺代理权的代理行为；c. 债务承担。

②权利行使前的效力状态不同。可撤销的民事法律行为在被撤销前属有效法律行为；效力未定的民事法律行为在被追认前效力未定。

③权利行使后的效力不同。在可撤销民事法律行为中撤销权的行使导致的是权利的消灭，该权利的消灭溯及其成立之时，自始无效。效力未定的民事法律行为中追认权的行使导致的是权利的自始有效。

④权利行使方式不同。可撤销民事法律行为中撤销权人行使权利的意思表示，须向法院或仲裁机关作出，而非向相对人作出。效力未定的民事法律行为中追认权人的意思表示仅需向相对人表示即可。

（3）二者的联系。可撤销的民事法律行为与效力未定的民事法律行为都是《民法典》所规定的民事法律行为，它们既不属于有效的法律行为，也不属于无效的法律行为，而是一种独立的形态，但是由于其在行为生效要件上存在缺陷，二者最后的归属点仍在有效法律行为与无效法律行为之中。

六、案例分析题

1. 黄某被派去深圳工作一年，临行时将电视机委托给同事张某保管和使用，后又告知张某可以适当价格卖掉。梁某得知此消息后，找到张某，表示想买下这台彩电，但又不愿多出钱。梁对张说，你给黄写封信，告诉他彩电的显像管出了毛病，图像不清，要求他降价出售。张某考虑到与梁某平时关系不错，就按梁某的意思给黄某写了信。黄某回信说如果真是显像管坏了，可以降低价格卖掉。于是张某就以500元的低价将彩电卖给了梁某。黄某从深圳回来后，知道了买卖彩电的真相，要求梁某返还彩电。梁某说，20天前已以1000元的价格卖与王某。经查，王某买下电视时对以上情况并不知情，1000元的价格与市价相差无几，但在5天前，王某一家及邻居戴某看电视时，该电视突然爆炸，炸伤王某及戴某，并造成其他财产损失近2000元。又查，该彩电的核心部件存在严重的质量隐患。［北化2008年研］

根据上述案情，回答下列问题：

（1）张某、梁某买卖彩电的行为属于什么性质的行为，效力如何？

（2）黄某可以请求张某、梁某承担什么责任？

（3）梁某与王某买卖彩电的行为是否有效？为什么？

（4）王某可以向谁要求赔偿损失？请求依据是什么？

（5）戴某可以向谁要求赔偿损失？请求依据是什么？

答：（1）张某和梁某买卖彩电的行为属于无效民事法律行为，自始无效。

《民法典》第154条规定，行为人与相对人恶意串通，损害他人合法权益的民事法律行为无效。第155条规定，无效的或者被撤销的民事法律行为自始没有法律约束力。本题中，代理人和第三人恶意串通，欺诈被代理人，损害被代理人利益的行为，属于无效民事法律行为，自始无效。

（2）黄某可以请求张某和梁某对其损失承担连带赔偿责任。张某实为受黄某委托，代理其卖电视机。但张某作为代理人，与第三人梁某恶意串通，使得电视机以不当的低价售卖，给黄某造成了经济损失。依据《民法典》规定，代理人和第三人恶意串通，损害被代理人利益的，应当对被代理人的损失承担连带赔偿责任。

(3)梁某与王某买卖电视机的行为合法有效，具体分析如下：

①梁某买得的电视机因黄某的撤销行为而使合同自始无效，因此取得的电视机应当返还给所有人黄某，梁某依法对电视机没有处分权，梁某出卖电视机给王某的行为属于无权处分。

②梁某与王某订立的电视机买卖合同的效力不受梁某无处分权的影响，同时王某因符合善意取得的构成要件，即王某为善意第三人，其购买电视机为善意，对梁某以欺诈方式购得电视机并不知情且无重大过失，同时以合理的市价购买，且已经实际交付占有，所以王某可以依法取得电视机的所有权。

(4)王某可以向梁某、电视机的生产者和销售者请求赔偿损失。请求依据具体如下：

①王某与梁某订立的电视机买卖合同合法有效。梁某应当承担电视机的质量瑕疵担保责任，对因电视机质量问题造成的损失，梁某应当承担损害赔偿责任。

②依据《消费者权益保护法》《产品质量法》等相关法律，因产品瑕疵遭受人身损害的产品的购买人和使用人，可以向产品的生产者请求赔偿，也可以向产品的销售者请求赔偿。

(5)戴某可以向电视机的生产者或销售者请求赔偿，具体依据分析如下：

①戴某作为电视机的观看者即使用者，可以以《产品质量法》为依据，请求电视机的生产者或者销售者承担产品质量瑕疵责任。

②戴某与电视机之前的所有人或出卖人没有法律关系，且虽在王某家看电视遭受损失，但电视爆炸不是王某的过错，因此梁某不必承担合同责任，王某也不必承担侵权责任，梁某与王某对戴某的损失不承担赔偿责任。

2. 甲汽车销售公司与乙汽车制造公司签订了一份轿车买卖合同。由于甲公司的业务员丁某对汽车型号不太熟悉，因此，在签订合同时，将甲公司原先想买的B型号轿车写成了A型号轿车。虽然乙公司提供的型号不是甲公司原想购买的B型号轿车，但A型号轿车销量也不错。甲公司因此按照合同约定提货并支付了货款。[中山大学2010年研]

请结合此案回答下列问题：

(1)丁某的行为属于合同法的什么行为？其效力如何？

(2)甲公司在支付货款后是否还能行使撤销权？

答：(1)丁某的行为属于意思表示不真实的行为，按《民法典》的相关规定，属于可撤销民事法律行为。在甲、乙的轿车买卖合同中，丁某作为甲公司的业务员，其与乙公司签订的合同即甲公司与乙公司签订的合同。在这一合同中，甲、乙所达成的是对买卖B型轿车的合意，而丁某的笔误造成了合同条款与当事人真实意思表示相背离，将B型号写成了A型号，属于意思表示错误，当事人可以依法行使撤销权。撤销权一旦行使，其效力溯及既往，合同自始无效。

(2)甲公司在支付货款后可以依其他撤销事由行使撤销权，但不得就合同标的错误这一问题主张撤销权的问题。本案中，虽然一开始存在着标的物认识错误的撤销事由，但由于A型号轿车的销量也不错，甲公司才按照合同约定提货并支付了货款，这里甲公司的行为其实是对A型号轿车的默认，属于对A型号轿车达成的新合意，甲乙双方就A型号的轿车买卖达成了新的合同。因此，甲公司在支付货款后不得再就此事由主张撤销权。当然，如果合同存在其他撤销事由的，甲公司仍得就该事由主张撤销权的行使。

3. 李某和王某是邻居，李某要去边疆地区支教一年，临行前将自己的电脑委托王某保管。一个月后，李某电告王某说自己新买了一台电脑，委托其保管的电脑可以以适当价格出售，但是显示器不要卖。张某知道此事后，对王某说自己想买，但希望王某对李某说电脑有毛病，以便以低价购买，王某便按张某的意思告诉了李某，李某相信了王某的话并同意低价出售。张某便以较低的价格购买了该电脑。过了一段时间王某嫌显示器碍事，便以李某的名义以合理价格卖给了赵某，赵某已经付钱，但是没有交货。李某此时支教期满，回来后了解了真实情况，产生了纠纷。[北航2015年研]

问：

(1)王某代理李某与张某订立的买卖合同是否有效？为什么？

(2)王某向赵某出售显示器的行为构成无权处分，还是无权代理？为什么？

(3)如果王某以自己的名义将显示器卖给不知情的赵某，但是没有交货，赵某能否取得该显示器的所有权？为什么？

(4)如果李某委托王某将其电脑出售以后，孟某前来询问该电脑是否有质量问题，王某故意隐瞒该电脑的重大质量问题，在王某代理李某与孟某订立了买卖电脑的合同之后，孟某是否可以撤销该合同？为什么？

(5)如果李某和王某之间的保管合同是无偿的，王某将电脑锁在其家中的储物间内，但有一天夜里，小偷趁王某不在家撬开其房门，偷走了电脑，王某是否要对李某承担赔偿责任？为什么？

答：(1)王某代理李某与张某订立的买卖合同是无效的。理由如下：

根据《民法典》第154条规定，行为人与相对人恶意串通，损害他人合法权益的民事法律行为无效。本案中，王某与张某恶意串通，虚构委托人李某的电脑有毛病的事实，然后欺骗李某将该电脑以低价出卖给张某，李某与张某签订的买卖合同损害了李某的合法财产权益，故该合同依法应属无效。

(2)王某向赵某出售显示器的行为是无权代理。理由如下：

无权处分与无权代理的一个重要区分点是行为人是否以代理人的名义为未经权利人同意的法律行为。若以代理人自己的名义为法律行为，便是无权处分。若以被代理人的名义为法律行为，则属于无权代理。本案中，王某是以李某的名义将被代理人李某明确拒绝授权出卖的电脑显示器卖给了赵某，即其以被代理人的名义，超越代理权限与赵某签订了买卖合同。根据《民法典》第171条规定，应属行为人超越代理权仍然实施代理的行为，在未经被代理人追认的情况下，对被代理人李某不发生效力。

(3)赵某不能取得该显示器的所有权。理由如下：

若王某以自己的名义出售李某的显示器，则属于无权处分行为。赵某虽然不知情，并且以合理价格有偿购买，但是赵某没有实际受让该显示器，按照善意取得制度的要件，善意相对人必须实际占有标的物才能发生善意取得的法律效果。本题中，王某未交货，即该显示器的占有尚未移转，不符合善意取得的要件，故赵某不能取得显示器的所有权。

(4)孟某可以撤销该合同。理由如下：

王某故意隐瞒该电脑的重大质量问题，属于欺诈行为。依据《民法典》第148条规定，一方以欺诈手段，使对方在违背真实意思的情况下实施的民事法律行为，受欺诈方有权请求人民法院或者仲裁机构予以撤销。因此，孟某可以撤销该合同。

(5)王某无须对李某承担赔偿责任。理由如下：

根据《民法典》第897条规定，保管期内，因保管人保管不善造成保管物毁损、灭失的，保管人应当承担赔偿责任。但是，无偿保管人证明自己没有故意或者重大过失的，不承担赔偿责任。

本案中，王某系无偿保管李某的电脑，且将电脑锁在家中的储物间内，已经尽了善良管理人的注意义务。因为小偷趁王某不在家撬开其房门偷走电脑致使电脑丢失，不应认定王某存在过失，更不能构成重大过失，故王某无须承担赔偿责任。

第九章 代 理

9.1 复习指南

【知识框架(庖丁解牛)】

- 代理
  - 代理概述
    - 概念、特征
    - 适用范围、限制与意义
    - 分类
      - 委托代理与法定代理
      - 一般代理与特别代理
      - 单独代理与共同代理
      - 本代理与复代理
      - 直接代理与间接代理
      - 积极代理与消极代理
  - 代理权
    - 概念、性质、发生
    - 授权行为：性质、内容、授权不明及责任
    - 代理权的行使：概念、行使原则
    - 滥用代理权的禁止
      - 滥用代理权的概念、要件
      - 主要类型：自己代理、双方代理、恶意串通
    - 代理权的消灭
      - 委托代理权消灭的原因
      - 法定代理权消灭的原因
  - 无权代理与表见代理
    - 无权代理：概念、特征、类型、效力、责任
    - 表见代理：概念、构成要件、类型、效力

【通关提要(提纲挈领)】

本章主要介绍代理的相关知识，内容较为重要，考查频率也较高。学习时，要熟悉代理的概念与特征，以及代理的分类，注意区分代理的不同类型；掌握无权代理与表见代理的概念、效力等，并明确二者的区别；同时要重点掌握代理权特别是滥用代理权的内容。本章各种题型都有可能考查，可结合有关真题来理解记忆。

9.2 考研真题与典型题详解

一、单项选择题

1. 甲伪造 A 公司的印章，并以 A 公司名义与不知情的 B 公司签订合同。对此，下列说法正确的是(　　)。[2024 年法硕(法学、非法学)真题]

A. A 公司追认前，B 公司有权通知 A 公司撤销合同

B. A 公司追认后，B 公司有权通知 A 公司解除合同

C. 无论A公司是否追认，B公司均有权请求甲履行合同

D. 无论A公司是否追认，B公司均有权请求人民法院撤销合同

【解析】ABD三项，表见代理，是指行为人虽没有代理权，但交易相对人有理由相信行为人有代理权的无权代理。本题中，甲伪造A公司的印章，不能构成表见代理，而是狭义的无权代理。在狭义无权代理中，被代理人追认之前，善意相对人有权以通知方式撤销民事法律行为。本题中，B公司不知情，为善意相对人，有权在A公司追认前通知撤销合同。A公司追认后，合同有效，B公司无权解除、撤销合同。

C项，合同双方当事人为A公司与B公司。基于合同相对性原理，甲不受该合同约束，B公司无权请求甲履行合同。

2. 甲以乙的名义向丙借钱，让丙打到自己的银行卡。丙想起自己有乙的银行卡号，直接打给乙了。乙收到钱后对甲、丙表示感谢，说自己正需要钱。下列说法错误的是(　　)。[2019年法考真题]

A. 甲构成无权代理　　B. 乙的行为属于对无权代理的追认

C. 相关款项应由乙负责偿还　　D. 甲的行为构成无因管理

【解析】A项，狭义无权代理是指行为人不仅没有代理权，也没有使第三人信其有代理权的表征，而以本人的名义所为之代理。本题中，甲没有乙的代理权，却以乙的名义与丙订立借款合同，构成狭义无权代理。

BC两项，无权代理经追认，溯及行为开始对本人生效，行为人之代理因追认成为有权代理，代理效果由本人承担。本题中，乙表示感谢，愿意接受该笔借款，构成对狭义无权代理的追认，故乙应当承担该行为的法律后果。

D项，无因管理，是指没有法定的或约定的义务，为避免他人利益受损失而为他人管理事务或提供服务的行为。甲从丙处借款，并无为乙利益的考虑，不构成无因管理。

3. 甲公司员工唐某受公司委托从乙公司订购一批空气净化机，甲公司对净化机单价未作明确限定。唐某与乙公司私下商定将净化机单价比正常售价提高200元，乙公司给唐某每台100元的回扣。商定后，唐某以甲公司名义与乙公司签订了买卖合同。对此，下列哪一选项是正确的？(　　)[2016年法考真题]

A. 该买卖合同以合法形式掩盖非法目的，因而无效

B. 唐某的行为属无权代理，买卖合同效力待定

C. 乙公司行为构成对甲公司的欺诈，买卖合同属可变更、可撤销合同

D. 唐某与乙公司恶意串通损害甲公司的利益，应对甲公司承担连带责任

【解析】A项，合法形式掩盖非法目的的行为，是指以虚假的合法行为作表面行为，掩盖非法的隐蔽行为的行为。唐某以甲公司名义与乙公司订立买卖合同，确实出于订购净化机的目的，不存在以买卖合同为掩盖的其他非法目的，因此不属于合法形式掩盖非法目的的行为。

B项，狭义无权代理，是指不属于表见代理的未授权之代理、越权代理、代理权终止后的代理的情形。唐某受甲公司委托，有代理权，且甲公司对净化机单价未作明确限定，唐某与乙公司对净化机单价的约定没有超越代理权限，因此唐某的行为不属于无权代理。

C项，代理人进行代理活动时独立地进行意思表示，乙公司的行为是否构成对甲公司的欺诈应以代理人唐某的主观状态判断，看代理人是否因欺诈而意思表示瑕疵，显然唐某并未陷入错误认识，乙公司的行为也就不构成欺诈。

D项，代理人在行使代理权时，违背代理权的设定宗旨和代理行为的基本准则，与他人串通，从事有损被代理人利益的代理行为，属于滥用代理权。《民法典》第164条第2款规定，代理人和相对人恶意串通，损害被代理人合法权益的，代理人和相对人应当承担连带责任。唐某与乙公司的私下约定属于恶意串通，损害了被代理人甲公司的利益，对此双方应对甲公司承担连带责任。

4. 甲去购买彩票，其友乙给甲10元钱让其顺便代购彩票，同时告知购买号码，并一再嘱咐甲不要改

2D　3D　4D

变。甲预测乙提供的号码不能中奖，便擅自更换号码为乙购买了彩票并替乙保管。开奖时，甲为乙购买的彩票中了奖，二人为奖项归属发生纠纷。下列哪一分析是正确的？（　　）［2015 年法考真题］

A. 甲应获得该奖项，因按乙的号码无法中奖，甲乙之间应类推适用借贷关系，由甲偿还乙 10 元

B. 甲、乙应平分该奖项，因乙出了钱，而甲更换了号码

C. 甲的贡献大，应获得该奖项之大部，同时按比例承担彩票购买款

D. 乙应获得该奖项，因乙是委托人

【解析】本题中，甲的行为属于代理权授予行为，甲乙之间成立代理关系。甲预测乙提供的号码不能中奖，便擅自更换号码为乙购买了彩票并替乙保管，其行为属于无权代理。《民法典》第 171 条第 1 款规定，行为人没有代理权、超越代理权或者代理权终止后，仍然实施代理行为，未经被代理人追认的，对被代理人不发生效力。本题中，甲、乙对奖项归属发生争议，乙主张奖项，说明其追认甲的行为，故奖项应该归乙。

5. 甲委托乙销售一批首饰并交付，乙经甲同意转委托给丙。丙以其名义与丁签订买卖合同，约定将这批首饰以高于市场价 10% 的价格卖给丁，并赠其一批箱包。丙因此与戊签订箱包买卖合同。丙依约向丁交付首饰，但因戊不能向丙交付箱包，导致丙无法向丁交付箱包。丁拒绝向丙支付首饰款。下列哪一表述是正确的？（　　）［2011 年法考真题］

A. 乙的转委托行为无效

B. 丙与丁签订的买卖合同直接约束甲和丁

C. 丙应向甲披露丁，甲可以行使丙对丁的权利

D. 丙应向丁披露戊，丁可以行使丙对戊的权利

【解析】A 项，根据《民法典》第 169 条规定，代理人需要转委托第三人代理的，应当取得被代理人的同意或者追认。乙经甲同意才转委托给丙，因此，乙的转委托行为有效。

B 项，乙的转委托行为有效，则丙是甲的代理人，而非乙的代理人。《民法典》第 925 条规定，受托人以自己的名义，在委托人的授权范围内与第三人订立的合同，第三人在订立合同时知道受托人与委托人之间的代理关系的，该合同直接约束委托人和第三人；但是，有确切证据证明该合同只约束受托人和第三人的除外。本案中，丙是以自己的名义而非以甲的名义与丁签订买卖合同，且不能推断出丁在订立合同时知道丙的被代理人是甲，即丙与丁签订的买卖合同不能直接约束甲和丁。

C 项，《民法典》第 926 条第 1 款规定，受托人以自己的名义与第三人订立合同时，第三人不知道受托人与委托人之间的代理关系的，受托人因第三人的原因对委托人不履行义务，受托人应当向委托人披露第三人，委托人因此可以行使受托人对第三人的权利。但是，第三人与受托人订立合同时如果知道该委托人就不会订立合同的除外。丙以自己名义与第三人丁签订买卖合同，后因丁拒绝履行支付首饰款义务，则丙应向甲披露丁，甲可以行使丙对丁的权利。

D 项，《民法典》第 593 条规定，当事人一方因第三人的原因造成违约的，应当依法向对方承担违约责任。当事人一方和第三人之间的纠纷，依照法律规定或者按照约定处理。丙与戊签订箱包合同，丙与戊是当事人，戊不向丙交付箱包，只能由丙向戊主张违约责任，即丁不得向戊主张权利。

二、多项选择题

1. 甲（女）乙（男）夫妻共有一套房，登记在甲女名下，后夫妻感情破裂，甲女与丙男伪造结婚证，冒充夫妻，将房屋出卖给丁，并告知丁该房为夫妻共有，并向丁办理了过户手续。下列说法正确的有（　　）。［2019 年法考真题］

A. 丁取得房屋所有权　　B. 甲构成无权处分

C. 买卖合同有效　　D. 甲构成表见代理

【解析】A 项，《最高人民法院关于适用〈中华人民共和国民法典〉婚姻家庭编的解释（一）》（以下简称

5C　|　1ABC

《〈民法典〉婚姻家庭编解释(一)》)第28条规定，一方未经另一方同意出售夫妻共同所有的房屋，第三人善意购买、支付合理对价并已办理不动产登记，另一方主张追回该房屋的，人民法院不予支持。本题中，丁善意购买且办理了过户手续，取得了房屋的所有权。

B项，无权代理是非基于代理权而以本人名义实施的旨在将效果归属于本人的代理。本题中，甲擅自处分共有房屋，构成无权处分；甲以乙的名义将房屋出卖，构成无权代理。

C项，无论无权代理、无权处分，均不影响合同的效力，即买卖合同有效。

D项，表见代理是指虽无代理权但表面上有足以使人信为有代理权而须由本人负授权之责的代理。但本题中，甲伪造与丙的结婚证，以甲丙夫妻名义将房屋出卖，并不构成表见代理。

2. 吴某是甲公司员工，持有甲公司授权委托书。吴某与温某签订了借款合同，该合同由温某签字、吴某用甲公司合同专用章盖章。后温某要求甲公司还款。下列哪些情形有助于甲公司否定吴某的行为构成表见代理？(　　)[2014年法考真题]

A. 温某明知借款合同上的盖章是甲公司合同专用章而非甲公司公章，未表示反对

B. 温某未与甲公司核实，即将借款交给吴某

C. 吴某出示的甲公司授权委托书载明甲公司仅授权吴某参加投标活动

D. 吴某出示的甲公司空白授权委托书已届期

【解析】根据《民法典》第172条规定，行为人没有代理权、超越代理权者代理权终止后以被代理人名义订立合同，相对人有理由相信行为人有代理权的，该代理行为有效。表见代理的法律要件包括：①以本人名义为民事法律行为；②行为人无代理权；③须有使相对人信其有代理权的表征；④须相对人为善意。

A项，实践中，公司在合同上盖章，可以盖公章，也可以盖合同专用章，均为有效，因此这一点足以令温某"有理由相信"。

B项，由于甲公司员工吴某所持有的授权委托书系加盖合同专用章，具有使相对人温某相信吴某有代理权的表征，温某完全有理由相信吴某的有效代理权。

C项，甲公司授权委托书载明甲公司仅授权吴某参加投标活动，即吴某无代理公司签订借款合同的权限，因此，该授权委托书不具有使相对人温某相信吴某有代理权的表征，有助于甲公司否定吴某的行为构成表见代理。

D项，吴某出示的甲公司空白授权委托书已届期表明其代理权已经终止，不可能构成温某的"有理由相信"，有助于甲公司否定吴某的行为构成表见代理。

3. 下列哪些情形属于代理？(　　)[2012年法考真题]

A. 甲请乙从国外代购1套名牌饮具，乙自己要买2套，故乙共买3套一并结账

B. 甲请乙代购茶叶，乙将甲写好茶叶名称的纸条交给销售员，告知其是为自己朋友买茶叶

C. 甲律师接受法院指定担任被告人乙的辩护人

D. 甲介绍歌星乙参加某演唱会，并与主办方签订了三方协议

【解析】《民法典》第161条第1款规定，民事主体可以通过代理人实施民事法律行为。第162条规定，代理人在代理权限内，以被代理人名义实施的民事法律行为，对被代理人发生效力。代理分为直接代理和间接代理。直接代理是指代理人以本人的名义进行的代理；间接代理是指代理人以自己名义实施民事法律行为，其效果转移于被代理人的代理。

A项，乙以自己的名义订立买卖合同，构成间接代理。

B项，乙披露了甲的委托人身份，以甲的名义订立买卖合同，构成直接代理。

C项，甲律师接受法院指定担任乙的辩护人，其将以乙的名义从事民事法律行为，该行为后果由乙承担，构成代理。

D项，甲的角色是介绍和媒介服务，为居间协议。

2CD　3ABC

4. 甲委托乙采购一批电脑，乙受丙诱骗高价采购了一批劣质手机。丙一直以销售劣质手机为业，甲对此知情。关于手机买卖合同，下列哪些表述是正确的？(　　)[2012年法考真题]

A. 甲有权追认　　B. 甲有权撤销

C. 乙有权以甲的名义撤销　　D. 丙有权撤销

【解析】AD两项，无权代理是非基于代理权而以本人名义实施的旨在将效果归属于本人的代理。乙购买手机的行为超越了其代理权限，构成无权代理。《民法典》第171条规定，行为人没有代理权、超越代理权或者代理权终止后，仍然实施代理行为，未经被代理人追认的，对被代理人不发生效力。相对人可以催告被代理人自收到通知之日起30日内予以追认。被代理人未作表示的，视为拒绝追认。行为人实施的行为被追认前，善意相对人有撤销的权利。撤销应当以通知的方式作出。行为人实施的行为未被追认的，善意相对人有权请求行为人履行债务或者就其受到的损害请求行为人赔偿。但是，赔偿的范围不得超过被代理人追认时相对人所能获得的利益。相对人知道或者应当知道行为人无权代理的，相对人和行为人按照各自的过错承担责任。甲作为被代理人有追认权，但相对人丙属于恶意相对人，无权撤销。

BC两项，《民法典》第148条规定，一方以欺诈手段，使对方在违背真实意思的情况下实施的民事法律行为，受欺诈方有权请求人民法院或者仲裁机构予以撤销。虽然甲对丙销售劣质手机知情，但是并不妨碍丙对甲的代理人乙构成的欺诈，故该买卖合同的受损害方甲有权撤销，乙亦相应有权撤销。

三、不定项选择题

甲公司向乙公司借款，甲公司董事长赵某用自己的一栋写字楼、夫妻共有的一幅古画作抵押。乙公司发函问其配偶钱某是否能够以该古画作抵押，钱某未予回复，乙公司未再坚持。后依旧以该房屋、古画设定抵押权，并办理抵押登记手续。后甲公司无法清偿债务，乙公司欲就该画申请执行。钱某提出异议，认为自己没有同意，因此不可执行古画。下列说法正确的有(　　)。[2019年法考真题]

A. 古画的担保物权未经成立

B. 赵某和钱某都是本案的被申请人

C. 法院可裁定准许拍卖写字楼

D. 法院可将甲公司列为无独立请求权的第三人

【解析】A项，赵某将夫妻共有的古画抵押，既构成无权代理，又构成无权处分。乙公司知道该古画为夫妻共有，不构成善意取得；从无权代理角度，乙公司发函给钱某，构成催告。钱某一个月内未答复，构成拒绝，即针对画的担保物权没有成立。

B项，钱某并非抵押人，故也非执行程序中的被申请人。

C项，赵某以自有房屋设立抵押，法院裁定拍卖该房屋自无不可。

D项，甲公司作为债务人，与本案存在利害关系，在乙公司未将甲公司列为共同被告提起诉讼的情况下，法院可将其列为无独立请求权的第三人。

四、概念题

1. 委托代理[湘潭大学2016年研]

答：委托代理是指代理人根据被代理人的授权而进行的代理。即被代理人(委托人)通过授权行为赋予代理人以代理权，代理人据此以被代理人名义在授权范围内独立实施民事法律行为，由此产生的权利义务及法律后果直接由被代理人承担的民事制度。其本质是民事主体借助他人能力拓展行为范围的工具，核心特征包含：单方授权性、名义从属性(显名原则)及效果归属性(法律效果直指被代理人)。

2. 滥用代理权与无权代理[武大2013年研]、**滥用代理权**[南京理工2011年研]

答：(1)滥用代理权，是指代理人在行使代理权时，违背被代理人的意志、损害被代理人的利益的行为。无权代理是指非基于代理权而以本人名义实施的旨在将效果归属于本人的代理。

4ABC　▎　ACD

(2)二者的区别：

①从是否取得代理权来说，前者有代理权，而后者无代理权。

②从法律效果来说，前者代理的行为当然无效，后者为效力未定，经过追认后，无权代理行为有效。

③从代理的内容来说，前者违背代理权设立宗旨不利于被代理人，后者则可能是对被代理人有益的。

3. 共同代理与双方代理[武大2014年研]

答：(1)共同代理，是指代理权属于两人以上的代理。《民法典》第166条规定，如数个代理人代理同一事项的，除当事人特别约定，数个代理人应当共同行使代理权。

(2)双方代理，是指代理人以被代理人的名义与自己代理的其他人进行民事活动的行为。通说认为，双方代理应予禁止，原则上是无效行为。但经被代理人同意或者追认的双方代理的后果由被代理人承受。禁止双方代理是为了保护被代理人的利益，如被代理人已经同意或者追认，则无禁止之必要。

(3)二者的区别：共同代理是以代理权属于一人还是多人为标准对代理进行的划分，与之相对的是单独代理；而双方代理则属于滥用代理权的一种情形。共同代理除非共同代理行为之外者皆有效；而双方代理原则上为无效行为。

4. 直接代理与间接代理[宁波大学2018年研；华南理工2017年研]

答：参见本章简答题第1题答案。

5. 自己代理[中国政法2020年研]

答：自己代理，是指代理人在代理权限内与自己为民事法律行为。其内容包括：①代理人以自己的名义向被代理人发出要约且代理人以被代理人的名义予以承诺。②代理人以被代理人的名义向自己发出要约且以自己的名义进行承诺。在这种情况下，代理人同时为代理关系中的代理人和第三人，交易双方的交易行为实际上只由一个人实施。《民法典》第168条规定，代理人不得以被代理人的名义与自己实施民事法律行为，但是被代理人同意或者追认的除外。

6. 无权代理与表见代理[中南财大2008年研；上海交大2006年研]

相关试题：无权代理[中国政法2021年研；四川师大2018年研；温州大学2018年研；湘潭大学2017年研]、**表见代理**[中国政法2024年研；暨南大学2023年研；浙工商2020年研；华中农大2017年研；东财2015年研；山东大学2014年研；南京大学2012年研]

答：(1)无权代理是指非基于代理权而以本人名义实施的旨在将效果归属于本人的代理。委托代理以本人授予代理权为要件，无权代理与有权代理的区别就是欠缺代理权，无权代理的行为人因欠缺代理权，其行为本不应对本人生效的，但如获得本人追认，就视同有权代理。

(2)表见代理是指虽无代理权但表面上有足以使人信为有代理权而须由本人负授权之责的代理。这是一种内无代理之里，外却有代理之表的不真正代理。

(3)广义的无权代理包括表见代理。狭义的无权代理与表见代理的区别，参见本章论述题第3题答案。

五、简答题

1. 简述代理的概念与法律特征。[华中农大2015年研]

相关试题：代理具有哪些特征？[广东财大2020年研]

答：(1)代理是指代理人于代理权限内，以本人(被代理人)名义向第三人(相对人)为意思表示或受领意思表示，而该意思表示直接对本人生效的民事法律行为。其含义有二：

①代理是一种法律关系。在代理关系中，有三方参加人，涉及三方面的法律关系。

②代理行为是民事法律行为，其本质属性在于意思表示。

(2)代理有狭义、广义之分。狭义代理仅指直接代理，又称显名代理，即代理人以本人的名义进行的代理。广义的代理，包括直接代理和间接代理。间接代理又称隐名代理，即代理人以自己名义实施民事法律行为，其效果转移于被代理人的代理。

(3)代理的特征包括：①代理人是以被代理人的名义在代理权限范围内进行民事活动；②代理实施的行为必须是有法律效果的行为；③代理人进行代理活动时独立地进行意思表示；④代理行为所产生的法律效果直接由被代理人承担。

2. 辨析：民事诉讼中的代理不属于民法上的代理。[首师大2010年研]

答：这种观点是错误的，民事诉讼中的代理也属于民法上的代理，具体分析如下：

(1)代理是指代理人于代理权限内，以本人(被代理人)名义向第三人(相对人)为意思表示或受领意思表示，而该意思表示直接对本人生效的民事法律行为。

(2)代理的适用范围：

①代理各种民事法律行为。这是最普遍的代理行为，如代签合同、代理履行债务等。

②代理实施财政、行政行为。如代理商标注册，代理缴税，代理法人登记等。

③代理民事诉讼行为。诉讼代理行为在《民事诉讼法》中有所规定，保证当事人实现其民事权利并保护其民事权利。

3. 谈谈代理权滥用与禁止。[清华大学2006年研]

相关试题：

(1)滥用代理权的情形与效力。[上海交大2019年研]

(2)滥用代理权的类型及其法律后果。[论述题，中山大学2014年研]

答：滥用代理权，是指代理人在行使代理权时，违背被代理人的意志、损害被代理人的利益的行为。滥用代理权的行为是违背诚实信用原则的行为，各国法律一般予以禁止。

(1)构成滥用代理权应具备三个要件：

①代理人有代理权。这是滥用代理权的行为与无权代理行为的区别。

②代理人行使代理权的行为不符合诚实信用原则，违反代理权的设定宗旨和基本准则。

③代理人的代理行为损害了被代理人的利益。

(2)滥用代理权包括四种类型：

①双方代理。指代理人既代理本人又代理第三人为同一民事法律行为的代理。《民法典》第168条第2款规定，代理人不得以被代理人的名义与自己同时代理的其他人实施民事法律行为，但是被代理的双方同意或者追认的除外。

②自己代理。又称“自己契约”，指代理本人与自己订立合同。自己代理被禁止，其法理在于，代理本以为本人计算为宗旨，自己代理因相对人是代理人自己，就难以再为本人计算。《民法典》第168条第1款规定，代理人不得以被代理人的名义与自己实施民事法律行为，但是被代理人同意或者追认的除外。除了本人同意或追认外，也给予交易习惯必要的弹性。如证券公开交易为格式化买卖，证券公司自己代理时，因证券价格是由交易所竞价系统确定的，合同意思由格式条款充任，所以可以有效。

③利己代理。这是代理人利用地位之便，实施利于自己却不利于被代理人的代理。利己代理也为法律所禁止。《民法典》第35条第1款规定，监护人除为被监护人的利益外，不得处分被监护人的财产。此即禁止法定代理人利己行为的规定。

④恶意代理。这是代理人与相对人恶意串通，损害被代理人利益之代理。代理本应为被代理人计算，代理人不履行代理职责，与相对人合谋损害被代理人利益的，也为法律所禁止。《民法典》第164条第2款规定，代理人和相对人恶意串通，损害被代理人合法权益的，代理人和相对人应当承担连带责任。

4. 简述无权处分与无权代理有何区别。[苏州大学2012年研]

相关试题：无权处分与无权代理。[辨析题，中南财大2010年研]

答：(1)无权处分行为是指当事人在对财产(包括物和权利)没有处分权能的情况下，实施了以引起财产权利变动为目的的民事法律行为。其特征主要包括：①权利人无处分权而处分他人的财产；②无权处分人所为的处分行为是以自己的名义进行的。

(2)无权代理是指非基于代理权而以本人名义实施的旨在将效果归属于本人的代理。委托代理以本人授予代理权为要件，无权代理与有权代理的区别就是欠缺代理权，无权代理的行为人因欠缺代理权，其行为本不应对本人生效的，但如获得本人追认，就视同有权代理。

(3)二者的区别：无权处分人以自己的名义进行处分行为，无权代理以被代理人的名义进行处分行为。

六、论述题

1. 论表见代理的构成要件和法律效力。[中山大学2011年研；北大2006年研]

相关试题：

(1)论述表见代理的定义与构成。[扬州大学2024年研]

(2)表见代理及其要件。[山东大学2017年研]

(3)论述表见代理之要件。[华南理工2015年研]

(4)简述表见代理的构成要件。[简答题，苏州大学2014年研]

(5)简述表见代理的概念和构成要件。[简答题，北邮2014年研；北航2011年研]

(6)表见代理的构成要件。[浙工商2018年研；武大2012年研；山东大学2007年研]

答：表见代理，是指虽无代理权但表面上有足以使人信为有代理权而须由本人负授权之责的代理。这是一种内无代理之里，外却有代理之表的不真正代理。

(1)表见代理应具备以下构成条件：

①以本人名义为民事法律行为。包括以本人名义实施意思表示或受领意思表示。因为如果不是以本人名义为民事法律行为，纵有为本人计算的意思，只能适用无因管理或隐名代理的规定，表见代理只适用于显名代理。

②行为人无代理权。表见代理是广义无权代理，行为人若有代理权，适用有权代理的规定，即使代理权有瑕疵，也只能适用狭义无权代理的规定，与表见代理无涉。

③须有使相对人信其有代理权的表征。这一点是表见代理与狭义无权代理最大的不同，也是表见代理之所以发生有权代理效果的根本理由。所谓“信其有代理权”，是本人有作为或者不作为实施某种表示，使相对人根据这一表示足以相信行为人有代理权。

④须相对人为善意。相对人在与行为人为民事法律行为时，并不知其无代理权，且无从得知。如果相对人有过错，则不能适用表见代理；若相对人有恶意，明知行为人无代理权还要与之为民事法律行为，按《民法典》第171条第4款规定，由行为人与相对人按各自的过错承担责任。

(2)表见代理的效力：

①发生有权代理的效果。即因行为人之行为，在本人与相对人之间发生权利义务关系，本人不得行使无权代理之撤销权和其他抗辩权，对行为人表见代理的效果按有权代理承受。

②相对人有撤销权。表见代理旨在保护相对人利益，相对人对于表见代理应享有选择权，既可以按狭义无权代理，享有撤销权；亦可按表见代理，接受与本人的民事法律行为，与本人之间发生权利义务关系。

2. 论无权代理及其法律后果。[广西民大2020年研]

相关试题：

(1)论无权代理的法律效果。[清华大学2020年研]

(2)狭义无权代理的法律后果。[中国政法2020年研]

(3)试述无权代理。[浙工大2018年研]

答：无权代理是指非基于代理权而以本人名义实施的旨在将效果归属于本人的代理。委托代理以本人授予代理权为要件，无权代理与有权代理的区别是欠缺代理权，无权代理的行为人因欠缺代理权，其行为本不应对本人生效的，但如获得本人追认，就视同有权代理。

(1)无权代理的特征：

①行为人以他人的名义独立对第三人为意思表示，其行为符合代理行为的表面特点。

②行为人不具有代理权。这是无权代理的本质特点。

③无权代理行为的法律效果是不确定的，并非绝对不能产生代理的法律后果。由于无权代理的行为未必一定对本人或相对人不利，同时为了维护交易的安全和善意第三人的利益，在一定的条件下，承认无权代理产生代理的法律效果，如经过追认的狭义无权代理、表见代理。

(2)无权代理的法律后果：

无权代理，并不一定就是无效代理，经追认即可有效，在追认之前，效力处于不确定状态。法律赋予本人追认权与拒绝权，对应地赋予相对人催告权和撤销权，目的是使无权代理的效力由不确定到确定，不再处于不稳定状态。

①本人有追认权和拒绝权。追认又称承认，是本人接受无权代理之行为效果的单方意思表示；拒绝追认，是指不接受无权代理行为之效果的单方意思表示。无权代理经追认，溯及行为开始对本人生效，行为人的代理因追认成为有权代理，代理效果由本人承担；本人拒绝追认的，无权代理效果由行为人自己承受。追认权与拒绝权只需本人一方意思表示即生效，故属于形成权。

②相对人有催告权和撤销权。催告是相对人请求本人于确定的期限内作出追认或拒绝的意思表示；撤销是善意相对人在本人追认前，撤销其法律行为效力的意思表示。催告权和撤销权只需相对人一方意思表示即生效，故属于形成权。无权代理的效力从未定到确定，《民法典》总则编在规定本人的追认权的同时，也规定了相对人的权利。

③在本人与无权代理人之间。行为人之无权代理行为如确是为"本人之利益计算"，且符合无因管理法律要件时，在本人与行为人之间可构成无因管理之债；反之，如造成本人损害的，在本人与行为人之间发生损害赔偿之债。

④在无权代理人与相对人之间。无权代理效果确定，效果由行为人承担。《民法典》第171条第3款规定，行为人实施的行为未被追认的，善意相对人有权请求行为人履行债务或者就其受到的损害请求行为人赔偿。但是，赔偿的范围不得超过被代理人追认时相对人所能获得的利益。对于相对人也有过错的，《民法典》第171条第4款规定，相对人知道或者应当知道行为人无权代理的，相对人和行为人按照各自的过错承担责任。

⑤无权代理虽未获追认，但相对人有理由相信行为人有代理权的，代理行为有效。此即成立表见代理，在性质上属于有权代理。

3. 论狭义无权代理与表见代理的联系和区别。［浙江财大2020年研；北邮2008年研］

相关试题：试论无权代理与表见代理的异同。［暨南大学2019年研］

答：(1)二者的概念：

①狭义的无权代理是指行为人没有代理权、超越代理权或者在代理权终止后，以代理人的身份所进行的民事法律行为。

②表见代理，是指虽无代理权但表面上有足以使人信为有代理权而须由本人负授权之责的代理。

(2)二者的联系：

①狭义无权代理与表见代理都属于广义的无权代理，代理人均没有被代理人的授权而以被代理人的名义从事民事活动，实际上均属于代理人对被代理人的侵权行为。

②无论是狭义的无权代理还是表见代理，无权代理人从事的无权代理行为都可能给本人造成损害，无权代理人均应当向本人承担损害赔偿责任，遭受损失的被代理人均可以向代理人请求相应的损害赔偿。

(3)二者的区别：

①有无外表授权不同。狭义无权代理没有外表授权，代理人以代理人名义所为的民事法律行为，相对第三人可以经过合理的调查或其他途径得知其没有本人授权，不具备令第三人信服的代理权合法外观；表见代理须有使相对人相信行为人具有代理权的事实或者理由，代理人拥有本人的授权文件或者其他外观可以使一般善意第三人相信的证明。

②代理行为的效力不同。在狭义无权代理中，无权代理属于效力未定，是否对被代理人发生效力取决于被代理人是否予以追认。如果被代理人予以追认的，变为有权代理，如果被代理人不予追认的，对于被代理人不发生法律效力，而是由行为人承担责任。但在表见代理中，表见代理对被代理人产生有权代理的

效力，即由本人而非行为人负代理行为的效果，被代理人不得以无权代理为抗辩。

七、案例分析题

1. 甲、乙是恋人，2005 年甲购买了一套房，登记在自己名下，甲与父母同住。2015 年，乙和丙签订买卖合同，按照市场价出售房屋，并偷出房本、甲的身份证，伪造授权委托书，和丙办理了过户登记。丙不知以上情况，但购房时没有去实地考察下就购买了。现在丙向法院请求判令甲搬离房屋。[北大 2017 年研]

问：丙的请求能否得到法院支持？

答：丙的请求不能得到法院支持，具体分析如下：

(1) 乙的行为构成无权代理，但不构成表见代理。《民法典》第 172 条规定，行为人没有代理权、超越代理权或者代理权终止后，仍然实施代理行为，相对人有理由相信行为人有代理权的，代理行为有效。乙伪造授权委托书，没有得到甲的授权，构成无权代理。丙虽然不知道上述情况，但由于是伪造的授权委托书，丙没有正当理由相信该无权代理人有代理权，不构成表见代理。

(2) 房屋买卖合同的效力未定。《民法典》第 171 条第 1 款规定，行为人没有代理权、超越代理权或者代理权终止后，仍然实施代理行为，未经被代理人追认的，对被代理人不发生效力。无权代理实施的民事法律行为效力未定，经被代理人追认或行为人订立合同后取得代理权的，合同自始有效。如未经被代理人追认，则合同无效。

(3) 房屋所有权未转移。房屋买卖合同若未得到甲的追认，则合同无效，即使已经办理了过户登记，仍然不发生物权变动的效力。即房屋所有权仍归属于甲，丙无权请求甲搬离房屋，只能请求乙承担相应责任。

2. 甲公司的合同专用章借给乙，并授权乙代理甲订立标的金额在 50 万元以下的合同。乙完成甲的委托以后，没有及时将合同专用章归还给甲，另外又以甲的名义与丙订立一份金额为 300 万元的合同。后，丙要求甲履行合同中约定的义务，遭到甲的拒绝，甲的理由是甲没有授权乙订立与丙的合同。于是，引起纠纷，诉至法院。[中山大学 2010 年研]

请问：

(1) 如果丙公司不知乙没有代理权，丙公司是否有权要求甲公司履行合同义务，为什么？

(2) 如果丙公司明知乙没有代理权，丙公司是否有权要求甲公司履行合同义务，为什么？

(3) 如果乙在合法使用该合同专用章期间自己仿照私刻了该印章，在乙完成甲的委托以后，将原合同专用章还给甲，但乙用私刻的印章另外与丙订立了一份合同，丙公司是否有权要求甲公司履行合同义务，为什么？

答：(1) 丙公司有权要求甲公司履行合同义务。

理由：乙、丙的行为构成表见代理。表见代理是指行为人没有代理权、超越代理权或者代理权终止后，仍然实施代理行为，相对人有理由相信行为人有代理权的，代理行为有效。本题中，乙完成甲的委托后，没有及时将合同专用章归还给甲，且丙公司不知乙没有代理权，且有理由相信乙有代理权。因此，乙的代理行为有效，丙公司有权要求甲公司履行合同义务。

(2) 丙公司无权要求甲公司履行合同义务。

理由：构成表见代理须相对人为善意，如果相对人出于恶意，即明知或应知他人为无权代理，仍与其实施民事法律行为，就不成立表见代理。本题中，丙公司是明知乙没有代理权而与乙签订合同的，故丙公司为恶意，甲公司不应承担责任。

(3) 丙公司无权要求甲公司履行合同义务。

理由：表见代理的构成要件之一是无权代理行为的发生与被代理人有关。如果无权代理的发生与被代理人无关，则不构成表见代理。本题中，乙在合法使用该合同专用章期间自己仿照私刻了该印章；由于印章系伪造，被代理人对此毫不知情也无法加以防范，因此不构成表见代理。丙公司无权要求甲公司履行合同义务。

第十章　诉讼时效、除斥期间与期限

10.1　复习指南

【知识框架(庖丁解牛)】

- 诉讼时效、除斥期间与期限
  - 时效制度概述：概念、作用、种类
  - 诉讼时效
    - 含义、效力、适用范围
    - 诉讼时效期间
      - 概念、特征
      - 分类：一般诉讼时效、特别诉讼时效
      - 起算：概念、具体情形
      - 中止：概念、事由、时间、效力
      - 中断：概念、事由、效力
      - 延长
  - 除斥期间
    - 概念、特征、性质、作用
    - 适用范围：形成权
    - 计算、效力与法律援用
  - 诉讼时效与除斥期间的区别
    - 立法精神不同
    - 适用范围不同
    - 起算时间不同
    - 期间的可变性不同
    - 法律效力与法律援用不同
  - 期限：概念、意义、确定和计算方法

【通关提要(提纲挈领)】

本章主要介绍诉讼时效、除斥期间与期限，内容较多但基础。学习时，要重点掌握诉讼时效、除斥期间与期限的区别，以及诉讼时效中止、中断的事由。本章主要考查概念题和简答题，复习时可以整体把握，分类记忆。

10.2　考研真题与典型题详解

一、单项选择题

1. 徐某是甲公司总经理，甲公司为其配备了一辆轿车供上下班使用。后徐某辞职，甲公司尚欠其10万元工资。徐某与甲公司多次交涉无果，欲对轿车行使留置权。关于本案，下列哪一说法是正确的？(　　)[2018年法考真题]

A. 徐某可以行使留置权

B. 徐某不可以行使留置权

1B

C. 徐某向甲公司主张 10 万元工资的债权请求权不受诉讼时效限制

D. 徐某向甲公司主张 10 万元工资的债权请求权受 2 年诉讼时效期间的限制

【解析】AB 两项，留置权包括民事留置和商事留置。《民法典》第 447 条规定，债务人不履行到期债务，债权人可以留置已经合法占有的债务人的动产，并有权就该动产优先受偿。上述规定的债权人为留置权人，占有的动产为留置财产。第 448 条规定，债权人留置的动产，应当与债权属于同一法律关系，但是企业之间留置的除外。本题中，徐某的 10 万元工资债权与轿车的占有并非同一法律关系。因此，不得行使留置权。

CD 两项，《民法典》第 188 条第 1 款规定，向人民法院请求保护民事权利的诉讼时效期间为 3 年。法律另有规定的，依照其规定。本题中，徐某的 10 万元工资债权属于债权请求权，依法应受到 3 年诉讼时效期间的限制。

2. 甲公司向乙公司催讨一笔已过诉讼时效期限的 10 万元货款。乙公司书面答复称："该笔债务已过时效期限，本公司本无义务偿还，但鉴于双方的长期合作关系，可偿还 3 万元。"甲公司遂向法院起诉，要求偿还 10 万元。乙公司接到应诉通知后书面回函甲公司称："既然你公司起诉，则不再偿还任何货款。"下列哪一选项是正确的？(　　)［2014 年法考真题］

A. 乙公司的书面答复意味着乙公司需偿还甲公司 3 万元

B. 乙公司的书面答复构成要约

C. 乙公司的书面回函对甲公司有效

D. 乙公司的书面答复表明其丧失了 10 万元的时效利益

【解析】ACD 三项，《民法典》第 192 条第 2 款规定，诉讼时效期间届满后，义务人同意履行的，不得以诉讼时效期间届满为由抗辩；义务人已经自愿履行的，不得请求返还。因此，乙公司书面答复的效力在于其同意履行 3 万元的意思表示使对方的债权具有了法律效力，甲公司的债权在 3 万元范围内可以要求法院强制乙公司偿还；乙公司的书面回函中"既然你公司起诉，则不再偿还任何货款"的表述在法律上对甲公司是无效的。乙公司仅放弃了 10 万元中 3 万元的时效利益。

B 项，《民法典》第 472 条规定，要约是希望和他人订立合同的意思表示。乙公司的书面答复并非为了与甲公司订立合同，该答复因不具有缔约意图而不构成要约。

3. 关于诉讼时效中断的表述，下列哪一选项是正确的？(　　)［2011 年法考真题］

A. 甲欠乙 10 万元到期未还，乙要求甲先清偿 8 万元。乙的行为，仅导致 8 万元债务诉讼时效中断

B. 甲和乙对丙因共同侵权而需承担连带赔偿责任计 10 万元，丙要求甲承担 8 万元。丙的行为，导致甲和乙对丙负担的连带债务诉讼时效均中断

C. 乙欠甲 8 万元，丙欠乙 10 万元，甲对丙提起代位权诉讼。甲的行为，不会导致丙对乙的债务诉讼时效中断

D. 乙欠甲 10 万元，甲将该债权转让给丙。自甲与丙签订债权转让协议之日起，乙的 10 万元债务诉讼时效中断

【解析】A 项，《最高人民法院关于审理民事案件适用诉讼时效制度若干问题的规定》(以下简称《诉讼时效规定》)第 9 条规定，权利人对同一债权中的部分债权主张权利，诉讼时效中断的效力及于剩余债权，但权利人明确表示放弃剩余债权的情形除外。本题中，乙公司是要求甲公司"先"清偿 8 万元，意味着乙公司没有放弃 2 万元债权，乙公司的行为能够导致甲公司 10 万元债务诉讼时效中断。

B 项，《诉讼时效规定》第 15 条第 1 款规定，对于连带债务人中的一人发生诉讼时效中断效力的事由，应当认定对其他连带债务人也发生诉讼时效中断的效力。本题中，丙要求连带债务人甲承担责任，这一事由会导致甲和乙对丙负担的连带债务诉讼时效均中断。

C 项，《诉讼时效规定》第 16 条规定，债权人提起代位权诉讼的，应当认定对债权人的债权和债务人

2A　3B

的债权均发生诉讼时效中断的效力。本题中，甲公司对丙公司提起代位权诉讼，则甲公司的行为会导致丙公司对乙公司的债务诉讼时效中断。

D项，《诉讼时效规定》第17条第1款规定，债权转让的，应当认定诉讼时效从债权转让通知到达债务人之日起中断。本题中，应自甲公司将债权转让通知送达债务人，应该是自通知到达债务人乙公司之日起而非债权转让协议签订之日，乙公司的10万元债务诉讼时效才中断。

二、多项选择题

1. 甲(6周岁)系小童星，演出收入颇丰。其父母为保值，在A城以甲的名义购买了一套商品房，价款850万元。后其他地区的房价均上涨，唯独A城房价下跌，损失惨重。关于本案，下列哪些说法是错误的？(　　)[2018年法考真题]

A. 甲向其父母追偿损失不受3年诉讼时效的限制

B. 甲的父母没有为甲财产保值的义务

C. 购房合同有效，但父母应负赔偿责任

D. 甲父母的行为构成无因管理

【解析】A项，《民法典》第190条规定，无民事行为能力人或者限制民事行为能力人对其法定代理人的请求权的诉讼时效期间，自该法定代理终止之日起计算。第188条第1款规定，向人民法院请求保护民事权利的诉讼时效期间为3年。法律另有规定的，依照其规定。据此可知，甲向其父母追偿损失受3年诉讼时效的限制，且自法定代理终止之日起计算。

B项，《民法典》第34条第1款规定，监护人的职责是代理被监护人实施民事法律行为，保护被监护人的人身权利、财产权利以及其他合法权益等。第35条第1款规定，监护人应当按照最有利于被监护人的原则履行监护职责。监护人除为维护被监护人利益外，不得处分被监护人的财产。据此可知，甲的父母履行监护人职责应使甲的利益最大化，使甲的财产保值增值。

C项，《民法典》第20条规定，不满8周岁的未成年人为无民事行为能力人，由其法定代理人代理实施民事法律行为。第34条第3款规定，监护人不履行监护职责或者侵害被监护人合法权益的，应当承担法律责任。本题中，甲的父母是甲的法定监护人，其以甲的名义签订购房合同的行为属于有权代理，合同合法有效。但其购房行为侵害了甲的合法权益，应对甲承担赔偿责任。

D项，《民法典》第121条规定，没有法定的或者约定的义务，为避免他人利益受损失而进行管理的人，有权请求受益人偿还由此支出的必要费用。本题中，甲的父母系甲的第一顺序的法定监护人，有法定的义务保护甲的民事权益。因此，甲父母的行为不构成无因管理。

2. 下列请求权不适用诉讼时效的有(　　)。[2018年法考真题]

A. 孟某与王某的房屋相邻，王某装修房屋将大量建筑垃圾堆放在门前妨碍孟某的通行，孟某有请求王某排除妨碍的权利

B. 孟某将自己的房屋出租给曹某居住，租期届满后，孟某基于所有权人的身份请求曹某搬离房屋的权利

C. 孟某的宝马轿车(登记在孟某名下)被徐某强行夺走，孟某基于所有权人的身份请求徐某返还宝马轿车的权利

D. 孟某与妻子刘某离婚，法院判决婚生子小孟(6岁)与刘某共同生活，孟某按月给付抚养费，小孟有请求孟某给付抚养费的权利

【解析】《民法典》第196条规定，下列请求权不适用诉讼时效的规定：①请求停止侵害、排除妨碍、消除危险；②不动产物权和登记的动产物权的权利人请求返还财产；③请求给付抚养费、赡养费或扶养费；④依法不适用诉讼时效的其他请求权。

A项，孟某请求邻居王某清理建筑垃圾排除妨碍的权利属于请求排除妨碍请求权，依法不适用诉讼时

1ABD　2ABCD

效的规定。

B项，孟某作为不动产房屋的所有权人在租期届满后依法请求承租人曹某返还房屋的权利属于不动产物权人请求返还财产的请求权，依法不适用诉讼时效的规定。

C项，孟某作为登记的动产物权的权利人请求徐某返还宝马轿车的权利属于动产物权权利人请求返还财产的请求权，依法不适用诉讼时效的规定。

D项，被监护人小孟请求监护人孟某给付扶养费的权利，不适用诉讼时效的规定。

3. 下列哪些请求不适用诉讼时效？（　　）［2014年法考真题］

A. 当事人请求撤销合同　　B. 当事人请求确认合同无效

C. 业主大会请求业主缴付公共维修基金　　D. 按份共有人请求分割共有物

【解析】请求权是特定人得请求特定他人为一定行为或不为一定行为的权利。适用诉讼时效的权利是债权请求权、继承请求权。

A项，《诉讼时效规定》第5条规定，享有撤销权的当事人一方请求撤销合同的，应适用民法典关于除斥期间的规定。对方当事人对撤销合同请求权提出诉讼时效抗辩的，人民法院不予支持。

B项，诉讼时效制度不适用于当事人请求确认合同效力的请求权。

C项，公共维修基金为业主共有，业主大会对该项基金的使用拥有决策权，其请求业主缴付维修基金是业主赋予业主大会的权利，是一种业主自治性的权利，具有社员权的属性。

D项，诉讼时效制度不适用于基于财产共有关系产生的请求权，包括分割合伙财产请求权和分割家庭财产请求权。

4. 甲为自己的车向乙公司投保第三者责任险，保险期间内甲车与丙车追尾，甲负全责。丙在事故后不断索赔未果，直至事故后第3年，甲同意赔款，甲友丁为此提供保证。再过1年，因甲、丁拒绝履行，丙要求乙公司承担保险责任。关于诉讼时效的抗辩，下列哪些表述是错误的？（　　）［2013年法考真题］

A. 甲有权以侵权之债诉讼时效已过为由不向丙支付赔款

B. 丁有权以侵权之债诉讼时效已过为由不承担保证责任

C. 乙公司有权以侵权之债诉讼时效已过为由不承担保险责任

D. 乙公司有权以保险合同之债诉讼时效已过为由不承担保险责任

【解析】A项，根据《民法典》第188条规定，向人民法院请求保护民事权利的诉讼时效期间为3年。法律另有规定的，依照其规定。第195条规定，有下列情形之一的，诉讼时效中断，从中断、有关程序终结时起，诉讼时效期间重新计算：①权利人向义务人提出履行请求；②义务人同意履行义务；③权利人提起诉讼或者申请仲裁；④与提起诉讼或者申请仲裁具有同等效力的其他情形。甲给丙造成的主要是财产损害，丙对甲享有的侵权债权的诉讼时效期间为3年，自丙知道或应当知道权利被侵害且知道加害人之日起开始计算。此后，因丙不断向甲索赔，导致诉讼时效数次中断，自中断的事由消除后，重新起算3年。甲同意赔款，又将导致该债权诉讼时效中断，重新起算3年。因此，丙对甲享有的侵权债权的诉讼时效期间未过，应该计算到甲同意赔款之后3年。

BC两项，甲同意赔款后，丁为甲的债务提供担保。因为甲对丙的债务诉讼时效期间未过，故保证人丁不得以主债务诉讼时效期间已过为由不承担保证责任。保险公司乙也无权以丙的侵权之债已经超过诉讼时效为由进行抗辩。

D项，《保险法》第26条规定，人寿保险以外的其他保险的被保险人或者受益人，向保险人请求赔偿或者给付保险金的诉讼时效期间为2年，自其知道或者应当知道保险事故发生之日起计算。第三者责任险属于财产险，故丙对乙请求支付保险金的合同之债的诉讼时效期间为2年。丙在事故后不断索赔导致诉讼时效中断，直至事故后第3年，甲同意赔款，甲友丁为此提供保证，此时诉讼时效重新起算。

3ABCD　4ABCD

三、概念题

1. 诉讼时效［广东财大 2018 年研；南航 2016 年研；武大 2015 年研；中财 2014 年研；华中农大 2013 年研］

答：参见本章论述题第 1 题答案。

2. 诉讼时效的中止［湘潭大学 2016 年研；中财 2014 年研；东财 2014 年研］

答：参见本章简答题第 1 题答案。

3. 诉讼时效的中断［浙工商 2018 年研；南京理工 2011 年研］

答：参见本章论述题第 2 题答案。

4. 除斥期间［暨南大学 2024 年研；广东财大 2024 年研；武大 2020 年研；中财 2019 年研；中国政法 2017 年研；湘潭大学 2017 年研；中山大学 2015 年研；南京大学 2012 年研；中南财大 2012 年研］

答：参见本章论述题第 3 题答案。

5. 期限［温州大学 2018 年研；浙工商 2015 年研］

答：期限是民事权利义务关系发生、变更、消灭的时间。期限可分为：①期日，是指不可分或视为不可分的特定时间。②期间，是指从起始的时间到终止时间所经过的时之区间。期间的特征是表示时间长度中的某一点到某一点的区间。《民法典》第 200 条规定："民法所称的期间按照公历年、月、日、小时计算。"

四、简答题

1. 简述诉讼时效的中止。［中财 2010 年研］

相关试题：

(1) 简述诉讼时效中止的事由。［广东财大 2023 年研］

(2) 简述《民法典》中规定的诉讼时效中止的具体情形。［上海财大 2022 年研］

(3) 什么是诉讼时效的中止？［浙工大 2018 年研］

答：(1) 诉讼时效中止是指在诉讼时效期间的最后 6 个月内，因法定事由而使权利人不能行使请求权的，诉讼时效期间的计算暂时停止。

(2) 根据《民法典》第 194 条规定，诉讼时效期间中止的事由有以下几种：

①不可抗力。《民法典》第 180 条规定，不可抗力是不能预见、不能避免且不能克服的客观情况。在发生不可抗力的情形下，权利人因为其意志以外的原因而无法主张权利，如果时效不中止，将导致不公平的后果。当然，即使有不可抗力事由的发生如果并没有影响到权利人行使权利的，也不能产生时效中止的效果。

②无民事行为能力人或者限制民事行为能力人没有法定代理人，或者法定代理人死亡、丧失民事行为能力、丧失代理权。在诉讼时效期间的最后 6 个月内，如果权利人是无行为能力人或限制行为能力人，但没有法定代理人，或者法定代理人死亡、丧失代理权，或者法定代理人本人丧失行为能力的，则其在客观上将无法主导权利，此时，诉讼时效将中止。从而为权利人预留必要的权利行使期间，以更好地保护无行为能力人和限制行为能力人的权利。

③继承开始后未确定继承人或者遗产管理人。在继承开始后，继承人尚未确定或非因继承人的原因导致遗产管理人不明确，将导致继承人不能行使权利，如果此种情况正好发生在时效期间的最后 6 个月内，也将产生诉讼时效中止的效力。

④权利人被义务人或者其他人控制。如果权利人被义务人或者其他人控制，也将导致权利人客观上无法行使权利。此处所说的"控制"，一般理解为权利人被限制人身自由。此时，可以导致诉讼时效的中止。

⑤其他导致权利人不能行使请求权的障碍。这是法律对诉讼时效中止事由所作的兜底规定。

2. 简述诉讼时效的中止和中断的含义及其区别。［温州大学 2020 年研］

相关试题：

(1)简述诉讼时效的中止与中断的区别。［厦门大学 2022 年研；中财 2014 年研；首师大 2014 年研］

(2)时效中断与时效中止的异同。［山东大学 2011 年研］

(3)诉讼时效的中止与诉讼时效的中断［概念题，西南政法 2022 年研；武大 2013 年研］

答：(1)二者的含义：

①诉讼时效的中止，是指在诉讼时效期间的最后 6 个月内，因法定事由而使权利人不能行使请求权的，诉讼时效期间的计算暂时停止。

②诉讼时效的中断，是指因有与权利人怠于行使权利相反的事实，使已经过的时效期间失去效力，而须重新起算时效期间的制度。

(2)二者的相同点：诉讼时效中断和时效中止都是阻却时效完成的障碍。

(3)二者的区别：

①发生的事由不同。诉讼中止时效的事由包括不可抗力和其他障碍；诉讼时效中断的法定事由包括提起诉讼、当事人一方提出请求、义务人同意履行义务。

②发生的时间不同。中止只能发生在时效期间届满前的最后 6 个月内；中断可发生于时效期间的任何时间。

③法律效果不同。中止的法律效果为不将中止事由发生的时间计入时效期间，中止事由发生前后经过的时效期间合并计算为总的时效期间；而中断的法律效果为中断事由发生后，已经经过的时效期间全部作废，重新计算时效期间。

3. 简述诉讼时效与除斥期间的区别。［浙工商 2020 年研；中南财大 2015 年研］

相关试题：

(1)诉讼时效的中止、中断和延长。［上海交大 2021 年研］

(2)诉讼时效与除斥期间［概念题，中南财大 2025 年研；河北经贸 2024 年研；广西民大 2021 年研；华南理工 2015 年研］

答：诉讼时效，是指债权人怠于行使权利持续到法定期间，其公力救济权不受法律保护之时效。除斥期间又称预定期间，是指法律预定某种权利于存续期间届满当然消灭的期间。

(1)二者的相同点：

①二者都是以一定事实状态的存在和一定期间的经过为条件而发生的一定的法律后果，在性质上均属于法律事件。

②诉讼时效和除斥期间制度的直接目的均在于督促权利人及时行使权利，稳定交易秩序。

(2)二者的区别：

①价值定位不同。除斥期间的规范功能旨在维持原事实状态，除斥期间届满，原事实状态之法律关系状态得到维持；而诉讼时效的规范功能则是为了维护新事实状态，诉讼时效期间届满，新法律关系状态得到法律肯定。

②客体不同。除斥期间的客体是形成权；而诉讼时效的客体是债权请求权。

③效果不同。除斥期间届满，消灭的是实体权利，即形成权因除斥期间届满而消灭；诉讼时效期间届满，相对人发生拒绝履行义务抗辩权，即请求权因诉讼时效届满而丧失公力救济权，而实体权利并不消灭。

④弹性不同。除斥期间是不变期间，期间经过不能中断、中止、延长；而诉讼时效是可变期间，期间可因中止、中断或延长而得以延展。

⑤始期不同。除斥期间一般自权利人知道或者应当知道权利产生之日起计算；而诉讼时效期间一般自权利人知道或者应当知道权利受到损害以及义务人之日起计算。

五、论述题

1. 试论诉讼时效的适用范围。［山东大学 2007 年研；北化 2008 年研］

相关试题：

（1）诉讼时效的适用范围。［简答题，中国政法 2024 年研］

（2）论不适用诉讼时效的请求权。［西南政法 2024 年研］

（3）列举《民法典》总则编中规定的不受诉讼时效限制的请求权。［四川大学 2022 年研］

答：（1）诉讼时效，是指债权人怠于行使权利持续到法定期间，其公力救济权不受法律保护之时效。

（2）诉讼时效的适用范围，又称诉讼时效的客体。根据《民法典》的规定及司法解释，参考外国的立法例和学者的主张，诉讼时效的适用范围包括：

①债权请求权。包括：a. 合同之债，如履行请求权、损害赔偿请求权、违约金请求权等；b. 侵权之债，如赔偿损失请求权；c. 无因管理之债，如必要费用请求权、不当管理的赔偿损失请求权；d. 不当得利之债；e. 其他债权请求权。

②继承权请求权。我国法律承认继承权请求权适用诉讼时效。但在有多人继承的情况下，存在继承人间的共有关系，继承人分割遗产请求权不适用诉讼时效。

③人身权请求权。除因侵害人格权产生的损害赔偿请求权适用诉讼时效外，基于人格权发生的停止侵害请求权、排除妨害请求权、消除影响请求权不适用诉讼时效。

（3）《民法典》第 196 条规定，下列请求权不适用诉讼时效的规定：

①请求停止侵害、排除妨碍、消除危险。

②不动产物权和登记的动产物权的权利人请求返还财产。

③请求支付抚养费、赡养费或者扶养费。

④依法不适用诉讼时效的其他请求权。

2. 诉讼时效中断的法定事由及效力。［中山大学 2015 年研］

相关试题：

（1）简述诉讼时效的中断事由。［简答题，上海交大 2025 年研］

（2）简述诉讼时效中断的事由及其效力。［简答题，暨南大学 2024 年研］

答：诉讼时效中断是指因有与权利人怠于行使权利相反的事实，使已经过的时效期间失去效力，而须重新起算时效期间的制度。

（1）诉讼时效中断的法定事由包括：

①权利人向义务人提出履行之请求：

a. 当事人一方直接向对方当事人送交主张权利文书，对方当事人在文书上签字、盖章或者虽未签字、盖章但能够以其他方式证明该文书到达对方当事人的，可以认定诉讼时效中断。

b. 对方当事人为法人或者其他组织的，签收人可以是其法定代表人、主要负责人、负责收发信件的部门或者被授权主体。对方当事人为自然人的，签收人可以是自然人本人、同住的具有完全行为能力的亲属或者被授权主体。

c. 当事人一方以发送信件或者数据电文方式主张权利，信件或者数据电文到达或者应当到达对方当事人的，可以认定诉讼时效中断。

d. 当事人一方为金融机构，依照法律规定或者当事人约定从对方当事人账户中扣收欠款本息的，可以认定诉讼时效中断。

e. 当事人一方下落不明，对方当事人在国家级或者下落不明的当事人一方住所地的省级有影响的媒体上刊登具有主张权利内容的公告的，可以认定诉讼时效中断。但法律和司法解释另有特别规定的，适用其规定。

②义务人同意履行义务。指义务人向权利人表示同意履行义务的意思。义务人的同意，即对权利人之权利的承认，故与请求发生相同之中断时效的效果。同意之表示人原则上应为义务人本人，义务人的代理

人于授权范围内而为同意的，亦发生同意的效果，但保证人等同意履行义务的意思，对主债务人不生同意之效果。同意之相对人，原则上亦为权利人或权利人之代理人，对第三人为同意，不生同意的效果。

③提起诉讼或申请仲裁。指权利人提起民事诉讼或申请仲裁，请求法院或仲裁庭保护其权利的行为。诉请裁判之举，是权利人行使权利的最为强烈的表示，故诉讼之日便是时效中断之时。当事人一方向人民法院或者仲裁机关提交书面起诉状或者口头起诉和仲裁申请的，诉讼时效从提交起诉状、口头起诉或申请仲裁之日起中断。

④与提起诉讼或者申请仲裁具有同等效力的其他情形。法院在出现下列事项之一时，应当认定与提起诉讼具有同等诉讼时效中断的效力：申请仲裁、支付令、破产或破产债权；为主张权利而申请宣告义务人失踪或死亡；申请诉前财产保全、诉前临时禁令等；申请强制执行；申请追加当事人或者被通知参加诉讼；在诉讼中主张抵消等。另外，权利人向人民调解委员会及其他依法有权解决相关民事纠纷的国家机关、事业单位、社会团体等组织请求，或者向公检法机关报案或者控告，请求保护其民事权利的，诉讼时效中断。

(2)诉讼时效中断的效力：

①对人的效力。诉讼时效中断原则上只对使诉讼时效中断的当事人有效力。但是，连带之债中对于连带债权人或者连带债务人中的一人发生诉讼时效中断效力的事由，应当认定对其他连带债务人也发生诉讼时效中断的效力；债权人提起代位权诉讼的，应当认定对债权人的债权和债务人的债权均发生诉讼时效中断的效力；一般保证中，主债务诉讼时效中断的，保证债务诉讼时效中断。

②对期间计算的效力。诉讼时效中断后诉讼时效要重新计算，中断事由发生前已经进行的诉讼时效全部归于无效。

3. 论除斥期间。[苏州大学 2013 年研]

相关试题：简述除斥期间的基本特征。[简答题，首经贸 2020 年研]

答：(1)除斥期间又称预定期间，是指法律预定某种权利于存续期间届满当然消灭的期间。其主要特征有：①是撤销权、解除权等权利的存续期间；②可以由法律规定或者当事人约定；③一般自权利人知道或者应当知道权利产生之日起计算；④不发生中止、中断和延长。

(2)除斥期间的性质与作用。除斥期间届满，权利即消灭，由此可见其性质应是一种民事法律事实。除斥期间和诉讼时效都是对权利行使的一种时间限制，都具有督促权利人及时行使权利、保持社会关系稳定的作用，并且诉讼时效与除斥期间都是民事法律事实中的状态，并因一定时间的经过而使法律关系发生变动，但二者也存在一定的区别，除斥期间强调了对权利人尽快行使权利的督促，使社会秩序更加稳定。

(3)除斥期间的适用范围不仅是形成权，还包括其他一些为法律所规定的权利，如《民法典》第 692 条规定的保证期间，一般认为该期限为除斥期间。

(4)除斥期间的计算。有些除斥期间的起算时间法律有明确的规定，如《民法典》规定，当事人自知道或者应当知道撤销事由之日起 1 年内行使撤销权。对没有法律规定的除斥期间，通说认为起算时间为权利发生时。

(5)除斥期间的效力与法律援用。除斥期间届满，权利即消灭。除斥期间届满后，利益也不得抛弃。诉讼过程中，如当事人不援用除斥期间，法院应当依职权援用。

(6)诉讼时效与除斥期间的区别，参见本章简答题第 3 题答案。

第二编　物　权

第十一章　物权总论

11.1　复习指南

【知识框架(庖丁解牛)】

- 物权总论
  - 物权的概念和特征
  - 物权法的概念和内容
  - 物权的效力
    - 物权的优先效力
      - 物权相互间的优先效力
      - 物权对债权的优先效力
    - 物上请求权：性质、行使
  - 物权的类型
    - 物权法定主义：立法例、沿革、要求、后果
    - 物权的种类：所有权、用益物权、担保物权、占有
    - 民法上物权的分类
      - 自物权、他物权
      - 动产物权、不动产物权
      - 主物权、从物权
      - 所有权、限制物权
      - 有期限物权、无期限物权
      - 民法上的物权、特别法上的物权
      - 本权、占有
  - 物权的变动
    - 物权变动的概念：物权的产生、变更和消灭
    - 物权变动的原则：公示原则、公信原则
    - 物权变动的原因：物权的取得、消灭原因
    - 物权变动的模式
      - 基于民事法律行为所引起的物权变动
      - 非基于民事法律行为所引起的物权变动
    - 物权的公示方法
      - 交付：概念、法律效果、交付方式
      - 登记：概念、法律效果、种类
  - 物权的保护
    - 概念
    - 种类
      - 物权的自我保护
      - 通过民事诉讼程序对物权的保护
      - 我国民法对物权保护的特殊方法
        - 请求确认物权
        - 物上请求权
        - 请求修理、重作、更换或恢复原状
        - 请求赔偿损失

【通关提要(提纲挈领)】

本章主要介绍物权的总括性知识，属于重点章节。学习时，要熟悉物权的概念和特征；掌握物权变动的原则；重点掌握物权的效力，物权法定原则，物权变动的原因、模式和公示方法，以及我国民法对物权保护的特殊方法等；了解物权保护的概念和种类等。本章各种题型都有可能考查，复习时要整体把握，理解记忆，掌握本章有助于理解各类物权内容。

11.2 考研真题与典型题详解

一、单项选择题

1. 甲和乙签订设备转让合同，约定甲将一台设备转给乙。乙又与丙订立买卖合同，将该设备出卖给丙。对于该设备的交付，以下表述正确的是(　　)。[2019年法考真题]

A. 乙构成指示交付　B. 乙构成占有改定　C. 乙构成简易交付　D. 乙尚未完成交付

【解析】A项，指示交付是指动产由第三人占有时，出让人将其对于第三人的返还请求权让与受让人，以代替交付。本题中，乙对甲占有的设备不享有返还请求权。

B项，占有改定是指动产物权的让与人与受让人之间特别约定，标的物仍然由出让人继续占有，在物权让与的合意成立时，即视为交付。本题中，乙丙没有占有该设备。

C项，简易交付是指受让人已经实际占有动产，如受让人已经通过寄托、租赁、借用等方式实际占有了动产，则于物权变动的合意成立时，视为交付。本题中，丙作为受让人并没有占有设备。

D项，因乙对丙既未观念交付，又未现实交付，故乙未完成交付。

2. 庞某有1辆名牌自行车，在借给黄某使用期间，达成转让协议，黄某以8000元的价格购买该自行车。次日，黄某又将该自行车以9000元的价格转卖给了洪某，但约定由黄某继续使用1个月。关于该自行车的归属，下列哪一选项是正确的？(　　)[2017年法考真题]

A. 庞某未完成交付，该自行车仍归庞某所有

B. 黄某构成无权处分，洪某不能取得自行车所有权

C. 洪某在黄某继续使用1个月后，取得该自行车所有权

D. 庞某既不能向黄某，也不能向洪某主张原物返还请求权

【解析】A项，《民法典》第226条规定，动产物权设立和转让前，权利人已经占有该动产的，物权自民事法律行为生效时发生效力。黄某在受让自行车之前已经占有该物，则双方达成转让协议时，黄某即因简易交付而取得了该自行车所有权。

BC两项，《民法典》第228条规定，动产物权转让时，当事人又约定由出让人继续占有该动产的，物权自该约定生效时发生效力。本题中，黄某与洪某约定由黄某在转让后继续使用1个月，则双方达成黄某继续使用协议时，洪某即因占有改定而取得了该自行车所有权。

D项，黄某将自行车转让给洪某是有权处分，而洪某由此也自黄某处取得了该自行车的所有权，因此庞某既不能向黄某也不能向洪某主张原物返还请求权。

3. 蔡永父母在共同遗嘱中表示，二人共有的某处房产由蔡永继承。蔡永父母去世前，该房由蔡永之姐蔡花借用，借用期未明确。2012年上半年，蔡永父母先后去世，蔡永一直未办理该房屋所有权变更登记，也未要求蔡花腾退。2015年下半年，蔡永因结婚要求蔡花腾退，蔡花拒绝搬出。对此，下列哪一选项是正确的？(　　)[2016年法考真题]

A. 因未办理房屋所有权变更登记，蔡永无权要求蔡花搬出

B. 因诉讼时效期间届满，蔡永的房屋腾退请求不受法律保护

1D　2D　3D

C. 蔡花系合法占有，蔡永无权要求其搬出

D. 蔡永对该房屋享有物权请求权

【解析】D 项，《民法典》第 230 条规定，因继承取得物权的，自继承开始时发生效力。本题中，蔡永父母在遗嘱中将二人共有的房产交由蔡永继承，蔡永即使一直未办理该房屋所有权变更登记，也依遗嘱在其父母最后一方死亡时取得了房屋所有权，享有对该房屋的物权请求权。

AC 两项，尽管蔡花合法借用该房屋，但借用期未明确，房屋所有人可以随时请求返还，蔡花的合法占有不能对抗蔡永的物权请求权，蔡永有权要求其搬出。

B 项，所有权人行使所有物的原物返还请求权不受诉讼时效的限制。

4. 方某为送汤某生日礼物，特向余某定做一件玉器。订货单上，方某指示余某将玉器交给汤某，并将订货情况告知汤某。玉器制好后，余某委托朱某将玉器交给汤某，朱某不慎将玉器碰坏。下列哪一表述是正确的？（　　）[2014 年法考真题]

A. 汤某有权要求余某承担违约责任　　B. 汤某有权要求朱某承担侵权责任

C. 方某有权要求朱某承担侵权责任　　D. 方某有权要求余某承担违约责任

【解析】AD 两项，《民法典》第 523 条规定，当事人约定由第三人向债权人履行债务，第三人不履行债务或者履行债务不符合约定，债务人应当向债权人承担违约责任。因此汤某无权要求余某承担违约责任，但方某有权根据合同的相对性原则要求余某承担违约责任。

BC 两项，根据民法的基本理论，方某未提供工作材料，由余某提供原材料加工制作玉器。玉器制作完成后，余某对其享有所有权，余某向汤某交付时，汤某才取得该玉器的所有权。因玉器尚未交付，所以余某仍享有对该玉器的所有权，汤某和方某均无权请求朱某承担侵权责任。

5. 甲、乙和丙于 2012 年 3 月签订了散伙协议，约定登记在丙名下的合伙房屋归甲、乙共有。后丙未履行协议。同年 8 月，法院判决丙办理该房屋过户手续，丙仍未办理。9 月，丙死亡，丁为其唯一继承人。12 月，丁将房屋赠给女友戊，并对赠与合同作了公证。下列哪一表述是正确的？（　　）[2013 年法考真题]

A. 2012 年 3 月，甲、乙按份共有房屋　　B. 2012 年 8 月，甲、乙按份共有房屋

C. 2012 年 9 月，丁为房屋所有人　　D. 2012 年 12 月，戊为房屋所有人

【解析】C 项，《民法典》第 230 条规定，因继承取得物权的，自继承开始时发生效力。9 月，丙死亡，继承开始，丁取得房屋所有权。

A 项，《民法典》第 209 条规定，不动产物权的设立、变更、转让和消灭，经依法登记，发生效力；未经登记，不发生效力，但法律另有规定的除外。3 月，甲、乙虽有散伙协议，但丙未办理不动产转让登记，房屋仍登记在丙名下，所以丙仍然是所有人。

B 项，《民法典》第 229 条规定，因人民法院、仲裁机构的法律文书或者人民政府的征收决定等，导致物权设立、变更、转让或者消灭的，自法律文书或者征收决定等生效时发生效力。8 月，法院判决丙有办理过户的行为义务，即丙负有作为义务，而非直接判决房屋归甲、乙共有，这种判决并不直接导致物权的变更，故仍然要等丙履行判决，过户后，所有权才变更为甲、乙共有。

D 项，依据《民法典》第 9 条，未作变更登记，房屋所有权没有变动，所有人仍然是丁。

6. 物权人在其权利的实现上遇有某种妨害时，有权请求造成妨害事由发生的人排除此等妨害，称为物权请求权。关于物权请求权，下列哪一表述是错误的？（　　）[2011 年法考真题]

A. 是独立于物权的一种行为请求权　　B. 可以适用债权的有关规定

C. 不能与物权分离而单独存在　　D. 须以诉讼的方式进行

【解析】A 项，物权请求权是一种请求权。请求权，是指权利人请求他人为一定行为的权利。物权请求权是物权人请求特定的人为特定行为的权利，属于行为请求权。它不以对物权标的物的支配为内容，故不

4D　5C　6D

是物权的本体，而是独立于物权的一种请求权。

B 项，作为请求权，物权请求权与债权有类似的性质，因而在不与物权请求权性质相抵触的范围内，可以适用债权的有关规定，如过失相抵、给付迟延、债的履行及转让等。

C 项，物权请求权附属于物权，派生于物权，其命运与物权相同，即其发生、移转与消灭均从属于物权，不能与物权分离而单独存在。

D 项，物权请求权的行使，不必非得以诉讼的方式进行，也可以意思表示的方式为之，即物权受到妨碍后，物权人可以直接请求侵害人停止侵害、排除妨碍、消除危险、返还财产等。

二、多项选择题

1. 刘某借用张某的名义购买房屋后，将房屋登记在张某名下。双方约定该房屋归刘某所有，房屋由刘某使用，产权证由刘某保存。后刘某、张某因房屋所有权归属发生争议。关于刘某的权利主张，下列哪些表述是正确的？（　　）［2014 年法考真题］

A. 可直接向登记机构申请更正登记

B. 可向登记机构申请异议登记

C. 可向法院请求确认其为所有权人

D. 可依据法院确认其为所有权人的判决请求登记机关变更登记

【解析】AB 两项，《民法典》第 220 条规定，权利人、利害关系人认为不动产登记簿记载的事项错误的，可以申请更正登记。不动产登记簿记载的权利人书面同意更正或者有证据证明登记确有错误的，登记机构应当予以更正。不动产登记簿记载的权利人不同意更正的，利害关系人可以申请异议登记。登记机构予以异议登记，申请人自异议登记之日起 15 日内不提起诉讼的，异议登记失效。异议登记不当，造成权利人损害的，权利人可以向申请人请求损害赔偿。本案中，刘某以张某名义购房后将房屋登记在张某名下，在刘某、张某因房屋所有权归属发生纠纷，但没有诉诸法院的情况下不能认为刘某有确切证据证明不动产登记簿记载事项错误。所以刘某直接向登记机构申请更正登记会导致更正登记难以实现，但其可以向登记机构申请异议登记。

CD 两项，《民法典》第 234 条规定，因物权的归属、内容发生争议的，利害关系人可以请求确认权利。第 229 条规定，因人民法院、仲裁机构的法律文书或者人民政府的征收决定等，导致物权设立、变更、转让或者消灭的，自法律文书或者征收决定等生效时发生效力。权属证书是权利的外在表现形式，只具有推定的证据效力，与实际权利状况并不一定完全吻合。如果主张权利案件当事人一方有充分证据证明房屋所有权证上记载的权利人不是真正的权利人，自己才是真正的权利人，那么就应当否定不动产权属证书记载的权利人之权利，而支持提供证据一方当事人的请求。本案中，刘某与张某约定房屋登记在张某名下，由刘某使用房屋并保存产权证，约定本身并不违反法律和行政法规的强制性规定，因此合法有效。但刘某无权直接要求登记机构进行更正登记，应当先通过法院请求确认其为所有权人，再依据法院判决请求登记机关变更登记。

2. 某房屋登记簿上所有权人为甲，但乙认为该房屋应当归己所有，遂申请仲裁。仲裁裁决争议房屋归乙所有，但裁决书生效后甲、乙未办理变更登记手续。一月后，乙将该房屋抵押给丙银行，签订了书面合同，但未办理抵押登记。对此，下列哪些说法是正确的？（　　）［2010 年法考真题］

A. 房屋应归甲所有　　B. 房屋应归乙所有

C. 抵押合同有效　　D. 抵押权未成立

【解析】AB 两项，《民法典》第 229 条规定，因人民法院、仲裁委员会的法律文书或者人民政府的征收决定等，导致物权设立、变更、转让或者消灭的，自法律文书或者人民政府的征收决定等生效时发生效力。因此房屋的所有权是归乙所有。

CD 两项，《民法典》第 402 条规定，以本法第 395 条第 1 款第 1 项至第 3 项规定的财产或者第 5 项规定

1BCD　2BCD

的正在建造的建筑物抵押的，应当办理抵押登记。抵押权自登记时设立。本题中，乙、丙间未办理抵押登记，抵押权未成立。抵押权是否成立不影响抵押合同的效力，抵押合同自签订之日起生效，故乙与丙银行的抵押合同有效。

3. 小贝购得一只世界杯指定用球后兴奋不已，一脚踢出，恰好落入邻居老马家门前的水井中，正在井边清洗花瓶的老马受到惊吓，手中花瓶落地摔碎。老马从井中捞出足球后，小贝央求老马归还，老马则要求小贝赔偿花瓶损失。对此，下列哪些选项是正确的？（　　）[2010 年法考真题]

A. 小贝对老马享有物权请求权　　B. 老马对小贝享有物权请求权

C. 老马对小贝享有债权请求权　　D. 如小贝拒绝赔偿，老马可对足球行使留置权

【解析】A 项，物权请求权又称物上请求权，是指物权人在其权利的实现上遇有某种妨害时，有权请求造成妨害事由发生的人排除此等妨害。其权利主要包括：返还原物请求权、排除妨碍请求权、消除危险请求权等。《民法典》第 235 条规定，无权占有不动产或者动产的，权利人可以请求返还原物。小贝是足球的权利人，足球被老马占有时，其有权请求老马返还原物。

BC 两项，小贝的侵权行为导致老马损失花瓶，老马依法享有侵权损害赔偿的权利，该权利属于债权请求权。

D 项，《民法典》第 448 条规定，债权人留置的动产，应当与债权属于同一法律关系，但是企业之间留置的除外。本题中，老马对足球的占有没有依据，属于非法占有，且老马留置的动产与其所担保的债权非属于同一法律关系，故老马对足球的扣留不符合留置权行使的要件。

三、概念题

1. 物权[温州大学 2018 年研]**、物权与准物权**[中南财大 2006 年研]

答：(1)物权是指权利人依法对特定的物享有直接支配和排他的权利，包括所有权、用益物权和担保物权。其法律特征有：①物权是权利人直接支配物的权利；②物权是权利人直接享受物的利益的权利；③物权是排他性的权利。

(2)准物权是指依据行政命令而取得的具有物权性质的权利。这是个较为广泛的概念，不仅包括矿业权、水权、渔业权和狩猎权，还包括公路收费权、森林采伐权等权利，并且这一概念所涵盖的具体权利类型将随着我国法律和实践的变化而不断发展。

2. 物上请求权[中山大学 2011 年研；南京大学 2009 年研]

答：参见本章论述题第 3 题答案。

3. 物权法定原则[中国政法 2022 年研；安徽师大 2019 年研；南京大学 2015 年研；南航 2015 年研]

答：参见本章论述题第 4 题答案。

4. 物权公示原则[中山大学 2016 年研]

答：参见本章论述题第 6 题答案。

5. 公信原则[南开大学 2012 年研]**、物权变动的公信原则**[南京理工 2011 年研]

答：参见本章论述题第 6 题答案。

6. 简易交付[武大 2012 年研；人大 2008 年研]

答：简易交付是指动产物权设立和转让前，权利人已经依法占有该动产，则无须再行实际交付，从法律行为发生效力时起直接发生物权变动的效力。其构成要件有：①动产物权设立和转让前，权利人已经依法占有了该动产；②双方实施了某种合法生效的法律行为；③物权自法律行为生效时发生效力。

3AC

7. 占有改定[中国政法 2024 年研；中国海大 2022 年研；暨南大学 2020 年研；青岛大学 2017 年研；武大 2015 年研；南京大学 2012 年研]

答：参见本章简答题第 2 题答案。

8. 预告登记[中国政法 2025 年研；中南财大 2023 年研；武大 2022 年研；三峡大学 2017 年研；东财 2011 年研]

答：预告登记又称"预登记""预先登记"，是指在当事人所期待的不动产物权变动所需条件缺乏或者尚未成就时，即权利取得人对未来取得物权享有请求权时，法律为保护这一债权请求权而规定的登记制度。预告登记的效力体现在四个方面：①保障债权实现的效力；②对抗第三人的效力；③限制物权处分的效力；④确定权利顺位的效力。《民法典》第 221 条第 2 款规定："预告登记后，债权消灭或者自能够进行不动产登记之日起 90 日内未申请登记的，预告登记失效。"此处的债权消灭包括不动产买卖协议被认定无效、被撤销、被解除，或者预告登记的权利人放弃债权等。

四、简答题

1. 简述物权变动的模式。[中山大学 2016 年研]

相关试题：

(1)论物权变动的主要模式与我国法律的实践选择。[论述题，中财 2017 年研]

(2)论述我国民法确立的物权变动模式。[论述题，西南科大 2015 年研]

答：物权变动的模式主要包括：

(1)基于民事法律行为引起的物权变动：

引起物权变动的原因中需重点注意民事法律行为，基于民事法律行为产生的物权变动，历来是民法学习的基础知识，也是重点知识。对于基于民事法律行为的物权变动，可归纳为三种立法例：

①采意思主义立法例。意思主义，是指仅凭当事人的债权意思(如当事人达成合意)，就发生物权变动的效力，而不须以登记或交付为其成立或生效要件。该立法例以《法国民法典》为代表，该法典第 711 条规定："财产所有权，因继承、生前赠与、遗赠以及债的效果而取得或移转。"

②采形式主义立法例，又称物权形式主义。该立法例以《德国民法典》为代表。它认为除了债权意思以外，当事人还必须履行登记或交付的法定方式，才能产生物权变动效力。

③折中主义立法例。

a. 对意思主义立法的折中。物权变动除需债权合意之外，还得以物权公示为要件，该观点不承认独立的物权行为。

b. 对形式主义立法的折中。此立法例认可物权行为的独立性，但不认可其无因性。

④我国《民法典》的体例。物权因民事法律行为而发生变动时，除了当事人之间须有债权合意外，还需另行登记或交付，才能发生物权变动的效力。

(2)非基于民事法律行为引起的物权变动：

①《民法典》第 229 条规定，因人民法院、仲裁委员会的法律文书或者人民政府的征收决定等，导致物权设立、变更、转让或者消灭的，自法律文书或者人民政府的征收决定等生效时发生效力。

②《民法典》第 230 条规定，因继承取得物权的，自继承开始时发生效力。

③《民法典》第 231 条规定，因合法建造、拆除房屋等事实行为设立或者消灭物权的，自事实行为成就时发生效力。

④在法院的强制执行程序中，在取得法院发出的权利移转证书时，即取得物权。

2. 简述民法典上观念交付的主要形式。[暨南大学 2020 年研]

相关试题：简述我国民法规定的观念交付的形式。[首师大 2013 年研]

答：观念交付，是指在特殊情况下，法律允许当事人通过特别约定，采用变通的交付办法来代替实际交付。观念交付包括以下方式：

(1)简易交付，又称“无形交付”，是指受让人在动产物权变动前已先行占有该动产的，让与人如设立和转让其动产物权，无须再为现实交付，让与合同生效时即发生物权变动效力的交付方式。这一交付方式并没有破坏动产物权变动的一般原则，而是在特殊情形下的一种灵活变通。《民法典》第226条规定：“动产物权设立和转让前，权利人已经占有该动产的，物权自民事法律行为生效时发生效力。”即便受让人是无权占有，也可以适用交易交付。

(2)占有改定，又称继续占有，是指动产物权的让与人使受让人取得对标的物的间接占有，以代替该动产现实移转的交付，而让与人继续对该标的物进行直接占有。占有改定须符合三项条件：①让与人与受让人达成移转动产所有权的合意。一般通过买卖或让与担保的设定，使受让人取得动产的所有权。②让与人成为占有媒介人，从而继续占有动产。③通过特定契约使受让人获得间接占有。

(3)指示交付，指标的物由双方以外的第三人实际占有时，转让人将对第三人的返还请求权让与受让人，以代替标的物的实际交付。

(4)拟制交付，即出让人将标的物的权利凭证(如仓单、提单)交给受让人，以代替物的现实交付。这时如果标的物仍由出让人或者第三人占有时，受让人则取得对于物的间接占有。

五、论述题

1．试述物权的效力。［苏州大学2013年研］

相关试题：简述物权的效力。［简答题，中山大学2010年研］

答：物权的效力包括物权优先的效力和物上请求权，参见本章论述题第2、3题答案。

2．试论述物权的优先效力。［北邮2009年研］

相关试题：

(1)物权的优先效力表现及例外。［中国政法2021年研］

(2)物权对于债权的优先效力。［简答题，河北师大2020年研；河南师大2018年研］

(3)简述物权优先效力。［简答题，北邮2013年研］

(4)简述物权的优先效力及具体表现。［简答题，中南财大2010年研］

答：物权的优先效力又称物权的优先权，是指同一标的物上有数个相互矛盾、冲突的权利时，具有较强效力的权利排斥具有较弱效力的权利的实现。物权的优先效力包括：

(1)物权之间的优先效力，是指同一物上并存多项物权时，各个物权之间的效力何者优先。当同一物上既存在所有权又存在某一他物权时，由于他物权是对所有权的限制，故他物权具有优先于所有权的效力。倘若同一物上存在两项以上性质互不相容的物权，则先设立的物权效力优先于后设立的物权。

关于物权之间依性质可否并存问题，由于以占有为内容的物权的排他性较强，这类物权大多不可以并存。具体的各类物权依性质是否可以并存，大致可以分为以下几种情况：

①用益物权与担保物权。这两种物权一般可以同时存在于一物之上，例外的是以占有为要件的质权、留置权与用益物权不能并存。

②用益物权与用益物权。一般情况下，用益物权难以并存。但是地役权有时可以与其他用益物权并存。

③担保物权与担保物权。除非当事人之间特别约定，一般担保物权能够并存，但以占有为要件的留置权等担保物权之间也不能并存。

(2)物权对于债权的优先效力。特定物即使已经成为某一债权的标的物，如果其上成立了物权，则该物权优先于债权。这主要表现在两个方面：

①在同一标的物上，既有物权，又有债权时，物权优先于债权。在法律有特别规定的情况下，债权可具有优先于物权的效力。如“买卖不破租赁”。

②对债权人依照破产程序或强制程序行使债权的财产，其物上存在他人的物权优先于该债权的行使。

3. 试论物权请求权。［扬州大学 2024 年研；武大 2012 年研］

相关试题：

(1) 请阐释物上请求权。［简答题，对外经贸 2019 年研］

(2) 简述物权请求权与债权请求权的区别。［简答题，暨南大学 2017 年研；北邮 2015 年研］

答： 物权请求权又称物上请求权，是指物权人在其权利的实现上遇有某种妨害时，有权请求妨害人排除此等妨害的权利。物权请求权是基于物权的绝对权、对世权，可以对抗任何人的性质而发生的法律效力。

(1) 物权请求权的性质：

①物权请求权是请求权，属于行为请求权。它是独立于物权的一种请求权。作为请求权，物权请求权与债权有类似的性质，在不与物权请求权性质相抵触的范围内，可以适用债权的有关规定，如过失相抵、给付迟延、债的履行及转让等。

②物权请求权是物权的效用。物权请求权以恢复物权的支配状态为目的，在物权存续期间不断发生。

③物权请求权附属于物权。物权请求权派生于物权，其发生、移转与消灭均从属于物权，不能与物权分离而单独存在。

(2) 物权请求权的种类：

①返还原物请求权。指所有权人在其物被他人非法占有时，依法要求该占有人或转得人返还原物的权利；为物权请求权之一种。在物权人的对物支配权受到侵害时，返还原物请求权是恢复其原有权利状态的基本手段；它充分体现了物权的归一力和追及力。

②排除妨害请求权。占有人在其占有受到妨害使占有人无法完全支配其占有物时，占有人有权请求排除妨害。妨害是指以占有以外的方法，侵害物权或妨碍物权人行使其所有权，这种妨害必须是不合法的，或者超越了正常的容忍限度。一般说来，物权人应当容忍他人的轻微的、正当的妨害。

③消除危险请求权。在他人的行为对占有人有妨害的可能时，占有人可以请求预防这种妨害的发生。这种危险必须是可以合理预见的，而不是主观臆测的，而且必须是确实存在的且有对他人财产造成损害的可能。危险是指他人的行为或者设施可能造成物权人占有物的妨害，其判断标准大致为：a. 危险必须是可以合理预见的，而不是主观臆测的。b. 危险必须是确实存在的且有对他人财产、人身造成妨害的可能。行使消除危险的请求权时行为人主观方面是否具有故意或者过失并不在考虑范围之内。

④恢复原状请求权。《民法典》第 237 条规定："造成不动产或者动产毁损的，权利人可以依法请求修理、重作、更换或者恢复原状。"财产毁损之后，行为人应当采取措施以恢复财产的原状。如果经过修补仍不足以弥补受害人的损失，受害人可以额外要求补偿。因此，恢复原状可以与损害赔偿并存。同时《民法典》第 582 条规定，履行不符合约定的，应当按照当事人的约定承担违约责任。对违约责任没有约定或者约定不明确，依据本法第 510 条的规定仍不能确定的，受损害方根据标的的性质以及损失的大小，可以合理选择请求对方承担修理、重作、更换、退货、减少价款或者报酬等违约责任。

(3) 物权请求权的行使：

物权请求权的行使，可以依诉讼的方式进行，也可以直接主张，即物权受到妨害后，物权人可以直接请求妨害人为一定的行为或不为一定的行为，包括请求妨害人返还原物、排除妨碍、消除危险等。

①请求返还原物。指物权人在其所有物被他人非法占有时，可以向非法占有人要求返还原物，也可以直接向法院提起诉讼，请求确认其物权的存在或者采取其他的保护措施。

a. 返还原物请求权的主体应为失去对物的占有的物权人。一方面，请求权人必须是物权人，既包括所有权人也包括他物权人，至于所有权人既可以是单独的所有人，也可以共有人。另一方面，物权人行使该请求权的前提必须是其所有或有权占有的物被他人非法侵占，物权人已丧失了对物的占有。在此情况下，才有必要返还。

b. 物权人在合法占有期间不能请求合法占有人返还原物。

②请求排除妨碍、消除危险。物权人因他人的非法行为无法充分地行使占有、使用、收益、处分其占有物时，物权人可以请求侵害人排除妨碍，或者请求法院责令侵害人排除妨碍。

a. 物权人既可以针对已发生的妨碍可以请求排除，也可对尚未发生但确有发生危险的妨碍请求相关当事人采取预防措施加以防止。

b. 被请求排除妨碍的行为为违法行为。

c. 物权人只能请求排除与履行物权人和侵害人之间的合同义务无关的妨碍。

物权人直接向侵害人提出物权请求权是一种自我保护措施，是物权请求权实现的有效途径。此外，物权人也可以直接向法院提出诉讼，请求确认其物权的存在或者采取其他的保护措施。一般情况下，物权人在直接向侵害人提出请求不能实现时，才依法请求法院裁判。在这种情况下，要求排除妨害、消除危险、返还财产，同时也是对侵害人民事法律意义上的否定。

4. 论物权法定原则。［中山大学 2016 年研］

相关试题：

(1) 简述物权法定原则的内容。［简答题，西北政法 2023 年研；中南财大 2014 年研］

(2) 简述物权法定原则的利弊。［简答题，华中农大 2013 年研］

(3) 简述物权法定主义。［简答题，北航 2012 年研］

答：关于物权的创设，有两种立法例：一是放任主义，即物权的创设依当事人的意思，法律上不予限制；二是法定主义，即法律规定物权的种类和内容，不允许当事人依其意思设定与法律规定不同的物权。物权法定主义原则是在罗马法时就已经确定的原则，在罗马法中，承认具有物权属性的权利有所有权、地上权、地役权、用益权、抵押权和质权等。

物权法定原则是指物权的类型和内容以及物权的变动方式由法律规定，而不允许当事人自行创设的原则。《民法典》第 116 条规定："物权的种类和内容，由法律规定。"

(1) 物权法定主义原则的要求：

①物权的种类不得创设。即不得创设法律未规定的新种类的物权。此处所说的"法律"，必须是国家立法机关通过立法程序制定的规范性文件，才能产生普遍适用的效力。我国《民法典》及其他法律仅设定并认可抵押权、质权、留置权等担保物权形式，当事人不得创设其他种类的物权。

②物权的内容不得创设。首先，物权的内容由法律规定，当事人不得创设与法定物权内容不符的物权，或基于约定决定物权的内容；其次，内容法定要求当事人不得作出与物权内容的强制性规定不符的约定。

(2) 违反物权法定原则的法律行为效力。当事人违反物权法定原则的行为，一般不发生物权效力，除非法律规定部分承认其物权效力。当事人也可在法律规定的物权内容范围内自由选择。

(3) 物权与债权在创设上的区别：物权与债权在种类和内容设定上极为不同。债权依合同自由原则，当事人在不违反法律和社会公共利益的范围内，可以创设任何种类的债权，法律也不限制合同的种类和内容，充分尊重当事人意思自治。

5. 物权的种类。［中山大学 2010 年研］

相关试题：我国《民法典》规定的物权类型。［简答题，上海交大 2009 年研］

答：基于物权法定主义原则，各国民法都对物权作出明确的规定。因社会经济制度和历史文化传统的不同，各国民法上规定的物权种类参差不一，但大多可以归纳为所有权、用益物权、担保物权和占有四类。我国《民法典》也规定了这四种类型：

(1) 所有权。指所有人对自己的不动产或者动产依法享有的占有、使用、收益和处分的权利。《民法典》第 240 条规定："所有权人对自己的不动产或者动产，依法享有占有、使用、收益和处分的权利。"所有权是最完整、最充分的物权。所有权中可以分离、派生、引申出其他物权，从而物尽其用。《民法典》第 241 条规定："所有权人有权在自己的不动产或者动产上设立用益物权和担保物权。用益物权人、担保物权人行使权利，不得损害所有权人的权益。"

(2) 用益物权。指权利人对他人所有的不动产或者动产依法享有的占有、使用和收益的权利，包括建设用地使用权、地役权等。《民法典》第 323 条规定："用益物权人对他人所有的不动产或者动产，依法享有占有、使用和收益的权利。”其特征有：①用益物权以对物的占有为前提，以对标的物的使用、收益为其主要内容；②用益物权是他物权、限制物权和有期限物权；③用益物权是不动产物权；④用益物权主要以民法为依据，但也有以特别法为依据的。

（3）担保物权。指以担保债务清偿为目的，而在债务人或者第三人的特定物或者权利上设立的定限物权，主要有抵押权、质权、留置权等。《民法典》第386条规定：“担保物权人在债务人不履行到期债务或者发生当事人约定的实现担保物权的情形，依法享有就担保财产优先受偿的权利，但是法律另有规定的除外。”其特征在于：①担保物权以确保债务的履行为目的；②担保物权是在债务人或者第三人的特定物上设定的权利；③担保物权以支配担保物的价值为内容；④担保物权具有从属性和不可分性。

（4）占有。指对物的控制、占领。占有人的占有并不以占有人对于物的亲自支配为必要。占有人基于某种法律关系，通过他人为媒介，也可以成立占有。这主要有两种情况：①占有人依辅助人而成立的占有，如雇主依雇员占有机器；②间接占有，如承租人直接占有租赁物，对于出租人构成间接占有。占有是一种单纯的事实行为，《民法典》第五分编规定的是占有而非占有权。

6．论物权变动的概念和原则。［中山大学2009年研］

相关试题：

（1）物权法中的公示公信原则。［中南财大2025年研］

（2）论物权变动的公示原则。［中山大学2016年研］

（3）简述《民法典》上的公信原则。［简答题，青岛大学2017年研］

答：（1）物权的变动，是物权的产生、变更和消灭的总称。

①物权的产生，即物权人取得物权，它在特定的权利主体与不特定的义务主体之间形成了物权法律关系，并使特定的物与物权人相结合。物权的取得有原始取得与继受取得之分，原始取得是指权利人取得某物的权利并非基于原权利人的权利。继受取得是指以他人的权利及意思为依据取得物权，如因买卖、赠与取得所有权。

②物权的变更，有广义和狭义之分。广义的物权的变更，是指物权的主体、内容或者客体的变更。物权的取得和消灭包含在广义的物权变更中。狭义的物权的变更，是指物权的主体不发生变化，只是物权的客体或内容发生变更。如甲、乙二人按份共有一栋房屋，协商变更各自的份额。此处的物权变更仅指狭义的物权变更。

③物权的消灭，可分为绝对的消灭与相对的消灭。物权的绝对消灭，是指物权从此不复存在。如甲的房屋因火灾被彻底烧毁，此时，甲针对该房屋的所有权就属于绝对消灭，因为它已不复存在。物权的相对消灭是指物权本身依然存在，只是物权的主体发生了改变，对原权利人而言，这就是所谓物权的“消灭”了。这一规定主要涉及物权的继受取得或主体变更的问题。

（2）物权变动的原则：

物权是对物进行直接支配的权利，具有优先权和物上请求权的效力。为了保证交易的安全，需要一定的可以从外部查知的方式来明示物权变动。我国民法上对物权变动原则的规定如下：

①公示原则要求，物权变动必须以一定的可以从外部查知的方式表现出来，从而维护第三人利益，保障交易的安全。民法上关于物权的变动，以“登记”为不动产物权的公示方法，以“交付”为动产物权的公示方法。

a．基于法律行为的物权变动，是指当事人基于合意或者其他法律行为，并在完成一定的公示方法之后，完成一定的物权变动。在这种情况下，原则上非经公示不发生物权变动的效果。

b．非基于法律行为的物权变动，是指因为法律规定的原因，如继承、法院生效判决、征收等事实，导致物权的产生、变更和消灭。在这一情况下，物权变动可不经公示发生，但是在公示完成之前，当事人不能进行处分。

②公信原则，是指对信赖令人推测物权存在的外观表象（登记、占有等公示方法）的信赖人，即使在该外观表象并不随着实质权利而为空虚存在的情形下，也保护该信赖之原则。公信原则包括两方面的内容：

a. 没有相反的证据证明，则推定记载于不动产登记簿的人为该不动产的权利人，动产的占有人为该动产的权利人，这称为权利的正确性推定效力。

b. 行为人基于善意，以及对公示的信赖为一定行为，则法律保护该行为，承认此行为所产生的物权变动的效力。

公信原则有利于避免因公示原则，他人主张未公示的物权，有利于保护免受不测的损害。能够起到维护交易安全，提高交易效率，但有时不免会削弱真正权利享有人的利益。

综上所述，对于物权的变动，应采取公示原则与公信原则，对于动产以交付为公示方法，对于不动产则以登记为公示方法，并分别赋予其公信力。

六、法条评析

1.《民法典》第226条规定："动产物权设立和转让前，权利人已经占有该动产的，物权自民事法律行为生效时发生效力。"如何解释这一规定？［北大2016年研改编］

答：该条款是《民法典》上关于简易交付的规定。

（1）简易交付，属于一种观念交付的形式，指动产物权的受让人或占有辅助人已经占有了该动产，在让与物权合意达成之时，就已发生交付该动产的效果。这是因为标的物已经为受让人实际占有，如果要使其先将物返还给出让人，再由出让人转让给受让人，纯属徒劳。简易交付是动产物权变动公示的方法，也是动产物权变动的生效要件。

（2）根据《民法典》第226条规定，构成简易交付的要件有：

①动产物权设立和转让前，权利人已经依法占有了该动产。

②双方实施了某种法律行为，且已经生效。此处所说的法律行为主要是指物权转让、设立的合同，如银行在与贷款人办理质押合同前已经占有了汽车，双方订立了质押合同，则质押合同生效时，质押权即时生效。

③物权自民事法律行为生效时发生效力。

2.《民法典》第220条第2款规定："不动产登记簿记载的权利人不同意更正的，利害关系人可以申请异议登记。登记机构予以异议登记的，申请人在异议登记15日内不起诉，异议登记失效。异议登记不当，造成权利人损害的，权利人可以向申请人请求损害赔偿。"请对该规定予以解读和评析。［中财2014年研改编］

答：本法条是关于不动产异议登记的规定，具体分析如下：

（1）不动产异议登记，是指登记机构按照权利人或者利害关系人的申请将其认为登记簿记载错误的事项记载于登记簿的行为。异议登记的法律效力是，登记簿上所记载的权利失去正确性推定的效力，第三人也不得主张依照登记的公信力而受到保护。

（2）异议登记的法律效果：

①暂时击破登记簿的公信力。异议登记为真实权利人的利益，通过否定取得人的善意而暂时击破登记簿之公信力的法律效力的。

②异议登记失效并不影响人民法院对当事人物权纠纷案件的实体审理。

（3）异议登记的限制。异议登记虽然可以对真正权利人提供暂时性的保护，同时也给不动产物权交易造成了一种不稳定的状态。为使不动产物权的不稳定状态早日恢复正常，法律必须对异议登记的有效期间作出限制。因此，本条规定，申请人在异议登记之日起15日内不起诉的，不动产异议登记失效。申请人在不动产异议登记之日起15日内不起诉，说明不动产异议登记的申请人不积极行使其权利，为使登记簿上记载的权利人的利益和正常的交易秩序不致受到严重的影响，法律规定这时该不动产异议登记即失去其法律效力。

（4）滥用异议登记制度的损害赔偿责任。异议登记可以使登记簿上所记载的权利失去正确性推定的效力，异议登记的申请人在提出异议登记的申请时也无须充分证明其权利受到了损害，因此，如果申请人滥用异议登记制度，将可能给登记簿上记载权利人的利益造成损害。所以，本条规定，异议登记不当造成权利人损害的，权利人可以向申请人请求损害赔偿，给予真正权利人以保证。

七、案例分析题

1. 甲与乙签订一房屋买卖合同，甲交付房屋、乙支付价金，但未到民政部门登记。后甲将房屋转卖于丙，登记。但丙未支付价金。丙起诉乙，要求返还房屋，乙反诉丙，请求法院宣判甲、丙的合同无效。[北大2004年研]

请提出你的意见并说明理由。

答：(1)本案中，甲和乙的房屋买卖合同虽然已经付款，但是由于并未办理房屋产权的过户登记手续，根据物权变动的公示公信原则，并未产生物权变动的效力，乙并未取得房屋的所有权。因此乙的反诉是不能成立的。

(2)甲和丙之间签订了房屋买卖合同，办理了产权过户登记手续，因此按照公示原则，丙已经取得了房屋的所有权，所以丙有权请求法院责令乙返还该房屋。但由于甲乙之间已经签订了房屋买卖合同，并且乙已经向甲支付了房款，而甲却将房屋卖给了丙，所以乙有权对甲主张违约责任，法院应判令甲返还乙全部房款，并按照合同约定承担赔偿责任。

(3)本案主要涉及物权变动的公示公信原则和债权效力两个问题。按照公示公信原则，物权在变动时必须将物权变动的事实通过一定的公开方法向社会公开，从而使第三人知道。不动产主要采用登记的方法公示，一旦当事人变更物权是依据法律的规定进行了公示，即使依公示方法表现出来的物权事实上并不存在或有瑕疵，但对于信赖该物权的存在并且已经从事了物权交易的人，法律依然承认其效力以保护交易安全。

2. 张三将其所有房屋一套转让给李四。签订合同后，李四依约支付了全部房款，但未办理过户手续。张三在此期间又将该房屋出售给王五，并办理了房产过户手续。[上海交大2007年研]

请问：

(1)王五办理了过户手续后，长期居住在国外，两年后返回，发现李四居住在里面，王五是否有权请求李四搬出此房？请说明理由。

(2)李四如何保护自己的权利？请说明理由。

答：(1)王五有权请求李四搬出此房，具体分析如下：

王五与张三办理了房产过户手续，享有该房屋的所有权，所有权属于物权，不受诉讼时效的限制，王五可以基于物权返还请求权请求李四搬出此房。

(2)李四与张三之间是合同关系，双方合同有效，基于此，李四有权要求张三继续履行合同，协助其办理过户手续，或者诉张三违约要求相应的赔偿，并返还其支付的房屋价款。

3. 甲买了商品房一套，申请登记。登记机关因失误将其记为乙所有。乙知后，隐瞒真相，声称自己就是房屋所有人，欲将房卖给丙。丙经过登记机关核实后和乙签订房屋买卖合同并支付了全额价款30万元，双方约定自订立合同后3个月内办完所有权过户手续。期间乙又向银行丁贷款20万元，双方订立了房屋抵押合同并办理了抵押登记。随后甲发现登记错误主张恢复自己的所有权。[中山大学2005年研]

问题：分析上述民事法律行为及甲、乙、丙、丁、登记机关间的法律关系。

答：(1)《民法典》第209条规定，不动产物权的设立、变更、转让和消灭，经依法登记，发生效力；未经登记，不发生效力，但是法律另有规定的除外。本案中，不动产所有权尚未登记，因此丙没有取得房屋的所有权。《民法典》第215条规定，当事人之间订立有关设立、变更、转让和消灭不动产物权的合同，除法律另有规定或者当事人另有约定外，自合同成立时生效；未办理物权登记的，不影响合同效力。因此，乙和丙之间的合同行为有效。

(2)根据《民法典》的规定，对于不动产的抵押，登记是强制性的，且为抵押权的生效要件，即不动产抵押权的生效采登记要件主义。所以，乙和银行丁的抵押行为有效，并且已经办理了登记，所以抵押合同已经生效，银行取得房屋的抵押权。

(3)甲和乙之间是不当得利和无权处分的竞合。根据《民法典》第311条规定，受让人依照规定取得不动产或者动产的所有权的，原所有权人有权向无处分权人请求赔偿损失，所以，甲可以要求乙返还所得利益，赔偿损失，撤销和丙之间的买卖合同。

(4)题中是因登记机关的失误而导致的登记错误。因此，甲也可以要求登记机关承担补充赔偿责任。

4. A公司在某市商业街开发了一幢商品楼，售价4000元/平方米。某甲选中了其中一套三居室，双方签订了购房合同并于2004年2月1日办理了付款交房的手续，并且约定1年内办理所有权证书。

某甲因公需要出国一年，为了方便房屋的维护，某甲在2004年2月18日将房屋钥匙交给A公司下属的物业处保管。3月份以后，该市的楼价大幅上涨，商品房供不应求。3月5日，A公司售楼人员某乙从物业处取走了其甲房屋钥匙，打开房屋让购房者参观选购。该房屋被某丙看中。某乙以A公司名义与某丙签订了购房合同，双方于3月30日办理了交房付款手续，并于次日办理了登记手续。某甲于2005年5月回国后发现本属于自己的房屋已被他人居住，十分气愤，手持购房合同要求某丙退房屋，遭到某丙拒绝。某甲找到A公司交涉。

A公司负责人表示“一房二卖”的确是自己的工作人员所为，向某甲道歉并表示愿意按合同约定返还某甲的全部购房款及利息，但拒绝某甲要求返还房屋的请求。[中南财大2007年研]

根据上述案情，请回答：

(1)A公司与某甲的购房合同是否有效？

(2)A公司与某丙的购房合同是否有效？

(3)该房屋的所有权应当归谁？

(4)A公司应对某甲承担什么法律责任？

答：(1)A公司与某甲的购房合同有效。

理由：《民法典》第143条规定，具备下列条件的民事法律行为有效：①行为人具有相应的民事行为能力；②意思表示真实；③不违反法律、行政法规的强制性规定，不违背公序良俗。本题中，A公司与某甲是在意思自治的基础上签订的合同，且已办理付款交房的手续，符合《民法典》规定，二者的合同合法有效。房屋合同的有效与否与所有权是否已转移无关，所有权未转移并不影响合同的成立。

(2)A公司与某丙的合同有效。

理由：某乙以A公司的名义与某丙签订了购房合同，且事后得到了A公司的追认。某丙和A公司是在双方自愿的基础上签订的合同，购房合同合法有效。由于某甲并未与A公司办理房屋所有权转移手续，因此某甲并未拥有该房屋的所有权，A公司有权将此房屋出卖。

(3)该房屋的所有权属于某丙。

理由：《民法典》第208条规定，不动产物权的设立、变更、转让和消灭，应当依照法律规定登记。本题中，某丙和A公司签订了房屋买卖合同并办理了所有权转移手续，因此此房的所有权属于某丙。

(4)A公司应对某甲承担违约责任。

理由：《民法典》第577条规定，当事人一方不履行合同义务或者履行合同义务不符合约定的，应当承担继续履行、采取补救措施或者赔偿损失等违约责任。本题中，A公司已与某甲签订了合法有效的房屋买卖合同，但A公司后又将该房屋卖给他人，违反了合同规定，因此其应对某甲承担采取补救措施或赔偿损失等违约责任。

第十二章　所有权

12.1　复习指南

【知识框架(庖丁解牛)】

- 所有权
  - 所有权概述
    - 概念、特征
    - 内容：占有、使用、收益、处分
    - 所有权与所有制的关系
  - 国家所有权、集体所有权、私人所有权与其他所有权
    - 所有权的类型
    - 国家所有权：概念、特征、主体、行使、客体
    - 集体所有权：概念、特征、主体、行使、客体
    - 私人所有权
    - 法人所有权：营利法人、其他法人所有权
  - 业主的建筑物区分所有权
    - 概述：概念、专有权客体的条件
    - 内容
      - 专有部分的单独所有权：权利内容、权利限制
      - 共有部分的共有权：共有部分的概念、范围
      - 业主的管理权：范围、物业服务合同
  - 相邻关系
    - 概念、特征
    - 处理相邻关系的原则和具体根据
    - 相邻关系的类别
  - 所有权的特别取得方法
    - 善意取得：概念、价值、构成条件
    - 拾得遗失物
      - 遗失物的概念
      - 拾得人的权利义务
      - 失主的权利义务
    - 发现埋藏物
      - 埋藏物与隐藏物
      - 发现埋藏物与隐藏物的处理
    - 添附：附和、混合、加工
    - 时效取得
    - 先占

【通关提要(提纲挈领)】

本章主要介绍所有权的相关知识。学习时，要掌握所有权的概念、特征和四项权能；了解不同主体所有权的概念、特征等；掌握业主建筑物区分所有权的内容、处理相邻关系的原则；重点掌握所有权的特别取得方法。本章内容较为基础，常考概念题和简答题，要整体理解记忆。

12.2 考研真题与典型题详解

一、单项选择题

1. 甲喜欢雕刻，乙喜欢收集奇石，甲将乙的一块太湖石(价值5万元)和一块白龙玉(价值1万元)借回家赏玩。随后甲装修房屋，将太湖石嵌于自己客厅背景墙中，将玉雕刻成柏拉图雕像(价值3万元)。下列说法正确的是(　　)。[2019年法考真题]

A. 甲应对太湖石补偿

B. 甲应对白龙玉补偿

C. 甲取得柏拉图雕像所有权，但应补偿乙的玉石价值

D. 太湖石成为房屋附着物，甲取得所有权

【解析】附合是指两个以上不同所有人的物结合在一起而不能分离，若分离会毁损该物或者花费较大。动产与不动产的附合，由不动产所有人取得合成物的所有权，但应当给原动产所有人以补偿。本题中，甲将太湖石嵌于自己客厅背景墙中构成了附合，甲因此取得太湖石的所有权。

加工是指在他人之物上附加自己的有价值的劳动，使之成为新物。加工物的所有权原则上归原物的所有人，并给加工人以补偿。但当加工增加的价值大于材料的价值时，加工物可以归加工人所有，但应当给原物的所有人以补偿。本题中，甲将玉雕刻成柏拉图雕像属于加工行为，加工增加的价值为2万元，大于材料的价值1万元，因此柏拉图雕像的所有权可以由甲取得，但应当给原物所有人乙适当补偿。

2. 某地因地理位置得天独厚经常有陨石掉落，当地人多以陨石买卖为业且收入颇丰。一天，一块陨石从天而降，落入乙家的菜地里。邻居甲看到后将其捡到。关于陨石的归属，下列哪一说法是正确的?(　　)[2018年法考真题]

A. 归甲所有　　B. 归乙所有

C. 归甲、乙共同共有　　D. 归国家所有

【解析】AB两项，先占制度虽然在我国现行法律中并无明文规定，但无论是学理上还是司法实践中，均承认先占可以发生物权变动。先占是指，以所有的意思，先于他人占有无主的动产，从而取得其所有权的法律事实。先占应具备三个要件：①需以所有的意思占有无主物；②对象是无主物；③标的物为动产。陨石作为无主动产，应依先占之基本规则确定归属，因甲捡到，应归甲所有。

C项，在我国实际生活中，常见的共同共有有三种：夫妻共有财产、家庭共有财产和共同继承的财产。本题中，甲乙之间并不存在上述关系。因此，陨石不可能由二者共同共有。

D项，根据《民法典》规定，矿藏、水流、海域、城市的土地、集体所有之外的森林、山岭、草原、荒地、滩涂等自然资源、法律规定属于国家所有的野生动植物资源、无线电频谱资源、法律规定属于国家所有的文物属于国家所有。但现行法律并未规定陨石归国家所有。

3. 2018年春节前夕，孟某的妻子刘某收拾房间时发现一件孟某穿了5年的旧大衣。刘某欲购买一件新衣服给孟某，遂将孟某的旧大衣扔到楼下的垃圾箱里。第二天，孟某问妻子刘某自己的大衣为何不见了。刘某说已经扔掉啦。孟某说：大衣里价值27500元的欧米茄手表拿出来了吗?刘某说没有。经查，该大衣连同手表被同小区捡拾垃圾的徐老太捡走。关于本案，下列哪一说法是正确的?(　　)[2018年法考真题]

A. 刘某将孟某大衣扔掉的行为属于事实行为

B. 大衣属于遗失物，徐老太应当返还

C. 手表属于无主物，徐老太可以先占

D. 徐老太应当返还手表，但大衣可以先占

【解析】A项，本题中，刘某将孟某大衣扔掉的行为系动产所有权的抛弃，属于典型的单方民事法律行

1D　2A　3D

为而非事实行为。

B项，先占是指以所有的意思，先于他人占有无主的动产，从而取得其所有权的法律事实。先占应当具备三个要件：①需以所有的意思占有无主物；②对象是无主物；③标的物为动产。本题中，孟某的大衣被刘某抛弃后即属于无主动产。徐老太可以基于先占而取得大衣的所有权。

CD两项，根据《民法典》第314条规定，拾得遗失物，应当返还权利人。拾得人应当及时通知权利人领取，或者送交公安等有关部门。本题中，刘某将孟某大衣扔掉时不存在抛弃27500元的欧米茄手表的单方意思表示。因此，手表属于遗失物。徐老太拾得遗失物，依法应当返还。

4. 2018年3月2日，苏某为了庆祝自己和其他作者合著的新书大卖，邀请其他作者一起前往海河大饭店聚餐。前往饭店前，苏某在海鲜市场张某处购买了一只大海螺。后交给海河大饭店加工，厨师何某剥开发现海螺里有一颗橙色的椭圆形大珍珠。请问：珍珠归谁所有？（　　）［2018年法考真题］

A. 苏某　　B. 张某　　C. 海河大饭店　　D. 何某

【解析】AB两项，《民法典》第630条规定，标的物在交付之前产生的孳息，归出卖人所有，交付之后产生的孳息，归买受人所有。本题中，张某将大海螺出卖给苏某后，大海螺中产生的孳息即珍珠应归买方苏某所有。

CD两项，当苏某将大海螺交给河海大饭店加工时，苏某依然是大海螺的所有权人。因此，孳息应归苏某而非承揽人海河大饭店，更非厨师何某。

5. 甲遗失手链1条，被乙拾得。为找回手链，甲张贴了悬赏500元的寻物告示。后经人指证手链为乙拾得。甲要求乙返还，乙索要500元报酬，甲不同意，双方数次交涉无果。后乙在桥边玩耍时手链掉入河中被冲走。下列哪一选项是正确的？（　　）［2017年法考真题］

A. 乙应承担赔偿责任，但有权要求甲支付500元

B. 乙应承担赔偿责任，无权要求甲支付500元

C. 乙不应承担赔偿责任，也无权要求甲支付500元

D. 乙不应承担赔偿责任，有权要求甲支付500元

【解析】《民法典》第316条规定，拾得人在遗失物送交有关部门前，有关部门在遗失物被领取前，应当妥善保管遗失物。因故意或者重大过失致使遗失物毁损、灭失的，应当承担民事责任。本题中，拾得人乙应当妥善保管遗失物，而乙却没有尽到保管义务，以致在桥边玩耍时手链掉入河中被冲走，故乙应承担赔偿责任。

《民法典》第317条第3款规定，拾得人侵占遗失物的，无权请求保管遗失物等支出的费用，也无权请求权利人按照承诺履行义务。即拾得人构成侵占的，丧失报酬请求权。本题中，甲承诺给付报酬，但要求乙返还手链时却不同意给付。双方数次交涉无果的情况下乙仍然继续占有手链，乙的行为虽有不妥，但尚不构成侵占，因而乙并不因此而丧失请求支付报酬的权利。但该项链于乙在桥边玩耍时掉入河中被河水冲走，最终乙并没有归还甲项链，未能完成甲悬赏广告中指定的行为，因而无权索要报酬。

6. 张某拾得王某的一只小羊拒不归还，李某将小羊从张某羊圈中抱走交给王某。下列哪一表述是正确的？（　　）［2014年法考真题］

A. 张某拾得小羊后因占有而取得所有权　　B. 张某有权要求王某返还占有

C. 张某有权要求李某返还占有　　D. 李某侵犯了张某的占有

【解析】D项，《民法典》第462条第1款规定，占有的不动产或者动产被侵占的，占有人有权请求返还原物；对妨害占有的行为，占有人有权请求排除妨害或者消除危险；因侵占或者妨害造成损害的，占有人有权依法请求损害赔偿。此条款中的“占有”包括有权占有和无权占有，尽管张某是无权占有，李某以“法律禁止的私人力量”侵夺张某对小羊的占有，为法所禁止，侵犯了张某的占有。

A项，《民法典》第314条规定，拾得遗失物，应当返还权利人。拾得人应当及时通知权利人领取，或

4A　5B　6D

者送交公安等有关部门。王某是小羊的所有权人，张某不因拾得小羊而取得所有权。遗失物不是无主动产，拾得人不可能通过拾得遗失物成为所有权人。

B项，《民法典》第460条规定，不动产或者动产被占有人占有的，权利人可以请求返还原物及其孳息；但是，应当支付善意占有人因维护该不动产或者动产支出的必要费用。王某系侵夺人李某的占有继受人，一方面张某被侵夺的占有为无权占有，另一方面王某系小羊的所有权人，则最终仍应维持法律上应有的状态，故张某对王某不再享有《民法典》第462条的占有返还请求权。

C项，李某侵夺占有后，将小羊交给王某，李某不再为占有人（既非直接占有人，亦非间接占有人），故已无从返还占有。

7．方某将一行李遗忘在出租车上，立即发布寻物启事，言明愿以2000元现金酬谢返还行李者。出租车司机李某发现该行李及获悉寻物启事后即与方某联系。现方某拒绝支付2000元给李某。下列哪一表述是正确的？（　　）［2013年法考真题］

A．方某享有所有物返还请求权，李某有义务返还该行李，故方某可不支付2000元酬金

B．如果方某不支付2000元酬金，李某可行使留置权拒绝返还该行李

C．如果方某未曾发布寻物启事，则其可不支付任何报酬或费用

D．既然方某发布了寻物启事，则其必须支付酬金

【解析】AD两项，《民法典》第317条第2款规定，权利人悬赏寻找遗失物的，领取遗失物时应当按照承诺履行义务。方某发布了寻物启事，则必须按照承诺支付酬金。

B项，《民法典》第314条规定，拾得遗失物，应当返还权利人。拾得人应当及时通知权利人领取，或者送交公安等有关部门。拾得人返还遗失物是他的法定义务，这是基于《民法典》的规定进行返还，因此，拾得人不能像债权人那样行使留置权。

C项，《民法典》第317条第1款规定，权利人领取遗失物时，应当向拾得人或者有关部门支付保管遗失物等支出的必要费用。

8．甲将其1辆汽车出卖给乙，约定价款30万元。乙先付了20万元，余款在6个月内分期支付。在分期付款期间，甲先将汽车交付给乙，但明确约定付清全款后甲才将汽车的所有权移转给乙。嗣后，甲又将该汽车以20万元的价格卖给不知情的丙，并以指示交付的方式完成交付。下列哪一表述是正确的？（　　）［2012年法考真题］

A．在乙分期付款期间，汽车已经交付给乙，乙即取得汽车的所有权

B．在乙分期付款期间，汽车虽然已经交付给乙，但甲保留了汽车的所有权，故乙不能取得汽车的所有权

C．丙对甲乙之间的交易不知情，可以依据善意取得制度取得汽车所有权

D．丙不能依甲的指示交付取得汽车所有权

【解析】AB两项，《民法典》第641条规定，当事人可以在买卖合同中约定买受人未履行支付价款或者其他义务的，标的物的所有权属于出卖人。本题中，甲、乙明确约定付清全款后汽车的所有权转移，此时虽然汽车已经交付，乙也未取得汽车的所有权，甲仍保留汽车所有权。

C项，甲是汽车所有权人，仍对汽车有处分权，甲丙之间的合同有效，丙取得汽车所有权并不是因为善意取得，而是继受取得。

D项，指示交付也是交付方式的一种，丙可以基于有效合同和交付取得汽车的所有权。

二、多项选择题

1．一政府想建一个博物馆，征用文某古宅的地皮，施工时打地基发现有埋藏的古币。经查，古币是文某的爷爷1920年埋下的。该政府未经文某允许，将这批古币卖给了不知情的第三人吴某。下列说法正确的有（　　）。［2019年法考真题］

7D　8B　|　1AB

A. 文某对古币有权继承　　B. 古币性质为埋藏物

C. 古币性质为无主物　　D. 吴某善意取得古币

【解析】A 项，在埋藏物或隐藏物被发现后，如果埋藏或者隐藏该物的人或者其继承人能够证明其合法的所有权或者继承权时，应当将发现的埋藏物或者隐藏物交还给埋藏或者隐藏该物的人或者其继承人。

BC 两项，埋藏物是指包藏于他物之中，不容易从外部发现的物。埋藏物是有主物，只是所有人不明，而非无主物。本题中，古币是由文某爷爷埋藏在自己宅内，属于埋藏物，而非无主物。

D 项，埋藏物、漂流物、失散动物，同遗失物，属于占有脱离物，不适用善意取得的规则。所以，即便吴某属于善意第三人，也不能取得古币的所有权。

2. 甲公司租了乙公司的商铺，然后把商铺沿街的墙改造成玻璃墙，丙开车撞上去了，将该玻璃墙撞碎。下列说法正确的有(　　)。[2019 年法考真题]

A. 玻璃墙的所有权人是甲公司　　B. 玻璃墙的所有权人是乙公司

C. 甲公司可主张损害赔偿　　D. 乙公司可主张损害赔偿

【解析】AB 两项，附合是指两个以上不同所有人的物结合在一起而不能分离，若分离会毁损该物或者花费较大。其中，动产与不动产的附合是指动产附合于不动产，成为不动产的组成部分，由不动产所有人取得合成物的所有权。本题中，玻璃墙与商铺附合后，作为动产的玻璃墙归属不动产所有人乙公司所有，所以玻璃墙的所有权人是乙公司。

CD 两项，甲、乙分别作为承租人和出租人均有权主张损害赔偿。

三、概念题

1. 建筑物区分所有权[武大 2024 年研；中国政法 2022 年研；暨南大学 2017 年研；温州大学 2017 年研；华中农大 2011 年研]

答：参见本章论述题第 2 题答案。

2. 相邻关系[暨南大学 2019 年研；温州大学 2018 年研；武大 2015 年研]

答：相邻关系是指相邻的不动产上的权利人在对不动产进行占有、使用、收益或处分时，相互给予对方便利或对一方权利加以限制而对他方权利予以延伸，由此形成的权利义务关系。其特征包括：①相邻关系发生在两个以上的不动产相邻的所有人或者使用人之间。②相邻关系的客体一般不是不动产和动产本身，而是由于行使所有权或者使用权所引起的和邻人有关的经济利益或者其他利益。③相邻关系的发生常与不动产的自然条件有关，即两个以上所有人或者使用人的财产应当是相邻的。

3. 善意取得[北邮 2020 年研；温州大学 2017 年研；人大 2015 年研；东财 2013 年研；南京师大 2010 年研]

答：参见本章论述题第 4 题答案。

4. 添附[暨南大学 2024 年研；广外 2024 年研；中国政法 2023 年研；武大 2015 年研]

答：添附是指不同所有人的财产合并在一起形成不能分离的财产的一种法律事实。添附一般包括附合、混合两种方式，广义的添附也包括加工。这三者都是动产所有权的取得方法，在法律效果上有共同点。基于添附的事实而产生的所有权归属包括以下情况：①恢复原状，原物返还其所有人；②维持现状，使因添附而形成之物归各所有人共有；③维持现状，因添附而形成之物归某一人所有。

5. 先占[武大 2013 年研]

答：参见本章论述题第 3 题答案。

2BCD

四、简答题

简述我国《民法典》规定的法人所有权制度。［中南财大2008年研改编］

答：法人所有权制度主要包括：

（1）营利法人所有权。营利法人是以取得利润并分配给股东等出资人为目的成立的法人，包括有限责任公司、股份有限公司和其他企业法人等。营利法人的所有权，是指营利法人在法律及其章程规定的范围内，独占性地支配其不动产和动产的权利。《民法典》第269条第1款规定："营利法人对其不动产和动产依照法律、行政法规以及章程享有占有、使用、收益和处分的权利。"根据民法原理，营利法人的出资人将其财产投入营利法人后，出资人对其出资丧失了财产权，营利法人取得了法人财产权。根据一物一权原则，出资人对其投入营利法人的不动产和动产丧失了所有权，营利法人取得了法人所有权。

（2）其他法人所有权。营利法人以外的其他法人包括非营利法人和特别法人。《民法典》第269条第2款规定，营利法人以外的法人，对其不动产和动产的权利，适用有关法律、行政法规以及章程的规定。第270条规定，社会团体法人、捐助法人依法所有的不动产和动产，受法律保护。因此，其他法人行使所有权受到法律、行政法规和章程的限制。

五、论述题

1. 试述所有权的含义、特性及功用。［中财2013年研］

答：（1）所有权，是所有人在法律规定的范围内，对属于自己的特定物全面支配和排他的权利。

（2）所有权的特性：

①所有权是法定的财产权。所有权是所有权人依法享有的权利。其具体内容有：a. 所有权的取得必须合法；b. 某些所有权的客体范围由法律规定；c. 所有权的权能由法律规定，受法律限制；d. 所有权的行使需遵守法律的规定，不得滥用权力；e. 所有权的保护由法律规定。

②所有权的主体为所有权人。任何民事主体均可取得所有权，成为所有权的主体。所有权的义务主体是除所有权人以外的一切不特定的人。我国法律规定了国家、集体、私人所有权以及社会团体所有权。

③所有权是独占的支配权。法律赋予所有权人具有排他的支配力，因此产生了所有权的排他性原则，同一物之上只能有一个所有权，而不可能出现两个或多个所有权。

④所有权是无期限限制的权利。首先，当事人不得创设有期限的所有权；其次，法律本身不能为所有权设定存续期限；再次，只要标的物持续存在，所有权就一直存在。

⑤所有权是完全物权，它包含了占有、使用、收益和处分四项权能。

⑥所有权的客体仅限于有体物、特定物和独立物。只有所有权的客体特定，权利人才能对物形成特定的支配权。

（3）所有权的功用：

①占有权能。占有，是指民事主体对财产的实际控制。所有权的占有权能，是指所有权人或者其他合法占有人对所有物进行控制和管理的事实。占有人所享有的占有权，不过是从所有权中分离出来的权能。一般情况下，占有权并不是独立于所有权之外的法定权利。在大多数情况下，占有与所有权重合，所有人占有则所有权圆满。

②使用权能。这种利用财产的权利就是使用权。使用权是用益物权的重要权能。物的使用权在本质上是由物的使用价值所决定的。

③收益权能。收益权是指利用财产并获取一定的经济利益的权利，是所有权的一项重要权能。收益权是所有权的一项重要权能。收益权与使用权是所有权的不同权能，二者具有不同的经济目的。收益权的内容包括获得天然孳息——利用物本身取得的利益和法定孳息，即投资及其收益。

④处分权能。指所有权人对其动产或不动产进行消费和转让的权利。消费财产为事实上的处分，转让财产为法律上的处分，都可以导致所有权的绝对或相对消灭。

2. 结合《民法典》物权编，试述建筑物区分所有权。［北大2010年研］

相关试题：

(1)简述建筑物区分所有权。［简答题，四川师大 2018 年研］

(2)简述建筑物区分所有权的概念与权利内容。［简答题，安徽师大 2018 年研］

(3)简述建筑物区分所有权中业主共有物的范围。［简答题，苏州大学 2014 年研］

答：(1)建筑物区分所有权的概念：

①建筑物区分所有权，是指业主对建筑物内的住宅、经营性用房等专有部分享有所有权，对专有部分以外的共有部分享有共有和共同管理的权利。

②建筑物区分所有中专有权的客体的条件为：

a. 须具有构造上的独立性，即被区分部分可以与其他部分分离。

b. 须具有使用上的独立性，即被区分的各部分可以单独为居住、工作等其他目的使用。

c. 能够登记成为特定业主所有权的客体。

(2)建筑物区分所有权的内容：

①专有部分的单独所有权。专有部分是在一栋建筑物内区分出的独立的住宅或者经营性用房等单元。

a. 业主对其专有部分享有单独所有权。

b. 专有部分的承租人、借用人等物业使用人，根据规定或约定享有权利并承担义务。

c. 业主行使权利不得危及建筑物的安全，不得损害其他业主的合法权益。

d. 业主不得违反法律、法规以及管理规约，将住宅改变为经营性用房。业主将住宅改变为经营性用房的，除遵守法律、法规以及管理规约外，应当经有利害关系的业主同意。

②共有部分的共有权。共有部分是指区分所有的建筑物及其附属物的共同部分，即专有部分以外的建筑物的其他部分。共有部分的范围有：

a. 共有部分包括由全体业主共同使用的部分和仅为部分业主共有的部分。

b. 建筑区划内的道路，属于业主共有，但属于城镇公共道路的除外。

c. 建筑区划内的绿地，属于业主共有，但属于城镇公共绿地或者明示属于个人的除外。

d. 建筑区划内的其他公共场所、公用设施和物业服务用房，属于业主共有。

e. 建筑区划内规划用于停放汽车的车位，以及占用业主共有道路或者其他场地增设的车位，应当首先满足业主的需要。

f. 其他不属于业主专有部分，也不属于市政公用部分或者其他权利人所有的场所及设施等，应当为共有部分。

业主对建筑物专有部分以外的共有部分，享有权利并承担义务，不得以放弃权利为由不履行义务。共有部分不得分割、不得单独转让。业主转让建筑物内的住宅、经营性用房的，应当一同转让其对建筑物共有部分享有的权利。

③业主的管理权：

a. 业主有权设立业主大会并选举业主委员会；业主有权决定区分建筑物相关事项；业主享有知情权；业主可以自行管理建筑物及其附属设施，或委托物业服务企业或者其他管理人管理。对建设单位聘请的物业服务企业或者其他管理人，业主有权依法更换。

b. 建设单位依法与物业服务企业签订的前期物业服务合同，以及业主委员会与业主大会依法选聘的物业服务企业签订的物业服务合同，对业主具有约束力。业主不得以其并非合同当事人为由进行抗辩。

c. 物业服务企业不履行或者不完全履行物业服务合同约定的或者法律、法规规定以及相关行业规范确定的维修、养护、管理和维护义务的，业主有权请求物业服务企业承担继续履行、采取补救措施或者赔偿损失等违约责任。物业服务企业公开作出的服务承诺及制定的服务细则，属于物业服务合同的组成部分。业主违反物业服务合同或者法律、法规、管理规约，实施妨害物业服务与管理的行为的，物业服务企业有权请求业主恢复原状、停止侵害、排除妨害。

d. 业主与物业的承租人、借用人或者其他物业使用人约定由物业使用人交纳物业费，物业服务企业请求业主承担连带责任的，人民法院应予支持。

e. 业主大会按规定程序作出解聘物业服务企业的决定后，业主委员会有权请求解除物业服务合同。

物业服务合同的权利义务终止后，业主委员会有权请求物业服务企业退出物业服务区域、移交物业服务用房和相关设施，以及物业服务所必需的相关资料和由其代管的专项维修资金。

物业服务企业不得拒绝退出、移交，不得以存在事实上的物业服务关系为由请求业主支付物业服务合同终止后的物业费。

3. 论述所有权原始取得的方法。［南京理工 2011 年研；中山大学 2010 年研］

答：（1）所有权的原始取得又称最初取得、固有取得，是指依据法律直接取得物权，如因生产、征收、先占、取得时效取得所有权。原始取得包括三种情况：

①一物之上原不存在任何人的所有权，主体第一次或最初取得该物的所有权。如对自己劳动创造的物取得最初的所有权，依先占而取得无主物的所有权等。

②物上原存在他人的所有权，但法律上不予承认，而是依法律或国家权力而强制取得，如没收财产、时效取得等。

③法律上承认原物上的权利，但新物权人不依据原权利人的意志而依法取得物权，如国家征收财产、添附等。

（2）由于原始取得不以他人既存的权利为依据，因此，原始取得的物权只能是所有权，而不能是其他物权，即原始取得只是所有权的取得方式。又由于原始取得多基于事实行为、法律的直接规定或公法上的行为，因而原始取得一旦完成，此前标的物上的一切负担皆归于消灭，原物权人不得就标的物再行主张其权利。具体而言，原始取得包括以下几种方法：

①善意取得又称即时取得，是指无处分权人将动产或不动产转让给受让人，如果受让人取得该动产或不动产时出于善意，则受让人将依法取得对该动产或不动产的所有权或其他物权。该制度是所有权保护制度的例外，对所有权的效力进行了限制，它有助于保护所有权的稳定以及交易的安全和便捷。善意取得的构成条件有：a. 无权处分人转让的是动产或者不动产；b. 第三人必须是有偿地从无权处分人处取得标的物；c. 第三人必须是善意的；d. 转让的不动产或者动产应当按照法律规定已经登记或已经交付给受让人。

②拾得遗失物。遗失物是所有人遗忘于某处，不为任何人占有的物。遗失物只能是动产。

③发现埋藏物。埋藏物是指包藏于他物之中，不容易从外部发现的物。埋藏物以动产为限。

《民法典》规定，拾得漂流物、发现埋藏物或者隐藏物的，参照拾得遗失物的有关规定。文物保护法等法律另有规定的，依照其规定。

④添附，一般包括附合和混合，广义的添附还包括加工。

a. 附合是指两个以上不同所有人的有形物相互结合，在社会交易上被认为是一个物的情形。附合有两种情况：第一，动产与动产的附合。动产与动产的附合成的合成物一般由原所有人共有。若可辨识主物或一方动产的价值明显超过另一方，则由主物或价值较高物的原所有人取得合成物的所有权，并给对方以补偿。第二，动产与不动产的附合。动产与不动产附合的合成物由不动产所有人取得所有权，并给对方以补偿

b. 混合是两个以上不同所有人的动产互相混杂合并，不能识别。混合发生在动产之间。

c. 加工是指在他人之物上附加自己的有价值的劳动，使之成为新物。

一般情况下，加工物归原物的所有人所有，所有人应给加工人适当报酬。若加工增加的价值大于原物价值，加工物可以归加工人所有，加工人应给原物的所有人适当补偿。

⑤时效取得，是因取得时效制度取得所有权。取得时效制度是指当事人因占有某物经过一定时间后自动取得该物所有权的法律制度。《民法典》规定了诉讼时效而没有规定取得时效。

⑥先占，指最先占有无主财产，其要求在事实上占有物，并存在取得所有权的意思。但先占取得只适用于法律对于无主财产的归属没有特别规定的情形，法律如果有特别的规定，如无人继承的遗产，就应当适用法律的特别规定，而不能先占取得。

4. 评述我国《民法典》善意取得制度。[北邮 2012 年研]

相关试题：

(1)论述善意取得制度的效力。[中国政法 2024 年研]

(2)简述善意取得制度。[简答题，广西民大 2024 年研]

(3)我国《民法典》规定的物权善意取得制度。[简答题，广西民大 2020 年研]

(4)简述善意取得及其构成要件。[简答题，华侨大学 2018 年研]

(5)简述善意取得的构成要件。[简答题，上海财大 2022 年研；南京大学 2015 年；武大 2014 年研]

(6)简述善意取得的概念和构成要件。[简答题，青岛大学 2015 年研]

答：(1)善意取得又称即时取得，是指无处分权人将其动产或不动产转让给受让人，如果受让人有偿取得该财产时出于善意，则受让人将依法取得对该财产的所有权或其他物权。

(2)善意取得的构成要件：

①无处分权人处分他人财产。无权处分是指没有处分权而处分他人的财产，即权利人无处分权而从事了法律上的处分行为。

②受让人取得财产时出于善意。善意，是指受让人不知或不应知道让与人转让财产时为无权处分，且无重大过失。如果受让人为恶意，则无法成立善意取得。

③以合理的价格有偿转让。根据《民法典》第 311 条规定，只有财产以合理的价格转让，才可能构成善意取得，即善意取得仅适用于有偿交易，受让人受让标的物时必须支付了合理的对价。合理，即根据市场价格判断，受让人所支付的价款与标的物的价值相当。

④必须实际支付对价。仅达成协议不构成善意取得。这样的规定有利于明确善意取得的构成，打击无权处分人和受让人之间的恶意串通，保护真正权利人。

⑤完成了法定的公示方法。依据《民法典》第 311 条规定，构成善意取得需要"转让的不动产或者动产依照法律规定应当登记的已经登记，不需要登记的已经交付给受让人"。即善意取得必须以公示的完成为要件。

(3)善意取得的法律后果。善意取得是原始取得，一旦因善意取得，原所有权和其他物权消灭，取得人完全取得一个新的物权。原权利人只能要求转让人赔偿损失或者承担其他法律责任，而不得向善意的受让人主张返还原物。善意受让人取得动产后，除非善意受让人在受让时知道或者应当知道物上权利，则该原有权利消灭。

六、案例分析题

1. 甲承包的农田三面环水，另一面和乙的承包地接壤，须通过乙的土地才能走到公共道路上。甲每日下地干活，都需要经过乙的承包地。乙也明确允许甲及其家人通过自己的土地。[中财 2010 年研]

根据上述案情，请回答下列问题：

(1)本案中，假如某日甲、乙的妻子因琐事发生口角并厮打，乙遂禁止甲及其家人通过自己的土地。乙的做法能否得到法律的支持？为什么？

(2)本案中，假如甲进城务工颇有积蓄，遂将全家接到县城生活。该土地则依法转包给外来人员丙。乙以丙与其并无约定为由禁止丙从其土地上通行。乙的做法能否得到法律的支持？为什么？

(3)本案中，假如甲经过有关部门许可，可以在其土地上建造一个小小的码头。其与乙约定可以在乙的土地上划出一条宽不足两米的小道供运货之用。该合同创设的是什么权利？

(4)前题中，若甲将该土地及码头转让给丁，丁能否主张对该道路的通行权？为什么？

(5)第三题中，若乙将其土地转让给戊，甲在什么情况下可以主张对该道路的通行权？

(6)本案中，假设三年前乙在其土地上种植一种国外引进的新农作物。该植物生命力极为顽强，甲的土地中与乙接壤的近十米的土地都寸草不生。甲一直没有说什么，现粮食价格暴涨，种粮收益增加数倍。现甲要求乙停止在与其接壤的十米范围内种植该作物，并赔偿最近三年来的损失。其请求是否妥当？为什么？

答：(1)乙的做法不能得到法律的支持。

理由：《民法典》第291条规定："不动产权利人对相邻权利人因通行等必须利用其土地的，应当提供必要的便利。"相邻关系是依法产生的，对于提供便利的一方来说，其负有为另一方提供便利的法定义务。因此，乙无权禁止甲及其家人通过自己的土地。

(2)乙的做法不能得到法律的支持。

理由：相邻关系是依据法律规定而非依据合同约定产生的，因此只要存在着相邻关系，不动产权利人就应该提供通行便利，故乙不得以无约定作为禁止丙从其土地上通行的理由。

(3)该合同创设的是地役权。地役权是指不动产权利人为某特定不动产的便利而使用他人不动产，使其负一定负担的物权。本案中，甲与乙约定划出供运货之用小道，在性质上属于创设地役权。

(4)如果土地使用权转让在地役权期限以内，丁可以主张对该道路的通行权。如果该土地使用权转让时，地役权的期限已过，丁无权主张对该道路的通行权。

理由：《民法典》第380条规定："地役权不得单独转让。土地承包经营权、建设用地使用权等转让的，地役权一并转让，但合同另有约定的除外。"地役权具有从属性，其随土地承包经营权等权利的转让而转让。如果土地承包经营权等权利转让时处于地役权存续期间的，地役权随之转让。因此，若甲在地役权期限以内将该土地及码头转让给丁，丁可以主张对该道路的通行权。如果该土地使用权转让时，地役权的期限已过，丁无权主张对该道路的通行权。

(5)如果乙将其土地转让给戊，在性质上属于供役地的转让，根据《民法典》第380条规定，如果土地使用权转让在地役权期限以内，甲可主张对该道路的通行权。

(6)甲的请求妥当。

理由：《民法典》第296条规定："不动产权利人因用水、排水、通行、铺设管线等利用相邻不动产的，应当尽量避免对相邻的不动产权利人造成损害；造成损害的，应当给予赔偿。"本案中，乙的行为对相邻的不动产权利人造成了很大损害，甲有权请求其停止侵害并给予相应赔偿，至于赔偿数额，则应分别按当年的粮食价格计算。

2. 甲雇乙修缮家中藏物。乙偷盗甲梨花圆凳，售予不知情丙，价金5万元。交付时，丙先付1万元，余4万元未付。后火灾致梨花圆凳毁损。试分析案中的民事法律关系。(主要涉及偷盗物的善意取得问题)[北大2012年研]

答：本案中的民事法律关系具体如下：

(1)甲与乙之间存在雇佣法律关系。甲雇佣乙为其修缮藏物，甲乙之间形成雇佣法律关系。在雇佣法律关系中，甲是雇主，应当向雇员支付工资；乙作为雇员，有提供劳动的义务，也有获得报酬的权利。

(2)甲与乙之间存在侵权法律关系。乙将甲的梨花圆凳偷走，侵犯了甲的所有权，因而甲与乙之间构成侵权法律关系。甲有权要求乙返还梨花圆凳或赔偿损失，而乙则有返还原物或赔偿损失的义务。

(3)乙与丙之间成立买卖合同关系，适用买卖合同的相关规定。根据《民法典》关于合同效力的规定，无处分权的人处分他人财产，经权利人追认或者无处分权的人订立合同后取得处分权的，该合同有效。乙为无处分权的人，乙将梨花圆凳卖给不知情的乙，二者的合同本身成立；但是因为未经权利人追认，乙也未取得处分权，所以合同效力未定。

(4)丙不构成善意取得，因而不能享有梨花圆凳的所有权。根据《民法典》关于善意取得的规定，遗失物不适用善意取得。如果所有权人由于自己的过失造成物的遗失尚且有权追回其物，那么在物被他人有意盗窃后是否有权追回，即是否适用善意取得，我国《民法典》未作规定。但盗赃物与遗失物同为占有脱离物，可以类推适用《民法典》有关遗失物不得善意取得的规定，因此所有权人同样有权利追回其物，盗窃物不构成善意取得。因此尽管本案中丙是善意的第三人，但是由于梨花圆凳是乙盗窃而来，所以不能构成善意取得。丙不能取得该物的所有权。

(5)甲有权要求乙赔偿损失。本案中，乙侵犯了甲的所有权，并且现在该物已经灭失，甲只能向乙要求赔偿。

3. A的一块价值20万元名牌金表于2018年5月3日遗失，被B拾得。B发过几次失物招领广告，一直无人认领，于是B将该名牌金表交给拍卖行拍卖。C在拍卖行按拍卖价买了这块名牌金表。C把该名牌金表寄存在邻居D家，结果名牌金表被偷走。很快，偷表人被抓获。在公安机关审讯下，偷表人供认自己曾在D家偷了这块名牌金表，并将该名牌金表在黑市以2万元的价格卖给了E。2019年3月2日，C根据公安机关的通知，前去认领。A知道后，认定该名牌金表是自己遗失的那一块，也主张自己是金表的真正所有权人。E认为自己是花2万元买来的、自己才是最后的所有权人。[暨南大学2021年研]

问：

(1)金表的所有权应该归谁？为什么？

(2)A的权利可以通过什么方式救济？

(3)E是否有所有权？为什么？

答：(1)金表的所有权应该归C。

理由：《民法典》第311条第1款规定，无处分权人将不动产或者动产转让给受让人的，所有权人有权追回；除法律另有规定外，符合下列情形的，受让人取得该不动产或者动产的所有权：①受让人受让该不动产或者动产时是善意；②以合理的价格转让；③转让的不动产或者动产依照法律规定应当登记的已经登记，不需要登记的已经交付给受让人。本题中，C在购买时并不知道金表是B拾得的遗失物，属于善意第三人。C在拍卖行按合理价格购买并取得了金表的所有权。

(2)A的权利可通过向B和拍卖行主张返还金表或赔偿损失，并通过民事诉讼的方式进行救济。

①向B主张返还或赔偿。《民法典》第314条规定："拾得遗失物，应当返还权利人。拾得人应当及时通知权利人领取，或者送交公安等有关部门。"但本题中，拾得人B将该名牌金表交给拍卖行拍卖。因此，权利人A可以要求拾得人B返还金表或赔偿损失。如果B已经将金表拍卖，A可以要求B赔偿金表的市场价值。

②向拍卖行主张赔偿。A可以要求拍卖行承担相应的责任。如果拍卖行在拍卖过程中存在过错，如未尽到合理的审查义务，A可以要求拍卖行赔偿损失。

③民事诉讼。A可以向法院提起民事诉讼，要求B和拍卖行承担赔偿责任。

(3)E没有所有权。

理由：根据《民法典》第311条规定，构成善意取得要求"以合理的价格转让"财产。所谓合理，应根据市场价格判断，通常不应与市场价格相差过大。具体需结合转让标的物的性质、数量、付款方式及交易习惯等因素综合认定。本题中，E在黑市上以2万元的不合理价格购买实际价值20万元的金表，不符合合理价格的标准。因此，E不能善意取得金表的所有权。

第十三章　共　有

13.1　复习指南

【知识框架（庖丁解牛）】

- 共有
  - 概述：概念、法律特征、产生原因
  - 按份共有
    - 概念、特征
    - 内部关系
      - 共有物的占有、使用、收益、处分
      - 共有物的管理及费用负担
      - 共有人之间的物上请求权
    - 外部关系：共有人对第三人的权利、义务
    - 共有物的分割
      - 分割原则
      - 分割方式：实物分割、变价分割、作价补偿
      - 分割的效力
  - 共同共有
    - 概念、特征、内外部关系
    - 类型
      - 夫妻共有财产：内容、归属、管理、处分
      - 家庭共有财产
      - 共同继承的财产
  - 准共有

【通关提要（提纲挈领）】

本章主要介绍共有的相关知识，内容基础。学习时，应掌握共有的概念和特征，了解共有关系的产生原因，重点掌握按份共有和共同共有的内外部关系，掌握共同共有的几种类型。本章内容常出现在选择题中，在主观题中常考查概念题和简答题，要理解记忆。

13.2　考研真题与典型题详解

一、单项选择题

1. 甲、乙二人按照3:7的份额共有一辆货车，为担保丙的债务，甲、乙将货车抵押给债权人丁，但未办理抵押登记。后该货车在运输过程中将戊撞伤。对此，下列哪一选项是正确的？（　　）［2016年法考真题］

A. 如戊免除了甲的损害赔偿责任，则应由乙承担损害赔偿责任

B. 因抵押权未登记，戊应优先于丁受偿

C. 如丁对丙的债权超过诉讼时效，仍可在2年内要求甲、乙承担担保责任

D. 如甲对丁承担了全部担保责任，则有权向乙追偿

1D

【解析】AD 两项，本题中，甲、乙二人按照 3:7 的份额共有一辆货车，为按份共有。后该货车在运输过程中将戊撞伤。《民法典》第 307 条规定，因共有的不动产或者动产产生的债权债务，在对外关系上，共有人享有连带债权、承担连带债务，但是法律另有规定或者第三人知道共有人不具有连带债权债务关系的除外；在共有人内部关系上，除共有人另有约定外，按份共有人按照份额享有债权、承担债务，共同共有人共同享有债权、承担债务。偿还债务超过自己应当承担份额的按份共有人，有权向其他共有人追偿。依该规定，共有物造成他人损害的，除法律另有规定或者第三人知道共有人不具有连带债权债务关系的以外，共有人应当承担连带责任。《最高人民法院关于审理人身损害赔偿案件适用法律若干问题的解释》第 2 条规定，赔偿权利人起诉部分共同侵权人的，人民法院应当追加其他共同侵权人作为共同被告。赔偿权利人在诉讼中放弃对部分共同侵权人的诉讼请求的，其他共同侵权人对被放弃诉讼请求的被告应当承担的赔偿份额不承担连带责任。责任范围难以确定的，推定各共同侵权人承担同等责任。我国司法实践中，对于被侵权人单方免除部分债务人债务的，被免除债务的债务人对剩余全部债务仍应当承担连带责任。本题中，如果戊免除了甲的损害赔偿责任，则甲、乙仍然对未免除部分的债务承担连带损害赔偿责任。如果甲对丁承担了全部担保责任，也有权向乙追偿。

B 项，根据《民法典》第 403 条规定，以动产抵押的，抵押权自抵押合同生效时设立；未经登记，不得对抗善意第三人。本题中，货车抵押权已经设立，但未登记，所以丁的抵押权不能对抗被撞伤的戊的损害赔偿请求权，应平等受偿。

C 项，《民法典》第 419 条规定，抵押权人应当在主债权诉讼时效期间行使抵押权；未行使的，人民法院不予保护。如丁对丙的债权超过诉讼时效，甲、乙可以援引主债权时效届满的抗辩权，对抗丁实现抵押权的请求。

2. 甲、乙、丙、丁共有 1 套房屋，各占 1/4，对共有房屋的管理没有进行约定。甲、乙、丙未经丁同意，以全体共有人的名义将该房屋出租给戊。关于甲、乙、丙上述行为对丁的效力的依据，下列哪一表述是正确的？(　　)[2012 年法考真题]

A. 有效，出租属于对共有物的管理，各共有人都有管理的权利

B. 有效，对共有物的处分应当经占共有份额 2/3 以上的共有人的同意，出租行为较处分为轻，当然可以为之

C. 无效，对共有物的出租属于处分，应当经全体共有人的同意

D. 有效，出租是以利用的方法增加物的收益，可以视为改良行为，经占共有份额 2/3 以上的共有人的同意即可

【解析】《民法典》第 301 条规定，处分共有的不动产或者动产以及对共有的不动产或者动产作重大修缮、变更性质或者用途的，应当经占份额 2/3 以上的按份共有人或者全体共同共有人同意，但是共有人之间另有约定的除外。本题中，甲、乙、丙、丁各占 1/4，为按份共有，对房屋的重大处分应当经占份额 2/3 以上共有人的同意，所以出租行为有效。

3. 红光、金辉、绿叶和彩虹公司分别出资 50 万、20 万、20 万、10 万元建造一栋楼房，约定建成后按投资比例使用，但对楼房管理和所有权归属未作约定。对此，下列哪一说法是错误的？(　　)[2010 年法考真题]

A. 该楼发生的管理费用应按投资比例承担

B. 该楼所有权为按份共有

C. 红光公司投资占 50%，有权决定该楼的重大修缮事宜

D. 彩虹公司对其享有的份额有权转让

【解析】按份共有，是指两个以上的共有人，对同一项财产按照确定的各自份额，对共有财产分享权利、分担义务的一种共有关系。本题中，红光、金辉、绿叶和彩虹公司对共同建造的楼房，按照各自的出

2B　3C

资比例确定使用份额，为按份共有。

A 项，《民法典》第 302 条规定，共有人对共有物的管理费用以及其他负担，有约定的，按照其约定；没有约定或者约定不明确的，按份共有人按照其份额负担，共同共有人共同负担。因此，四家公司应按投资比例承担管理费。

B 项，《民法典》第 308 条规定，共有人对共有的不动产或者动产没有约定为按份共有或者共同共有，或者约定不明确的，除共有人具有家庭关系等外，视为按份共有。本题中四个公司没有明确约定，不是具有家庭关系，视为按份共有。因此，四家公司按份共有房屋的所有权。

C 项，《民法典》第 301 条规定，处分共有的不动产或者动产以及对共有的不动产或者动产作重大修缮、变更性质或者用途的，应当经占份额 2/3 以上的按份共有人或者全体共同共有人同意，但是共有人之间另有约定的除外。本题中，红光公司投资占 50%，不足总份额的 2/3，无权决定该楼的重大修缮事宜。

D 项，《民法典》第 305 条规定，按份共有人可以转让其享有的共有的不动产或者动产份额。其他共有人在同等条件下享有优先购买的权利。因此，彩虹公司有权转让其享有的份额。

二、多项选择题

1. 甲、乙、丙、丁按份共有一艘货船，份额分别为 10%、20%、30%、40%。甲欲将其共有份额转让，戊愿意以 50 万元的价格购买，价款一次付清。关于甲的共有份额转让，下列哪些选项是错误的？（　　）［2016 年法考真题］

A. 甲向戊转让其共有份额，须经乙、丙、丁同意

B. 如乙、丙、丁均以同等条件主张优先购买权，则丁的主张应得到支持

C. 如丙在法定期限内以 50 万元分期付款的方式要求购买该共有份额，应予支持

D. 如甲改由向乙转让其共有份额，丙、丁在同等条件下享有优先购买权

【解析】A 项，《民法典》第 305 条规定，按份共有人可以转让其享有的共有的不动产或者动产份额。其他共有人在同等条件下享有优先购买的权利。本题中甲无论是将共有份额转让给共有人，还是转让给共有人之外的人，均无须经其他共有人乙、丙、丁同意。

B 项，《最高人民法院关于适用〈中华人民共和国民法典〉物权编的解释（一）》（以下简称《〈民法典〉物权编解释（一）》）第 20 条规定，按份共有人向共有人之外的人转让其份额，其他按份共有人根据法律、司法解释规定，请求按照同等条件优先购买该共有份额的，应予支持。本题中，如果乙、丙、丁均以同等条件主张优先购买权且协商不成时，则应按照转让时各自份额比例行使优先购买权。

C 项，《〈民法典〉物权编解释（一）》第 10 条规定，《民法典》第 305 条所称的“同等条件”，应当综合共有份额的转让价格、价款履行方式及期限等因素确定。第 12 条第 1 款规定，按份共有人向共有人之外的人转让其份额，其他按份共有人根据法律、司法解释规定，请求按照同等条件购买该共有份额的，应予支持。本题中，戊一次付清价款的给付方式优于丙提出的分期付款方式，丙、戊的条件不同等，因此丙不享有优先购买权。

D 项，《〈民法典〉物权编解释（一）》第 13 条规定，按份共有人之间转让共有份额，其他按份共有人主张根据《民法典》第 305 条规定优先购买的，不予支持，但按份共有人之间另有约定的除外。本题中未交代按份共有人另有约定的情形，所以，甲如果向乙转让其共有份额，丙、丁不能主张优先购买权。

2. 关于共有，下列哪些表述是正确的？（　　）［2011 年法考真题］

A. 对于共有财产，部分共有人主张按份共有，部分共有人主张共同共有，如不能证明财产是按份共有的，应当认定为共同共有

B. 按份共有人对共有不动产或者动产享有的份额，没有约定或者约定不明确的，按照出资额确定；不能确定出资额的，视为等额享有

C. 夫或妻在处理夫妻共同财产上权利平等，因日常生活需要而处理夫妻共同财产的，任何一方均有

1ABCD　2BCD

权决定

D. 对共有物的分割，当事人没有约定或者约定不明确的，按份共有人可以随时请求分割，共同共有人在共有的基础丧失或者有重大理由需要分割时可以请求分割

【解析】A 项，《民法典》第 308 条规定，共有人对共有的不动产或者动产没有约定为按份共有或者共同共有，或者约定不明确的，除共有人具有家庭关系等外，视为按份共有。

B 项，《民法典》第 309 条规定，按份共有人对共有的不动产或者动产享有的份额，没有约定或者约定不明确的，按照出资额确定；不能确定出资额的，视为等额享有。

C 项，《民法典》第 1062 条第 2 款规定，夫妻对共同财产，有平等的处理权。该条款应当理解为夫或妻在处理夫妻共同财产上的权利是平等的。因日常生活需要而处理夫妻共同财产的，任何一方均有权决定。

D 项，《民法典》第 303 条规定，共有人约定不得分割共有的不动产或者动产，以维持共有关系的，应当按照约定，但是共有人有重大理由需要分割的，可以请求分割；没有约定或者约定不明确的，按份共有人可以随时请求分割，共同共有人在共有的基础丧失或者有重大理由需要分割时可以请求分割。因分割造成其他共有人损害的，应当给予赔偿。

三、概念题

共同共有［华侨大学 2018 年研；中国政法 2017 年研］

答：参见本章论述题第 1 题答案。

四、简答题

1. 简述共同共有的类型。［河南师大 2017 年研］

相关试题：简述我国婚姻法对夫妻共有财产的认定标准。［北邮 2019 年研］

答：共同共有是指两个以上的人基于共同关系，共同享有一物的所有权。其类型有：

（1）夫妻共有财产：

①夫妻共同共有的财产，包括在婚姻关系存续期间各自的合法收入（如工资、奖金、劳务报酬）和共同劳动收入，以及各自因继承或者接受赠与取得的财产等，但遗嘱或者赠与合同中确定只归夫或者妻一方所有的除外。

②夫妻共有财产的归属：

a. 夫妻双方可以约定以其他方式确定夫妻间的财产归属。只要夫妻双方的这种约定不违反法律的禁止性规定，就应当依这种约定来确定夫妻间的财产归属。

b. 夫妻的婚前财产，是夫妻各自所有的财产，不属于夫妻共有财产。

c. 对婚前财产在婚后如果用共有财产进行重大修缮，通过修缮新增加的价值部分，应认定为夫妻共有财产。

③夫妻共有财产的管理与处分：

a. 夫妻双方有平等地占有、使用、收益、处分夫妻共有财产的权利。对于处分行为，应当协商一致再做处理。

b. 夫妻一方处分共有财产时，另一方明知处分行为而不作反对意思表示，则认为该方同意处分。

（2）家庭共有财产。即家庭成员在家庭共同生活关系存续期间共同创造、共同所得的财产。家庭共有财产属于家庭成员共同所有，每个家庭成员对于家庭共有财产都享有平等的权利。除非法律另有规定，家庭共有财产的处理应当经全体家庭成员协商一致。

（3）共同继承的财产。指在继承开始后、遗产分割前，两个以上的继承人对其享有继承权的遗产。遗产继承时应当按照法律规定或者按遗嘱确定各自的份额。

2. 试述共同共有和按份共有的区别。［中国政法 2021 年研］

相关试题：简述按份共有与共同共有的区别。［暨南大学 2023 年研；中财 2010 年研；首经贸 2009 年研］

答：（1）按份共有与共同共有的概念：

①按份共有，又称分别共有，是指两个以上的人对同一物按照份额享有所有权。

②共同共有，是指两个以上的人基于共同关系，共同享有一物的所有权。

(2)按份共有与共同共有的区别：

①成立的原因不同。共同共有的成立以存在共同关系为前提，按份共有则没有此限制。因此，共同共有人存在共有人的结合关系，而按份共有人之间则不存在这种关系。

②享有的权利不同。在按份共有中，共有人对应有部分享有所有权，共有人之间的彼此限制相对较小。在共同共有中，共有人的权利及于共有物的全部，原则上应得到全体共有人的同意后，方可行使对共有物的使用、收益等权利。

③分割的限制不同。在按份共有中，共有人除了因共有物的使用目的不能分割或契约约定不能分割的限制之外，随时可要求分割共有物。在共同共有关系中，各共有人则不得随意请求分割共有物。

④对共有物的管理不同。在按份共有中，共有人除另有约定之外，对共有物的改良行为需获得共有人过半数同意或其应有部分合计过半数的共有人同意，而对共有物的一般保存行为和简易修缮，则可以单独进行。在共同共有中，除法律规定或当事人另有约定之外，对共有物的管理应获得全体共有人的同意。

⑤对应有部分的处分不同。在按份共有中，各共有人可自由处分其应有部分；而共同共有中，则没有应有部分的处分可言。

⑥共有关系的存续期间不同。按份共有就其性质而言，共有人之间不存在婚姻家庭等共同关系，因此其共有关系具有短暂性；而共同共有人之间关系相对比较稳定，因此存续期间较长。

五、论述题

1. 论述民法中的共同共有。[中山大学2016年研]

相关试题：简述共同共有的特征。[简答题，中山大学2014年研]

答：(1)共同共有是指数人依据法律规定或者当事人的约定而形成某一共同关系，基于该共同关系共同享有所有权。

(2)共同共有的法律特征：

①共同共有产生在共同关系的基础上，以共同关系的存续为前提。共同关系可以由法律直接规定或合同约定产生。共有的产生需要共同关系这一前提。

②共同共有没有共有份额。共同共有情况下共有份额不确定，除非共有关系消灭导致共有财产分割情况时，才可能对共有份额进行明确。

③共同共有人在共同关系存续期间，对于共有物不分份额、平等地享有权利、承担义务。但存在例外情况，例如在合伙关系中，可以依规定或约定使得合伙人按照一定比例享有表决权和分配利润。

(3)共同共有的内外部关系。共同共有中各共有人的权利及于共有财产的全部而不局限于某一部分。共有人按照约定管理共有的不动产或者动产；没有约定或者约定不明确的，各共有人都有管理的义务。如果按照法律规定或合同约定，管理权可以集中于某个或者某些共有人，则该共有人可以管理共有财产。

①对共有财产的处分、重大修缮以及变更性质或用途的，原则上应当得到全体共有人的同意，但是共有人之间另有约定的除外。

②共同共有人在享有权利的同时，对共有物的管理费用及其他费用的负担，有约定的，按照约定；没有约定或者约定不明确的，共同共有人共同负担。

③共同共有在共同关系存续中，各共有人不得请求分割共有物。但是共同共有人在共有的基础丧失或者有重大理由需要分割时可以请求分割。

④共同共有的消灭主要原因在于共同关系的终止，也可因共有物灭失、转让给他人等其他原因而消灭。

(4)共同共有的类型，参见本章简答题第1题答案。

2. 试述共有财产的分割。[首经贸2017年研]

相关试题：简述共有的种类及如何进行共有财产的分割。[北邮2020年研]

答：(1)共有财产的分割，是指在共有关系存续期间内，共有人请求按照一定的份额或者均等地分割共有财产为每个共有人所有。

(2)共有财产分割的原则：

①分割共有财产应当尊重共有人意愿，最大限度地发挥物的效用。在分割共有财产时，共有人应当遵守法律的规定，不能把他人的财产当作共有财产分割。

②在分割财产时，按份共有人只可取得自己份额的财产，否则构成不当得利。

③共有人在分割共有财产时，特别是在分割家庭共有财产和夫妻共有财产时，应当体现男女平等、保护妇女和未成年子女利益的精神，并对负担抚养、赡养、扶养其他家庭成员义务的共有人应当适当考虑多分。

(3)共有人可以协商确定共有财产的分割方式，如果共有人达不成协议，则按照以下方式进行分割：

①实物分割。如果共有物可分且分割无害其价值，可按各共有份额进行分割。

②变价分割。如果共有物不可分或分割有害其价值，可以变卖共有物并按份额分配价款。

③折价补偿。如果共有人中有人愿取得共有物，可在将其余人份额折价补偿后保留共有物。

(4)共有财产分割的效力。共有财产分割以后，共有关系归于消灭。不管是就原物进行分割还是变价分割，各共有人就分得的份额取得单独的所有权。

六、法条评析

分析一下《民法典》第305条："按份共有人可以转让其享有的共有的不动产或者动产份额。其他共有人在同等条件下享有优先购买的权利。"[对外经贸2024年研]

答：《民法典》第305条规定了按份共有人的份额处分权和其他共有人的优先购买权。

(1)法条的目的和意义：

①维护共有关系的稳定性。在按份共有中，每个共有人对共有财产享有一定份额。如果没有限制措施，部分共有人随意转让其份额，可能会引入新的共有人，导致共有关系变得复杂和不稳定。

②保障其他共有人的权益。赋予其他共有人在同等条件下的优先购买权，是对其他共有人权益的重要保障。

(2)核心要点：

①按份共有人的转让权：a. 权利主体为按份共有人。b. 转让对象。按份共有人可以转让其享有的共有不动产或动产的份额。c. 转让方式。可以通过买卖、赠与等方式进行转让，但一般不包括赠与等无偿转让方式。

②其他共有人的优先购买权：a. 优先购买条件。在同等条件下，其他共有人享有优先购买权。同等条件，是指价格、支付方式、付款期限等交易条件相同。b. 行使方式。其他共有人应在合理期限内行使优先购买权，否则视为放弃。c. 法律效果。行使优先购买权，可排除外部受让人。

(3)法律后果：

①行使优先购买权的后果。当其他共有人依法行使优先购买权时，转让份额的行为应优先在共有人之间进行。即转让人应当将份额转让给行使优先购买权的其他共有人，而不是第三人。

②未行使或放弃优先购买权的后果。如果其他共有人在规定的时间内未行使优先购买权或者明确表示放弃优先购买权，那么转让人可以将其份额转让给第三人。

综上，本条明确了按份共有人转让其共有份额的权利，同时赋予其他共有人在同等条件下的优先购买权。这一规定旨在保护共有人的利益，维护按份共有关系的稳定，促进公平交易。

第十四章　用益物权

14.1　复习指南

【知识框架(庖丁解牛)】

- 用益物权
  - 概述：概念、特征
  - 土地承包经营权
    - 概念、特征、消灭
    - 取得
      - 基于民事法律行为：创设、转移取得
      - 非基于民事法律行为：继承
    - 承包人、发包人的权利与义务
  - 建设用地使用权
    - 概念、特征、登记、期限、消灭
    - 产生方式：划拨、出让、流转
    - 内容：建设用地使用权人的权利、义务
  - 宅基地使用权
    - 概念、特征
    - 变动：取得、转让、消灭
    - 内容：占有和使用宅基地、收益和处分等
  - 居住权
    - 概念、特征、设立
    - 内容：占有、使用、出租
    - 消灭
      - 基于民事法律行为：抛弃、合同
      - 非基于民事法律行为：标的物灭失、权利人死亡、混同
  - 地役权
    - 概念、特征、与相邻关系的区别
    - 取得
      - 基于民事法律行为：合同
      - 非基于民事法律行为：继承
    - 内容
      - 地役权人的权利：土地使用、附属行为
      - 地役权人的义务
    - 消灭原因
      - 土地灭失、目的事实不能、抛弃
      - 供役地权利人解除地役权关系
      - 存续期间届满或其他预定事由发生

【通关提要(提纲挈领)】

本章主要介绍用益物权的相关知识，内容多且杂。学习时，要了解用益物权及各类用益物权的概念和特征；重点掌握土地承包经营权中承包人和发包人的权利与义务，建设用地使用权、宅基地使用权和地役权的内容；掌握各类用益物权产生与消灭的原因。其中，居住权作为《民法典》新设的物权类型，应重点掌握。本章常考概念题、简答题或论述题，复习时应分具体权利理解记忆。

14.2 考研真题与典型题详解

一、单项选择题

村民胡某承包了一块农民集体所有的耕地，订立了土地承包经营权合同，未办理确权登记。胡某因常年在外，便与同村村民周某订立土地承包经营权转让合同，将地交周某耕种，未办理变更登记。关于该土地承包经营权，下列哪一说法是正确的？（ ）[2017 年法考真题]

A. 未经登记不得处分　　B. 自土地承包经营权合同生效时设立

C. 其转让合同自完成变更登记时起生效　　D. 其转让未经登记不发生效力

【解析】AB 两项，《民法典》第 333 条规定，土地承包经营权自土地承包经营权合同生效时设立。县级以上地方人民政府应当向土地承包经营权人发放土地承包经营权证、林权证、草原使用权证，并登记造册，确认土地承包经营权。由此可知，未办理确权登记不影响土地承包经营权的设立。同时，立法并未禁止处分未经登记的土地承包经营权。

CD 两项，《民法典》第 335 条规定，土地承包经营权互换、转让的，当事人可以向登记机构申请登记；未经登记，不得对抗善意第三人。由此可知，土地承包经营权的转让采取登记对抗主义，即自转让合同生效后发生权利移转，登记只是一个对抗善意第三人的要件。

二、多项选择题

1. 下列有关居住权的表述，说法正确的是（ ）。[2024 年法硕（法学、非法学）真题]

A. 居住权以无偿为原则，以有偿为例外

B. 居住权既可以用于满足自然人生活居住需要，也可以用于满足其生产经营需要

C. 居住权人在居住权期限内死亡，居住权消灭

D. 居住权的设立只能是自然人

【解析】A 项，居住权原则上是无偿的，当事人另有约定的除外。

B 项，居住权的设立目的是满足权利人生活居住的需要，不可用作其他用途。

C 项，《民法典》第 370 条规定："居住权期间届满或者居住权人死亡的，居住权消灭。居住权消灭的，应当及时办理注销登记。"

D 项，居住权的主体限于自然人，即权利人（享有者）只能是自然人。但居住权的义务人（设立者）可以是自然人、法人或其他组织，只要其是住宅的所有权人或有权处分住宅的主体。

2. 季大与季小兄弟二人，成年后各自立户，季大一直未婚。季大从所在村集体经济组织承包耕地若干。关于季大的土地承包经营权，下列哪些表述是正确的？（ ）[2014 年法考真题]

A. 自土地承包经营权合同生效时设立

B. 如季大转让其土地承包经营权，则未经变更登记不发生转让的效力

C. 如季大死亡，则季小可以继承该土地承包经营权

D. 如季大死亡，则季小可以继承该耕地上未收割的农作物

【解析】A 项，《民法典》第 333 条规定，土地承包经营权自土地承包经营权合同生效时设立。

B 项，《民法典》第 335 条规定，土地承包经营权互换、转让的，当事人可以向登记机构申请登记；未经登记，不得对抗善意第三人。因此土地承包经营权转让采用的是登记对抗主义，物权转移与登记与否无关。

C 项，耕地的承包系家庭承包，土地承包经营权属于用益物权而非所有权，故不属于遗产，不适用继承。

D 项，《农村土地承包法》第 31 条规定，承包人应得的承包收益，依照《民法典》的规定继承。林地承包的承包人死亡，其继承人可以在承包期内继续承包。根据《民法典》第 1127 条规定，遗产按照下列顺序

B　|　1AC　2AD

继承：①第一顺序：配偶、子女、父母；②第二顺序：兄弟姐妹、祖父母、外祖父母。继承开始后，由第一顺序继承人继承，第二顺序继承人不继承；没有第一顺序继承人继承的，由第二顺序继承人继承。

3. 甲以20万元从乙公司购得某小区地下停车位。乙公司经规划部门批准在该小区以200万元建设观光电梯。该梯入梯口占用了甲的停车位，乙公司同意为甲置换更好的车位。甲则要求拆除电梯，并赔偿损失。下列哪些表述是错误的？（　　）［2013年法考真题］

A. 建电梯获得规划部门批准，符合小区业主利益，未侵犯甲的权利

B. 即使建电梯符合业主整体利益，也不能以损害个人权利为代价，故应将电梯拆除

C. 甲车位使用权固然应予保护，但置换车位更能兼顾个人利益与整体利益

D. 电梯建成后，小区尾房更加畅销，为平衡双方利益，乙公司应适当让利于甲

【解析】A项，《民法典》第275条规定，建筑区划内，规划用于停放汽车的车位、车库的归属，由当事人通过出售、附赠或者出租等方式约定。甲购得了停车位，依法对停车位享有所有权，规划部门批准建设观光电梯，该电梯入梯口占用了甲的停车位，侵犯了甲对该停车位的使用权。建电梯虽获得批准，符合小区业主利益，并不能因为符合小区业主的利益，而否定甲对车位的所有权。

BC两项，乙公司的确侵犯了甲对停车位的用益物权（或者所有权），考虑到乙公司建造电梯花费200万元（远远超过甲之停车位的价值），且电梯已经修成，一般而言符合更多人的利益。甲作为所有权人应有容忍的义务。如果甲坚持对乙主张恢复原状、排除妨害、返还原物等责任，构成权利滥用。建设电梯取得了规划部门的批准，是合法行为。故甲虽然是所有权人，但是甲不能请求排除妨碍，甲可以其他方式，如请求损害赔偿来救济所有权受到的侵害。代物清偿是指债务人以他种给付代替其所负担的给付，从而使债消灭的。债务人原则上应依债的标的履行债务，不得以其他标的代替，但也不尽然。在双方当事人达成合意时，债务人也可以代物清偿，代物清偿仍然发生债消灭的后果。置换车位属于代物清偿的一种，兼顾个人与整体的利益。

D项，乙公司对甲置换车位并赔偿甲因此遭受的损失后，及时填补了因侵犯甲物权给甲造成的所有实际损失，甲对乙就不再享有其他补偿请求。所以，对于乙公司销售尾房获得的利益，甲无权主张。

4. 2013年2月，A地块使用权人甲公司与B地块使用权人乙公司约定，由甲公司在B地块上修路。同年4月，甲公司将A地块过户给丙公司，6月，乙公司将B地块过户给不知上述情形的丁公司。下列哪些表述是正确的？（　　）［2013年法考真题］

A. 2013年2月，甲公司对乙公司的B地块享有地役权

B. 2013年4月，丙公司对乙公司的B地块享有地役权

C. 2013年6月，甲公司对丁公司的B地块享有地役权

D. 2013年6月，丙公司对丁公司的B地块享有地役权

【解析】A项，《民法典》第374条规定，地役权自地役权合同生效时设立。当事人要求登记的，可以向登记机构申请地役权登记；未经登记，不得对抗善意第三人。地役权采取的是登记对抗主义。本题中，甲公司对乙公司的B地块于2013年2月享有地役权。

BC两项，《民法典》第382条规定，需役地以及需役地上的土地承包经营权、建设用地使用权等部分转让时，转让部分涉及地役权的，受让人同时享有地役权。本题中，A地块是需役地；4月，甲公司将A地块过户给丙公司，丙公司作为需役地的受让人同时享有地役权；6月，甲公司已经过户，不再享有地役权。

D项，《民法典》第383条规定，供役地以及供役地上的土地承包经营权、建设用地使用权等部分转让时，转让部分涉及地役权的，地役权对受让人具有法律约束力。但根据《民法典》第374条规定，地役权采取登记对抗主义，未登记的地役权不得对抗善意第三人。本题中，供役地B地块由乙公司过户给丁公司，丁公司成为新的受让人，但丁公司对该地块上所设的地役权并不知情，且该地役权并没有进行登记，因

3ABD　4AB

此，丙公司对丁公司的B地块不享有地役权。

三、概念题

1. 用益物权[中南大学2019年研；西南科大2015年研；南京理工2011年研]

答：参见本章简答题第1题答案。

2. 土地承包经营权[人大2011年研]

答：参见本章论述题第1题答案。

3. 宅基地使用权[北邮2024年研；安徽师大2018年研；中山大学2010年研；人大2008年研]

答：参见本章论述题第1题答案。

4. 地役权[中国政法2024年研；广西民大2023年研；南航2016年研；浙江财大2016年研；青岛大学2015年研；武大2014年研；浙大2014年研；东财2010年研]

答：参见本章论述题第2题答案。

四、简答题

1. 简述用益物权的定义和特征。[北化2007年研]

相关试题：用益物权的法律特征。[南航2016年研]

答：(1)用益物权是指对他人所有的物，在一定范围内进行占有、使用和收益的权利。我国《民法典》规定了土地承包经营权、建设用地使用权、宅基地使用权、居住权和地役权。

(2)用益物权的特征：①以对物的占有为前提，主要内容是对标的物的占有、使用、收益。②为他物权、限制物权和有期限物权。③以不动产、动产为权利客体，是不动产物权。用益物权的标的物只限于不动产。④用益物权主要是以民法为依据，但也可以特别法为依据的。如土地法、自然资源法等特别法规定了海域使用权、探矿权、采矿权等其他物权。

2. 建设用地使用权和宅基地使用权的联系和区别。[中国政法2021年研]

答：(1)宅基地使用权与建设用地使用权的概念：

①宅基地使用权，是指农村集体组织的成员依法享有的在宅基地上建设住宅及其附属设施的权利。其特性有：a. 主体是农村集体经济组织的成员；b. 宅基地使用权的用途仅限于村民建造个人住宅及其附属设施；c. 宅基地使用权实行“一户一宅”制。

②建设用地使用权，是因建筑物或者构筑物及其他附属设施而使用国家所有的土地的权利。其特征有：a. 客体为国家所有的土地，不包括集体所有的农村土地；b. 目的是建造并保有建筑物、构筑物及其附属设施；c. 建设用地使用权是使用他人土地的权利。

(2)宅基地使用权与建设用地使用权的区别：

①权利主体的身份限制不同。宅基地使用权的主体是集体经济组织的成员，也即自然人。建设用地使用权的主体没有限制，自然人、法人和非法人组织均可成为建设用地使用权的主体。

②权利内容不同。宅基地使用权不得抵押，不得单独转让，必须与合法建造的住房一并转让。建设用地使用权可以转让、抵押及出资。

③取得方式不同。宅基地使用权的取得由乡镇人民政府审核、批准。建设用地使用权的取得是在国家、集体所有的土地上设立的，通过划拨方式、出让方式取得。

④设立要件不同。宅基地使用权不以登记作为生效要件。建设用地使用权以登记作为生效要件。

⑤是否有偿不同。宅基地使用权的取得是无偿的。建设用地使用权以出让方式设立时是有偿的，必须缴纳土地出让金。

⑥存续期限不同。宅基地可以永久使用。建设用地使用权有使用期限。

3. 居住权的物权性和人身性。［上海交大 2021 年研］

答：居住权是指对他人住房及其附属设施占有、使用的权利。其特征包括：

（1）其物权性体现在：

①居住权是物权而非债权。租赁权为债权，在租赁合同中，承租人基于租赁合同关系，对承租的住房占有、使用的权利。根据《民法典》第 705 条规定，租赁期限不得超过 20 年。超过 20 年的，超过部分无效。而居住权是物权，相比于债权具有稳定性，使用期限可以是权利人的终身。与租赁权相比，居住权更有利于保护权利人。

②居住权是对他人住房占有、使用的用益物权。居住权的内容是以生活居住为目的而占有、使用他人住房。传统民法居住权的设立目的是解决被赡养人、被抚养人等的居住问题，不承认居住权的"收益"权能。我国《民法典》承认收益权能，《民法典》第 369 条中规定，"设立居住权的住宅不得出租，但是当事人另有约定的除外"。这一做法有助于最大化房屋的使用效益。

（2）其人身性体现在：居住权的流转受到严格限制，其设定是基于特定人的生活需要，不能转让，不能继承，因居住权人的死亡而消灭，具有强烈的人身属性。

4. 辨析：土地承包经营权系他物权。［首师大 2011 年研］

答：这种说法是正确的，具体分析如下：

（1）他物权是指在他人所有的物上设定的物权。他物权是对他人的物享有的权利，其内容是在占有、使用、收益或者处分某一方面对他人之物的支配。

（2）土地承包经营权是用益物权，反映了我国经济体制改革中农村承包经营关系。

（3）土地承包经营权中的土地是农民集体所有或国家所有、由农民集体使用的，并非承包人个人所有的物，所以土地承包经营权系他物权。

5. 简述地役权与相邻关系的区别。［中国政法 2022 年研；中南财大 2015 年研；北邮 2014 年研］

相关试题：地役权与相邻关系［概念题，人大 2016 年研］

答：地役权是指以他人土地供自己的土地便利而使用，以提高自己不动产效益的权利。相邻关系是指两个或两个以上相邻不动产的所有人或使用人，在行使占有、使用、收益、处分权利时因给对方提供必要便利而发生的权利义务关系。二者均可以解决在不动产使用过程中的权利冲突问题，其区别在于：

（1）产生依据不同。相邻关系的产生基于法定；地役权的产生基于意定。

（2）权利性质不同。相邻关系是基于所有权内容产生的效力扩张或者限制，并非独立的民事权利；地役权则是一项独立的他物权。

（3）对抗效力不同。相邻关系是基于土地的自然需要而且是固定或永久地附属于土地之上的，具有对抗第三人的天然属性；地役权源自当事人的合同约定，公示后取得对抗第三人的效力。

（4）受到损害后救济的请求权基础不同。相邻关系遭受侵害后受害人应提起所有权的行使受到妨害之诉；地役权受到损害后受害人可提起地役权受损害的请求之诉。

五、论述题

1. 请论述用益物权的体系。［西南政法 2020 年研］

相关试题：

（1）试述我国用益物权的体系。［华侨大学 2018 年研］

（2）我国民法上用益物权的概念及用益物权的基本类型。［北航 2015 年研］

（3）简述我国用益物权的种类。［简答题，北科 2014 年研］

答：用益物权是以物的使用收益为目的而设立的他物权。作为物权体系中的一个重要组成部分，其具有物权的一般特征，即支配性、对世性、排他性等。根据《民法典》的规定，用益物权体系主要包括：

（1）土地承包经营权。指个人或农户依据承包合同，对农民集体所有或国家所有由农民集体使用的耕地、林地、草地以及其他用于农业的土地进行占有、使用和收益的权利。其特征有：①主体是农村集体经济组织成员；②客体为农民集体所有和国家所有依法由农民集体使用的耕地、林地、草地，以及其他依法用于农业的土地；③土地承包经营权人对承包经营的耕地、林地、草地等进行占有、使用和收益，以从事种植业、林业、畜牧业等农业生产为目的；④期限具有稳定性。

(2)建设用地使用权。指权利人依法对国家所有的土地享有的建造并保有建筑物、构筑物及其附属设施的用益物权。按照获取方式的不同，建设用地使用权可分为在国家所有的土地上设立的建设用地使用权和在集体所有的土地上设立的建设用地使用权。前者取得建设用地使用权的方式包括划拨、出让和流转，具有商品性、有期性、有偿性。后者包括乡(镇)村公益用地使用权和乡(镇)村企业建设用地，具有无偿性、无期性、限定性和非商品性。

(3)宅基地使用权。指农村集体经济组织的成员依法享有的在农民集体所有的土地上建造个人住宅的权利。其特征为：①主体只能是农村集体经济组织的成员；②用途仅限于村民建造个人住宅；③实行严格的“一户一宅”制，农村村民一户只能拥有一处宅基地，其宅基地的面积不得超过省、自治区、直辖市规定的标准。

(4)地役权。指依一定目的，以他人土地供自己土地便利之用的权利。其特征为：①地役权是对他人所有或使用的不动产加以利用的用益物权。②地役权的权利主体既可以是不动产的所有权人，也可以是不动产的使用权人。③地役权的客体是不动产。不动产包括土地、建筑物等土地上的附着物。④地役权是权利人为了提高自己的不动产的效益而设定的用益物权。

(5)居住权。指居住权人对他人所有房屋的全部或者部分及其附属设施，所享有的占有、使用的权利。其特征有：①居住权是物权而非债权；②居住权是对他人住房占有、使用的用益物权；③居住权有强烈的人身属性。

2. 论地役权的概念和特征。［中山大学2010年研］

相关试题：

(1)简述地役权的概念与特点。［简答题，中财2014年研］

(2)简述地役权的不可分性。［简答题，暨南大学2016年研］

答：地役权是指不动产使用人为提高不动产的效益而使用他人不动产的权利。《民法典》第372条第1款规定：“地役权人有权按照合同约定，利用他人的不动产，以提高自己的不动产的效益。”其特征有：

(1)地役权是使用他人土地的权利。地役权的客体为土地，包括被使用之地，也即需役地是为便利而使用他人土地之地，以及为了受到便利的土地，也即供役地。

(2)地役权是为自己土地便利的权利。即为了需役地的便利而设立的权利。就一般情况而论，其内容包括：以供役地供使用、收益，避免相邻关系的任意性规范的适用，禁止供役地为某种使用等。

(3)地役权具有从属性和不可分性。

①地役权的从属性，指必须同时存在需役地与供役地的前提下，地役权才可成立。从属性具体表现在：

a. 地役权转让必须与需役地所有权或者使用权一同转移。《民法典》第380条规定，地役权不得单独转让。土地承包经营权、建设用地使用权等转让的，地役权一并转让，但合同另有约定的除外。

b. 地役权不得单独为其他权利的标的，在需役地上设定其他权利则必须包括地役权。如在需役地上设定建设用地使用权，则建设用地使用权人也得行使地役权。《民法典》第381条规定，地役权不得单独抵押。土地承包经营权、建设用地使用权等抵押的，在实现抵押权时，地役权一并转让。

②地役权的不可分性，指地役权为不可分的权利。即使需役地分割，地役权在分割后的需役地地块上仍然存在。根据《民法典》第382、383条规定，需役地以及需役地上的土地承包经营权、建设用地使用权等部分转让时，转让部分涉及地役权的，受让人同时享有地役权。供役地以及供役地上的土地承包经营权、建设用地使用权部分转让时，转让部分涉及地役权的，地役权对受让人具有约束力。

第十五章　担保物权

15.1　复习指南

【知识框架（庖丁解牛）】

- 担保物权
  - 概述：概念、特征
  - 抵押权
    - 抵押权的概念
    - 抵押权的设立：抵押权的标的、范围、抵押登记
    - 抵押权当事人的权利
    - 抵押权的实现
      - 抵押权实现的要件
      - 抵押权实现的方法：拍卖、折价、变卖
      - 清偿债权
      - 抵押权的实现与诉讼时效
    - 抵押权的终止：主债权消灭、抵押物灭失、抵押权实行
    - 特殊抵押权
      - 共同抵押权：概念、清偿方式
      - 动产浮动抵押权：概念、属性、设立条件、登记效力、抵押财产确定
      - 财团抵押权
      - 最高额抵押权：概念、特征、设立、决算期、债权范围、担保债权确定
  - 质权
    - 动产质权
      - 设立：质权合同、质物及其交付、范围
      - 当事人的权利和义务
    - 权利质权：概念、特点、分类
  - 留置权
    - 留置权的概念、特征
    - 留置权的取得：概念、积极要件、消极条件
    - 留置权人的权利与义务
      - 权利：留置标的物、收取孳息、请求偿还费用、优先受偿
      - 义务：保管、返还留置物
    - 留置权的消灭
  - 担保物权的竞合与物的担保和人的担保的并存
    - 担保物权竞合的概念和成立条件
    - 动产抵押权与动产质权的竞合
    - 动产抵押权与留置权的竞合
    - 留置权与动产质权的竞合
    - 物的担保与人的担保并存

【通关提要（提纲挈领）】

本章主要介绍担保物权的相关内容，属于重点章节。学习时，应掌握担保物权、各类担保物权的概念和特征；重点掌握抵押权、质权及留置权的设立和取得、当事人的权利和义务等内容；掌握各类担保物权的消灭、特殊抵押权、权利质权等内容；重点掌握担保物权的竞合与物的担保和人的担保的并存规则。本

章内容十分重要，除以简答题或论述题形式考查外，常出现在案例分析题中，应准确理解并重点记忆。

15.2　考研真题与典型题详解

一、单项选择题

1. 甲将一套房屋抵押给乙，担保100万元债权，但尚未办理抵押登记手续；后甲又将房屋抵押给丙，担保100万元债权。甲、丙订立合同的当天，丙拿到甲的房产证，但未办理抵押登记手续。后甲无力清偿债务，拍卖房屋获得价款160万元。关于乙、丙分配的说法正确的是(　　)。[2019年法考真题]

A. 乙受偿100万元，丙受偿60万元　　B. 乙受偿60万元，丙受偿100万元

C. 乙受偿50万元，丙受偿50万元　　D. 乙、丙对房屋均不享有抵押权

【解析】D项，不动产抵押权的设立，采取强制公示原则，故未办理抵押登记手续，则抵押权未设立。本题中，因乙、丙均未办理抵押登记手续，故均不享有抵押权。

ABC三项，《民法典》第414条第1款规定，同一财产向两个以上债权人抵押的，拍卖、变卖抵押财产所得的价款依照下列规定清偿：①抵押权已经登记的，按照登记的时间先后确定清偿顺序；②抵押权已经登记的先于未登记的受偿；③抵押权未登记的，按照债权比例清偿。该规定以“各债权人均享有抵押权”为前提。本题中，乙、丙二人均未享有对该房屋的抵押权，二人的债权均是普通债权，应遵循普通债权的平等清偿规则。

2. 甲向乙借款100万元，借期2年，欲以自己的房屋1套作担保，双方于2018年6月1日签订了不动产抵押合同，乙一直催促甲办理抵押登记，均无效果。一月后，乙要求甲以自己的汽车作抵押，双方于2018年7月1日签订了动产抵押合同，但一直未将汽车交付于乙。现因甲不能清偿到期欠款，乙要求实现抵押权。下列哪一选项是错误的？(　　)[2018年法考真题]

A. 甲乙之间的不动产抵押合同由于一直没有办理抵押登记而无效

B. 甲乙之间的不动产抵押合同于2018年6月1日成立并生效，但不动产抵押权未设立

C. 甲既能就汽车设立抵押权，又能就汽车设立质押权

D. 乙有权请求将甲的汽车拍卖，并就所得价款行使优先受偿权

【解析】AB两项，根据《民法典》第402条规定，以不动产进行抵押的，应当办理抵押登记。抵押权自登记时设立。第215条规定，当事人之间订立有关设立、变更、转让和消灭不动产物权的合同，除法律另有规定或者当事人另有约定外，自合同成立时生效；未办理物权登记的，不影响合同效力。本题中，甲、乙虽未办理抵押登记手续，不动产抵押权未设立，但并不影响抵押合同的效力，其抵押合同合法有效。

C项，根据“物权法定”的基本原理，对于动产而言，既可以设立抵押权，又可以设立质押权。

D项，《民法典》第403条规定，以动产抵押的，抵押权自抵押合同生效时设立；未经登记，不得对抗善意第三人。第425条规定，债务人或者第三人将其动产出质给债权人占有的，债务人不履行到期债务或者发生当事人约定的实现质权的情形，债权人有权就该动产优先受偿。

3. 乙欠甲货款，二人商定由乙将一块红木出质并签订质权合同。甲与丙签订委托合同授权丙代自己占有红木。乙将红木交付于丙。下列哪一说法是正确的？(　　)[2015年法考真题]

A. 甲乙之间的担保合同无效　　B. 红木已交付，丙取得质权

C. 丙经甲的授权而占有，甲取得质权　　D. 丙不能代理甲占有红木，因而甲未取得质权

【解析】A项，《民法典》第215条规定，当事人之间订立有关设立、变更、转让和消灭不动产物权的合同，除法律另有规定或者当事人另有约定外，自合同成立时生效；未办理物权登记的，不影响合同效力。本题中，甲乙之间的担保合同自成立时生效。

BCD三项，《民法典》第429条规定，质权自出质人交付质押财产时设立。占有红木并非只能由本人亲自进行。本题中，甲与丙签订委托合同授权丙代自己占有红木，乙将红木交付于丙，此时，甲为占有人，

1D　2A　3C

丙为占有辅助人，该情况为经由占有媒介关系进行的交付，即在乙将红木交付于丙时，甲即取得该红木的占有，自此取得质权。注意，质权的设立不得以占有改定的方式完成交付。

4. 甲公司欠乙公司货款100万元，先由甲公司提供机器设备设定抵押权、丙公司担任保证人，后由丁公司提供房屋设定抵押权并办理了抵押登记。甲公司届期不支付货款，下列哪一表述是正确的？（ ）［2014年法考真题］

A. 乙公司应先行使机器设备抵押权 B. 乙公司应先行使房屋抵押权

C. 乙公司应先行请求丙公司承担保证责任 D. 丙公司和丁公司可相互追偿

【解析】《民法典》第392条规定，被担保的债权既有物的担保又有人的担保的，债务人不履行到期债务或者发生当事人约定的实现担保物权的情形，债权人应当按照约定实现债权；没有约定或者约定不明确，债务人自己提供物的担保的，债权人应当先就该物的担保实现债权；第三人提供物的担保的，债权人可以就物的担保实现债权，也可以请求保证人承担保证责任。提供担保的第三人承担担保责任后，有权向债务人追偿。因此，乙公司应先行使甲公司自有的机器设备抵押权。此后，才可以行使房屋抵押权或者要求保证人承担保证责任。丙公司和丁公司承担担保责任后，有权向债务人追偿，担保人之间不可相互追偿。

5. 甲对乙享有10万元的债权，甲将该债权向丙出质，借款5万元。下列哪一表述是错误的？（ ）［2012年法考真题］

A. 将债权出质的事实通知乙不是债权质权生效的要件

B. 如未将债权出质的事实通知乙，丙即不得向乙主张权利

C. 如将债权出质的事实通知了乙，即使乙向甲履行了债务，乙不得对丙主张债已消灭

D. 乙在得到债权出质的通知后，向甲还款3万元，因还有7万元的债权额作为担保，乙的部分履行行为对丙有效

【解析】A项，《民法典》第429条规定，质权自出质人交付质押财产时设立。第546条第1款规定，债权人转让债权，未通知债务人的，该转让对债务人不发生效力。根据民法理论，设立债权质权应同时适用有关债权转让之规则。据此，设立债权质权时，应通知债务人，未通知债务人的，不影响债权质权的设立，但已经设立的债权质权对债务人不发生效力。

BCD三项，债权质权设立通知的效力：①通知不是债权质权设立要件。即使未通知债务人，也不影响债权质权的设立。②未通知债务人的，已经成立的质权对债务人不发生效力，债务人向债权人（即出质人）的清偿行为有效，出质债权因清偿而消灭，债权质权亦因此消火。③通知到达债务人时，已经成立的质权对债务人发生效力，债务人对债权人（即出质人）的清偿行为被冻结。乙在得到债权出质的通知后，其向甲履行债务的行为对丙无效。

6. 辽东公司欠辽西公司货款200万元，辽西公司与辽中公司签订了一份价款为150万元的电脑买卖合同，合同签订后，辽中公司指示辽西公司将该合同项下的电脑交付给辽东公司。因辽东公司届期未清偿所欠货款，故辽西公司将该批电脑扣留。关于辽西公司的行为，下列哪一选项是正确的？（ ）［2010年法考真题］

A. 属于行使抵押权 B. 属于行使动产质权

C. 属于行使留置权 D. 属于自助行为

【解析】ABC三项，《民法典》第447条规定，债务人不履行到期债务，债权人可以留置已经合法占有的债务人的动产，并有权就该动产优先受偿。上述规定的债权人为留置权人，占有的动产为留置财产。第448条规定，债权人留置的动产，应当与债权属于同一法律关系，但是企业之间留置的除外。由此可知，留置权的成立需具备以下要件：①须债权人合法占有债务人的动产；②须债权已届清偿期；③须债权与动产属于同一法律关系，但企业间留置除外；④留置动产须与担保债权价值相当。本题中，辽西公司与辽中

4A 5D 6C

公司签订电脑买卖合同，辽中公司指示辽西公司将该合同项下的电脑交付给辽东公司，据此可以推断在该指示交付的通知到达辽西公司之前，辽中公司已经与辽东公司达成了指示交付的合意，辽东公司自该合意达成时即取得电脑的所有权。辽西公司与辽东公司均为企业，其留置权为商事留置权，其成立不受应属“同一法律关系”的限制，辽西公司可以行使商事留置权，依法留置辽东公司的电脑。

D项，自助行为是指权利人受到不法侵害之后，为保全或者恢复自己的权利，在情势紧迫而不能及时请求国家机关予以救助的情况下，依靠自己的力量，对他人的财产或自由施加扣押、拘束或其他相应措施的行为。即自助行为的要件有：①为保护自己的权利；②情势紧迫来不及请求公权力救济；③采取手段适当；④事后及时请求有关国家机关处理。因此，自助行为必须在“情势紧迫而不能及时请求国家机关予以救助的情况下”才能得到法律的认可。本题中，并不存在紧迫的情形，辽西公司不享有自助的权利。

二、多项选择题

1. 甲公司欠乙公司货款1000万元。因甲与丙公司订立投资合同，以土地使用权投资丙公司，故丙公司为甲公司向乙公司做保证。后甲公司没有如约出资给丙公司，丙公司因此拒绝承担保证责任。以下说法正确的有（　　）。[2019年法考真题]

A. 因甲公司未如约出资，甲公司与丙公司的投资合同无效

B. 因甲公司未如约出资，丙公司与乙公司的保证合同无效

C. 丙公司可要求甲公司承担投资合同的违约责任

D. 丙公司应向乙公司承担保证责任

【解析】ABC三项，本题中，投资合同并无无效事由，合同有效，而合同未履行属于违约责任，而非合同无效。

D项，债务人以外的第三人为债权人提供担保的，不影响担保合同的效力，且不存在合同无效的事由和免除保证责任的事由，故担保合同有效，丙公司依然应承担保证责任。

2. 甲超市与乙公司存在长期的进货关系，丙公司以其办公用房在300万元的额度范围内为甲超市在未来5个月内连续发生的货款债权提供抵押担保，并办理了抵押登记。两个月后，乙公司将其中一笔30万元的货款债权转让给丁公司，并通知了甲公司。就以上事实，下列哪些表述是不正确的？（　　）[2018年法考真题]

A. 若抵押权设定前，甲超市另欠乙公司50万元债权，当事人可以约定将之纳入抵押担保的范围

B. 30万元债权转让有效，丁公司有权主张抵押权

C. 若30万元债权转让未通知甲公司，丁公司将因此而无权主张抵押权

D. 在本题所述的5个月内，丙公司不得转让其办公用房

【解析】A项，《民法典》第420条第2款规定，最高额抵押权设立前已经存在的债权，经当事人同意，可以转入最高额抵押担保的债权范围。

BC两项，《民法典》第421条规定，最高额抵押担保的债权确定前，部分债权转让的，最高额抵押权不得转让，但是当事人另有约定的除外。本题中，当事人之间不存在特别约定，因此，30万债权转让有效，但最高额抵押权并不随之转移。因此，无论是否通知甲公司，丁公司均无权主张抵押权。

D项，丙公司以办公用房提供抵押担保并办理抵押登记手续，仅使乙公司（债权人）取得优先受偿权。办公用房的所有权依然属于丙公司所有。因此，丙公司有权转让其办公用房。

3. 2016年3月3日，甲向乙借款10万元，约定还款日期为2017年3月3日。借款当日，甲将自己饲养的市值5万元的名贵宠物鹦鹉质押交付给乙，作为债务到期不履行的担保；另外，第三人丙提供了连带责任保证。关于乙的质权，下列哪些说法是正确的？（　　）[2017年法考真题]

A. 2016年5月5日，鹦鹉产蛋一枚，市值2000元，应交由甲处置

B. 因乙照管不善，2016年10月1日鹦鹉死亡，乙需承担赔偿责任

1CD　2BCD　3BCD

C. 2017 年 4 月 4 日，甲未偿还借款，乙未实现质权，则甲可请求乙及时行使质权

D. 乙可放弃该质权，丙可在乙丧失质权的范围内免除相应的保证责任

【解析】A 项，《民法典》第 429 条规定，质权自出质人交付质押财产时设立。第 430 条规定，质权人有权收取质押财产的孳息，但合同另有约定的除外；前款规定的孳息应当先充抵收取孳息的费用。据此可知，在质押期间，质物的孳息应当由质权人乙收取。

B 项，《民法典》第 432 条规定，质权人负有妥善保管质押财产的义务；因保管不善致使质押财产毁损、灭失的，应当承担赔偿责任。本题中，乙作为质押权人应妥善照管鹦鹉，因乙照管不善致使鹦鹉死亡，乙需承担赔偿责任。

C 项，《民法典》第 437 条第 1 款规定，出质人可以请求质权人在债务履行期限届满后及时行使质权；质权人不行使的，出质人可以请求人民法院拍卖、变卖质押财产。2017 年 4 月 4 日，债务履行期间已经届满，出质人甲可请求质权人乙及时行使质权。

D 项，《民法典》第 435 条规定，质权人可以放弃质权。债务人以自己的财产出质，质权人放弃该质权的，其他担保人在质权人丧失优先受偿权益的范围内免除担保责任，但是其他担保人承诺仍然提供担保的除外。本题中，甲以自己的财产出质，乙放弃该质权的，丙可在乙丧失质权的范围内免除相应的保证责任。

4. 甲、乙和银行三方签订抵押协议，由乙提供房产抵押担保。乙把房本交给银行，因登记部门原因导致银行无法办理抵押物登记。乙向登记部门申请挂失房本后换得新房本，将房屋卖给知情的丙并办理了过户手续。甲届期未还款，关于贷款、房屋抵押和买卖，下列哪些说法是正确的？（　　）[2015 年法考真题]

A. 乙应向银行承担违约责任

B. 丙应代为向银行还款

C. 如丙代为向银行还款，可向甲主张相应款项

D. 因登记部门原因未办理抵押登记，但银行占有房本，故取得抵押权

【解析】A 项，《民法典》第 215 条规定，当事人之间订立有关设立、变更、转让和消灭不动产物权的合同，除法律另有规定或者当事人另有约定外，自合同成立时生效；未办理物权登记的，不影响合同效力。第 577 条规定，当事人一方不履行合同义务或者履行合同义务不符合约定的，应当承担继续履行、采取补救措施或者赔偿损失等违约责任。本题中，抵押合同已经成立生效，虽未办理抵押登记但并不影响抵押合同的效力，因此作为合同违约方的乙应向银行承担未办理抵押登记的违约责任。

B 项，因银行未取得抵押权，故抵押物的转让权未受到限制。乙将房屋所有权转让于丙，丙虽然知情，但根据题目所给信息并不能认定丙与乙恶意串通，所以丙与乙的买卖合同有效，双方办理过户登记后，丙取得房屋所有权。根据合同的相对性原则，丙没有代为向银行还款的义务。

C 项，丙无还款义务，其向银行代为清偿甲的款项，可依无因管理或不当得利的规定向甲追偿。

D 项，根据《民法典》第 402 条规定，以建筑物和其他土地附着物等财产抵押的，应当办理抵押登记，抵押权自登记时设立。本题中，乙与银行未办理抵押登记，银行未取得抵押权。

5. 2014 年 7 月 1 日，甲公司、乙公司和张某签订了《个人最高额抵押协议》，张某将其房屋抵押给乙公司，担保甲公司在一周前所欠乙公司货款 300 万元，最高债权额 400 万元，并办理了最高额抵押登记，债权确定期间为 2014 年 7 月 2 日到 2015 年 7 月 1 日。债权确定期间内，甲公司因从乙公司分批次进货，又欠乙公司 100 万元。甲公司未还款。关于有抵押担保的债权额和抵押权期间，下列哪些选项是正确的？（　　）[2015 年法考真题]

A. 债权额为 100 万元

B. 债权额为 400 万元

C. 抵押权期间为 1 年

D. 抵押权期间为主债权诉讼时效期间

4AC　5BD

【解析】AB 两项，《民法典》第 420 条规定，为担保债务的履行，债务人或者第三人对一定期间内将要连续发生的债权提供担保财产的，债务人不履行到期债务或者发生当事人约定的实现抵押权的情形，抵押权人有权在最高债权额限度内就该担保财产优先受偿。本题中最高债权额限度为 400 万元，债权确定期间内抵押人和债权人之间发生的债权额也是 400 万元，故抵押担保的债权额应为 400 万元。

CD 两项，《民法典》第 419 条规定，抵押权人应当在主债权诉讼时效期间行使抵押权；未行使的，人民法院不予保护。

6. 下列哪些情形下权利人可以行使留置权？（　　）［2015 年法考真题］

A. 张某为王某送货，约定货物送到后一周内支付运费。张某在货物运到后立刻要求王某支付运费被拒绝，张某可留置部分货物

B. 刘某把房屋租给方某，方某退租搬离时尚有部分租金未付，刘某可留置方某部分家具

C. 何某将丁某的行李存放在火车站小件寄存处，后丁某取行李时认为寄存费过高而拒绝支付，寄存处可留置该行李

D. 甲公司加工乙公司的机器零件，约定先付费后加工。付费和加工均已完成，但乙公司尚欠甲公司借款，甲公司可留置机器零件

【解析】A 项，《民法典》第 447 条规定，债务人不履行到期债务，债权人可以留置已经合法占有的债务人的动产，并有权就该动产优先受偿。债权已届清偿期为留置权取得的积极要件之一。本题中，债权在货物送到后一周才届至，债务未到期，张某不得留置。

B 项，《民法典》第 448 条规定，债权人留置的动产，应当与债权属于同一法律关系，但是企业之间留置的除外。本题中，刘某的债权与方某的家具不属于同一法律关系，其无权对家具行使留置权。

C 项，《民法典》第 903 条规定，寄存人未按照约定支付保管费或者其他费用的，保管人对保管物享有留置权，但是当事人另有约定的除外。本题中，丁某未按照约定支付寄存费，寄存处可对该行李行使留置权。

D 项，根据《民法典》第 448 条规定，商事留置权的成立不要求留置的动产与被担保的债权属于同一法律关系。甲乙公司均为企业，且甲公司基于营业关系占有乙公司的动产，故其可留置乙公司的机器零件。

7. 甲向乙借款，丙与乙约定以自有房屋担保该笔借款。丙仅将房本交给乙，未按约定办理抵押登记。借款到期后甲无力清偿，丙的房屋被法院另行查封。下列哪些表述是正确的？（　　）［2013 年法考真题］

A. 乙有权要求丙继续履行担保合同，办理房屋抵押登记

B. 乙有权要求丙以自身全部财产承担担保义务

C. 乙有权要求丙以房屋价值为限承担担保义务

D. 乙有权要求丙承担损害赔偿责任

【解析】AD 两项，《民法典》第 215 条规定，当事人之间订立有关设立、变更、转让和消灭不动产物权的合同，除法律另有规定或者合同另有约定外，自合同成立时生效；未办理物权登记的，不影响合同效力。丙以自己房屋为乙设立抵押权时，未办理抵押登记，故房屋抵押权未设立；但不因此影响丙、乙间房屋抵押合同的成立与生效。又《民法典》第 577 条规定，当事人一方不履行合同义务或者履行合同义务不符合约定的，应当承担继续履行、采取补救措施或者赔偿损失等违约责任。第 580 条规定，当事人一方不履行非金钱债务或者履行非金钱债务不符合约定的，对方可以要求履行，但有下列情形之一的除外：①法律上或者事实上不能履行；②债务的标的不适于强制履行或者履行费用过高；③债权人在合理期限内未请求履行。则乙有权请求丙实际履行办理抵押登记的合同义务。但是丙的房屋被法院另行查封，故乙不能请求办理抵押登记。丙、乙间的房屋抵押合同有效，丙未按约定办理抵押登记构成违约；若因此给乙造成损失，乙有权基于抵押合同请求丙承担违约损害赔偿责任。

BC 两项，《民法典》686 条规定，当事人在保证合同中对保证方式没有约定或者约定不明确的，按照

6CD　7CD

一般保证承担保证责任。丙与乙约定以自有房屋担保该笔借款，并未约定担保方式，则推定为一般保证。据此，如乙要求丙承担责任，则丙应该在其保证范围内承担保证责任，即乙有权要求丙以其房屋价值为限承担担保责任。

8. 甲向乙借款，欲以轿车作担保。关于担保，下列哪些选项是正确的？(　　)[2013 年法考真题]

A. 甲可就该轿车设立质权

B. 甲可就该轿车设立抵押权

C. 就该轿车的质权自登记时设立

D. 就该轿车的抵押权自登记时设立

【解析】A 项，《民法典》第 208 条第 1 款规定，为担保债务的履行，债务人或者第三人将其动产出质给债权人占有的，债务人不履行到期债务或者发生当事人约定的实现质权的情形，债权人有权就该动产优先受偿。第 209 条规定，法律、行政法规禁止转让的动产不得出质。轿车为可转让的动产，故可就其设立动产质权。

B 项，《民法典》第 395 条第 1 款规定，债务人或者第三人有权处分的下列财产可以抵押：①建筑物和其他土地附着物；②建设用地使用权；③以招标、拍卖、公开协商等方式取得的荒地等土地承包经营权；④生产设备、原材料、半成品、产品；⑤正在建造的建筑物、船舶、航空器；⑥交通运输工具；⑦法律、行政法规未禁止抵押的其他财产。故轿车属于交通运输工具，可以设立动产抵押权。

C 项，《民法典》第 429 条规定，质权自出质人交付质押财产时设立。因此该轿车的质权自交付时设立。

D 项，《民法典》第 403 条规定，以动产抵押的，抵押权自抵押合同生效时设立；未经登记，不得对抗善意第三人。动产抵押采取登记对抗主义，无须公示，登记为动产抵押权的对抗要件。

9. 甲以自有房屋向乙银行抵押借款，办理了抵押登记。丙因甲欠钱不还，强行进入该房屋居住。借款到期后，甲无力偿还债务。该房屋由于丙的非法居住，难以拍卖，甲怠于行使对丙的返还请求权。乙银行可以行使下列哪些权利？(　　)[2012 年法考真题]

A. 请求甲行使对丙的返还请求权，防止抵押财产价值的减少

B. 请求甲将对丙的返还请求权转让给自己

C. 可以代位行使对丙的返还请求权

D. 可以依据抵押权直接对丙行使返还请求权

【解析】AB 两项，《民法典》第 408 条规定，抵押人的行为足以使抵押财产价值减少的，抵押权人有权请求抵押人停止其行为；抵押财产价值减少的，抵押权人有权请求恢复抵押财产的价值，或者提供与减少的价值相应的担保。抵押人不恢复抵押财产的价值，也不提供担保的，抵押权人有权请求债务人提前清偿债务。抵押权人可以主张保全请求权。

C 项，《民法典》规定的债权人的代位权的标的限于到期债权，并不包括物权，乙银行不能代位行使对丙的返还请求权，代位行使物权无法律依据。

D 项，《民法典》第 235 条规定，无权占有不动产或者动产的，权利人可以请求返还原物。第 462 条第 1 款规定，占有的不动产或者动产被侵占的，占有人有权请求返还原物；对妨害占有的行为，占有人有权请求排除妨害或者消除危险；因侵占或者妨害造成损害的，占有人有权依法请求损害赔偿。而抵押权人既非所有权人，也非抵押物的占有人，因此，乙银行既不能主张《民法典》第 235 条规定的返还原物请求权，也不能主张《民法典》第 462 条规定的占有返还请求权。

三、不定项选择题

甲服装公司与乙银行订立合同，约定甲公司向乙银行借款 300 万元，用于购买进口面料。同时，双方订立抵押合同，约定甲公司以其现有的以及将有的生产设备、原材料、产品为前述借款设立抵押。借款合同和抵押合同订立后，乙银行向甲公司发放了贷款，但未办理抵押登记。之后，根据乙银行要求，丙为此项贷款提供连带责任保证，丁以一台大型挖掘机作质押并交付。[2017 年法考真题]

8AB　9AB

请回答第 1～3 题：

1. 关于甲公司的抵押，下列选项正确的是(　　)。

A. 该抵押合同为最高额抵押合同

B. 乙银行自抵押合同生效时取得抵押权

C. 乙银行自抵押登记完成时取得抵押权

D. 乙银行的抵押权不得对抗在正常经营活动中已支付合理价款并取得抵押财产的买受人

【解析】A 项，《民法典》第 396 条规定，企业、个体工商户、农业生产经营者可以将现有的以及将有的生产设备、原材料、半成品、产品抵押，债务人不履行到期债务或者发生当事人约定的实现抵押权的情形，债权人有权就抵押财产确定时的动产优先受偿。本题中，甲公司以其现有的以及将有的生产设备、原材料、产品设立抵押，显然这一抵押属于动产浮动抵押，而非最高额抵押。

BCD 三项，《民法典》第 403 条规定，以动产抵押的，抵押权自抵押合同生效时设立；未经登记，不得对抗善意第三人。第 404 条规定，以动产抵押的，不得对抗正常经营活动中已经支付合理价款并取得抵押财产的买受人。由此可知，本题中，乙银行自抵押合同生效时取得抵押权，但乙银行的抵押权不得对抗在正常经营活动中已支付合理价款并取得抵押财产的买受人。

2. 如甲公司违反合同约定将借款用于购买办公用房，则乙银行享有的权利有(　　)。

A. 提前收回借款

B. 解除借款合同

C. 请求甲公司按合同约定支付违约金

D. 对甲公司所购办公用房享有优先受偿权

【解析】ABC 三项，《民法典》第 673 条规定，借款人未按照约定的借款用途使用借款的，贷款人可以停止发放借款、提前收回借款或者解除合同。本题中，在甲公司违反合同约定将借款用于购买办公用房时，乙银行有权提前收回借款或者解除合同。另外，如果合同约定了违约金，乙银行也可以请求甲公司支付违约金。

D 项，乙银行只享有对动产的浮动抵押权，而办公用房属于不动产，故乙公司对办公用房不享有优先受偿权。

3. 如甲公司未按期还款，乙银行欲行使担保权利，当事人未约定行使担保权利顺序，下列选项正确的是(　　)。

A. 乙银行应先就甲公司的抵押实现债权

B. 乙银行应先就丁的质押实现债权

C. 乙银行可选择就甲公司的抵押或丙的保证实现债权

D. 乙银行可选择就甲公司的抵押或丁的质押实现债权

【解析】《民法典》第 392 条规定，被担保的债权既有物的担保又有人的担保的，债务人不履行到期债务或者发生当事人约定的实现担保物权的情形，债权人应当按照约定实现债权；没有约定或者约定不明确，债务人自己提供物的担保的，债权人应当先就该物的担保实现债权；第三人提供物的担保的，债权人可以就物的担保实现债权，也可以要求保证人承担保证责任。提供担保的第三人承担担保责任后，有权向债务人追偿。本题中，在当事人未就担保实现顺位进行约定的情形下，乙银行欲行使担保权利，须应先就甲公司的抵押实现债权，之后乙银行可选择就丁的质押或丙的保证实现债权。

四、概念题

1. 抵押权［武大 2020 年研；中财 2017 年研；东财 2015 年研；人大 2013 年研；华中农大 2011 年研］

答：抵押权是指债权人以债务人或者第三人不移转占有而提供担保的财产或者相关财产权利，于债务不履行或者抵押权实现的约定情形发生时，依法优先清偿其债权的权利。抵押权是抵押权人对抵押财产享有可对抗财产所有人及第三人的权利，系在不移转财产占有情形下的具备优先受偿性的担保物权，其设立目的在于担保债的履行。

1BD　2ABC　3A

抵押权以特定债权的存在为前提，其内容、处分与消灭从属于债权；抵押权的标的物包括特定的不动产、动产和权利，同时具备不可分性与物上代位性；抵押权的设定以债务人或者第三人提供的抵押物为基础，须由债权人（抵押权人）与债务人或者第三人约定对抵押物设定抵押权。

2. 最高额抵押权［上海师大 2022 年研；中国政法 2020 年研；四川大学 2020 年研］

答：最高额抵押权又称不定额抵押权，是指债务人或第三人与抵押权人协议在最高债权额限度内，以抵押财产对一定期间内将要连续发生的债权提供抵押担保，当债务人不履行债务或发生当事人约定的实现抵押权的情形时，抵押权人有权在最高债权额限度内就该担保财产优先受偿的权利。

《民法典》规定的最高额抵押，是抵押人与抵押权人协议，在最高债权额限度内，以抵押物对一定期间连续发生的债权作担保。抵押权的成立需以抵押合同的订立为基础，以登记为前提。最高额抵押权的特征有：①所担保债权的不确定性；②适用范围的限定性，即在一定期间内的最高债权额限度内；③非从属性。

3. 抵押权与船舶抵押权［武汉理工 2010 年研］

答：（1）抵押权，是指债权人以债务人或者第三人不移转占有而提供担保的物或者财产权利，优先清偿其债权的权利。

（2）船舶抵押权，是指抵押权人对于抵押人提供的作为债务担保的船舶，在抵押人不履行债务时，可以依法拍卖，从卖得的价款中优先受偿的权利。

（3）二者的共同点：设立目的都是为了保证抵押债权的实现；设立都需签订书面合同，对于抵押物中的不动产等还应向有关部门登记等。

（4）二者的不同点：

①设立的对象不同。抵押权设立的对象一般是普通的动产与不动产，只要该动产与不动产为抵押人所有或合法占有，均可以设立抵押权。船舶抵押权的设立对象只能是船舶或者正在建造中的船舶。

②设立的内容和方式有所不同。船舶抵押权是在海上融资活动中产生的，有别于民法中的抵押权。

4. 质权［南航 2015 年研；武汉理工 2010 年研］

答：质权，是指债务人或者第三人为了担保债务的履行，将特定的动产或者财产权利移交债权人占有，当债务人不履行债务或者发生当事人约定的实现质权的情形时，债权人有就其占有的财产优先受偿的权利。其特征包括：①质权是为了担保债权的实现而产生的担保物权。质权从属于所担保的债权，以主债权的存在为前提。②质权中的质物系债务人或者第三人提供的特定财产，不能在债权人自己的财产上设定，也不能在债权人已经占有的他人财产上当然设定。③质权标的为动产或财产权利，但不包括不动产或不动产权利。质权是一种动产物权，对不动产不能设定质权。④质权原则上以交付（占有）为公示方法，质权须移转质物的占有，质权以占有标的物为成立要件。⑤质权同时具有留置效力和优先受偿效力。

5. 权利质权和动产质权［中南财大 2008 年研］

答：（1）权利质权是以所有权以外的可转让财产权为标的而设定的质权，是指债务人或者第三人为了担保债务的履行将享有的财产权利移交债权人占有，并以之为基础设定的质权。权利质权除特殊问题外，基本适用动产质权的规定。权利质权中的标的物权利必须是不违背债权性质的、可让与的财产权。

（2）动产质权，是指为担保债务的履行，债务人或者第三人将其动产移交债权人占有作为担保，当出现债务人不履行到期债务或者发生当事人约定的实现质权的情形时，债权人有权就该动产变价并优先受偿的权利。质权的设立，通常都是以合同进行，自出质人交付质押财产时设立。其中，债务人或者第三人为出质人，债权人是质权人，交付的动产为质押财产。

（3）二者都属于担保物权，其区别主要在于，债务人或第三人移交给债权人占有的财产的形式不同。权利质权的债务人或第三人移交的是财产性权利，而动产质权的债务人或第三人移交的是动产；动产质权自交付时设立，而有些财产权利必须办理出质登记才能设立质权。

6. 留置权[暨南大学 2018 年研；温州大学 2018 年研；武大 2015 年研；北航 2011 年研]

答：留置权是指债权人合法占有债务人的动产，在债务人不履行到期债务时，依法留置该动产以迫使债务人履行债务，并在债务人仍不履行债务时就该动产优先受偿的权利。其旨在清偿担保债权，而非对物的使用、收益。其中，债权人为留置权人，占有的动产为留置财产。其特征如下：①留置权是以动产为标的物的法定担保物权；②留置权具有二次效力，包括留置效力与优先受偿效力；③留置权不具有追及效力；④留置权具有从属性、不可分性与物上代位性。留置权在符合一定的条件时，依法律的规定产生，而非依协议设定的。

五、简答题

1. 用益物权与担保物权有哪些主要区别？[北科 2010 年研]

答：(1)用益物权与担保物权的概念：

①用益物权，是指非所有人对他人之物所享有的占有、使用、收益的排他性权利，其包括土地承包经营权、建设用地使用权、宅基地使用权和地役权等。《民法典》第 323 条规定："用益物权人对他人所有的不动产或者动产，依法享有占有、使用和收益的权利。"

②担保物权，是指权利人在债务人不履行到期债务或发生当事人约定的其他实现情形，依法享有的就标的财产优先受偿的权利，包括抵押权、质权、留置权等。《民法典》第 386 条规定："担保物权人在债务人不履行到期债务或者发生当事人约定的实现担保物权的情形，依法享有就担保财产优先受偿的权利，但法律另有规定的除外。"

(2)用益物权与担保物权的区别：

①支配的价值不同。用益物权以追求物的使用价值为内容，标的物必须有使用价值。而担保物权以标的物的价值和优先受偿为内容，其支配的对象是担保物的交换价值。

②存续期间不同。用益物权往往有明确的存续期间，通常是根据合同确定的。担保物权以债权的存在为前提，担保物权实现时，该权利即归于消灭。

③权利性质不同。用益物权通常是独立物权，而担保物权都是从属性物权，它因主债权的存在、转让、消灭而相应地发生变动。

④目的和社会功能不同。用益物权以对权利客体的使用为内容，以对权利客体实体的支配为条件。由于用益物权的目的在于对于标的物的使用、收益，因此，权利人首先应当实际地占有标的物。因为占有乃是使用的前提，丧失了对物的占有，将导致用益物权不能行使。但担保物权并非为了追求物的使用价值，而是为了在债务不履行时就担保物的变价优先受偿。所以，担保物权中抵押权就不必由权利人占有抵押人标的物。

⑤客体不同。用益物权客体的价值形态如果发生变化，就会对用益物权人的使用收益权产生直接影响。而担保物权客体的价值形态发生变化，并不影响担保物权的存在。这一特点决定了担保物权具有物上代位性，即当担保物权的标的物转化为价值形态时，担保物权就以变形物为客体。

2. 简述担保物权的概念和特征。[人大 2012 年研]

相关试题：

(1)论述担保物权的特征。[论述题，三峡大学 2017 年研]

(2)简述担保物权的特征与分类。[北邮 2014 年研]

(3)简述担保物权的特征。[首师大 2012 年研]

答：(1)担保物权，是指为了担保债权的实现，债务人或第三人以动产、不动产或某些权利为客体而设定的，当债务人不履行到期债务或发生当事人约定的实现担保物权的情形时，权利人有权就该担保财产变价并优先受偿的一种限制物权。

(2)担保物权的特征：

①担保物权是以担保债权的实现为目的的限制物权。担保物权的本质就在于通过赋予权利人对担保财产的交换价值的控制而确保债权的实现，即担保物权以担保债权的实现为目的，这是它与用益物权的重要

区别。

②担保物权限制了债务人或第三人对担保标的物的处分权。用益物权人取得对标的物的直接占有，是为了获得标的物的使用价值，而非限制所有权人对标的物的处分。

③债权人享有对担保财产的换价权。担保物权的换价权，是指当债务人不履行到期债务或者发生当事人约定的实现担保物权的情形时，担保物权人可以将担保财产拍卖、变卖或折价。

④附有担保物权的债权优先于无担保的债权而受清偿。享有担保物权的债权人具有优先于其他普通债权就担保物变价所得优先受偿的权利。

3. 简述我国抵押财产的范围。［华侨大学 2011 年研］

答：抵押财产，是抵押人提供担保用于设定抵押权的财产。我国抵押财产的范围如下：

（1）可设立抵押权的财产。《民法典》第 395 条第 1 款规定，债务人或者第三人有权处分的下列财产可以抵押：①建筑物和其他土地附着物；②建设用地使用权；③海域使用权；④生产设备、原材料、半成品、产品；⑤正在建造的建筑物、船舶、航空器；⑥交通运输工具；⑦法律、行政法规未禁止抵押的其他财产。

（2）禁止抵押的财产。《民法典》第 399 条规定，下列财产不能抵押：①土地所有权；②宅基地、自留地、自留山等集体所有的土地使用权，但法律规定可以抵押的除外；③学校、幼儿园、医疗机构等为公益目的成立的非营利法人的教育设施、医疗卫生设施和其他公益设施；④所有权、使用权不明或者有争议的财产；⑤依法被查封、扣押、监管的财产；⑥法律、行政法规规定不得抵押的其他财产。

4. 简要说明权利质权的客体范围。［苏州大学 2014 年研］

答：权利质权，是以所有权以外的可转让财产权为标的而设定的质权，是指为了担保债务的履行，债务人或者第三人将所享有的财产权利移交债权人占有，当债务人不履行债务或者发生约定的实现质权的情形，债权人优先受偿其占有的财产权利。权利质权的标的是财产权利。

（1）可以出质的权利应当具备以下特点：

①必须是财产权。自然人、法人的人格权、身份权等人身权不能作为权利质权的标的。

②必须是可让与的财产权。

③必须是不违背质权性质的财产权。质权是动产质权，不动产原则上不能设定质权。

（2）可以作为权利质权的标的权利具体包括以下五类：

①汇票、本票、支票、债券、存款单、仓单、提单。质权人获得权利凭证时质权发生效力，否则办理出质登记时发生效力。

②依法可以转让的基金份额、股权。质权自办理出质登记时设立，质权的效力当然及于基金份额、股权的法定孳息。

③依法可以转让的注册商标专用权、专利权、著作权等知识产权中的财产权。质权自办理出质登记时设立。

④现有的以及将有的应收账款。质权自办理出质登记时设立。

⑤法律、行政法规规定可以出质的其他权利。

5. 简述留置权取得的要件。［浙江财大 2015 年研］

相关试题：简述留置权的构成要件。［中南财大 2025 年研］

答：留置权为法定担保物权，其只能基于法律规定依法产生，不能由当事人通过法律行为设定或者排除适用。留置权取得的要件可分为积极要件和消极要件。其中，积极要件是指留置权产生应当具备的条件，消极条件是指只有当其不存在时留置权才能产生的那些条件。

（1）留置权取得的积极要件：①须债权人占有债务人的动产。②债务履行期限届满。其中债权人的债权未到履行期限，其交付占有标的物的义务已届履行期的，不能行使留置权，但是债权人能够证明债务人无支付能力的除外。③债权人占有的动产与债权属于同一法律关系，但企业之间留置的除外。企业之间的留置应当以在企业之间交易关系存续期间，因交易活动而占有的物为限。

(2)留置权取得的消极条件：①对动产的占有不是因侵权行为取得；②法律规定不得留置的动产，不得留置，对动产的留置不得违反公共利益或者善良风俗；③对动产的留置不得与债权人的义务相抵触。

六、论述题

1. 论担保物权的竞合及其处理。［暨南大学 2020 年研］

相关试题：试论担保物权的竞合。［北科 2013 年研］

答：(1)抵押权和质权的竞合及其处理：

我国《民法典》承认动产抵押权，但不承认不动产质权，因此，在我国现行立法框架下发生的抵押权和质权竞存，只可能是动产抵押权和动产质权的竞合。其具体内容如下：

①先押后质及其处理。已合法设定抵押权的动产，在无害于抵押权的实现时，可以设定质权。此时，抵押权和质权之间应依担保物权取得对抗力的时间先后确定其优先顺位。

a. 先设立的抵押权已经登记，而后设立质权时，先设立的抵押权取得对抗效力，自然包括对抗质权，因此，先设立的抵押权优先于后设立的质权。

b. 先设立的抵押权未经登记，而后设立质权时，先设立的抵押权"未经登记，不得对抗善意第三人"，尚未取得抵押权的对抗力，不能对抗后设立的质权，而后设立的质权，因移转占有而取得对抗第三人的效力，可对抗抵押权人，因此，先设立的抵押权此时劣于后设立的质权。

②先质后押及其处理。在先质后押时，抵押权和质权，应依取得对抗力的时间先后确定其优先顺位，使质权优先于抵押权。

(2)抵押权、质权和留置权的竞合及其处理：

①同一动产上已设立抵押权或者质权，该动产又被留置的，留置权人优先受偿。其具体内容如下：

a. 从法律政策上考量，留置权所担保的债权范围多是债权人所付出劳动的报酬的请求权、所投入的材料及垫付的其他费用的返还请求权，以及依合同发生的违约损害赔偿请求权。其中债权人的报酬请求权系属工资、薪金性质，应予优先保护。

b. 债权人的劳动、其投入的材料等使留置物之价值提升，允许抵押权、质权优先于留置权，无异于以债权人的劳动、投入来清偿债务人的债务，有违公平原则。

c. 留置权制度之设立是法律为保护债权人的利益而特别赋予的权利，具有保护劳动者利益和鼓励创造社会财富的政策目的。因此，留置权应优先于抵押权和质权。

②同一动产上先存在留置权后被设立抵押权或者质权的：

a. 留置物所有人将留置物抵押，此时在留置物上又成立抵押权，抵押权与留置权竞合，因留置权成立在先，留置权的效力当然优先于抵押权。

b. 留置权人将留置物抵押，抵押权人善意取得了抵押权，在此情形下，抵押权的效力应优先于留置权，因为留置权人是抵押权所担保债权的债务人，债务人的权利不能优于债权人的权利。

2. 试述抵押权与质权的区别。［中山大学 2009 年研；北师 2007 年研］

相关试题：抵押权与质权［概念题，武大 2013 年研］

答：抵押权与质权的区别主要包括：

(1)成立要件不同。抵押权的成立一般须经登记，但无须将抵押物交付债权人占有；而质权的成立，则以出质人将质物移转于债权人占有为必要。质物的占有移转，既是质权的公示方法，也是其成立要件；但对于某些权利质权的成立，也以办理出质登记为必要。

(2)担保标的不尽相同。抵押权的标的为不动产、不动产用益物权及动产；而质权的标的则为动产和除不动产与不动产用益物权以外的其他财产权利。抵押财产与质权财产的范围，在动产上存在交叉。因此，在动产上成立的担保物权究竟为抵押权还是质权，依合同的约定及债权人是否占有标的物而为区别。

(3)担保的机能不同。抵押权为非占有性担保物权，以优先受偿效力来发挥担保作用，其不具有留置效力。而质权除有优先受偿效力外，尚具有对标的物或其权利凭证的占有、留置效力，即由质权人直接控制标的物，造成出质人心理压迫，以促使债务如期清偿。

(4)实行方式不同。抵押权人行使抵押权时，如果与抵押人达不成协议，通常需要申请法院拍卖或变卖抵押财产，并就所得价款优先受偿，而不能强行夺取抵押财产自行变卖。而质权人于债权届期或约定事由发生而未受清偿时，因其已事先占有标的物，可不必经司法程序而得径直参照市场价格变卖质押财产或以其他方式处分质押财产并就其变价价值受偿。出质人如认为变价不公，可另行通过诉讼解决。

3. 在人保与物保并存的情况下，实现担保物权或者担保权有哪些做法？我国《民法典》对此是如何规定的？并说明理由。[武汉理工 2010 年研]

答：物的担保与人的保证的并存是指：同一债权，既有以担保物权的形式担保债权(即物保)，又有以第三人与债权人订立保证合同的形式担保债权(即人保)。理论上一般将物保与人保并存的情况称为混合共同担保。其特点有二：一是被担保的债权为同一债权；二是同时兼具担保物权和保证合同。

(1)在人保与物保并存的情况下，实现担保物权或者担保权的做法：

学界对于如何处理人保与物保并存的情况一般存在以下三种主张：

①一部分学者主张，如果该物保是由债务人提供的，第三人仅仅提供了人保，那么应该首先执行物保，以实现债权。如果物保难以充分实现债权，那么第三人应该就剩下的债权承担清偿责任，即承担人保的责任。当然，该第三人在承担人保责任后可以向债务人追偿。

②有学者主张，如果该物保和人保均由第三人作出，那么在债务人不履行债务时，债权人有权直接要求该第三人清偿债权，该第三人也应当清偿债权。清偿完毕后该第三人可以向债务人追偿。

③有学者主张，在第三人既作出物保又作出人保时，在债务人作出不清偿债务之前，债权人仍应向债务人要求清偿债权，不得直接要求该第三人清偿债务。

(2)我国《民法典》第 392 条的规定及理由：

①被担保的债权既有物的担保又有人的保证的，债务人不履行到期债务或者发生当事人约定的实现担保物权的情形，债权人应当按照约定实现债权。即有约定从约定。其体现了尊重当事人意思自治，贯彻了我国民法中意思自治原则的要求。

②没有约定或者约定不明确的，其中又分为两种情况：

a. 债务人自己提供物的担保的，债权人应当先就物的担保实现债权。这样规定可以避免保证人履行保证义务后，再向债务人追偿的程序，有利于提高经济效益，减少社会成本。

b. 第三人提供物的担保的，债权人可以就物的担保实现债权，也可以要求保证人承担保证责任。这样规定使提供物保的人与保证人处于平等地位，由债权人行使选择权，比较公平。另外，提供担保的第三人承担担保责任后，有权向债务人追偿。

七、法条评析

1.《民法典》第 390 条规定："担保期间，担保财产毁损、灭失或者被征收等，担保物权人可以就获得的保险金、赔偿金或者补偿金等优先受偿。被担保债权的履行期未届满的，也可以提存该保险金、赔偿金或者补偿金等。"[中南财大 2015 年研改编]

(1)该条是关于什么制度的规定，该制度的内容是什么？

(2)该制度的运用原理是什么？

答：(1)该条是关于担保物权的物上代位性制度的规定。担保物权的物上代位性，是指担保财产因灭失、毁损而获得保险金、赔偿金或补偿金时，该保险金、赔偿金或补偿金成为担保财产的代替物，担保物权依然存在于其上，债权人有权就该代替物行使担保物权。该制度的具体内容如下：

①根据《民法典》第 390 条规定，担保财产的代位物包括以下内容：

a. 担保财产因第三人的侵权行为或者其他原因毁损、灭失时，担保人所获得的损害赔偿金。但根据《民法典》第 432、451 条规定，质权人、留置权人负有妥善保管质押财产的义务；因保管不善致使质押或者留置财产毁损、灭失的，应当承担赔偿责任，质权人、留置权人向出质人或者债务人支付的损害赔偿金不能作为担保财产的代位物。

b. 保险金。担保人对担保财产投保的，因保险事故发生而致使担保财产毁损、灭失时，担保人可以请求保险人支付保险金。该保险金可以作为代位物。

c. 补偿金。主要指担保财产被国家征收时，担保人从国家得到的补偿金。《民法典》第 243 条第 3 款明确规定，征收单位、个人的房屋及其他不动产，应当依法给予征收补偿，维护被征收人的合法权益；征收个人住宅的，还应当保障被征收人的居住条件。

②担保期间，担保财产毁损、灭失或者被征收等，担保物权人可以就担保人所得的损害赔偿金、保险金或者补偿金等优先受偿。在因担保财产毁损、灭失或者被征收产生代位物的时候，可能会出现两种情况：

a. 担保物权人的债权已经到期或者出现当事人约定的可以实现担保物权的情形。在这种情况下，担保物权人可以在代位物上实现优先受偿权。

b. 担保物权人的债权还没有到期。在这种情况下，代位物虽说是特定的，但毕竟已经货币化，担保物权人对其进行控制的可能性降低，其到期实现债权的可能性也会降低。为保障担保物权人的债权得以实现，担保物权人可以提前在代位物上实现自己的债权；如果担保物权人还希望保留自己的期限利益，也可以不立即在代位物上实现担保物权，而等到债权履行期届满，债务人不履行债务时再在代位物上优先受偿。担保人可以自己或者应担保物权人的要求向提存机构提存该保险金、赔偿金或者补偿金等。

(2)担保物权的物上代位性制度的原理。物上代位性是指担保物权的效力及于担保财产因毁损、灭失所得的赔偿金等代位物上。这是担保物权的重要特征。担保物权以支配担保物的交换价值为内容，以取得该价值而受偿债权为目的。所以，即使担保财产本身已经毁损、灭失，只要该担保财产交换价值的替代物还存在，该担保物权的效力就移转到了该替代物上。这种效力不但在抵押权上存在，在质权、留置权上也存在。在担保物的实体形态改变而其价值仍然存在时，担保物权人就其变化了的价值形态受偿，仍可达到同样目的。在担保人依法或经担保物权人同意而转让或处分担保物所得之价款，亦同为原担保物的替代物时，担保权人同样有物上代位权。

2.《民法典》第 419 条规定："抵押权人应当在主债权诉讼时效期间行使抵押权；未行使的，人民法院不予保护"。请对该条规定的民法理论基础，尤其是诉讼时效与债权和抵押权的关系加以评析。[中财 2009 年研改编]

答：(1)本条规定了抵押权存续期间，对抵押权的期间长度进行了限制，并且将该期间限定为同主债权诉讼时效相同。本条以法定的方式对抵押权存续期间作出了限制，是基于担保物权性质、权利实现效率等方面的综合考量。

(2)该条的规定符合担保物权的性质和对担保人的适当保护，是在债权人和担保人之间进行了平衡和协调的结果。因为担保物权虽有从属性，但也有相对独立性，尤其是考虑到担保物权的特殊性，权利人基于登记或占有产生公示效力，信赖抵押物、质物、留置物的现实存在。如果债权人不及时主张债权而让抵押人长期负担此项负担是违背公平公正原则的。

(3)从诉讼时效与债权的关系而言，诉讼时效的经过，债权实体权利并不消灭，而是不受法律的强制力保护，即债务人时效抗辩权的产生。但是，如果债务人自愿履行，债权人仍然可以受领和保有该给付。所以，该条的规定并没有从根本上否定这一点。

(4)抵押权的设定是为了保护债权的实现，抵押权相对于债权具有从属性，债权经过诉讼时效以后，债权人的债权称为自然债，不受法院的保护，作为债权的从属权利，担保物权也自然无法得到法院的保护，因为如果经过诉讼时效后，还对抵押权进行保护，无疑就会使得诉讼时效制度被架空。因而，诉讼时效内抵押权人不行使抵押权的，时效过后法院不再保护其抵押权，是为了与诉讼时效制度相衔接。

(5)抵押权人在诉讼时效内不行使抵押权，抵押权是消灭还是不受司法保护的问题学界也有争议。抵押权本身是一个物权，因而不适用诉讼时效制度，但是，抵押权的消灭要有法定的理由，主债权诉讼时效经过并不必然导致抵押权的消灭，只是不再受法律保护。债务人自愿实现抵押权的，法律不应当反对。

3. 试评述下列法条创设的制度。[武汉理工 2008 年研改编]

《民法典》第 396 条规定："企业、个体工商户、农业生产经营者可以将现有的以及将有的生产设备、原材料、半成品、产品抵押，债务人不履行到期债务或者发生当事人约定的实现抵押权的情形，债权人有权就实现抵押权时的动产优先受偿。”

答：(1)《民法典》第396条规定的是动产浮动抵押制度。浮动抵押权是指企业、个体工商户、农业生产经营者以现有及将有的生产设备、原材料、半成品、产品抵押，债务人不履行到期债务或者发生当事人约定的实现抵押权的情形时，债权人有权就实现抵押权时的动产优先受偿的权利。

(2)根据《民法典》第396条的规定，浮动抵押权的设定条件如下：

①浮动抵押权的主体。浮动抵押不同于固定抵押，固定抵押的抵押人可以是债务人，也可以是第三人，浮动抵押的抵押人只能是债务人。《民法典》将浮动抵押人限定为企业、个体工商户、农业生产经营者。

②浮动抵押财产的范围。《民法典》将浮动抵押财产限定为生产设备、原材料、半成品、产品。除此以外的动产不得设立浮动抵押，不动产之上也不得设立浮动抵押权。

③浮动抵押合同。浮动抵押权由当事人双方合意设定，因此，《民法典》要求当事人就浮动抵押权的设定订立书面合同，《民法典》不承认以口头形式订立的浮动抵押合同。

④浮动抵押权的登记采登记生效主义。企业、个体工商户、农业生产经营者设定浮动抵押权的，应当向抵押人住所地的工商行政管理部门办理登记。抵押权自抵押合同生效时设立；未经登记，不得对抗善意第三人。

(3)浮动抵押权的效力：

浮动抵押权的效力大体与动产抵押权的效力相同，最大的差别在于浮动抵押权有一个效力休眠期。浮动抵押的休眠，也称浮动抵押的效力休眠，是指在抵押财产确定之前，抵押权人没有支配具体抵押财产的权利，或不产生禁止抵押人在正常经营范围内处分抵押财产的权利，除非在抵押合同中对某些财产或处分行为作相反的规定。

浮动抵押权具有优先受偿的效力。以动产抵押的，不得对抗正常经营活动中已支付合理价款并取得抵押财产的买受人。浮动抵押是以现有的和将有的财产设定担保，抵押期间抵押人可以占有、使用、处分抵押财产，如果以全部或者部分动产抵押，又不让抵押人处分该财产，抵押人的经营活动就无法进行了。

(4)浮动抵押财产的确定。抵押权人要实现抵押权，首先要使浮动抵押停止浮动，让其固定下来，此即浮动抵押的结晶，《民法典》称其为浮动抵押财产的确定。根据《民法典》的规定，浮动抵押财产确定的情形有四种：①债务履行期届满，债权未实现的；②抵押人被宣告破产或者被撤销的，抵押人停止营业，进入清算程序；③发生当事人约定的实现抵押权的情形的；④发生严重影响债权实现的其他情形的。

八、案例分析题

1. 甲、乙买卖房屋，乙已付钱，甲已交付乙房屋入住，但未办理房屋产权过户登记手续。后，甲为贷款与信用社订立抵押合同，以房屋做抵押，并办理抵押登记手续。甲未能到期还钱，信用社欲实行抵押权，卖房，乙不同意，认为其拥有所有权，发生争议。[北大2008年研]

现问：

(1)抵押合同是否有效？

(2)乙与信用社谁有优先权，为什么？

(3)乙该如何救济？

答：(1)抵押合同有效。甲乙之间虽然签订了买卖合同，但是由于没有办理过户登记，根据《民法典》第209条规定，不动产物权的设立、变更、转让和消灭，依照法律规定应当登记的，自记载于不动产登记簿时发生效力。本题中，甲、乙还未办理房屋产权过户登记手续，因此乙还不享有房屋的所有权，甲仍然是房屋的所有人，因而甲有权将房屋进行抵押。而且，由于债权之间的相容性，抵押合同不因买卖合同的存在而受影响。

(2)信用社有优先权。理由：信用社与甲之间签订了抵押合同，并且办理了抵押登记，因而信用社享有担保物权的优先权。乙虽已入住，但是其并不享有所有权，因而其与甲之间的买卖合同仅有债权效力，债权具有平等性，并无优先性。

(3)乙可以起诉甲，要求其退还房款并承担违约责任。

2. 甲于2010年7月8日向乙银行贷款600万，贷款后乙银行由于工作效率低下，抵押登记申请未及时交与房屋登记机构。甲因资金周转困难，于2010年8月1日与丙订立房屋买卖合同，将房屋600万出售给丙，并于2010年8月10日过户，丙仅支付200万后没有继续支付。乙银行于8月16日提交房屋抵押登记申请。后甲起诉丙，要求丙继续支付剩余价款，丙反诉，认为甲隐瞒事实，合同无效，甲应该返还200万元。[北大2011年研]

(1)法院是否应该支持甲的诉讼请求？为什么？

(2)法院是否应该支持丙的诉讼请求？为什么？

(3)房屋是否应根据乙银行的请求办理抵押登记手续？

答：(1)法院应当支持甲的诉讼请求，具体分析如下：

乙银行没有及时提交房屋登记申请，房屋抵押登记并未生效，抵押权尚未设立，因此甲在2010年8月1日与丙签订的买卖合同合法有效。2010年8月10日甲和丙之间办理了过户手续，甲已经履行了买卖合同中的给付义务，作为合同的另一方，丙也应支付相应的价款。本案中，丙只支付了200万元价款，还有400万元没有支付，买受人应当履行付款义务。同时，如果本案甲和丙之间签订的是分期付款合同，按照《民法典》的规定，买受人到期未支付的价款的金额达到1/5以上的，出卖人可以要求买受人支付全部价款。

(2)法院不应当支持丙的诉讼请求，具体分析如下：

虽然甲与乙银行之间存在抵押合同，但是由于乙银行在甲与丙之间签订买卖合同之前并没有提交抵押登记申请，因而房屋的抵押并未生效。既然房屋抵押并未生效那么抵押合同并不对甲与丙之间的房屋买卖合同产生实质的影响，并且基于债权相容性的特点，甲与丙之间的房屋买卖合同有效。而且，甲与丙在2010年8月10日办理了过户手续，使丙享有了房屋的所有权，履行了合同的义务。既然甲与乙银行之间的房屋抵押合同并未影响到丙的合法权益，那么就不应认为甲与丙之间的合同是无效的，因而法院不应支持丙的诉讼请求。

(3)房屋不应当根据乙银行的请求办理抵押登记手续，具体分析如下：

虽然甲与乙银行之间确实存在抵押担保合同，而且合法有效，但由于乙银行未及时申请抵押登记，因而抵押并未生效。现在房屋的所有权已经转让给了丙，根据合同相对性原则，甲与乙银行之间的合同不能约束新的所有人丙，因而抵押登记部门不应为乙银行办理抵押登记。

3. (案情摘要)甲为公司职员，与乙同住一间宿舍。2008年初，公司派甲到外地办事处工作一年。临行前，甲将自己的一张红木桌委托给乙保管并允许其使用。后乙的朋友丙找到乙，说其乡下的妹妹丁要出嫁，请乙帮忙买一张红木桌送给其妹做嫁妆。乙遂将甲的红木桌按市价卖给了丙。

一个月后，丙为筹备妹妹的婚礼向戊借款2000元，戊要求丙提供担保，丙便与戊约定以刚买来的红木桌质押，双方立有质押字据。后来丙将红木桌作为嫁妆送给了其妹丁。[中国矿大2009年研]

根据案情，请回答下列问题：

(1)在本案中，红木桌的所有权共发生了几次转移？每次转移的具体依据是什么？

(2)若借款到期，丙未能按期还款，戊可否对红木家具行使质权？为什么？

答：(1)红木桌的所有权共发生两次转移。

第一次转移是乙将甲委托给自己保管的红木桌按市价卖给丙。转移的依据是善意取得制度。具体而言，乙的行为属于无权处分行为，但是丙是善意第三人，并支付了合理的价款，并且双方完成了交付，因而符合善意取得制度的构成要件，丙取得了红木家具的所有权。

第二次转移是丙将红木桌作为嫁妆送给了其妹丁。所有权转移的依据是赠与行为，丙已经善意取得了红木家具的所有权，因而其将该家具赠与其妹，发生物权变动的效力。

(2)戊不可以对红木家具行使质权，具体分析如下：

《民法典》第 429 条规定，质权自出质人交付质押财产时设立。即质权须移转质物的占有，质权以占有标的物为成立要件。在设立质权时，出质人(债务人或第三人)应当将质物的占有移交给债权人。

本案中，虽然双方立有质押字据，但没有转移红木桌的占有，仅成立质押合同，物权上的质押并不成立。因此，戊不可以对红木家具行使质权。

4. 甲和乙签订了房屋买卖合同，乙交付了全部的房款，甲把房屋的钥匙和房产证都交给了乙，乙入住。过了一段时间，甲声称房产证丢失，经过登报公告，甲又向房产部门重新申请办理了房产证，并用该房产证向丙银行抵押借款，双方签订抵押合同，并办理抵押权登记。后因甲无力偿还债务，丙银行就向法院起诉，主张行使抵押权，申请法院拍卖房子。当法院来查封房子的时候，乙才知道自己买的房子被抵押之事。[北理 2008 年研]

问：

(1) 甲和乙所签订的买卖合同是否生效？为什么？

(2) 该房屋的所有权人是谁？为什么？

(3) 甲和丙银行签订的抵押合同是否有效？为什么？

(4) 丙银行能否行使抵押权？为什么？

答：(1) 甲和乙所签订的买卖合同生效，具体分析如下：

《民法典》第 502 条规定，依法成立的合同，自成立时生效。法律、行政法规规定应当办理批准、登记等手续生效的，依照其规定。该房屋买卖合同符合合同生效的以下要件：

①合同主体符合民事行为能力构成要件。甲、乙作为合同双方主体，均具有完全民事行为能力。

②合同客体合法。此合同客体是甲依法享有所有权的房屋，是法律承认的客体，合法有效。

③双方意思表示真实。甲、乙签订房屋买卖合同时，意思表示一致，且不存在胁迫等意思表示不自由的情形。

④合同内容妥当。该房屋买卖合同的内容适法、可能、确定。

本案中，甲、乙签订的合同为普通房屋买卖合同，并不需要办理批准、登记等手续，且该合同不存在《民法典》第 508 条规定的合同无效情形，故该房屋买卖合同自成立时生效。

(2) 该房屋的所有权人是甲，具体分析如下：

《民法典》第 209 条规定，不动产物权的设立、变更、转让和消灭，经依法登记，发生效力；未经登记，不发生效力，但法律另有规定的除外。本案中，甲是房屋的原始所有权人，后来甲虽然将房屋的钥匙和房产证交给了乙，但因没有在不动产所在地的登记机构进行房屋所有权变更登记，故房屋所有权并没有发生转移，甲仍然是房屋的所有权人。

(3) 甲和丙银行签订的抵押合同有效，符合合同生效的以下要件：

①合同主体符合民事行为能力构成要件。甲、丙作为合同双方主体，均具有完全民事行为能力。

②合同客体合法。此合同客体是甲依法享有所有权的房屋，是法律承认的客体，合法有效。

③双方意思表示真实。甲、丙签订抵押合同时，意思表示一致，且不存在胁迫等意思表示不自由的情形。

④合同内容妥当。该抵押合同内容适法、可能、确定。

本案中，甲与丙银行签订的抵押合同，并不需要办理批准、登记等手续，且该合同不存在《民法典》第 508 条规定的合同无效情形，故该抵押合同自成立时生效。

(4) 丙银行能行使抵押权，具体分析如下：

①丙银行的抵押权成立。根据《民法典》第 402 条规定，下述财产的抵押，应当办理抵押登记，抵押权自登记时设立：a. 建筑物和其他土地附着物；b. 建设用地使用权；c. 海域使用权；d. 正在建造的建筑物。本案中，甲、丙已经办理抵押权登记，则该抵押权合法有效。

②丙的抵押权优先于乙的债权。甲丙之间订立抵押合同，并办理抵押登记后，抵押权即成立，故甲丙之间形成物权关系。而甲乙之间仅基于房屋买卖合同形成了债权债务关系。根据物权优先于债权的原则，丙可以在甲无力偿还贷款的情况下，向法院起诉，行使抵押权。

第十六章　占　有

16.1　复习指南

【知识框架(庖丁解牛)】

- 占有
  - 占有的概念
  - 占有的种类
    - 自主占有、他主占有
    - 直接占有、间接占有
    - 有权占有、无权占有
    - 善意占有、恶意占有
    - 无过失占有、有过失占有
    - 无瑕疵占有、有瑕疵占有
  - 占有的效力与保护
    - 占有的推定：事实的推定、权利的推定
    - 占有人与返还请求权人的关系
      - 占有人对物的使用、收益
      - 占有人占有物毁损、灭失时的赔偿责任
      - 占有人请求偿还费用的权利
    - 占有的保护
      - 占有人的自力救济权
      - 占有保护请求权
      - 占有保护请求权与物权请求权的区别
  - 占有的取得与消灭
    - 取得：直接、间接占有的取得
    - 消灭

【通关提要(提纲挈领)】

本章主要介绍占有相关内容。学习时，应了解占有的概念；掌握占有的种类、取得与消灭制度；掌握占有的推定制度，特别是要重点掌握占有人与返还请求权人的关系、占有的保护制度。本章内容较为简单，主要考查选择题和简答题，复习时要整体把握，理解记忆。

16.2　考研真题与典型题详解

一、单项选择题

1. 甲、乙就乙手中的一枚宝石戒指的归属发生争议。甲称该戒指是其在2015年10月1日外出旅游时让乙保管，属甲所有，现要求乙返还。乙称该戒指为自己所有，拒绝返还。甲无法证明对该戒指拥有所有权，但能够证明在2015年10月1日前一直合法占有该戒指，乙则拒绝提供自2015年10月1日后从甲处合法取得戒指的任何证据。对此，下列哪一说法是正确的？(　　)［2016年法考真题］

A. 应推定乙对戒指享有合法权利，因占有具有权利公示性

B. 应当认定甲对戒指享有合法权利，因其证明了自己的先前占有

1B

C. 应当由甲、乙证明自己拥有所有权，否则应判决归国家所有

D. 应当认定由甲、乙共同共有

【解析】AB 两项，我国现行法律对于占有的推定效力未作明确规定。依学理通说，占有的权利推定效力，是指当某人占有某物并在其上行使某种权利时，可以通过占有这种外观而推定占有人是合法地享有该项权利的。受权利推定的占有人，免除举证责任，占有人可以直接援用该推定对抗相对人，无须证明自己是权利人。但在相对人提出反证时，占有人为推翻该反证仍须举证。本题中，争议发生时乙对戒指为现实直接占有并主张所有权，故可先推定其对戒指有所有权；在甲无法证明对该戒指拥有所有权，但针对乙的主张提出反证证明其在 2015 年 10 月 1 日前一直合法占有该戒指的情形下，乙就应该提供自 2015 年 10 月 1 日后从甲处合法取得戒指的证据推翻该反证，否则，应当认定因甲证明了自己的先前占有，而推定甲对戒指享有合法权利。

CD 两项，本案中，戒指不属于埋藏物、遗失物等有可能判决归国家所有的情形，也没有事实、法律依据支持认定为甲、乙共同共有。

2. 甲、乙是邻居。乙出国 2 年，甲将乙的停车位占为己用。期间，甲将该停车位出租给丙，租期 1 年。期满后丙表示不再续租，但仍继续使用该停车位。下列哪一表述是错误的？（　　）［2012 年法考真题］

A. 甲将乙的停车位占为己用，甲属于恶意、无权占有人

B. 丙的租期届满前，甲不能对丙主张占有返还请求权

C. 乙可以请求甲返还原物。在甲为间接占有人时，可以对甲请求让与其对丙的占有返还请求权

D. 无论丙是善意或恶意的占有人，乙都可以对其行使占有返还请求权

【解析】占有是对物在事实上的占领、控制。《民法典》第 462 条规定，占有的不动产或者动产被侵占的，占有人有权请求返还原物；对妨害占有的行为，占有人有权请求排除妨害或者消除危险；因侵占或者妨害造成损害的，占有人有权依法请求损害赔偿。占有人返还原物的请求权，自侵占发生之日起 1 年内未行使的，该请求权消灭。

A 项，甲对停车位并没有所有权，即基于法律上的原因可依法对物进行占有的权利，且明知自己没有占有的权利仍进行占有，是恶意、无权占有人。

B 项，甲与丙签订合同，在合同到期之前，丙基于债权而占有车位为有权占有，甲不能对丙主张占有返还请求权。

C 项，《民法典》第 235 条规定，无权占有不动产或者动产的，权利人可以请求返还原物。故乙可以要求无权占有人甲返还原物；因甲将车位出租而成为间接占有人，乙可以对甲请求让与其对丙的占有返还请求权。

D 项，乙作为所有权人，应当行使返还原物请求权，而非占有返还请求权。

二、多项选择题

1. 甲拾得乙的手机，以市价卖给不知情的丙并交付。丙把手机交给丁维修。修好后丙拒付部分维修费，丁将手机扣下。关于手机的占有状态，下列哪些选项是正确的？（　　）［2015 年法考真题］

A. 乙丢失手机后，由直接占有变为间接占有

B. 甲为无权占有、自主占有

C. 丙为无权占有、善意占有

D. 丁为有权占有、他主占有

【解析】A 项，乙的占有虽因遗失而脱离，但其仍然为手机的所有权人，可以请求甲返还，故乙对手机的占有从直接占有变为间接占有。

B 项，自主占有是指占有人以所有的意思对占有物加以占有，无权占有是指占有人不具有本权的占

2D　|　1ABCD

有。甲拾得乙的手机，甲成为直接占有人，自主占有人，也是无权占有人。

C 项，遗失物属于占有脱离物，不适用善意取得制度，丙不能取得手机的所有权，故丙为无权占有，但因为其不知情，所以为善意占有。

D 项，丁可以行使留置权，为有权占有，但丁无所有人的意思而占有，为他主占有。

2. 某小区徐某未获得规划许可证和施工许可证便在自住房前扩建一个门面房，挤占小区人行通道。小区其他业主多次要求徐某拆除未果后，将该门面房强行拆除，毁坏了徐某自住房屋的墙砖。关于拆除行为，下列哪些表述是正确的？(　　)［2014 年法考真题］

A. 侵犯了徐某门面房的所有权

B. 侵犯了徐某的占有

C. 其他业主应恢复原状

D. 其他业主应赔偿徐某自住房屋墙砖毁坏的损失

【解析】AC 两项，徐某未经许可而扩建房屋，该房屋系违章建筑，其仅构成占有行为，而不可能取得房屋的所有权。恢复原状是物权保护方法，徐某并不享有物权，且挤占通道影响其他物主的共有使用权，因此不应恢复原物。

B 项，《民法典》第 462 条规定，占有的不动产或者动产被侵占的，占有人有权请求返还原物；对妨害占有的行为，占有人有权请求排除妨害或者消除危险；因侵占或者妨害造成损害的，占有人有权依法请求损害赔偿。徐某对其门面房属于无权占有，无权占有也受法律保护，所以其他业主将门面房强行拆除，侵犯了徐某对该门面房的占有。

D 项，《民法典》第 238 条规定，侵害物权，造成权利人损害的，权利人可以依法请求损害赔偿，也可以依法请求承担其他民事责任。徐某自住房的墙砖被毁坏，其他业主应赔偿徐某自住房屋墙砖毁坏的损失。

3. 甲将 1 套房屋出卖给乙，已经移转占有，没有办理房屋所有权移转登记。现甲死亡，该房屋由其子丙继承。丙在继承房屋后又将该房屋出卖给丁，并办理了房屋所有权移转登记。下列哪些表述是正确的？(　　)［2012 年法考真题］

A. 乙虽然没有取得房屋所有权，但是基于甲的意思取得占有，乙为有权占有

B. 乙可以对甲的继承人丙主张有权占有

C. 在丁取得房屋所有权后，乙可以以占有有正当权利来源对丁主张有权占有

D. 在丁取得房屋所有权后，丁可以基于其所有权请求乙返还房屋

【解析】A 项，甲将房屋出卖给乙，交付但并未过户登记，此时乙并未取得房屋所有权，而是基于债权的占有，属于有权占有。

B 项，债权债务是可以发生继承的，甲的继承人丙并未放弃继承，故而乙仍可对甲的继承人丙主张基于债权的占有。

C 项，因为债权具有相对性，不能对抗第三人，所以基于债权的占有也不能对抗第三人。乙不能以对丙主张的基于债权的占有来对抗丁的物权请求权。

D 项，《民法典》第 235 条规定，无权占有不动产或者动产的，权利人可以请求返还原物。在办理房屋所有权移转登记之后，丁取得房屋所有权，其可以基于物权请求权向乙主张返还房屋，乙只能对丙主张违约责任。

4. 丙找甲借自行车，甲的自行车与乙的很相像，均放于楼下车棚。丙错认乙车为甲车，遂把乙车骑走。甲告知丙骑错车，丙未理睬。某日，丙骑车购物，将车放在商店楼下，因墙体倒塌将车砸坏。下列哪些表述是正确的？(　　)［2012 年法考真题］

A. 丙错认乙车为甲车而占有，属于无权占有人

B. 甲告知丙骑错车前，丙修车的必要费用，乙应当偿还

C. 无论丙是否知道骑错车，乙均有权对其行使占有返还请求权

2BD　3ABD　4ABCD

D. 对于乙车的毁损，丙应当承担赔偿责任

【解析】A 项，无权占有是指无本权的占有。丙对乙的车没有任何占有的本权，属于无权占有。

B 项，甲告知丙骑错车前，丙为善意占有人，可以向乙主张必要费用。

C 项，《民法典》第 235 条规定，无权占有不动产或者动产的，权利人可以请求返还原物。此条不区分善意、恶意占有，所有权人均得主张返还原物请求权。第 462 条第 1 款规定，占有的不动产或者动产被侵占的，占有人有权请求返还原物；对妨害占有的行为，占有人有权请求排除妨害或者消除危险；因侵占或者妨害造成损害的，占有人有权依法请求损害赔偿。丙系无权占有人，乙有权对其行使占有返还请求权。

D 项，《民法典》第 461 条规定，占有的不动产或者动产毁损、灭失，该不动产或者动产的权利人请求赔偿的，占有人应当将因毁损、灭失取得的保险金、赔偿金或者补偿金等返还给权利人；权利人的损害未得到足够弥补的，恶意占有人还应当赔偿损失。甲告知丙骑错车后，丙为恶意占有人，恶意占有人需要承担损害赔偿责任。

三、概念题

1. 无权占有［南京大学 2014 年研］

答：无权占有是指无本权的占有，如拾得人对于遗失物的占有。根据进行的占有是否依据本权，可将占有分为无权占有与有权占有。本权是占有人所享有的可以占有某物的权利，如所有权、建设用地使用权、质权、留置权、债权等。无权占有人在本权人请求返还原物时，有返还的义务。

2. 占有与占有权能［武大 2013 年研］

答：(1)占有是指主体对物基于占有意思进行控制的事实状态。

(2)占有权能是指权利主体对其财产实际掌握、控制的权能。

(3)二者的区别：

①占有是事实，其成立不一定基于合法的原因。而占有权能是一种权利，其成立必须有合法的原因。

②占有不必依照公示原则而成立。而占有权能作为《民法典》物权编规定的独立物权类型，必须按照物权公示等原则方可有效。

③效力不同。纯粹事实的占有的排他效力弱于占有权能的排他效力。

四、简答题

1. 简述《民法典》上的占有保护请求权。［暨南大学 2020 年研］

相关试题：论民法上的占有保护请求权。［论述题，人大 2009 年研］

答：占有保护请求权又称“占有人的物上请求权”“占有物上请求权”或“占有人的请求权”，是指当占有人的占有被侵夺、被妨害或有被妨害危险存在时，占有人基于占有而享有的请求权。《民法典》第 462 条第 1 款规定，占有的不动产或者动产被侵占的，占有人有权请求返还原物；对妨害占有的行为，占有人有权请求排除妨害或者消除危险；因侵占或者妨害造成损害的，占有人有权请求损害赔偿。该条规定包含了占有保护请求权。可见，占有保护请求权包括三种：

(1)占有物返还请求权，是占有人在其占有物被他人侵夺以后，可依法请求侵占人返还占有物的权利。其构成要件有：①请求权人应为占有人，非占有人即使对占有物享有合法的权源，也不能行使占有物返还请求权。②须有占有物被侵夺。侵夺，指非基于占有人的意思而排除占有人对物的事实上的管领力。③相对人应为侵夺人。④占有物仍然存在并可返还，方可行使占有物返还请求权。

(2)排除妨害请求权，是指占有人在其占有受到他人妨害时，有权请求他人除去妨害。其构成要件有：①被妨害的标的物仍然存在并由所有人占有；②请求权人必须是占有人；③必须向妨害人提出请求；④妨害人以占有以外的方法妨害权利人行使权利且这种行为是持续进行的；⑤妨害必须是不正当的。

(3)消除危险请求权又称防止妨害请求权，是指侵害虽未发生，但占有人的占有面临遭受侵害的危险，存在被侵害的可能，对于这种可能发生的侵害，占有人有权请求他人为一定行为或者不为一定行为，防止侵害，消除既存的危险，以避免侵害的发生。这里的危险必须是现实危险，必须根据一般社会观念和当时

周围环境加以判断，而不能根据占有人的主观臆断决定。

2. 简述物权请求权与占有保护请求权的区别。［北邮 2020 年研］

答：物权请求权，是指物权的圆满状态受到妨碍或者有被妨碍风险时，物权人为恢复其物权圆满状态，得请求妨害人为一定行为或不为一定行为的权利。占有保护请求权是占有人的占有被非法侵害时，占有人可直接对侵害人，也可向法院提起保护其占有的请求权。二者的区别在于：

(1)物权请求权是基于物权而衍生出来的请求权；占有保护请求权是基于占有这一事实、而非基于某一权利衍生出来的请求权。

(2)物权请求权的功能在于使得物权恢复圆满状态，维护物权效力；占有保护请求权的功能在于恢复其占有状态。

(3)物权请求权人必须举证证明享有物权；占有保护请求权人仅需证明其原本的占有事实。

3. 简述占有的效力。［辽宁大学 2020 年研］

相关试题：

(1)简要回答占有的推定效力。［吉林大学 2023 年研］

(2)占有的效力主要表现在哪些方面?［北科 2013 年研］

(3)简述占有的权利推定效力。［东财 2013 年研］

答：占有的效力是指占有发生后，在占有人和财产所有人以及其他任何人之间依据法律所产生的权利和义务。其主要体现在以下几个方面：

(1)占有的权利推定效力，是指基于占有之背后真实权利存在的盖然性，当某人占有某物并在其上行使某种权利时，就可以通过占有这种外观而推定占有人是合法地享有该项权利的。应注意以下几点：①受权利推定的占有人，免除主动的举证责任；②权利人、第三人均可援用权利的推定；③权利的推定，一般是为占有人的利益而设，但在特定情况下为其不利益时也可以援用；④占有人不得以消极性权利的推定，作为其行使权利的积极证明。

(2)占有的事实推定，是指免除占有人的举证责任而认定某些事实的存在，是法律在无相反证明的情况下，推定占有人之占有为无瑕疵占有等。该推定包括：推定占有人以所有的意思，善意、和平及公然占有；在占有的前后有占有的证据时，推定其为继续占有。

(3)占有人的权利与义务，通常包括有权占有人和无权占有人的权利、义务。具体包括：

①占有人对物的使用、收益。善意占有人对于占有物的使用、收益，应依物的用途，按法律所不禁止的方法进行。《民法典》第 460 条规定，不动产或者动产被占有人占有的，权利人可以请求返还原物及其孳息，但是，应当支付善意占有人因维护该不动产或者动产支出的必要费用。恶意占有人除返还占有物，还应返还其孳息。如果孳息不存在的，应当赔偿损失。

②占有人在占有物毁损、灭失时的赔偿责任。在占有物毁损、灭失的时候，占有人对返还请求人负有赔偿责任。善意占有人因使用致使占有物受到损害的，善意占有人不承担赔偿责任；恶意占有人应当承担赔偿责任。《民法典》第 461 条规定，占有的不动产或者动产毁损、灭失，该不动产或者动产的权利人请求赔偿的，占有人应当将因毁损、灭失取得的保险金、赔偿金或者补偿金等返还给权利人；权利人的损害未得到足够弥补的，恶意占有人还应当赔偿损失。

③占有人请求偿还费用的权利。占有人在占有标的物期间对物支出了费用的，善意占有人对于因保存物所支出的必要费用以及有益费用有权请求偿还。恶意占有人则只能请求偿还必要费用，对于有益费用不能请求偿还。

第三编 债 权

第十七章 债的概述

17.1 复习指南

【知识框架(庖丁解牛)】

- 债的概述
  - 债的概念：债的关系、民法上的债
  - 债的性质
  - 债的要素
    - 主体：债务人、债权人
    - 内容：债权、债务
    - 客体：给付
  - 债的发生原因
    - 合同
    - 缔约上的过失
    - 单独行为
    - 侵权行为
    - 无因管理
    - 不当得利
    - 其他
  - 债法在民法中的地位及其体系

【通关提要(提纲挈领)】

本章属于债的一般知识，内容基础、简单。学习时，要掌握债的概念、性质，重点掌握债的发生原因，了解债法在民法中的地位和体系。本章非重点考查内容，简单理解记忆即可。

17.2 考研真题与典型题详解

一、单项选择题

甲、乙与丙就交通事故在交管部门的主持下达成《调解协议书》，由甲、乙分别赔偿丙5万元，甲当即履行。乙赔了1万元，余下4万元给丙打了欠条。乙到期后未履行，丙多次催讨未果，遂持《调解协议书》与欠条向法院起诉。下列哪一表述是正确的？（　　）[2013年法考真题]

A. 本案属侵权之债　　　　B. 本案属合同之债

C. 如丙获得工伤补偿，乙可主张相应免责　　　　D. 丙可要求甲继续赔偿4万元

【解析】AB两项，在交通事故中发生人身、财产损害，可形成侵权之债，但就这些损害达成调解协议后，侵权之债就转化为合同之债。若义务人不履行调解协议，则权利人只能依协议主张对方的违约责任，

B

而不能再依原来的侵权关系主张侵权损害赔偿。乙未履行调解协议，属于合同之债。

CD两项，丙是否获得工伤补偿与乙、丙之间的调解协议无关，其不影响乙对合同义务的履行。甲、乙间没有连带关系，是“分别”赔偿，甲履行5万元债务后对丙已没有给付义务。丙只能要求乙赔偿余下的4万元。

二、概念题

1. 债的概念［华中农大2015年研］

答：债是指按照合同的约定或者依照法律的规定，在当事人之间产生的特定的权利和义务关系。享有权利的人是债权人，负有义务的人是债务人，这种特定的权利义务关系就是债的关系。其特征包括：①债为特定当事人之间的民事法律关系；②债为当事人之间的特别结合关系；③债是有存续期限的民事法律关系。

2. 合同的附随义务［武大2015年研］

答：合同的附随义务，是指以诚实信用原则为依据，根据合同的性质、目的和交易习惯，随着合同关系的发展逐渐产生的义务。其包括通知义务、照顾义务、保管义务、协助义务、保密义务、保护义务等。附随义务原则上不属于对待给付义务，不能发生同时履行抗辩权。不履行附随义务，一般不得解除合同，但可以不完全履行为由请求损害赔偿。

3. 先合同义务与后合同义务［武大2013年研］

答：先合同义务，是指当事人为缔约而接触时，基于诚实信用原则而发生的说明、告知、注意及保护等义务。违反先合同义务，构成缔约过失责任。后合同义务，是指在合同终止后，当事人根据诚实信用原则而应当履行的旨在维护给付效果或者妥善处理合同终止事宜的通知、协助、保密等义务，从而达到维护给付效果，或者协助对方处理合同终了的效果。违反后合同义务，产生债务不履行责任。

三、简答题

1. 简述债权和物权的区别。［中财2018年研；清华大学2007年研］

相关试题：

(1)论物权与债权的区别。［论述题，厦门大学2025年研；中国政法2024年研］

(2)论债权与物权之区别。［论述题，中山大学2016年研］

答：债权和物权的区别主要表现为：

(1)债权具有请求权特性，物权具有支配权的特征。在权利的作用上，债权具有请求权特点，而非支配权；物权则为支配权，而非请求权。债权的请求权的特点表现为：债权人必须借助于他人(债务人)的意思和行为，才能实现其权利，享受其利益。而作为支配权的物权正相反，物权人无须借助于他人的行为，就能够直接支配其标的物，并通过对标的物的直接支配享受其利益。

(2)债权为相对权，物权为绝对权。在权利性质上，债权是相对权、对人权，而非绝对权；物权则为绝对权、对世权。债权为相对权的特点表现为：主体相对，内容相对，责任相对。债权的权利效力所能及的只限于特定的债务人，即使因第三人的行为使债权不能获得实现，债权人也不能依据债权的效力向该第三人请求给付，故债权也称“对人权”。物权之效力得向一切人主张，权利人之外的一切人均为义务主体，均负有不得侵害其权利或妨碍其权利行使的义务，故物权也称“对世权”。

(3)债权具有相容性，物权具有排他性。在权利效力上，债权具有相容性(平等性)，不具有排他性效力；物权则具有排他性。在同一个标的物上可以成立内容相同或内容不同的数个债权，每个债权地位平等，不具有对抗性和排他性。而物权人对其公示的物权具有对抗一切第三人的绝对性独占效力。

(4)债权不具优先力，物权具有优先力。在权利实现上，债权不具有优先权效力；物权则有优先权效力。一个物上存在多个债权时，不问其成立先后，均可同等受偿。而一个物上存在债权与物权时，物权的效力优先于债权。

(5)债权不具追及力，物权有追及力。在追及效力上，债权不具有追及效力；物权则具有追及力，即物权的标的物无论辗转落入何人之手，除法律另有规定外，物权人均可追及至物之所在行使物权的法律效力。追及力对区分物权与债权有特定意义，追及力是物权的独立效力，而债权不具有追及力。如果将追及力放在请求权效力中，不易区分物权与债权。因为请求权作为救济权，物权与债权都具有，故请求权不能成为区分物权与债权的标志，而追及力是二者的本质差别。

（6）在权利客体上，债权标的为债务人给付，物权的客体为物。请求权与支配权的作用不同，体现在二者的客体不同。债权的作用是请求对方为一定行为，故债权的实现取决于债务人给付的完成。物权的作用是直接支配物，故物权的实现以管领、控制物为前提。

（7）债权的发生以任意主义为主、法定主义为辅，物权的发生是法定主义。民法理论一般认为，基础物权类型的设立以及基础物权的内容原则上实行法定主义，合意债权之发生及内容实行任意主义。按照物权法定主义，物权的类型和内容受法律限制，不允许当事人任意创设新的物权，也不允许变更物权的内容。而合意之债的创设并无此限制，但法定债权，仍受法律的限制，不允许任意创设。

（8）债权为有期限权利，物权不受期限的限制。债权具有请求权效力，该效力受期限的限制，具体表现为：由当事人约定的期限和法律规定的期限限制，故请求权效力有存续期间。因此，在权利满足上，债权原则上因消灭（清偿）得到满足。而物权原则上因其存续得到满足。债权人或债务人行使权利、履行义务是为了促使债的消灭，而物权人尽力维护物的存在，为的是保有物权的支配权。

2. 简述债的概念以及发生的根据。［华中农大 2013 年研］

相关试题：简述债的发生原因。［扬州大学 2019 年研］

答：债，是指按照合同的约定或者依照法律的规定，在当事人之间产生的特定的权利和义务关系。债的发生原因，是指引起债产生的法律事实，包括以下几种：

（1）合同。指平等主体之间设立、变更、终止民事权利义务关系的协议。合同是债的发生最常见、最重要的原因。

（2）缔约上的过错。指当事人在缔约过程中具有过错，从而导致合同不成立、无效、被撤销或者不被追认等，使他方当事人受到损害的情况。具有过错的一方应承担缔约上的过错责任，负有向受害的一方赔偿的义务，受害的一方享有请求有过错的一方赔偿的权利，从而导致债的发生。

（3）单独行为。又称单务约束，是指表意人向相对人作出的为自己设定某种义务，使相对人取得某种权利的意思表示。当事人可依照意思自治原则，为自己设定单方义务，并放弃相对人对待给付的要求，从而导致债的发生。

（4）侵权行为。指不法侵害他人的民事权益，应承担民事责任的行为。在这种情况下，侵权人承担侵权责任，被侵权人有权请求侵权人承担民事责任，从而导致债的发生。

（5）无因管理。指没有法定或者约定的义务而为他人管理事务。管理人负有管理等相关义务，本人负有偿还必要费用、赔偿损失等项义务，管理人与本人之间形成债的关系。

（6）不当得利。指没有合法根据，致使他人遭受损失而取得的利益。受益人应当将所得利益返还给受损人，此项返还义务构成不当得利之债。

（7）其他。除上述事实外，其他法律事实也可引起债的产生。如拾得遗失物的保管和交还、遗嘱执行人与受遗赠人之间的保管和交付遗产等，也可以成为债的发生原因。

第十八章　债的类型

18.1　复习指南

【知识框架(庖丁解牛)】

- 债的类型
  - 种类之债
    - 概念
    - 法律意义
    - 种类之债的特定：概念、方法、效力
  - 货币之债
    - 概念
    - 种类
      - 金额货币之债
      - 特定货币之债
      - 特种货币之债
  - 利息之债
    - 概念
    - 利率
    - 种类
      - 约定利息之债、法定利息之债
      - 基本权利息之债、支分权利息之债
      - 单利之债、复利之债
  - 选择之债
    - 概念[区别于简单之债]
    - 选择之债的特定
      - 概念
      - 方法：选择、给付不能
  - 连带之债
    - 概念[区分于按份之债]
    - 发生原因
      - 意定连带之债
      - 法定连带之债
    - 效力
      - 对外效力
      - 就当事人一人所生事项的效力
      - 对内效力

【通关提要(提纲挈领)】

本章主要介绍债的类型，是有关债的基本知识。学习时，应掌握各种类型债的概念和特征，重点掌握种类之债与选择之债的特定方式、连带之债的效力。本章内容简单，常考概念题、简答题，理解记忆即可。

18.2　考研真题与典型题详解

一、概念题

连带之债[东财 2013 年研]

答：参见本章论述题答案。

二、论述题

论连带之债。［青岛大学 2017 年研；中山大学 2011 年研］

答：(1)连带之债，是指债的当事人一方为多数，且多数人一方的各当事人都有权请求对方履行全部债务或者都负有向对方履行全部债务的义务，全部债权债务关系因债务的一次性全部履行而消灭的债。若债权人一方为多数且有连带关系，则为连带债权；若债务人一方为多数且有连带关系，则为连带债务。

(2)连带之债的成立条件为：

①须有多数债权人或多数债务人。这是多数人之债的根本特征，也是连带之债成立的先决条件。

②须为同一标的。

③须当事人之间的债权债务有同一的目的。债的目的是同一的，是指各债权人享受的债权或者各债务人负担的债务的目的是一个，各债权人中即使某人受偿全部债权或各债务人中即使某人清偿了全部债务，债即消灭。

④须多数人一方当事人之间有连带关系。这是连带之债的根本特征，也是由连带之债有同一的目的所决定的。连带关系，是指就多数债权人或者多数债务人中一人发生效力的事项，对于其他债权人或者债务人也发生同样的效力。

(3)连带之债发生的原因：

意定的连带之债因当事人的民事法律行为而发生，法定的连带之债因法律的直接规定而发生。

①意定连带之债发生原因的民事法律行为主要是合同，也可能是单独行为。《民法典》合同编部分的各种有名合同，大多可以由当事人约定为连带之债。一些立法例要求约定连带之债以明示为限，不允许默示推定，在法律上限制其成立的方式。

②法定连带债务，通常体现对债权人特别保护的立法政策，必须有法律的明文规定，如恶意相对人与无权代理人对本人的连带债务、合伙人的连带之债、股份公司发起人的连带债务等。

(4)连带之债的效力，分为外部效力与内部效力两个方面。连带之债之“连带”，主要体现在连带之债的外部效力上。

①外部效力，是指有连带关系的一方与对方当事人之间的关系。其具体内容为：

a. 在连带债权中，各债权人均有权请求和接受债务人的全部给付，债务人也得向任一债权人履行债务。任一债权人接受债务人的全部履行后，其他债权人的债权也就同时消灭。

b. 在连带债务中，各债务人均负有清偿全部债务的义务。债权人得同时或者先后请求债务人全体或部分或一人履行全部或部分债务。只要债务没有全部清偿完毕，每个债务人不论其是否应债权人的请求履行过债务，对没有清偿的部分，都有清偿的义务；债务只要全部清偿，各债务人的债务均消灭，均不再对债权人负清偿义务。

②内部效力，是指有连带关系的一方当事人间的关系。其具体内容为：

a. 连带债权的各个债权人都有权请求和接受债务人的债务履行，但在各个债权人之间，因各个债权人只能享受自己应享受的权利份额，所以，接受债务人的履行超过自己享受的权利份额的债权人，应当按债权人之间的权利比例返还给其他债权人。

b. 连带债务的各债务人都有清偿全部债务的义务，但在各债务人之间，各债务人是按照一定份额分担债务的，所以，清偿债务超过自己应分担的份额的，债务人有权向其他债务人追偿。履行了义务的债务人享有的请求其他债务人偿还其应承担份额的权利，即为债务人的求偿权。

第十九章　债的履行

19.1　复习指南

【知识框架(庖丁解牛)】

- 债的履行
  - 债的履行的概念
  - 债的履行的原则
    - 适当履行原则
    - 协作履行原则
    - 经济合理原则
    - 情事变更原则
      - 适用条件
      - 在实体法、程序法上的效果
      - 与商业风险的区别
      - 与不可抗力的关系
  - 债的适当履行
    - 履行主体
    - 履行标的：概念、履行要求、质量、价款
    - 代物清偿：概念、要件、效力
    - 履行地点：概念、确定
    - 履行期限：履行期限的确定、期限利益
    - 履行方式：概念、确定
    - 履行费用：概念、负担方式

【通关提要(提纲挈领)】

本章主要介绍债的履行，内容基础且简单。学习时，应重点掌握债的履行原则中的情事变更原则、代物清偿的履行方式，掌握债的适当履行，了解债的履行的概念。本章主要考查选择题，或与具体债的类型通过案例分析进行考查，应整体记忆。

19.2　考研真题与典型题详解

一、单项选择题

甲为出售一台挖掘机分别与乙、丙、丁、戊签订买卖合同，具体情形如下：2016 年 3 月 1 日，甲胁迫乙订立合同，约定货到付款；4 月 1 日，甲与丙签订合同，丙支付 20% 的货款；5 月 1 日，甲与丁签订合同，丁支付全部货款；6 月 1 日，甲与戊签订合同，甲将挖掘机交付给戊。上述买受人均要求实际履行合同，就履行顺序产生争议。关于履行顺序，下列哪一选项是正确的？（　　）[2016 年法考真题]

A. 戊、丙、丁、乙　　　　B. 戊、丁、丙、乙

C. 乙、丁、丙、戊　　　　D. 丁、戊、乙、丙

【解析】《最高人民法院关于审理买卖合同纠纷案件适用法律问题的解释》第 6 条规定，出卖人就同一普通动产订立多重买卖合同，在买卖合同均有效的情况下，买受人均要求实际履行合同的，应当按照以下

A

情形分别处理：①先行受领交付的买受人请求确认所有权已经转移的，人民法院应予支持；②均未受领交付，先行支付价款的买受人请求出卖人履行交付标的物等合同义务的，人民法院应予支持；③均未受领交付，也未支付价款，依法成立在先合同的买受人请求出卖人履行交付标的物等合同义务的，人民法院应予支持。本题中，戊为先行受领交付的买受人，有权最先得到履行；丁和丙分别为先行支付全部或者部分价款的买受人，但立法并未规定先行支付全部的买受人就优先于部分价款的买受人，故这种情形下要根据其合同成立的先后确定二者的顺序，先成立合同的丙优先；乙为未受领交付，也未支付价款的买受人，按照规定最后履行。

二、多项选择题

王某向丁某借款100万元，后无力清偿，遂提出以自己所有的一幅古画抵债，双方约定第二天交付。对此，下列哪些说法是正确的？（ ）[2016年法考真题]

A. 双方约定以古画抵债，等同于签订了另一份买卖合同，原借款合同失效，王某只能以交付古画履行债务

B. 双方交付古画的行为属于履行借款合同义务

C. 王某有权在交付古画前反悔，提出继续以现金偿付借款本息方式履行债务

D. 古画交付后，如果被鉴定为赝品，则王某应承担瑕疵担保责任

【解析】我国法律对以物抵债没有明确规定，在社会实践中的以物抵债是指以他种给付代替原定给付而消灭原有债务的法律行为。本题中，王某向丁某借款100万元，后借款到期无力清偿，提出以自己所有的一幅古画抵债，此情形为履行期限届至后约定的以物抵债，本质上属于代物清偿。代物清偿是指债权人受领他种给付以代原定给付而使合同关系消灭的法律行为。代物清偿的成立须具备四个条件：①必须有原债的关系存在；②必须有双方当事人关于代物清偿的合意；③他种给付必须与原定给付不同；④须债权人受领他种给付以代原给付。

ABC三项，代物清偿为实践性行为，仅有抵债合意尚不足够，还须履行物权转移手续方成立。而且以物抵债的最终目的在于清偿债务，故只有现实提出和受领了物的给付，才构成债的清偿，原来的债的关系才会消灭。如果双方仅仅达成以物抵债的合意，但并未实际履行，则原定债的关系并未消灭，王某有权在交付古画前反悔，提出新的债务履行方式。

D项，代物清偿是债务人履行合同义务的行为，债务人应当承担清偿物的瑕疵担保责任。

三、概念题

1. 债的适当履行原则[南京大学2004年研]

答：债的适当履行原则，又称正确履行原则或者全面履行原则，是指当事人应当按照法律规定或者合同约定的履行标的、主体、期限、地点，以适当的履行方式，全面完成合同义务。根据《民法典》第509条第1款规定：“当事人应当按照约定全面履行自己的义务。”该原则要求履行主体、履行标的、履行期限、履行方式等都适当。主给付义务、从给付义务和附随义务都应履行。

2. 情事变更原则[中国矿大2009年研]

相关试题：情事变更[武大2024年研]

答：参见本章论述题答案。

四、法条评析

《民法典》第531条规定：“债权人可以拒绝债务人部分履行债务，但部分履行不损害债权人利益的除外。债务人部分履行债务给债权人增加的费用，由债务人负担。”试评析这一法条。[北大2014年研改编]

答：《民法典》第531条规定所涉及的是民法理论上的部分履行制度。其所处理的问题是，当“债务人

BCD

向债权人提出的履行不完全”时，双方的利益状态应该如何调整。

(1)部分履行的界定：

部分履行是指合同中的债务人在合同约定或者法律规定的履行期限内只履行了合同债务中的一部分，而没有全部履行合同的债务。部分履行是在履行期限内的履行，如果债务人在履行期限之前履行则为提前履行，如果是在履行期限之后履行则为迟延履行。可以部分履行的合同标的物一般是可分的，即标的物在数量上可分成不同的部分，且不影响其性质和作用。

部分履行有两种情况：①债务人在履行期限内将应当一次履行的债务采用分批履行的办法而全部履行；②债务人虽然没有分批履行但履行标的物的数量不够。

(2)部分履行中的责任承担：

根据合同履行中的全面履行原则，当事人必须严格按照合同的约定全面履行自己的债务。部分履行构成对全面履行原则的违反，因此必然发生一系列的法律后果。其具体内容如下：

①债权人可以拒绝受领债务人的部分履行。这种拒绝权属于一种法定的对债权人的保障措施，其功能在于使债权人可以拒绝受领而不构成债权人迟延。

②根据诚信原则，债务人部分履行债务不损害债权人利益的，债权人应当受领。即债权人的拒绝权也受到一定的限制，当部分履行不损害债权人的利益时，债权人不得拒绝。如果债权人受领部分履行，将导致债的部分消灭，但是不影响债权人采用其他措施来维护自己的利益。即债权人接受了债务人的部分履行并不妨碍债权人向债务人追究违约责任，仍可以向债务人要求合同中所约定的违约金，造成其他损害的，还可以要求对方赔偿损失。

③债务人部分履行给债权人增加负担的，费用由债务人承担。因为该费用的产生与债务人的部分履行行为之间具有因果关系。

五、论述题

民法典中的情事变更原则。[上财2021年研]

相关试题：情事变更的概念及其法律效果。[中国政法2023年研]

答：情事变更原则是指合同依法成立后，因不可归责于双方当事人的原因发生了不可预见的情事变更，致使合同的基础丧失或者动摇，若继续维持合同原有效力则显失公平，而允许变更或者解除合同的原则。

(1)情事变更原则的适用条件：①须有情事变更的事实；②情事变更须发生在合同成立以后，履行完毕之前；③须情事变更的发生不可归责于当事人；④须情事变更是当事人所不可预见的；⑤须情事变更使履行原合同显失公平。

(2)情事变更与商业风险的区别：

①商业风险属于从事商业活动所固有的风险，作为合同成立基础的客观情况的变化未达异常的程度，一般的市场供求变化、价格涨落等属于此类；而情事变更则是作为合同成立基础的环境发生了异常的变动。

②对商业风险，法律推定当事人有所预见，能预见；而情事变更属于当事人未预见到也不能预见的情形。

③商业风险造成的损失可归责于当事人；而情事变更则不可归责于当事人。

(3)情事变更原则与不可抗力的关系：

①不可抗力的发生未影响到合同履行时，不适用情事变更原则。

②不可抗力致使合同不能履行时，在德国法上由风险负担规则解决；在我国《民法典》中发生合同解除，既不排斥风险负担，也不适用情事变更原则。

③不可抗力导致合同履行十分困难，但尚未达到不能的程度，若按合同规定履行就显失公平，方适用情事变更原则。

(4)情事变更原则在实体法上的效果：

①"再交涉义务"。在适用情事变更原则时，受不利影响的当事人可以与对方就合同内容重新协商。在合理期限内协商不成的，当事人可以请求人民法院或者仲裁机构变更或者解除合同。

②变更合同，使合同的履行公平合理。

③解除合同。如变更合同不能解决明显的不公平，可以解除合同。

(5)情事变更原则在程序法上的效果：

①关于情事变更原则是采当事人主义还是职权主义的问题，传统上采职权主义，现在有学者主张采当事人主义。

②适用情事变更原则，需要法官在裁判权范围内进行价值判断，才能完成工作，所以，是形成判决而非确认判决，即以裁判变更原来的合同关系，系一项形成性干预。

第二十章　债的保全与担保

20.1　复习指南

【知识框架(庖丁解牛)】

- 债的保全与担保
  - 债的保全
    - 概念
    - 债权人的代位权
      - 概念、性质、成立要件
      - 行使：主体、客体、方法、范围
      - 行使效果：行使效力、效果归属、费用负担
    - 债权人的撤销权
      - 概念、性质、主体
      - 成立要件：客观要件、主观要件
      - 行使：以自己名义在诉讼中行使
      - 行使效果：行使效力、效果归属、费用负担
  - 债的担保
    - 概述：概念、与反担保
    - 保证
      - 保证概述：概念、法律性质
      - 保证合同：概念、特征、当事人、内容与形式、效力
      - 保证的分类：一般保证、连带责任保证
      - 保证担保的范围：法律规定或当事人约定
      - 债权人与保证人的关系：债权人的权利、保证人的保证责任和权利
      - 保证人与主债务人的关系：保证人的追偿权、代位权
      - 保证责任的免除
    - 定金
      - 概述：概念、性质、与预付款和押金的区别
      - 种类：成约定金、证约定金、违约定金、解约定金、立约定金
      - 成立：书面定金合同、交付
      - 效力

【通关提要(提纲挈领)】

本章主要介绍债的保全与担保的相关知识，属于债的重要内容。学习时，要掌握债的保全与债的担保的概念；掌握债权人代位权、撤销权的概念和特征，重点掌握债权人代位权、撤销权的成立条件以及行使；掌握保证的概念，重点掌握保证的类型及各方当事人之间的权利义务关系；掌握定金的概念和特征，重点掌握定金的种类、各类定金的效力。本章各种题型都有可能考查，可结合案例理解记忆。

20.2　考研真题与典型题详解

一、单项选择题

1. 甲公司的子公司乙公司向银行贷款，甲公司与丙向银行提供保证书：若乙公司无法还债，甲公司

保证替乙公司偿还，丙在甲公司无法清偿的情况下才承担责任，甲公司提供10万吨铝石做抵押，甲公司将该10万吨铝石转让给丙时不再承担责任。该保证书体现的法律关系是(　　)。[2019年法考真题]

A. 抵押　　B. 保证　　C. 责任共同承担　　D. 混合担保

【解析】当事人约定，债务人不能履行债务时，由保证人承担保证责任的，为一般保证；当事人约定，保证人与债务人对债务承担连带责任的，为连带保证。本案中债务人是乙公司，保证人为甲公司与丙。丙为甲提供担保，甲向丙以铝石抵押提供反担保，可以视为保证书中的对保证顺序的约定，不影响保证书的法律性质，属于保证法律行为。

2. 甲公司在2011年6月1日欠乙公司货款500万元，届期无力清偿。2010年12月1日，甲公司向丙公司赠送一套价值50万元的机器设备。2011年3月1日，甲公司向丁基金会捐赠50万元现金。2011年12月1日，甲公司向戊希望学校捐赠价值100万元的电脑。甲公司的3项赠与行为均尚未履行。下列哪一选项是正确的？(　　)[2012年法考真题]

A. 乙公司有权撤销甲公司对丙公司的赠与　　B. 乙公司有权撤销甲公司对丁基金会的捐赠

C. 乙公司有权撤销甲公司对戊学校的捐赠　　D. 甲公司有权撤销对戊学校的捐赠

【解析】AB两项，甲公司与乙公司之间的债权债务关系发生在2011年6月1日，而甲丙之间的赠与以及甲、丁之间的赠与是发生在甲公司和乙公司的合同之前，因此，乙公司无权撤销。

C项，甲对戊的赠与发生在甲、乙的债务关系成立之后，并且甲的赠与伤害到了乙的债权，因而符合债权人撤销权的要件，乙公司有权行使债权人撤销权。

D项，《民法典》第658条规定，赠与人在赠与财产的权利转移之前可以撤销赠与。经过公证的赠与合同或者依法不得撤销的具有救灾、扶贫、助残等公益、道德义务性质的赠与合同，不适用前款规定。甲公司对戊希望学校的赠与发生在甲、乙的合同之后，但是，甲对戊的赠与属于公益性质的赠与，即甲不可行使对戊的撤销权。

3. 甲公司对乙公司享有10万元债权，乙公司对丙公司享有20万元债权。甲公司将其债权转让给丁公司并通知了乙公司，丙公司未经乙公司同意，将其债务转移给戊公司。如丁公司对戊公司提起代位权诉讼，戊公司下列哪一抗辩理由能够成立？(　　)[2011年法考真题]

A. 甲公司转让债权未获乙公司同意

B. 丙公司转移债务未经乙公司同意

C. 乙公司已经要求戊公司偿还债务

D. 乙公司、丙公司之间的债务纠纷有仲裁条款约束

【解析】A项，《民法典》第546条第1款规定，债权人转让债权，未通知债务人的，该转让对债务人不发生效力。甲公司转让债权，并不需要经过债务人乙公司同意，只要通知乙公司即可。

B项，《民法典》第551条第1款规定，债务人将债务的全部或者部分转移给第三人的，应当经债权人同意。债务人丙公司将自己对乙公司的全部债务转让给戊公司需要得到乙公司的同意，否则该转让无效。因此，丁公司不能直接向戊公司行使代位权。

CD两项，《民法典》第535条第1款规定，因债务人怠于行使其债权或者与该债权有关的从权利，影响债权人的到期债权实现的，债权人可以向人民法院请求以自己的名义代位行使债务人对相对人的权利，但是该权利专属于债务人自身的除外。第535条规定的"债务人怠于行使其到期债权，对债权人造成损害的"，是指债务人不履行其对债权人的到期债务，又不以诉讼方式或者仲裁方式向其债务人主张其享有的具有金钱给付内容的到期债权，致使债权人的到期债权未能实现。只有乙公司对戊公司提起诉讼或者提起仲裁，才不构成怠于行使债权。乙公司、丙公司之间的债务纠纷有仲裁条款约束也不能成为戊公司对抗丁公司代位权诉讼的抗辩理由。

2C　3B

二、多项选择题

1. 乙向甲借款20万元，借款到期后，乙的下列哪些行为导致无力偿还甲的借款时，甲可申请法院予以撤销？（ ）[2016年法考真题]

A. 乙将自己所有的财产用于偿还对他人的未到期债务

B. 乙与其债务人约定放弃对债务人财产的抵押权

C. 乙在离婚协议中放弃对家庭共有财产的分割

D. 乙父去世，乙放弃对父亲遗产的继承权

【解析】《民法典》第538条规定，债务人以放弃其债权、放弃债权担保、无偿转让财产等方式无偿处分财产权益，或者恶意延长其到期债权的履行期限，影响债权人的债权实现的，债权人可以请求人民法院撤销债务人的行为。第539条规定，债务人以明显不合理的低价转让财产、以明显不合理的高价受让他人财产或者为他人的债务提供担保，影响债权人的债权实现，债务人的相对人知道或者应当知道该情形的，债权人可以请求人民法院撤销债务人的行为。第540条规定，撤销权的行使范围以债权人的债权为限。债权人行使撤销权的必要费用，由债务人负担。

A项，从债权人撤销权的制度价值看，债务人实施减少其财产的行为对债权人造成损害的，债权人可以请求人民法院撤销该行为，而债权人行使撤销权的目的在于恢复债务人的责任财产（行为之前存在的财产），而将自己所有的财产用于偿还对他人的未到期债务，实质上是放弃自己的既有期限利益，会导致自己的责任财产减少，故应作为债权人行使撤销权的事由。

B项，根据《民法典》第538条规定，乙与其债务人约定放弃对债务人财产的抵押权属于该规定中债务人放弃债权担保的行为，因此甲可申请法院予以撤销。

C项，乙在离婚协议中放弃对家庭共有财产的分割实质上是无偿转让财产的行为，甲可以申请法院予以撤销。

D项，对于放弃继承权的行为，债权人能否行使撤销权的问题，我国立法并无明确规定。债权人行使撤销权的目的在于恢复债务人的责任财产（行为之前存在的财产），而非增加债务人的责任财产（行为之后才发生的财产）。本题中，乙放弃对父亲遗产的继承权，只是阻止债务人将来责任财产的增加，即放弃增加责任财产的机会。不是放弃现有财产，所以债权人不能行使撤销权。此外，继承权是基于身份权而产生的财产权，如允许撤销将会侵害债务人的人身利益，有干涉人身自由之嫌。

2. 甲对乙享有2006年8月10日到期的六万元债权，到期后乙无力清偿。乙对丙享有五万元债权，清偿期已届满七个月，但乙未对丙采取法律措施。乙对丁还享有五万元人身损害赔偿请求权。后乙去世，无其他遗产，遗嘱中将上述十万元的债权赠与戊。对此，下列哪些选项是正确的？（ ）[2010年法考真题]

A. 甲可向法院请求撤销乙的遗赠

B. 在乙去世前，甲可直接向法院请求丙向自己清偿

C. 在乙去世前，甲可直接向法院请求丁向自己清偿

D. 如甲行使代位权胜诉，行使代位权的诉讼费用和其他费用都应该从乙财产中支付

【解析】A项，《民法典》第538条规定，债务人以放弃其债权、放弃债权担保、无偿转让财产等方式无偿处分财产权益，或者恶意延长其到期债权的履行期限，影响债权人的债权实现的，债权人可以请求人民法院撤销债务人的行为。本题中，乙将其十万元的债权无偿赠与戊，甲可向法院请求撤销乙的遗赠。

BC两项，《民法典》第535条第1款规定，因债务人怠于行使其债权或者与该债权有关的从权利，影响债权人的到期债权实现的，债权人可以向人民法院请求以自己的名义代位行使债务人对相对人的权利，但是该权利专属于债务人自身的除外。本题中，在乙去世前，甲可直接向法院请求丙对自己清偿。但乙对丁享有的人身损害赔偿请求权专属于乙自身，甲无权行使代位权。因此B项正确，C项错误。

D项，《民法典》第535条第1款规定，代位权的行使范围以债权人的到期债权为限。债权人行使代位

1ABC 2AB

权的必要费用，由债务人负担。因此费用应该由债务人丙承担。

三、概念题

1. 债的保全［温州大学2017年研；武大2015年研；南航2015年研］

答：债的保全是指法律为防止因债务人的财产不当减少给债权人的债权带来危害，允许债权人代债务人之位向第三人行使债务人的权利，或者请求法院撤销债务人与第三人的民事法律行为的法律制度。其包括债权人的代位权制度和债权人的撤销权制度。

2. 债权人的代位权［中国政法2021年研；上财2021年研；中南大学2019年研；温州大学2018年研］

答：参见本章简答题第1题答案。

3. 债权人的撤销权［中国政法2020年研；青岛大学2017年研；温州大学2017年研；南京大学2015年研］

答：参见本章论述题答案。

4. 保证［浙江财大2015年研］

答：保证，是指第三人和债权人约定，当债务人不履行其债务时，该第三人按照约定履行债务或者承担责任的担保方式。第三人称为保证人；这里的债权人既是主债的债权人，又是保证合同中的债权人。保证具有附属性、独立性和补充性。其含义有：①保证是一种双方的民事法律行为；②保证是担保债务人履行债务的行为；③保证是约定于债务人不履行债务时由保证人承担保证责任的行为。

5. 先诉抗辩权［北邮2007年研］

答：先诉抗辩权又称检索抗辩权，是指保证人在债权人未就主债务人的财产依法强制执行而无效果时，对于债权人可拒绝清偿的权利。《民法典》第687条第2款规定，一般保证的保证人在主合同纠纷未经审判或者仲裁，并就债务人的财产依法强制执行仍不能履行债务前，有权拒绝承担保证责任。先诉抗辩权既可以通过诉讼行使，也可以在诉讼外行使。下列情况下保证人不得行使先诉抗辩权：①债务人下落不明，且无财产可供执行；②人民法院受理债务人破产案件；③债权人有证据证明债务人的财产不足以履行全部债务或者丧失履行债务能力；④保证人书面放弃先诉抗辩权。

6. 解约定金［南京大学2014年研］

答：解约定金，是指以定金为保留合同解除权的代价，即交付定金的当事人可以抛弃定金以解除合同，而接受定金的当事人也可以通过双倍返还定金来解除合同。我国《民法典》中没有明确规定解约定金，但在司法实践中存在此种做法。其特征包括：①既可以在主合同成立同时交付，也可以在主合同成立后、履行前交付；②具有解除合同的效力，以当事人一方解除合同为处罚条件，承担定金的丧失或者双倍返还。

四、简答题

1. 简述债权人代位权的行使条件。［西安交大2008年研］

相关试题：

(1)简述债权人代位权的概念与构成条件。［安徽师大2018年研］

(2)试述合同保全中的代位权。［论述题，中山大学2017年研］

(3)简述代位权的行使条件。［中财2016年研；杭州师大2016年研］

答：债权人的代位权，是指因债务人怠于行使其债权或者与该债权有关的从权利，影响债权人的到期债权实现的，债权人可以向人民法院请求以自己的名义代位行使债务人对相对人的权利。但是该权利专属于债务人自身的除外。其行使条件包括：

(1)债务人享有对第三人的权利。债务人对于第三人的权利，为债权人代位权的标的。

(2)债务人怠于行使其权利。也即应行使、能行使而不行使其权利。主要表现为根本不主张权利或者迟延行使权利。

(3)债务人已陷于迟延。在债务人迟延履行以前，债权人的债权能否实现难以预料，此时已发生保全债权的必要。

(4)有保全的必要。即要求债权人的债权存在不能依债的内容获得满足的危险。该必要不以债务人无资力为要件，因为债权与债务人的资力不一定有直接关系，有时即使债务人有资力，也可为保全债权而行使债务人的权利。

2. 简述反担保与担保的主要区别。［南京大学2005年研］

相关试题：反担保［概念题，暨南大学2017年研］

答：债的担保，是指法律为保证特定债权人利益的实现而特别规定的以第三人的信用或者以特定财产保障债务人履行义务、债权人实现权利的制度。反担保，是指在商品贸易、工程承包和资金借贷等经济往来中，有时为了换取担保人提供保证、抵押或者质押等担保方式，由债务人或者第三人向该担保人新设担保，以担保该担保人承担了担保责任后易于实现其追偿权的制度。从本质上讲，反担保也是担保，故其同样具有促进资金融通和商品流通、保障债权实现、维护交易安全的作用。反担保与担保的区别在于：

(1)担保对象不同。担保的担保对象是主合同债权人对债务人的债权，具体而言，担保的是债务人对债权人的债务的履行、债权人的债权实现。反担保的担保对象则是担保人对被担保人(债务人)的追偿权。该追偿权在担保合同依法成立时即已设定并在担保人承担担保责任后实际发生，其性质为担保人基于担保合同关系及债务人未为债务清偿之事实而产生的一种新债权。担保人向债务人追偿损失的债权在主体、发生原因及范围等方面，均有别于主合同债权人的债权。担保对象上的特点为反担保的最基本特点，它既决定了反担保的其他特点，也决定了反担保与担保的根本区别。

(2)担保方式不同。一般来说，担保使用的原则、方法、标的物、担保物的种类均适用于反担保。但二者的方式不同。担保有五种方式：保证、抵押、质押、留置和定金。但反担保的担保方式只有保证、抵押、质押。

(3)当事人不同：

担保合同的当事人因担保方式及担保人的不同而有所不同。在有债务人自己充当担保人的抵押、质押、定金担保中，担保合同的当事人与主合同当事人发生竞合，均为债权人与债务人。而在债务人之外的第三人充当担保人的保证、抵押、质押担保中，债权人、债务人(被担保人)、担保人三者之间的关系分别由主合同、委托合同、担保合同三种既有紧密联系又相区别的合同来维系。

而反担保中，担保合同的当事人只能为除债务人之外的第三人才能担任。债权人、债务人、担保人之间的关系由主合同、担保合同、反担保合同联系在一起。其中，反担保合同的当事人只能在主合同和担保合同履行完毕之后，才可要求反担保合同的履行。

3. 简述押金与定金的关系。［北邮2009年研］

答：定金，是指根据合同当事人约定，为担保双方履行合同义务，由当事人一方在合同订立时或订立后、履行前，按合同标的额的一定比例交付对方当事人的金钱或其他代替物。押金是指一方当事人将一定费用存放在对方处保证合同的适当履行，如果未适当履行的可以此费用据实支付或另行赔偿。

(1)二者的相同点。二者均属于金钱担保，一方按约定给付金钱或者其他代替物，在合同适当履行后，返还上述担保物。

(2)二者的区别：

①定金在合同订立时或者履行前交付；押金一般与履行主合同同时或与履行主合同相继交付。

②定金担保的对象是主合同的主给付；押金担保的对象一般是合同中的从给付。

③定金的数额低于合同标的额，且不得超过法定的比例；押金的数额往往高于或者等于被担保的债权额。

④定金在一方违约时适用定金罚则；押金不适用定金罚则。

4. 简述定金的种类与效力。［南京大学 2012 年研］

答：(1)定金的种类：①成约定金，指以定金的交付作为合同成立或生效要件的定金。②证约定金，指以定金为订立合同的证据。③违约定金，指为担保债务的履行而被赋予违约责任功能的定金。④解约定金，指以定金为保留合同解除权的代价，即交付定金的当事人可以抛弃定金以解除合同，而接受定金的当事人也可以通过双倍返还定金来解除合同的定金。⑤立约定金，指为担保合同订立而设立的定金。

(2)定金的效力：

①成约定金。定金交付后主合同成立，不交付则原则上主合同不成立，不具有定金罚则的效力。

②证约定金。证明合同成立，不具有罚则的效力。

③解约定金。解约定金具有解除合同的效力，具有定金罚则效力，也即解约以定金的丧失或者双倍返还为条件。

④立约定金。使得拒绝订立合同的一方以定金数额的财产损失为代价。

⑤违约定金：

a. 生效要件。合同因可归责于当事人的事由而不能履行时，该方当事人受到定金罚则的制裁；当合同因不可归责于当事人的事由而不能履行时，任何当事人都不应受到制裁，定金应当返还。

b. 内容。定金罚则生效，则给付定金的一方不履行约定的债务的，无权要求返还定金；收受定金的一方不履行约定的债务的，应当双倍返还定金。

c. 履行瑕疵情况下的处理原则。除非法律另有规定或者当事人另有约定，当事人一方的违约行为致使合同目的不能实现的，可适用定金罚则。但当事人不完全履行合同的，应当按照未履行部分所占合同约定内容的比例适用定金罚则。

五、论述题

试述债权人的撤销权。［浙工大 2020 年研］

相关试题：简述债权人撤销权的成立要件。［简答题，中南大学 2019 年研；首师大 2010 年研］

答：债权人的撤销权，是指债权人对于债务人所作的危害债权实现的行为，可请求法院予以撤销的权利。我国民法学界认为其兼具请求权与形成权特征。

(1)债权人撤销权的成立要件：

债务人所为的行为为无偿或有偿影响债权人的撤销权的成立要件。若为无偿行为，只需具备客观要件；若为有偿行为，则需要具备客观要件与主观要件。其主客观构成要件包括：

①客观要件：

a. 须有债务人的行为。《民法典》第 538 条规定，债务人以放弃其债权、放弃债权担保、无偿转让财产等方式无偿处分财产权益，或者恶意延长其到期债权的履行期限，影响债权人的债权实现的，债权人可以请求人民法院撤销债务人的行为。第 539 条规定，债务人以明显不合理的低价转让财产、以明显不合理的高价受让他人财产或者为他人的债务提供担保，影响债权人的债权实现，债务人的相对人知道或者应当知道该情形的，债权人可以请求人民法院撤销债务人的行为。

b. 债务人的行为必须以财产为标的。使得财产受到直接影响，否则不得予以撤销。

c. 债务人的行为影响债权人的债权实现。影响债权人的债权实现，是指损害了债务人的清偿能力，不能使债权得到满足。债务人减少清偿能力包括两种情况：第一，减少积极财产，如让与所有权、设定他物权、免除债务；第二，增加消极财产，如债务人新负担债务。现存财产的变动不一定属于有害债权的行为。

②主观要件：

《民法典》第 539 条对债务人以明显不合理的低价转让财产并造成债权人损害的场合，要求行使债权人的撤销权以受让人知情为要件；而对无偿转让财产等行为造成债权人损害的场合，债权人行使撤销权未要求债务人及受益人知情。在解释层面，应认为在有偿行为场合，债权人的撤销权以债务人有恶意为成立要件，以受让人或者转得人有恶意为行使要件。

a. 债务人的恶意。债务人的恶意，以行为时为准。行为时不知，而后为恶意的，不成立诈害行为。其不知是否出于过失，在所不问。诈害行为由债务人的代理人实施的，其恶意的有无，就代理人的主观状态加以判断。债务人虽有恶意，但事实上未发生有害于债权人的结果时，不成立撤销权。

b. 受益人的恶意。指受益人在取得一定财产或者取得一定财产利益时，已经知道债务人所为的行为有害于债权人的债权，即已经认识到了该行为对债权损害的事实。至于受益人是否具有故意损害债权人的意图，或者是否曾与债务人恶意串通，不在考虑之列。

c. 转得人的恶意。转得人受让财产时存在恶意时，债权人才能对转得人主张撤销权，如果转得人受让财产属善意，且价格合理，已经交付或登记，自然可以对抗债权人撤销权。

(2)债权人的撤销权的主体，是因债务人的行为而使债权受到损害的债权人。如果债权人为多数人，可以共同享有并独立行使债权人的撤销权，其对全体债权人的利益发生效力。

(3)债权人的撤销权的行使。债权人的撤销权由债权人以自己的名义通过诉讼行使，行使范围以债权人的债权为限，自债权人知道或者应当知道撤销事由之日起 1 年内行使。自债务人的行为发生之日起 5 年内没有行使撤销权的，该撤销权消灭。

(4)债权人的撤销权行使的效果。撤销权行使的范围以债权人的债权为限，对债权人、债务人、第三人产生效力。债务人的行为一旦被撤销，即自始失去法律约束力。未给付的恢复原状，已经给付的恢复原状或作价返还。债权人行使撤销权的必要费用，由债务人负担。撤销之诉的判决对当事人具有拘束力。特定继承人、标的物占有人或其他第三人不能就该法律关系再提异议。只有行使撤销权的债权人可以申请强制执行。

六、案例分析题

2004 年 3 月 15 日，乙向甲借款 3 万元，约定当年 8 月 30 日前还清。逾期后，甲于 9 月 5 日要求乙还款，乙称自己没有偿还能力，但在丙处有 1.5 万元货款未收到，愿意将这 1.5 万元债权让与甲去收，并将债权文书当场交与甲。甲持该债权文书同乙一起到丙处收款时，丙承认欠乙货款 1.5 万元未付，但要求延期一个月后付给甲。后来丙以“我又没欠你钱，且乙又未到场”为由拒付。甲到丙处多次收款未果，以乙怠于行使债权为由，向人民法院起诉，要求代位行使乙在丙处的债权。[北化 2007 年研]

问：

(1)甲、乙、丙之间分别存在什么法律关系？

(2)甲的诉讼请求能否得到法院的支持？为什么？

答：(1)甲、乙、丙三者之间的法律关系如下：

①甲乙之间存在的是借贷法律关系。后乙将债权文书交予甲，并提出由甲去收货款，这属于债权让与，甲代替乙成为合同的当事人。

②乙丙之间存在的合同关系。但后来乙将债权转让给甲，并且当面告知丙，债权让与成立，因而其后，乙丙之间不再存在合同关系。

③甲丙之间存在的是基于债权让与而产生的债权债务关系。甲取代了乙而成为新的债权人，其有权要求丙偿还货款。

(2)甲的诉求不能得到法院的支持。理由如下：

债权人的代位权，是指当债务人怠于行使其对第三人享有的权利而害及债权人的债权时，债权人为保全其债权，可以自己的名义代位行使债务人对第三人之权的权利。本案中，甲通过债权让与已经取得了乙对于丙的债权，其已经是债权债务关系中的当事人，行使代位权所需要的债务人的债权已经不复存在了。因此，甲应以自己的名义并以债权转移所获得的债权直接向丙要求其履行义务，而不能依靠行使代位权要求丙履行义务。

第二十一章　债的转移与消灭

21.1　复习指南

【知识框架(庖丁解牛)】

- 债的转移与消灭
  - 债的转移
    - 概念、特征、原因
    - 债权让与
      - 概念
      - 债权让与合同的有效条件
      - 债权让与合同的效力
      - 债权让与对债务人的效力
    - 债务承担
      - 概念、要件、效力
      - 免责的债务承担：概念、条件、合同效力
      - 并存的债务承担：概念、条件、效果
    - 债的概括承受
      - 概念、分类、效力
      - 类型：合同承受、企业合并与分立
  - 债的消灭
    - 概念、消灭原因、消灭效果
    - 清偿
      - 概念
      - 代为清偿：概念、要件、效力
      - 清偿费用：概念及其承担
      - 清偿的抵充：概念、要件、方法
    - 抵销：概念、分类、功能、要件、方法、效力
    - 提存：概念、原因、主体、标的、方法、效力
    - 免除：概念、方法、效力
    - 混同：概念、成立、效力

【通关提要(提纲挈领)】

本章主要介绍债的转移与消灭，属于重要章节。学习时，要掌握债的转移的概念和特征、债的概况承受效力，重点掌握债权让与的效力、债务承担的类型及其法律效果；掌握债的消灭、清偿、抵销、提存、免除、混同的概念，重点掌握代为清偿及清偿的抵充效力、抵销的要件和效力、提存的效力。本章各种题型都有可能考查，可结合案例理解应用。

21.2　考研真题与典型题详解

一、单项选择题

1. 甲因急需资金，向乙提出借10万元；乙告知甲目前没有现款，但可以将丙欠自己的10万元已到期货款转借给甲。甲表示同意，乙为此将此事通知丙，但丙不同意，并直接将10万元货款向乙进行了支

付。五日后，丙发现乙提供的货物有瑕疵，要求乙按照合同约定支付 2 万元违约金。同日，甲请求丙支付 10 万元，丙拒绝，并提出以下抗辩理由，其中能得到人民法院支持的是(　　)。[2024 年法硕(法学、非法学)真题]

A. 自己已经向乙支付了货款

B. 乙转让 10 万元债权未经自己同意

C. 甲乙之间的合同为实践合同，尚未成立

D. 自己应付的款项可与乙应支付的违约金部分抵销

【解析】AB 两项，债权让与无需经过债务人同意。当债权让与通知到达债务人后，债务人应当向受让人履行债务，即对债务人发生效力。乙将债权让与的事项通知丙后，丙仍向乙偿还债务，不能抵偿丙现在对甲的债务。

C 项，债权转让合同属于诺成性合同，双方意思表示一致即宣告合同成立。

D 项，《民法典》第 549 条规定，有下列情形之一的，债务人可以向受让人主张抵销：①债务人接到债权转让通知时，债务人对让与人享有债权，且债务人的债权先于转让的债权到期或者同时到期；②债务人的债权与转让的债权基于同一合同产生。本题中，丙对乙的违约之债和乙对丙的货物买卖之债基于同一买卖合同产生，因此丙对乙的违约债权可以与乙转让给甲的债权抵销。

2. 甲经乙公司股东丙介绍购买乙公司矿粉，甲依约预付了 100 万元货款，乙公司仅交付部分矿粉，经结算欠甲 50 万元货款。乙公司与丙商议，由乙公司和丙以欠款人的身份向甲出具欠条。其后，乙公司未按期支付。关于丙在欠条上签名的行为，下列哪一选项是正确的？(　　)[2017 年法考真题]

A. 构成第三人代为清偿　　B. 构成免责的债务承担

C. 构成并存的债务承担　　D. 构成无因管理

【解析】A 项，第三人代为清偿是指第三人基于为债务人清偿的意思而向债权人为清偿的行为。发生第三人代为清偿的，在债权人与债务人之间，债的关系归于消灭，债务人免除义务。本题中，丙仅以欠款人的身份向甲出具欠条，并未实际履行清偿义务，也未免除债务人乙公司的义务。因此，不构成第三人代为清偿。

BC 两项，债务承担，是指在不改变合同内容的前提下，债权人或者债务人通过与第三人订立转让债务的协议，将债务全部或部分地转移给第三人承担的现象。以原债务人是否免责为标准，可以将债务承担分为免责的债务承担和并存的债务承担：在免责的债务承担中，由第三人取代原债务人的地位承担全部债务，原债务人脱离债务关系；在并存的债务承担中，原债务人并不脱离债务关系，而由第三人加入债的关系中，与债务人作为合同当事人共同承担债务。本题中，第三人丙加入进来，与债务人乙公司共同承担还款责任。因此，构成并存的债务承担。

D 项，《民法典》第 121 条规定，没有法定的或者约定的义务，为避免他人利益受损失而进行管理的人，有权请求受益人偿还由此支出的必要费用。本题中，乙公司与丙商议，由乙公司和丙以欠款人的身份向甲承担还款义务。乙、丙之间存在约定的义务，因此不构成无因管理。

3. 甲借用乙的山地自行车，刚出门就因莽撞骑行造成自行车链条断裂，甲将自行车交给丙修理，约定修理费 100 元。乙得知后立刻通知甲解除借用关系并告知丙，同时要求丙不得将自行车交给甲。丙向甲核实，甲承认。自行车修好后，甲、乙均请求丙返还。对此，下列哪一选项是正确的？(　　)[2016 年法考真题]

A. 甲有权请求丙返还自行车

B. 丙如将自行车返还给乙，必须经过甲当场同意

C. 乙有权要求丙返还自行车，但在修理费未支付前，丙就自行车享有留置权

D. 如乙要求丙返还自行车，即使修理费未付，丙也不得对乙主张留置权

2C　3C

【解析】AB两项，本题中，甲乙之间存在借用法律关系，甲丙之间存在承揽合同法律关系。乙通知甲解除借用关系并告知丙，同时要求丙不得将自行车交给甲，丙也向甲核实而甲承认后，甲乙之间的借用法律关系解除，此时原甲丙之间的承揽合同法律关系中的定作人也由甲变更为乙，故甲无权再请求丙返还自行车。而乙无论作为承揽合同法律关系的定作人还是自行车的所有人，均有权请求丙返还自行车，也无须经过甲同意。

CD两项，《民法典》第783条规定，定作人未向承揽人支付报酬或者材料费等价款的，承揽人对完成的工作成果享有留置权或有权拒绝交付，但是当事人另有约定的除外。本题中，原甲丙之间的承揽合同法律关系中的定作人由原来的甲变更为乙，故乙有权要求丙返还自行车，但在100元修理费未支付前，丙就自行车享有留置权。

4. 甲公司通知乙公司将其对乙公司的10万元债权出质给了丙银行，担保其9万元贷款。出质前，乙公司对甲公司享有2万元到期债权。如乙公司提出抗辩，关于丙银行可向乙公司行使质权的最大数额，下列哪一选项是正确的？（　　）［2014年法考真题］

A. 10万元　　B. 9万元　　C. 8万元　　D. 7万元

【解析】甲公司将债权出质后，乙公司享有的抵销权不受影响。因为该质押合同仅能约束出质人与质权人，不能为债务人设定义务，进而限制债务人对出质人享有的权利。法定抵销权是法律赋予债务人对出质人的权利，不因质权人、出质人之间的法律行为而被限制或剥夺。故乙公司可向债权人丙银行提出抵销，10万元债权数额被抵销2万元后，丙银行行使质权的最大数额为8万元。

5. 甲公司与乙银行签订借款合同，约定借款期限自2010年3月25日起至2011年3月24日止。乙银行未向甲公司主张过债权，直至2013年4月15日，乙银行将该笔债权转让给丙公司并通知了甲公司。2013年5月16日，丁公司通过公开竞拍购买并接管了甲公司。下列哪一选项是正确的？（　　）［2013年法考真题］

A. 因乙银行转让债权通知了甲公司，故甲公司不得对丙公司主张诉讼时效的抗辩

B. 甲公司债务的诉讼时效从2013年4月15日起中断

C. 丁公司债务的诉讼时效从2013年5月16日起中断

D. 丁公司有权向丙公司主张诉讼时效的抗辩

【解析】《民法典》第548条规定，债务人享有抗辩权，即债务人接到债权转让通知后，债务人对让与人的抗辩，可以向受让人主张。诉讼时效因提起诉讼、当事人一方提出要求或者同意履行义务而中断，从中断时起，诉讼时效期间重新计算。

A项，2011年3月25日起甲公司应还款。普通诉讼时效为2年，乙银行的诉讼时效期间从2011年3月25日起至2013年3月24日。从2013年3月25日起，甲公司取得时效抗辩权。乙银行将债权转让给丙公司，故债务人甲公司可对受让人丙公司主张时效抗辩。

BC两项，原债务人甲以及其继受人丁的诉讼时效于2013年3月24日已过2年的诉讼时效期间，因此，在此之后不存在中断的问题。

D项，丁公司购买、接管甲公司，即继受甲公司的权利义务，所以丁公司有权向丙公司主张时效抗辩。

6. 甲公司为乙公司向银行贷款100万元提供保证，乙公司将其基于与丙公司签订的供货合同而对丙公司享有的100万元债权出质给甲公司作反担保。下列哪一表述是正确的？（　　）［2013年法考真题］

A. 如乙公司依约向银行清偿了贷款，甲公司的债权质权仍未消灭

B. 如甲公司、乙公司将出质债权转让给丁公司但未通知丙公司，则丁公司可向丙公司主张该债权

C. 甲公司在设立债权质权时可与乙公司约定，如乙公司届期不清偿银行贷款，则出质债权归甲公司所有

4C　5D　6D

D. 如乙公司将债权出质的事实通知了丙公司，则丙公司可向甲公司主张其基于供货合同而对乙公司享有的抗辩

【解析】D项，《民法典》第548条规定，债务人接到债权转让通知后，债务人对让与人的抗辩，可以向受让人主张。丙公司是债务人，乙公司是债权人，若发生实现质权的情形，甲公司从乙对丙的债权中优先受偿，地位类似债权转让中的受让人，所以丙对乙的抗辩可以向甲主张。

A项，《民法典》第393条规定，有下列情形之一的，担保物权消灭：①主债权消灭；②担保物权实现；③债权人放弃担保物权；④法律规定担保物权消灭的其他情形。乙公司清偿主债务，主债权消灭，从债也随之消灭，即甲公司提供的保证消灭，乙公司提供的债权质权反担保也消灭。

B项，《民法典》第546条规定，债权人转让债权，未通知债务人的，该转让对债务人不发生效力。债权人转让权利的通知不得撤销，但经受让人同意的除外。未通知丙公司，则债权转让对丙不生效，丁公司不能向丙主张。反之，如果是在债务的转让中债务人将合同中的义务全部或者部分转移给第三人的，应当经债权人同意。

C项，《民法典》第428条规定，质权人在债务履行期限届满前，与出质人约定债务人不履行到期债务时质押财产归债权人所有的，只能依法就质押财产优先受偿。甲、乙在设立债权质权时可以约定流质条款，但在债务不能清偿时无法直接取得担保物的所有权，而是可以拍卖、变卖担保物并对所得价款优先受偿。

7. 甲公司对乙公司负有交付葡萄酒的合同义务。丙公司和乙公司约定，由丙公司代甲公司履行，甲公司对此全不知情。下列哪一表述是正确的？（　　）[2012年法考真题]

A. 虽然甲公司不知情，丙公司的履行仍然有法律效力

B. 因甲公司不知情，故丙公司代为履行后对甲公司不得追偿代为履行的必要费用

C. 虽然甲公司不知情，但如丙公司履行有瑕疵的，甲公司需就此对乙公司承担违约责任

D. 虽然甲公司不知情，但如丙公司履行有瑕疵从而承担违约责任的，丙公司可就该违约赔偿金向甲公司追偿

【解析】第三人清偿的有效要件有：①债务的性质允许第三人代为清偿。具有专属性的债务，第三人不得代为清偿。②无禁止第三人代为清偿的约定。若债务人与债权人约定禁止第三人代为清偿，则不可清偿。③须经债权人同意。须注意：第三人清偿时，若债权人拒绝，则第三人不得清偿；但若第三人就债务的清偿具有法律上的利害关系，债权人不得拒绝。④须第三人具有为债务人清偿的意思。

A项，本题中，第三人丙公司替债务人甲公司清偿债务，得到了债权人乙公司的同意，满足上述四个构成要件，清偿有效。

B项，第三人清偿的主要法律效果是：①因第三人清偿债务，债务人免除其债务，债权亦因此消灭。②第三人可基于无因管理或者不当得利向债务人追偿；但第三人以赠与的意思代为清偿的，无追偿权。据此，丙公司代为清偿后，有权依照无因管理或者不当得利向甲公司追偿。

C项，因乙公司接受丙公司的代为清偿，甲公司对乙公司的债务免除，所以，若丙公司的履行有瑕疵，甲公司无须承担责任，而由丙公司承担违约责任。

D项，若因丙公司的履行瑕疵而对乙公司承担违约责任，就该违约赔偿金，丙公司不享有向甲公司追偿的权利。

8. 甲将其对乙享有的10万元货款债权转让给丙，丙再转让给丁，乙均不知情。乙将债务转让给戊，得到了甲的同意。丁要求乙履行债务，乙以其不知情为由抗辩。下列哪一表述是正确的？（　　）[2012年法考真题]

A. 甲将债权转让给丙的行为无效

B. 丙将债权转让给丁的行为无效

C. 乙将债务转让给戊的行为无效

7A　8D

D. 如乙清偿 10 万元债务，则享有对戊的求偿权

【解析】AB 两项，《民法典》第 546 条第 1 款规定，债权人转让债权，未通知债务人的，该转让对债务人不发生效力。本题中，债权人甲将债权转让给丙，丙转让给丁之时，都未通知债务人乙，乙不知情，债权让与对乙不生效。让与人与第三人达成合意后债权让与合同成立并生效，因此甲转让给丙，丙转让给丁的转让行为都有效。

C 项，债务承担的法律要件是须经债权人同意。乙转让债务给戊已经得到了甲的同意，因此债务承担有效。

D 项，该债务承担已经成立，乙代为清偿债务，故对戊享有求偿权。

9. 乙在甲提存机构办好提存手续并通知债权人丙后，将 2 台专业相机、2 台天文望远镜交甲提存。后乙另行向丙履行了提存之债，要求取回提存物。但甲机构工作人员在检修自来水管道时因操作不当引起大水，致乙交存的物品严重毁损。下列哪一选项是错误的？(　　)［2012 年法考真题］

A. 甲机构构成违约行为　　B. 甲机构应承担赔偿责任

C. 乙有权主张赔偿财产损失　　D. 丙有权主张赔偿财产损失

【解析】提存，是指由于债权人的原因而无法向其交付债的标的物时，债务人将该标的物交给提存部门而消灭债务的制度。本题中，乙通过另行履行提存之债消灭债务，并要求取回提存物，此时，丙和提存机关并没有建立法律关系，因而，甲机构违反保管义务导致提存物毁损、灭失的，应当向乙承担赔偿责任。

二、多项选择题

1. 债的法定移转指依法使债权债务由原债权债务人转移给新的债权债务人。下列哪些项属于债的法定移转的情形？(　　)［2013 年法考真题］

A. 保险人对第三人的代位求偿权

B. 企业发生合并或者分立时对原债权债务的承担

C. 继承人在继承遗产范围内对被继承人生前债务的清偿

D. 根据买卖不破租赁规则，租赁物的受让人对原租赁合同的承受

【解析】代位求偿权属于法定债权移转。当因债务人怠于行使其到期债权，对债权人造成损害的，债权人可以向人民法院请求以自己的名义代为行使债务人的债权，但是该债权专属于债务人自身的除外。企业合并与分立、概括继承、买卖不破租赁都是典型的债权债务法定移转。企业合并、分立之后，由合并或者分立后的法人或者其他组织行使合同权利，履行合同义务。在《民法典》中，继承遗产应当清偿被继承人依法应当缴纳的税款和债务，以其遗产实际价值为限。

2. 甲向乙借款 300 万元于 2008 年 12 月 30 日到期，丁提供保证担保，丁仅对乙承担保证责任。后乙从甲处购买价值 50 万元的货物，双方约定 2009 年 1 月 1 日付款。2008 年 10 月 1 日，乙将债权让与丙，并于同月 15 日通知甲，但未告知丁。对此，下列哪些选项是正确的？(　　)［2010 年法考真题］

A. 2008 年 10 月 1 日债权让与在乙丙之间生效

B. 2008 年 10 月 15 日债权让与对甲生效

C. 2008 年 10 月 15 日甲可向丙主张抵销 50 万元

D. 2008 年 10 月 15 日后丁的保证债务继续有效

【解析】AB 两项，《民法典》第 546 条第 1 款规定，债权人转让债权，未通知债务人的，该转让对债务人不发生效力。本题中，2008 年 10 月 1 日发生债权让与，此债权让与在乙、丙间生效；同月 15 日通知了债务人甲，该转让于 15 日对甲发生效力。

C 项，根据《民法典》第 549 条规定，有下列情形之一的，债务人可以向受让人主张债务抵销：①债务人接到债权转让通知时，债务人对让与人享有债权，并且债务人的债权先于转让的债权到期或者同时到期；②债务人的债权与转让的债权是基于同一合同产生。本题中，甲的债权晚于转让的债权到期，因此不

9D　|　1ABCD　2AB

能主张抵销。

D项，《民法典》第696条第1款规定，债权人转让全部或者部分债权，未通知保证人的，该转让对保证人不发生效力。本题是特殊情形下的债权转让中保证责任的免除，保证人与债权人事先约定仅对特定的债权人承担保证责任或者禁止债权转让的，保证人不再承担保证责任。本题中，指明"丁仅对乙承担担保责任"，乙是特定的债权人，因此丁不再承担保证债务。

三、不定项选择题

甲公司欠乙公司100万元，甲公司将其对丙公司的100万元应收账款质押给乙公司，办理了质押登记手续。后甲公司又将该债权转让给丁公司。以下说法正确的有（　　）。[2019年法考真题]

A. 甲公司将该债权转让给丁公司，未经乙公司同意，无效

B. 质押合同不以登记为生效要件

C. 乙公司办理登记可以对抗丁公司

D. 乙公司同意出质债权转让的，可以对丙公司的价款优先受偿

【解析】《民法典》第445条规定，以应收账款出质的，质权自办理出质登记时设立。应收账款出质后，不得转让，但是出质人与质权人协商同意的除外。出质人转让应收账款所得的价款，应当向质权人提前清偿债务或者提存。

AD两项，出质应收账款债权转让，应经质权人同意，否则，受让人不能取得债权。由于债权让与的发生，直接以债权让与合同的生效为条件，故受让人不能取得债权，即债权让与合同无效。又经质权人同意，出质的应收账款债权转让的，质权人可以就价金提前清偿债务或提存，故质权人乙公司对价金享有优先受偿权。

BC两项，应收账款债权质押，采取强制公示的立法模式，即当事人订立的质押合同仅具有债权效力，质权的设立以质押登记手续为要件。经公示的质押有对抗第三人的效力，故乙公司办理登记可以对抗丁公司。

四、概念题

1. 债权让与[清华大学2013年研]

答：参见本章简答题第1题答案。

2. 债务承担[中国政法2017年研；北邮2008年研；清华大学2006年研]

答：债务承担，又称债务移转，是指不改变债的内容而将债务人的全部或部分债务移转给第三人承受。债务承担可以依据法律规定而发生，也可以依据当事人之间的民事法律行为而发生。较为常见的方式是通过当事人之间的债务移转协议而发生。债务承担按照承担后债务人是否免责为标准，可分为免责的债务承担和并存的债务承担。债务承担的法律特征有：①债务承担是通过第三人与债权人或债务人订立转让合同，使该第三人承受债务或者加入债的关系中而成为债务人。②债务承担是一项相对无因行为。

3. 提存[温州大学2017年研；武大2014年研]

答：提存是指由于债权人的原因而无法向其交付债的标的物时，债务人将该标的物交存于提存部门而消灭债务的制度。提存涉及提存人(债务人)、提存部门和债权人三方当事人，形成三方法律关系。就提存人与债权人之间为私法上的法律关系，提存部门作为国家所设机关，其接受、保管并返还提存标的物的行为属于公法上的义务。

4. 混同[中国政法2023年研；北科2007年研]

答：混同，是指债权与债务同归于一人，而使债的关系消灭的事实。债之关系必须要有债权人和债务人才能成立，债权与债务归于一人，从而导致债之关系消灭。此概念有广义与狭义之分：①广义的混同，包括：a. 权利与权利的混同；b. 义务与义务的混同；c. 权利与义务的混同。②狭义的混同专指权利与

ACD

义务的混同。

五、简答题

1. 简述债权让与的条件及效力。［中南财大 2010 年研］

相关试题：

（1）论债权让与（以民法典规定为根据，从可让与性、让与的债权种类、法律效果等方面论述，尤其要从债务人保护出发论述）。［论述题，中国政法 2023 年研］

（2）论述债权让与的效力。［论述题，北邮 2009 年研］

（3）简述债权让与合同的有效要件。［北化 2008 年研］

答：（1）债权让与，是指债的关系不失其同一性，债权人通过让与合同将其债权转移于第三人享有的行为。其中的债权人称为让与人，第三人称为受让人。

（2）债权让与的条件：

①须存在有效的债权。根据《民法典》第 545 条规定，债权让与合同需要让与人拥有有效的债权，具有处分该债权的权限。

②被让与的债权须具有可让与性。债权具有让与性且让与范围受到一定的限制。《民法典》第 545 条第 1 款明确规定了以下三类债权不得转让：a. 根据债权性质不得让与的债权；b. 按照当事人的约定不得让与的债权；c. 依照法律规定不得让与的债权。

③让与人与受让人须就债权的让与意思表示达成一致。债权让与合同的成立，须让与人和受让人就债权的转让意思表示一致。

（3）债权让与的效力：

①债权让与合同的生效。

②债权让与合同的生效在让与人和受让人之间产生效果。

a. 法律地位的取代。债权让与合同生效后，在债权全部让与时，让与人脱离原债的关系，受让人取代让与人成为新的债权人；在债权部分让与时，让与人和受让人共同享有债权。

b. 从权利随之移转。主债权发生转移时，其从权利原则上应随之一同转移，但该从权利专属于债权人自身的除外。

c. 让与人应将债权证明文件全部交付受让人，并告知受让人行使债权所必要的一切情况。

2. 简述抵销的概念及要件。［浙江财大 2016 年研］

答：（1）抵销，是指互负债务的双方当事人将两项债务相互充抵，以使双方债务在对等数额内消灭的行为。按其产生的根据不同，抵销可分为：

①法定抵销，指依法律规定以当事人一方的意思表示所作的抵销。用作抵销的债权称为主动债权或自动债权，被抵销的债权称为被动债权。

②合意抵销，指当事人协商一致时，双方的债权债务按对等数额消灭的抵销方式。合意抵销是当事人意思自治的具体体现，法律不应禁止。合意抵销的发生条件、法律后果均须遵从当事人的约定，双方的抵销协议只需满足合同的成立及生效要件即可，不受法定抵销的限制。除当事人有特别约定外，抵销合同没有溯及既往的效力。

（2）抵销的要件。按照《民法典》第 568 条第 1 款规定，抵销需要具备以下要件：

①双方当事人互负债务、互享债权。

a. 当事人双方存在的两个债权债务，必须合法有效。

b. 附停止条件的债权中，条件成就前债权尚不生效，不得抵销。

c. 超过诉讼时效期间、附有同时履行抗辩权、第三人的债权，不得作为主动债权而主张抵销。

②双方互负的债务标的物的种类、品质相同。

③对方债务已届履行期，即自动债权已届清偿期。

④双方债务非依其性质、当事人约定或者法律规定不得抵销。

第二十二章　合同概述

22.1　复习指南

【知识框架(庖丁解牛)】

- 合同概述
  - 合同的概念
  - 合同的特征
    - 是一种民事法律行为
    - 两方以上当事人意思表示一致
    - 目的：设立、变更、终止民事权利义务关系
    - 在平等、自愿的基础上实施
  - 合同的分类
    - 双务合同与单务合同：划分标准、概念、区分意义
    - 有偿合同与无偿合同：划分标准、概念、区分意义
    - 诺成性合同与实践性合同：划分标准、概念、区分意义
    - 要式合同与不要式合同
    - 为订约人自己利益订立的合同与为第三人利益订立的合同
    - 实定合同与射幸合同
      - 划分标准、区分意义
      - 彩票与彩票合同
    - 本约与预约：预约的概念、价值、规则、责任
    - 有名合同与无名合同
      - 划分标准、概念
      - 规定典型合同的必要性
      - 非典型合同的法律适用

【通关提要(提纲挈领)】

本章为入门知识，总体介绍合同的基本知识，内容基础简单。学习时，要了解合同的概念和特征，掌握合同的分类，特别是要掌握诺成性合同与实践性合同的概念和区分意义。本章主要考查选择题和概念题，可理解记忆。

22.2　考研真题与典型题详解

一、不定项选择题

张某、方某共同出资，分别设立甲公司和丙公司。2013 年 3 月 1 日，甲公司与乙公司签订了开发某房地产项目的《合作协议一》，约定如下："甲公司将丙公司 10% 的股权转让给乙公司，乙公司在协议签订之日起三日内向甲公司支付首付款 4000 万元，尾款 1000 万元在次年 3 月 1 日之前付清。首付款用于支付丙公司从某国土部门购买 A 地块土地使用权。如协议签订之日起 3 个月内丙公司未能获得 A 地块土地使用权致双方合作失败，乙公司有权终止协议。"

《合作协议一》签订后，乙公司经甲公司指示向张某、方某支付了 4000 万元首付款。张某、方某配合甲公司将丙公司的 10% 的股权过户给了乙公司。

2013 年 5 月 1 日，因张某、方某未将前述 4000 万元支付给丙公司致其未能向某国土部门及时付款，A

地块土地使用权被收回挂牌卖掉。

2013年6月4日，乙公司向甲公司发函：“鉴于土地使用权已被国土部门收回，故我公司终止协议，请贵公司返还4000万元。”甲公司当即回函：“我公司已把股权过户到贵公司名下，贵公司无权终止协议，请贵公司依约支付1000万元尾款。”

2013年6月8日，张某、方某与乙公司签订了《合作协议二》，对继续合作开发房地产项目做了新的安排，并约定：“本协议签订之日，《合作协议一》自动作废。”丁公司经甲公司指示，向乙公司送达了《承诺函》：“本公司代替甲公司承担4000万元的返还义务。”乙公司对此未置可否。[2014年法考真题]

请回答第1~6题：

1. 关于《合作协议一》，下列表述正确的是（　　）。

A. 是无名合同　　B. 对股权转让的约定构成无权处分

C. 效力待定　　D. 有效

【解析】A项，根据《民法典》第467条规定，本法或者其他法律没有明文规定的合同，适用本编通则的规定，并可以参照适用本编或者其他法律最相类似合同的规定。本题中所述合同在我国法律中没有规定，因此是无名合同。

B项，丙公司的股权属于张某和方某，因此甲公司处分丙公司10%的股权属于无权处分。

CD两项，《合作协议一》有效。

2. 关于2013年6月4日乙公司向甲公司发函，下列表述正确的是（　　）。

A. 行使的是约定解除权　　B. 行使的是法定解除权

C. 有权要求返还4000万元　　D. 无权要求返还4000万元

【解析】AB两项，《民法典》第562条规定，当事人协商一致，可以解除合同。当事人可以约定一方解除合同的条件，解除合同的条件成就时，解除权人可以解除合同。乙公司与甲公司在《合作协议一》中约定，所附条件成就时，乙公司有权终止协议，因此乙公司行使的是约定解除权。

CD两项，《民法典》第566条规定，合同解除后，尚未履行的，终止履行；已经履行的，根据履行情况和合同性质，当事人可以请求恢复原状或者采取其他补救措施，并有权请求赔偿损失。本题中，合同解除后，乙公司有权要求返还其给付的4000万元。

3. 关于2013年5月1日张某、方某未将4000万元支付给丙公司，应承担的责任，下列表述错误的是（　　）。

A. 向乙公司承担违约责任　　B. 与甲公司一起向乙公司承担连带责任

C. 向丙公司承担违约责任　　D. 向某国土部门承担违约责任

【解析】A项，根据甲、乙合同约定，甲公司负有支付丙公司4000万元首付款的义务，若未支付，则乙公司有权请求甲公司承担违约责任。张某、方某是甲、乙合同之外的第三人，根据合同的相对性，乙公司无权向张某、方某主张其对自己承担违约责任。

B项，通说认为，连带责任产生的依据有：①法律规定；②当事人约定。张某、方某未将4000万元支付给丙公司，既无法定又无约定情形，乙公司无权请求其与甲公司一起向自己承担连带责任。

C项，《民法典》第522条规定，当事人约定由债务人向第三人履行债务，债务人未向第三人履行债务或者履行债务不符合约定的，应当向债权人承担违约责任。张某、方某未向第三人丙公司履行义务，根据合同的相对性，第三人丙公司不得请求张某、方某对自己承担违约责任。

D项，向国土部门购买土地使用权的是丙公司，并非张某、方某。根据合同的相对性，国土部门只能请求丙公司承担违约责任，不能请求合同之外的第三人张某、方某承担违约责任。

4. 关于甲公司的回函，下列表述正确的是（　　）。

A. 甲公司对乙公司解除合同提出了异议

1ABD　2AC　3ABCD　4A

B. 甲公司对乙公司提出的异议理由成立

C. 乙公司不向甲公司支付尾款构成违约

D. 乙公司可向甲公司主张不安抗辩权拒不向甲公司支付尾款

【解析】A项，《民法典》第565条规定，当事人一方依法主张解除合同的，应当通知对方。合同自通知到达对方时解除；通知载明债务人在一定期限内不履行债务则合同自动解除，债务人在该期限内未履行债务的，合同自通知载明的期限届满时解除。对方对解除合同有异议的，任何一方当事人均可以请求人民法院或者仲裁机构确认解除行为的效力。甲公司回函“贵公司无权终止协议”即为对乙公司解除合同提出的异议。

B项，本题中，甲、乙两公司约定了合同的解除权。因约定解除事项成就，乙公司享有约定解除权，且乙公司的解除通知已经到达甲公司，乙公司的解除有效，发生合同解除的效力，因此甲公司的异议不成立。

C项，《民法典》第566条规定，合同解除后，尚未履行的，终止履行；已经履行的，根据履行情况和合同性质，当事人可以请求恢复原状或者采取其他补救措施，并有权请求赔偿损失。因甲乙之间的合同属于一时性合同，乙解除合同的行为具有溯及力，甲乙之间的权利义务终止，乙不再负有向甲支付尾款的义务。

D项，根据《民法典》第527、528条，不安抗辩权是指先给付义务人在有证据证明后给付义务人丧失或者可能丧失履行债务能力的情况时，有权中止自己的履行；后给付义务人收到中止履行的通知后，在合理期限内未恢复履行能力或者未提供适当担保的，先给付义务人有权解除合同。乙公司支付尾款的义务是在甲公司转让股权之后，其是后履行义务的一方，不能行使不安抗辩权。

5. 关于张某、方某与乙公司签订的《合作协议二》，下列表述正确的是(　　)。

A. 有效　　B. 无效

C. 可变更　　D.《合作协议一》被《合作协议二》取代

【解析】ABC三项，《合作协议二》是双方的真实意思表示，又没有违反法律、行政法规的强制性规定，因此是有效的。D项，《合作协议一》是甲公司与乙公司之间签订的，而《合作协议二》是张某、方某与乙公司签订的，根据合同的相对性，由于合同当事人不同，因此《合作协议一》不能被《合作协议二》取代。

6. 关于丁公司的《承诺函》，下列表述正确的是(　　)。

A. 构成单方允诺　　B. 构成保证

C. 构成并存的债务承担　　D. 构成免责的债务承担

【解析】A项，单方允诺是指表意人向相对人作出的某种意思表示，目的是为自己设定某种义务，使相对人取得某种权利。本题中，丁公司的《承诺函》符合单方允诺的构成。

B项，保证是一种合同关系，它需要当事人双方的要约和承诺来形成保证合同。本题中乙公司未作出任何意思表示，因此不可能产生保证关系。

CD两项，债务承担是债的移转的一种方式，指在不改变合同的前提下，债权人、债务人通过与第三人订立债务转让协议，将债务全部或者部分转移给第三人承担。按照承担后债务人是否免责为标准，债务承担可分为免责的债务承担和并存的债务承担。其中免责的债务承担是指债务人将其债务全部或者部分转让给第三人承担，就转让给第三人的债务，原债务人免除债务。并存的债务承担是指原债务人并不免除债务，第三人加入债的关系，与原债务人一起对债权人承担连带清偿责任。理论上认为，由于第三人参与到现在的法律关系当中，对债权人只会有利不会有害，因此原则上并存的债务承担不需要债权人同意即可构成。本题中，甲指示丁承担债务，可以认为债务人与承担人有债务承担的合意，而丁公司通过自己的单方意思表示，向乙表明愿意承担债务，构成并存的债务承担，无须经过乙同意。

二、概念题

1. 合同[华中农大2015年研]

答：合同，是指平等主体之间设立、变更、终止民事权利义务关系的协议。其特征包括：①是一种民

5A　6AC

事法律行为；②需要当事人的意思表示一致；③其目的是设立、变更、终止民事法律关系；④当事人各方平等、自愿。

2. 实践性合同［武大 2012 年研；南京大学 2008 年研］

答：实践性合同又称要物合同，是指除双方当事人的意思表示一致以外，尚需交付标的物或者完成其他给付才能成立的合同。实践性合同以合意和交付标的物或完成其他给付为成立要件。在实践性合同中，交付标的物或完成其他给付，不是当事人的给付义务，只是先合同义务，不产生违约责任。实践合同仅限于法律有特别规定时才为实践合同，如《民法典》中规定的保管合同以及自然人之间的借款合同。

三、简答题

区分有偿合同与无偿合同有何法律意义？［暨南大学 2016 年研；北科 2012 年研］

答：(1)有偿合同与无偿合同的概念：

①有偿合同，是指当事人一方享有合同规定的权益，须向对方当事人偿付相应代价的合同。

②无偿合同，是指一方当事人向对方给予某种利益，对方取得该利益时不支付任何代价的合同。

(2)二者区分的意义包括：

①责任的轻重不同。有偿合同的债务人应承担较高的注意义务；无偿合同的债务人所负的注意义务程度低。

②主体要求不同。除非法定代理人同意，限制行为能力人不可订立重大有偿合同，完全行为能力人可订立有偿合同；除非负有返还原物的义务，限制行为能力人和无行为能力人可独立订立无偿合同。

③可否行使撤销权不同。若债务人无偿转让导致其责任财产严重减少，债权人可以请求撤销该行为。但对于有偿的明显低价的处分行为，只有在债务人及其第三人在实施交易行为时有加害债权人的恶意时，债权人方可行使撤销权。

④有无返还义务不同。有偿受让无权处分财物的善意第三人一般不负返还原物的义务；无偿转让受让无权处分财物的善意第三人一般负返还原物的义务。

第二十三章　合同的订立

23.1　复习指南

【知识框架（庖丁解牛）】

- 合同的订立
  - 合同订立的概念
  - 合同订立的程序
    - 一般程序
      - 要约：概念、要件、效力、撤回与撤销、失效
      - 承诺：概念、要件、效力、撤回与迟到
    - 特殊的订立方式
      - 广告
        - 悬赏广告的概念、性质
        - 普通广告[要约邀请]
      - 招标投标：概念、适用范围
      - 拍卖：概念、当事人
      - 强制缔约：概念、适用范围
      - 附合缔约
    - 合同的成立：订立时间、地点
  - 合同的内容与解释
    - 合同的内容
      - 当事人的名称或姓名与住所
      - 标的、质量与数量、价款或酬金
      - 履行的期限、地点、方式
      - 违约责任、争议解决方法
    - 合同的主要条款与普通条款
    - 合同解释
      - 概念、类型、规则
      - 原则
        - 主客观结合原则
        - 体系解释原则
        - 历史解释原则
        - 合同性质解释原则
        - 符合合同目的原则
        - 参照习惯或惯例原则
        - 参考缔约背景、磋商过程、履行行为解释

【通关提要（提纲挈领）】

本章主要介绍合同订立的相关内容，较为基础。学习时，应掌握合同订立的一般程序、合同解释的原则与规则，了解合同的特殊订立方式、合同的内容。本章常考简答题和案例分析题，常会结合其他知识在案例中进行考查，要理解应用。

23.2　考研真题与典型题详解

一、单项选择题

1. 甲公司向乙公司发函："我司需磷酸铁锂10吨，每吨单价5万元，如贵司能供货，请回函。"乙公司收到函件后及时回函："最近磷酸铁锂市场价格上调，我司仅能以每吨6万元的价格出售。"次日，乙公司向甲公司发出10吨磷酸铁锂，并通知甲公司已按函件要求的数量发货。甲公司收到乙公司的回函后，以乙公司的报价过高为由拒收运抵的磷酸铁锂。对此，下列说法正确的是(　　)。[2024年法硕(非法学)真题]

A. 甲公司和乙公司之间的买卖合同未成立

B. 乙公司有权请求甲公司承担违约责任

C. 乙公司有权请求甲公司承担缔约过失责任

D. 甲公司有权请求乙公司承担缔约过失责任

【解析】A项，《民法典》第478条规定，有下列情形之一的，要约失效：①要约被拒绝；②要约被依法撤销；③承诺期限届满，受要约人未作出承诺；④受要约人对要约的内容作出实质性变更。甲公司向乙公司发函，希望以每吨5万元的价格购买磷酸铁锂，属于要约；乙公司回函中对货物价格进行了实质性变更，不能视为对原要约的承诺，而应视为乙公司向甲公司发出新要约，加之甲公司并未作出承诺，故买卖合同未成立。

B项，违约责任以合同成立生效为前提。本题中，买卖合同并未成立、生效。

CD两项，缔约过失责任，是指在订立合同的过程中，当事人一方因违反其依据诚实信用原则产生的先合同义务，致使另一方信赖利益损失时所应承担的赔偿责任。本题中，双方均在正常进行商业谈判，并无任何一方违背诚实信用原则，因而均不必承担缔约过失责任。

2. 方某、李某、刘某和张某签订借款合同，约定："方某向李某借款100万元，刘某提供房屋抵押，张某提供保证。"除李某外其他人都签了字。刘某先把房本交给了李某，承诺过几天再作抵押登记。李某交付100万元后，方某到期未还款。下列哪一选项是正确的？(　　)[2015年法考真题]

A. 借款合同不成立

B. 方某应返还不当得利

C. 张某应承担保证责任

D. 刘某无义务办理房屋抵押登记

【解析】AB两项，《民法典》第490条规定，法律、行政法规规定或者当事人约定合同应当采用书面形式订立，当事人未采用书面形式但是一方已经履行主要义务，对方接受时，该合同成立。本题中，虽然签订借款合同时李某没有签字，但是刘某交付房本给李某，李某接受；同时李某交付借款100万元给方某，方某接受，此时借款合同成立；方某基于借款合同取得款项不构成不当得利。

C项，张某签字即意味着保证合同生效，在债务人方某不履行债务的情况下，张某应承担保证责任。

D项，根据《民法典》第395、402条规定，以房屋设定抵押权的，抵押权自登记时设立。第215条规定，当事人之间订立有关设立、变更、转让和消灭不动产物权的合同，除法律另有规定或者当事人另有约定外，自合同成立时生效；未办理物权登记的，不影响合同效力。抵押合同中，债权人有权要求抵押人办理抵押登记。因此，刘某有义务办理房屋抵押登记。

3. 甲公司和乙公司在前者印制的标准格式《货运代理合同》上盖章。《货运代理合同》第四条约定："乙公司法定代表人对乙公司支付货运代理费承担连带责任。"乙公司法定代表人李红在合同尾部签字。后双方发生纠纷，甲公司起诉乙公司，并要求此时乙公司的法定代表人李蓝承担连带责任。关于李蓝拒绝承担连带责任的抗辩事由，下列哪一表述能够成立？(　　)[2014年法考真题]

A. 第四条为无效格式条款

B. 乙公司法定代表人未在第四条处签字

1A　2C　3D

C. 乙公司法定代表人的签字仅代表乙公司的行为

D. 李蓝并未在合同上签字

【解析】D项，李蓝并未签字，系李红个人签字，故甲公司只能主张李红个人承担连带责任，而不能主张李蓝承担连带责任。这是合同相对性原则的体现。

A项，《民法典》第497条规定，有下列情形之一的，该格式条款无效：①具有本法第1编第6章第3节和本法第506条规定的无效情形；②提供格式条款一方不合理地免除或者减轻其责任、加重对方责任、限制对方主要权利；③提供格式条款一方排除对方主要权利。本案中，第四条的约定不属于上述情形，因此第四条不是无效格式条款。

B项，《民法典》490条规定，当事人采用合同书形式订立合同的，自当事人均签名、盖章或者按指印时合同成立。在签名、盖章或者按指印之前，当事人一方已经履行主要义务，对方接受时，该合同成立。

C项，李红签字的行为具有两层法律含义：①李红自己以公司法定代表人的身份代表公司订立了一个合同。②李红以自己的身份订立了一个合同。该项忽视了李红签字行为的第二层法律含义。

4. 甲与同学打赌，故意将一台旧电脑遗留在某出租车上，看是否有人送还。与此同时，甲通过电台广播悬赏，称捡到电脑并归还者，付给奖金500元。该出租汽车司机乙很快将该电脑送回，主张奖金时遭拒。下列哪一表述是正确的？(　　)［2012年法考真题］

A. 甲的悬赏属于要约　　　　B. 甲的悬赏属于单方允诺

C. 乙归还电脑的行为是承诺　　　　D. 乙送还电脑是义务，不能获得奖金

【解析】ABC三项，通说认为，悬赏广告的性质是单方允诺。单方允诺又称单独行为或单约束行为，是指表意人向相对人作出的为自己设定某种义务，使对方取得某种权利的意思表示。依意思自治原则，民事主体可基于某种物质上或精神上的需要为自己设定单方义务，同时放弃对于他方当事人的对价请求。因此，单方允诺能够引起债的发生，甲的悬赏属于单方允诺。

D项，《民法典》第499条规定，悬赏人以公开方式声明对完成特定行为的人支付报酬的，完成该行为的人可以请求其支付。本题中，乙送还电脑，完成了甲发布的悬赏广告中的行为，其有权利请求甲支付奖金。

二、概念题

1. 要约［首经贸2011年研］

答：参见本章简答题第1题答案。

2. 要约邀请［中国政法2020年研；人大2014年研］

答：要约邀请又称“要约引诱”，是指希望他人向自己发出要约的意思表示。要约邀请是当事人在订立合同的过程中的一种预备行为，但不是订立合同的必经程序。其特点有：①要约邀请是一种意思表示，故应具备意思表示的一般成立要件。②要约邀请的目的在于诱使他人向自己发出要约，而非与他人订立合同，故只是订立合同的预备行为，而非订约行为。③要约邀请只是引诱他人发出要约，既不能因相对人的承诺而成立合同，也不能因自己作出某种承诺而约束要约人。行为人撤回其要约邀请，只要没有给善意相对人造成信赖利益的损失，就不承担法律责任。

三、简答题

1. 合同订立的一般程序。［南京理工2011年研］

答：合同订立的一般程序包括要约和承诺。

(1)要约：

①要约是指由特定人发出的包含订立合同的意图且内容具体确定的意思表示。

②要约的要件：a. 要约必须是特定人所为的意思表示；b. 要约必须向相对人发出；c. 要约必须具

有缔结合同的目的，这是要约与要约邀请的主要区别；d. 要约的内容必须具体确定和完整；e. 要约必须表明要约人有在得到承诺时即受其约束的意旨，即要约人必须向受约人表明，要约一经受约人同意，合同即告成立。

③要约的效力：a. 要约到达受约人时生效；b. 要约对要约人产生拘束力；c. 要约对受约人产生拘束力；d. 要约的存续期间，指要约发生法律效力的期间，即受约人得以承诺的期间，简称承诺期间。

④要约的撤回和撤销：

a. 要约的撤回，是指要约人在发出要约后，于要约到达受要约人之前取消其要约的行为。

b. 要约的撤销，指要约人在要约生效以后，将该项要约取消，使要约的法律效力归于消灭的行为。

⑤要约的失效，指要约丧失其法律效力。有以下情形的，要约失效：a. 要约存续期间(承诺期间)届满；b. 受约人拒绝要约；c. 要约人依法撤销要约；d. 对要约的实质性变更；e. 要约人或者受约人死亡。

(2)承诺：

①承诺是受要约人作出的同意要约的意思表示。商业领域中承诺又称接盘。

②承诺的要件包括：a. 承诺必须由受约人作出；b. 承诺必须向要约人作出；c. 承诺内容与要约内容一致；d. 承诺必须在要约的存续期间内作出；e. 承诺应当以通知的方式作出。

③承诺的效力：

a. 承诺通知到达要约人时生效。《民法典》第137条规定，以对话方式作出的意思表示，相对人知道其内容时生效。以非对话方式作出的意思表示，到达相对人时生效。以非对话方式作出的采用数据电文形式的意思表示，相对人指定特定系统接收数据电文的，该数据电文进入该特定系统时生效；未指定特定系统的，相对人知道或者应当知道该数据电文进入其系统时生效。当事人对采用数据电文形式的意思表示的生效时间另有约定的，按照其约定。

b. 若为诺成性合同，承诺生效则合同成立；若为实践性合同，合同自交付标的物时成立。

④承诺的撤回。指受要约人在发出承诺通知以后，在承诺正式生效之前撤回其承诺。撤回承诺意思表示只能在如下两种情况下生效：a. 撤回的通知应当在承诺到达相对人之前生效；b. 撤回的通知与承诺同时到达相对人。因为承诺一旦先于撤回的通知到达，则意味着承诺已经生效，合同已经成立。

2. 简述要约与要约邀请的区别。[中国政法2021年研；北邮2007年研]

答：要约是由特定人发出的包含订立合同的意图且内容具体确定的意思表示。要约邀请，是指希望他人向自己发出要约的意思表示。要约和要约邀请的区别如下：

(1)实际目的不同。要约邀请是一方邀请对方向自己发出要约，而要约是由一方向他人发出订立合同的意思表示。

(2)法律性质不同。要约是当事人旨在订立合同的意思表示，它有一经承诺就产生合同的可能性。要约邀请旨在引诱他人向自己发出要约的意思表示，是订立合同的预备行为。要约邀请发出时，当事人处于订约的准备阶段。

(3)法律效果不同。要约邀请只是引诱他人发出要约，它既不能因相对人的承诺而成立合同，也不能因自己作出某种承诺而约束要约人。在发出要约邀请以后，要约邀请人撤回其邀请，只要没有给善意相对人造成信赖利益的损失，要约邀请人一般不承担法律责任。而要约发出之后，承诺人一旦承诺，合同便成立，要约人受合同约束。

3. 简述要约的撤回与要约撤销的区别。[人大2011年研]

答：要约又称发盘、出盘、发价或报价等。根据《民法典》第472条规定，要约是希望与他人订立合同的意思表示。因此要约是指一方当事人以缔结合同为目的向对方当事人所作的意思表示。要约的撤回，是指要约人在要约发出以后，未达到受要约人之前，有权宣告取消要约，从而阻止要约生效。要约一经撤回，即失去效力。要约的撤销，是指要约人在要约到达受要约人并生效以后，受要约人作出承诺前，将该项要约取消，从而使要约的效力归于消灭。二者的区别如下：

（1）从表现形式上看，要约撤回发生在要约到达（或刚刚到达）受要约人之前，而要约撤销则发生在要约已经到达受要约人，受要约人尚未发出承诺通知之前。如因撤销要约而给受要约人造成损害的，要约人应负赔偿责任。而对要约的撤回无上述限制。

（2）撤回权为各国立法所承认。但是在法律上是否应当承认要约人另外享有撤销权，各国法律对此有不同的规定。

（3）要约人撤销已经生效的要约，有严格的条件限制。而对要约的撤回无上述限制。

四、论述题

论述合同解释的原则。［中山大学 2015 年研；北邮 2009 年研］

答：（1）合同解释，是指对合同条款及其相关资料的含义进行阐明，从而确定当事人在合同中的权利、义务的活动。合同解释包括有权解释和无权解释，有权解释是指法院或者仲裁机构所作的具有法律约束力的解释，无权解释是指非上述机构作出的不具有法律约束力的解释。

（2）合同解释的原则：

①以合同文义为出发点，客观主义结合主观主义原则。解释合同应当先从对语言文字的客观文义解释入手，若当事人赋予该词句特别含义时，合同解释就应采双方当事人签订合同采用的含义。

②体系解释原则。指根据民事法律规范在法律体系中的位置，即与其他法律规范的关联，确定其含义和内容的解释方法。我国《民法典》第 142 条第 1 款关于应当结合相关条款解释、第 510 条关于按照合同相关条款补充合同漏洞的规定，是对这一原则的确认。

③历史解释原则。指通过探求立法者在制定民事法律规范时的立法意图进行解释的方法。历史解释的主要依据是立法过程中法律草案、立法理由书等相关的立法资料。

④基于合同性质解释原则。合同性质是决定合同词句含义的重要因素。

⑤符合合同目的原则。指不拘泥于民事法律规范的字面含义以及立法者制定法律时的立法意图，从现实的社会关系发展的要求出发，依据合理的目的进行法律解释。

⑥参照习惯或者惯例原则。指在合同内容发生歧义或者存在漏洞时，按照习惯或者惯例的含义予以明确或补充。根据《民法典》第 142 条第 1 款规定，应当按照习惯等确定行为人的真实意思；根据第 510 条规定，欠缺合同条款的，按照合同相关条款或者交易习惯确定。

⑦参考缔约背景、磋商过程、履行行为确定争议词句、条款的含义。

五、案例分析题

1. 乙建筑公司向甲建材公司发出传真，表示“急需 0 号水泥 100 吨”。甲公司收到传真后，立即回电表示没问题，并开始安排货源。但三日后，当甲公司询问如何发货时，乙公司表示已经购得，不再需要该种水泥。双方发生争议，甲公司诉至法院。［中财 2014 年研］

根据上述案情，分别回答下列问题：

（1）若双方就合同是否成立发生争议，则甲乙之间是否已经成立合同？为什么？

（2）若双方就究竟是甲公司送货还是乙公司自提发生争议，应如何处理？为什么？

（3）若双方就价款发生争议，应如何处理？

（4）若甲公司收到传真后没有回复，而是直接将 100 吨 0 号水泥送至乙公司的某工地，乙公司已经接收，现在双方就价款发生争议，则合同是否成立？为什么？

答：（1）甲乙之间成立合同。具体分析如下：

当事人订立合同，采取要约、承诺方式。其中，要约应满足以下条件：①必须具有订立合同的意图；②必须向要约人希望与之缔结合同的受要约人发出；③要约的内容必须具体确定，“具体”，是指要约的内容必须具有足以使合同成立的主要条款。

本题中，乙建筑公司向甲建材公司发出传真，表示“急需 0 号水泥 100 吨”，明确表示乙有订立合同的意图；且要约内容包括标的物的型号和数量，内容符合具体要求；甲公司收到传真后，立即回电表示没问题，甲公司作出有效承诺。承诺生效时合同即成立，所以甲乙之间合同成立。

(2)根据《民法典》规定，应由乙公司自提。具体分析如下：

当事人就有关合同内容约定不明确，依照《民法典》第510条的规定确定。《民法典》第510条规定："合同生效后，当事人就质量、价款或者报酬、履行地点等内容没有约定或者约定不明确的，可以协议补充；不能达成补充协议的，按照合同相关条款或者交易习惯确定。"

本案中，合同双方就100吨水泥的履行地点发生争议，在协商不成且无有关条款或交易习惯的情况下，应该按照"履行地点不明确，给付货币的，在接受货币一方所在地履行；交付不动产的，在不动产所在地履行；其他标的，在履行义务一方所在地履行"来确定履行地点。由于本案中的标的是水泥，应当在履行义务一方即甲方所在地履行，所以乙公司应当上门自提。

(3)若依据《民法典》规定，应当按照订立合同时甲地水泥的市场价履行。具体分析如下：

此为履行价款的争议，在合同双方无法协商达成一致且无特别法律规定或交易习惯的情况下，应按照《民法典》第511条所规定的"价款或者报酬不明确的，按照订立合同时履行地的市场价格履行；依法应当执行政府定价或者政府指导价的，依照规定履行"方法确定价格。本案中，对于水泥这一标的物，政府没有定价和指导价，应依照合同订立时履行地即甲地的市场价格履行。

(4)合同成立。具体分析如下：

根据《民法典》第490条第2款规定，法律、行政法规规定或者当事人约定合同应当采用书面形式订立，当事人未采用书面形式但是一方已经履行主要义务，对方接受时，该合同成立。本案中，乙公司已经接收甲公司发来的水泥，甲公司以其行为作出了承诺，据此可以判断甲、乙的合同成立。

2. 甲公司与乙公司就一批高档西服的买卖合同以电子邮件的形式进行磋商。5月8日，甲公司首先提出该批西服的数量、质量、价格等内容，询问乙公司能否提供。乙公司接受了甲公司的要求，并就履行地点、期限等内容提出了若干补充意见，且提出采用合同书形式订立合同，并于5月10日将上述内容告知甲公司，甲公司收到后于5月11日发出电子邮件表示完全同意，乙公司遂以双方往来电子邮件之内容为基础草拟了合同书。5月12日，乙公司董事长在位于A地的乙公司大楼内，在合同书上签字，并将合同书寄往甲公司所在地B地，同日，鉴于履行期限较紧，乙公司将合同中所约定的西服迅速交丙公司装车运往甲公司。因甲公司董事长在C地出差，甲公司遂派专人将收到的合同书送往C地。5月15日，甲公司董事长在合同书上签字。此前，5月13日，乙公司提供的西服由丙公司运抵甲公司所在地B地，甲公司于当日接收货物完毕。[中财2011年研]

问题(回答问题时需说明理由)：

(1)合同于何时成立？

(2)若当事人对交付地点未作约定，应如何处理？

(3)本案中，若丙公司在运输途中因山洪暴发，汽车连同西服一并卷入洪水，就这批灭失的西服，损失应由谁承担？

答：(1)合同于5月13日成立，具体分析如下：

①合同的成立应具备要约和承诺阶段。《民法典》第471条规定："当事人订立合同，可以采取要约、承诺方式或者其他方式。"要约和承诺是合同成立的必经阶段。根据《民法典》第488条规定，承诺的内容应当与要约的内容一致。受要约人对要约的内容作出实质性变更的，为新要约。5月8日甲公司向乙公司就西服数量、质量、价格的意思表示构成要约，但乙公司就履行地点、期限等内容作了补充性意见，即对要约内容作了实质性变更。据此，乙公司的电子邮件内容构成新要约，甲公司表示同意则构成了承诺。

②《民法典》第490条第1款规定，当事人采用合同书形式订立合同的，自当事人均签名、盖章或者按指印时合同成立。在签名、盖章或者按指印之前，当事人一方已经履行主要义务，对方接受时，该合同成立。本案中，甲、乙公司采用书面形式订立合同，但在合同书签订之前，一方已经履行了主要义务，对方也接受了货物，因此自一方完成主要义务之日起，合同成立。因而本案合同成立的时间是5月13日。

(2)根据《民法典》第510条规定，合同生效后，当事人就质量、价款或者报酬、履行地点等内容没有约定或者约定不明确的，可以协议补充；不能达成补充协议的，按照合同相关条款或者交易习惯确定。根据第511条规定，当事人就有关合同内容约定不明确，依据前条规定仍不能确定的，若履行地点不明确，给付货币的，在接受货币一方所在地履行；交付不动产的，在不动产所在地履行；其他标的，在履行义务一方所在地履行。因此甲乙双方可以先达成补充协议，达不成则根据合同条款或交易习惯确定。若无法确定，则在应履行交付义务的乙公司所在地进行交付。

(3)乙公司应承担西服灭失的损失。本案中存在着甲乙之间的买卖合同和乙丙之间的运输合同。

①就甲乙之间的风险转移而言：《民法典》第604条规定："标的物毁损、灭失的风险，在标的物交付之前由出卖人承担，交付之后由买受人承担，但是法律另有规定或者当事人另有约定的除外。"根据案情，本案的交付地点为甲公司所在的B地。若丙公司未能运输到B地即遇到山洪暴发，因为合同具有相对性，所以，就甲乙之间的买卖合同而言，乙公司并没有完成交付，此时，甲乙之间的风险没有转移，仍应由乙公司承担。

②就乙丙之间的运输合同而言：《民法典》第832条规定："承运人对运输过程中货物的毁损、灭失承担赔偿责任。但是，承运人证明货物的毁损、灭失是因不可抗力、货物本身的自然性质或者合理损耗以及托运人、收货人的过错造成的，不承担赔偿责任。"第835条规定："货物在运输过程中因不可抗力灭失，未收取运费的，承运人不得请求支付运费；已经收取运费的，托运人可以请求返还。法律另有规定的，依照其规定。"因此，就乙丙之间而言，不可抗力构成丙公司的免责事由，丙公司不承担对货物毁损灭失的赔偿责任，但无权主张运费。

3. 2009年11月初，A公司与B公司先后进行多次关于买卖氧化铝的合同谈判。同月19日，B公司将谈判结果经法定代表人签字后传真至A公司，确认："B公司将销售，A公司将购买5万吨氧化铝；价格将根据装运前一个月的伦敦金属交易所平均三月官方价的12%确定。正式的合同文本将随后传到。"A公司法定代表人签字后当日即传真回B公司。

11月20日，B公司将正式的合同文本传真至A公司。

12月1日，A公司将修改后的合同文本提供给B公司，并希望对方予以确认。

12月9日，B公司回复要求A公司确认B公司于11月20日提供的合同文本。

12月11日，B公司表示将不再继续双方之间的交易。

12月16日，A公司传真确认B公司11月20日所传真的合同文本，法定代表人签字后将合同传真至B公司，但B公司传真回复，重申12月11日的立场。后双方对于合同是否成立发生争议，诉至人民法院。[中山大学2011年研]

请根据我国法律的有关规定，谈谈你对本案合同成立与否的看法。

答：本题中，该合同事实上并没有成立，具体分析如下：

(1)B公司在2009年11月19日将谈判结果以传真的方式传给A公司，属于要约；A公司在传真上签字，属于对B公司要约的承诺。但B公司的传真中表明双方之间需要正式的合同文本，A公司的签字也认同了这一点，即合同的成立需要形式要件，但双方并没有签署正式合同文本，因此双方的合同并没有成立。

(2)2009年11月20日，B公司将正式合同文本传真给A公司，这是合同成立的形式要件。按照《民法典》规定，当事人采用合同书形式订立合同的，自当事人均签名、盖章或者按指印时合同成立。但A公司12月1日对合同文本进行修改并希望B公司予以确认，应视为发出新的要约。B公司明确提出要求确认之前提出的合同文本，应视为对新的要约的拒绝；后来明确表示不再继续双方之间的交易，因此新的要约已失效，双方之间的合同未成立。

(3)2009年12月16日，A公司确认B公司于2009年11月20日提出的正式合同，但之前其提出的新要约属于对原要约和合同的更改，因此A公司此时的承诺不发生法律效力，且B公司已表示不再继续双方之间的交易，因此合同没有成立。

第二十四章　双务合同履行中的抗辩权

24.1　复习指南

【知识框架(庖丁解牛)】

- 双务合同履行中的抗辩权
  - 概述：概念、效力
  - 同时履行抗辩权
    - 概念、存在基础、适用范围
    - 构成要件
      - 须因同一双务合同互负债务
      - 须对方未履行或未提出履行债务
      - 须双方互负的债务均已届清偿期
      - 须对方对待给付有可能履行
    - 当事人一方违约与同时履行抗辩权
      - 迟延履行与同时履行抗辩权
      - 受领迟延与同时履行抗辩权
      - 部分履行与同时履行抗辩权
      - 瑕疵履行与同时履行抗辩权
  - 先履行抗辩权
    - 概念、行使、效力
    - 成立要件
      - 须互负债务
      - 须有先后履行顺序
      - 先履行一方未履行或履行不当
  - 不安抗辩权
    - 概念、成立条件、效力
    - 行使：通知义务、举证责任

【通关提要(提纲挈领)】

本章主要介绍双务合同履行中的几种抗辩权，属于重点章节。学习时，要掌握同时履行抗辩权、先履行抗辩权和不安抗辩权的概念，重点掌握其构成要件和效力，了解其行使方式。本章各种题型都有可能考查，应结合具体案例来分析理解。

24.2　考研真题与典型题详解

一、单项选择题

1. 司机甲与货主乙签订货运合同，乙委托甲运输一批货物到丙公司。甲、乙未约定货款支付时间，双方为先送货还是先支付运费发生争议：甲要求先支付运费；乙主张按照之前与他人交易习惯，要求甲先送货，货物送到丙公司，由丙公司验货无误并支付货款后，才能向司机甲支付运费。下列说法正确的是(　　)。[2024 年法硕(法学、非法学)真题]

A. 甲应当先送货

B. 甲享有先履行抗辩权

1C

C. 甲在送货后可以随时请求乙支付报酬

D. 乙的付款期限应当按照其与他人的交易习惯确定

【解析】《民法典》第525条规定："当事人互负债务，没有先后履行顺序的，应当同时履行。一方在对方履行之前有权拒绝其履行请求。一方在对方履行债务不符合约定时，有权拒绝其相应的履行请求。"

AB两项，甲乙双方并未约定履行顺序，因而甲不应当先履行送货义务，也不享有先履行抗辩权。

C项，该货运合同属于没有先后履行顺序的双务合同。合同履行期限不明确的，债权人也可以随时要求履行。因此，甲在履行送货义务后，可以随时请求乙支付报酬。

D项，交易习惯应是当事人之间在交易活动中经常使用的惯常做法，而非与其他人的交易惯例，因此乙与他人的交易习惯无权要求甲遵守。

2. 甲与乙公司签订的房屋买卖合同约定："乙公司收到首期房款后，向甲交付房屋和房屋使用说明书；收到二期房款后，将房屋过户给甲。"甲交纳首期房款后，乙公司交付房屋但未立即交付房屋使用说明书。甲以此为由行使先履行抗辩权而拒不支付二期房款。下列哪一表述是正确的？（ ）[2015年法考真题]

A. 甲的做法正确，因乙公司未完全履行义务

B. 甲不应行使先履行抗辩权，而应行使不安抗辩权，因乙公司有不能交付房屋使用说明书的可能性

C. 甲可主张解除合同，因乙公司未履行义务

D. 甲不能行使先履行抗辩权，因甲的付款义务与乙公司交付房屋使用说明书不形成主给付义务对应关系

【解析】ABD三项，《民法典》第526条规定，当事人互负债务，有先后履行顺序，应当先履行债务一方未履行的，后履行一方有权拒绝其履行请求。先履行一方履行债务不符合约定的，后履行一方有权拒绝其相应的履行请求。第527条规定，应当先履行债务的当事人，有确切证据证明对方有法定情形的，可以中止履行。这分别是对先履行抗辩权和不安抗辩权的规定。本题中，相对于房屋使用说明书和二期房款的交付义务，甲是后履行一方，其无权行使不安抗辩权。另外，行使先履行抗辩权的条件是在双务合同中，先履行一方没有履行对待给付义务，而本题中甲的付款义务与乙公司交付房屋的义务才是对待给付义务，与乙公司交付房屋使用说明书的义务并非对待给付义务，所以甲也不可以行使先履行抗辩权。交付房屋说明书的义务是从给付义务。从给付义务并不是当然产生履行抗辩权。当从给付义务不履行导致合同目的不能实现时，从给付义务构成对待给付，可行使履行抗辩权。但本题中，是否交付房屋说明书，不会导致合同目的不能实现。所以，甲不可主张履行抗辩权。

C项，根据《民法典》第563条规定，当事人一方迟延履行主要债务，经催告后在合理期限内仍未履行的，或者当事人一方迟延履行债务或者有其他违约行为致使不能实现合同目的，当事人可以解除合同。本题中，甲不具备解除合同的条件。

3. 甲公司向乙公司购买小轿车，约定7月1日预付10万元，10月1日预付20万元，12月1日乙公司交车时付清尾款。甲公司按时预付第一笔款。乙公司于9月30日发函称因原材料价格上涨，需提高小轿车价格。甲公司于10月1日拒绝，等待乙公司答复未果后于10月3日向乙公司汇去20万元。乙公司当即拒收，并称甲公司迟延付款构成违约，要求解除合同，甲公司则要求乙公司继续履行。下列哪一表述是正确的？（ ）[2014年法考真题]

A. 甲公司不构成违约

B. 乙公司有权解除合同

C. 乙公司可行使先履行抗辩权

D. 乙公司可要求提高合同价格

【解析】A项，《民法典》第527条规定，应当先履行债务的当事人，有确切证据证明对方有下列情形之一的，可以中止履行：①经营状况严重恶化；②转移财产、抽逃资金，以逃避债务；③丧失商业信誉；④有丧失或者可能丧失履行债务能力的其他情形。当事人没有确切证据中止履行的，应当承担违约责任。

2D 3A

第 528 条规定，当事人依据前条规定中止履行的，应当及时通知对方。对方提供适当担保的，应当恢复履行。中止履行后，对方在合理期限内未恢复履行能力且未提供适当担保的，视为以自己的行为表明不履行主要债务，中止履行的一方可以解除合同并可以请求对方承担违约责任。甲公司的迟延付款是行使不安抗辩权，因此不能认定其违约。

B 项，《民法典》第 563 条规定，有下列情形之一的，当事人可以解除合同：①因不可抗力致使不能实现合同目的；②在履行期限届满之前，当事人一方明确表示或者以自己的行为表明不履行主要债务；③当事人一方迟延履行主要债务，经催告后在合理期限内仍未履行；④当事人一方迟延履行债务或者有其他违约行为致使不能实现合同目的；⑤法律规定的其他情形。由于甲公司的迟延付款是由于乙公司的原因造成的，因此乙公司无权解除合同。

C 项，《民法典》第 526 条规定，当事人互负债务，有先后履行顺序，应当先履行债务一方未履行的，后履行一方有权拒绝其履行请求。先履行一方履行债务不符合约定的，后履行一方有权拒绝其相应的履行请求。本题中，先履行一方甲公司的迟延付款是由于乙公司的原因造成而非故意，所以乙公司不享有先履行抗辩权。

D 项，提高合同价格，实际上是变更合同。根据《民法典》规定，合同变更有依法律行为变更、依裁判变更以及依法律规定变更三种方式。本题中，乙公司不符合合同变更的条件，不得无故随便变更合同内容，提高合同价格。事实上，这种情况属于商业风险。

4. 2011 年 5 月 6 日，甲公司与乙公司签约，约定甲公司于 6 月 1 日付款，乙公司 6 月 15 日交付“连升”牌自动扶梯。合同签订后 10 日，乙公司销售他人的“连升”牌自动扶梯发生重大安全事故，质监局介入调查。合同签订后 20 日，甲、乙、丙公司三方合意，由丙公司承担付款义务。丙公司 6 月 1 日未付款。下列哪一表述是正确的？（　　）［2011 年法考真题］

A. 甲公司有权要求乙公司交付自动扶梯

B. 丙公司有权要求乙公司交付自动扶梯

C. 丙公司有权行使不安抗辩权

D. 乙公司有权要求甲公司和丙公司承担连带债务

【解析】AB 两项，《民法典》第 526 条规定，当事人互负债务，有先后履行顺序，应当先履行债务一方未履行的，后履行一方有权拒绝其履行请求。先履行一方履行债务不符合约定的，后履行一方有权拒绝其相应的履行请求。甲公司与乙公司签订了自动扶梯买卖合同，双方约定甲公司先付款，乙公司后交货。之后，甲公司、乙公司和丙公司三方达成转让债务的协议，由丙公司承担付款义务。先履行义务一方无论是甲公司还是后来的丙公司，均未履行付款义务，即不得要求乙公司履行交付自动扶梯的义务。

C 项，《民法典》第 527 条规定，应当先履行债务的当事人，有确切证据证明对方有下列情形之一的，可以中止履行：①经营状况严重恶化；②转移财产、抽逃资金，以逃避债务；③丧失商业信誉；④有丧失或者可能丧失履行债务能力的其他情形。当事人没有确切证据中止履行的，应当承担违约责任。本案中，乙公司销售的同品牌自动扶梯已经发生重大安全事故，政府部门介入调查。故甲公司有证据证明乙公司发生丧失履行债务能力的情形，甲公司有权行使不安抗辩权。后甲公司、乙公司和丙公司三方合意，将甲公司的付款义务转移给丙公司。第 553 条规定，债务人转移债务的，新债务人可以主张原债务人对债权人的抗辩。丙公司作为义务受让人，可以主张原债务人甲公司对乙公司的不安抗辩权。

D 项，《民法典》第 551 条规定，债务人将债务的全部或者部分转移给第三人的，应当经债权人同意。债务人或者第三人可以催告债权人在合理期限内予以同意，债权人未作表示的，视为不同意。甲公司、乙公司和丙公司三方达成的债务转移，属于免责的债务承担，明确约定了由丙公司承担付款义务。就付款义务而言，甲公司已经退出了这一法律关系。乙公司无权要求甲公司和丙公司承担连带债务。

5. 甲、乙订立一份价款为十万元的图书买卖合同，约定甲先支付书款，乙两个月后交付图书。甲由

4C　5D

于资金周转困难只交付五万元，答应余款尽快支付，但乙不同意。两个月后甲要求乙交付图书，遭乙拒绝。对此，下列哪一表述是正确的？(　　)[2010年法考真题]

A. 乙对甲享有同时履行抗辩权

B. 乙对甲享有不安抗辩权

C. 乙有权拒绝交付全部图书

D. 乙有权拒绝交付与五万元书款价值相当的部分图书

【解析】A项，同时履行抗辩权是指双务合同的当事人互负债务，没有先后履行顺序的，一方在对方未为对待给付以前，可拒绝其相应的履行请求之权。本题中，甲、乙约定甲先支付书款，乙两个月后交付图书，约定了履行顺序，乙对甲不享有同时履行抗辩权。

B项，不安抗辩权，是指先履行一方在有确切证据证明后履行一方有丧失或者可能丧失履行债务能力的情况下，可暂时中止履行的权利。不安抗辩权要求主张不安抗辩权的一方应当先履行债务且其债务已届清偿期。本题中，乙是后履行债务的一方，乙对甲不享有不安抗辩权。

CD两项，《民法典》第526条规定，当事人互负债务，有先后履行顺序，应当先履行债务一方未履行的，后履行一方有权拒绝其履行请求。先履行一方履行债务不符合约定的，后履行一方有权拒绝其相应的履行请求。本题中，甲、乙订立买卖合同，属于双务合同，并且合同约定甲先支付书款，乙再交付图书。负有先履行义务的一方甲只部分交付五万元，故后履行义务的一方乙有权拒绝交付与五万元书款价值相当的部分图书。

二、多项选择题

关某承租了郝某的房子，自己购买了家具，电视机是郝某房屋原有的。租期到期前两个月关某提出不续租，想要把自己买的家具2000元卖给郝某，郝某当场同意。后来关某搬离房屋，留下了家具，并带走了电视机。后郝某认为家具不值2000元，于是提出支付给关某1000元，并要求关某返还电视。下列说法正确的有(　　)。[2019年法考真题]

A. 家具所有权属于郝某

B. 关某可以主张同时履行抗辩权

C. 买卖合同成立

D. 关某有权留置电视机

【解析】AC两项，本题动产买卖合同为诺成、不要式合同，关某与郝某达成买卖家具的合意后，买卖合同即告成立；关某将租赁房屋连同家具交予郝某，构成现实交付，所有权即转移给了郝某。

B项，同时履行抗辩权是指双务合同的当事人互负债务，没有先后履行顺序的，一方在对方未为对待给付以前，可拒绝其相应的履行请求之权。本题中，郝某支付价金是基于买卖法律关系，关某返还电视是基于侵权法律关系，二者不具有同一性，故不成立双务合同的同时履行抗辩权。

D项，留置权是债权人按照合同约定占有债务人的财产，在债务人逾期不履行债务时，有留置该财产以迫使债务人履行债务，并在债务人仍不履行债务时就该财产优先受偿的权利。其中，债权人留置的动产，应当与债权同属一法律关系。本题中，与1000元债权属于同一法律关系的是家具，而不是电视机，所以关某无权留置电视机。

三、概念题

1. 同时履行抗辩权[中南财大2025年研；三峡大学2017年研；南开大学2015年研；北化2008年研]

答：参见本章简答题第1题答案。

2. 不安抗辩权[中国政法2024年研；北邮2024年研；安徽师大2019年研；中南大学2018年研；中山大学2016年研；青岛大学2015年研；南京大学2013年研]

答：参见本章简答题第2题答案。

AC

四、简答题

1. 同时履行抗辩权的成立要件与效力。[中南财大2015年研]

相关试题：简述同时履行抗辩权的构成要件。[浙江财大2018年研]

答：同时履行抗辩权是指双务合同的当事人互负债务，没有先后履行顺序的，一方在对方未为对待给付以前，可拒绝其相应的履行请求之权。

(1)同时履行抗辩权的构成要件：①同一双务合同的当事人互负债务；②须双方互负的债务均已届清偿期；③须对方未履行债务或履行债务不符合约定；④须对方的对待给付是可能履行的；⑤须双方债务没有履行先后顺序。

(2)同时履行抗辩权的法律效力体现在以下方面：

①同时履行抗辩权属于延期抗辩权，没有否定对方请求权的效力，仅有使对方请求权延期的效力，即在对方没有履行或未提出履行前，得拒绝自己的给付。

②同时履行抗辩权只能由当事人自己行使，法院不能依职权主动适用。当事人在行使同时履行抗辩权时，只需有援用同时履行抗辩权的意思表示即可。

③当一方当事人拥有同时履行抗辩权时，在对方未请求履行时，自然享有不为履行而无须承担违约责任的地位，此时不必要求他作出援用同时履行抗辩权的意思表示；但如果对方当事人提出履行请求，特别是以诉讼方式提出请求，他仍然不作出援用同时履行抗辩权的表示，则应视为对抗辩权利益的放弃。

2. 简述不安抗辩权的概念以及行使条件。[北邮2013年研]

相关试题：

(1)试论不安抗辩权的适用条件。[论述题，暨南大学2023年研]

(2)论述我国民法中不安抗辩权的行使及条件。[论述题，河南师大2017年研]

答：(1)不安抗辩权，是指双务合同的先给付义务人在有证据证明后给付义务人存在丧失或者可能丧失履行债务能力的情形时，有权中止履行其合同义务的权利。

(2)不安抗辩权成立的条件：

①双方当事人因同一双务合同而互负债务。

②后给付义务人的履行能力明显降低，有不能为对待给付的现实危险。具体内容为：

a. 后给付义务人的履行能力明显降低，有不能为对待给付的现实危险，包括：经营状况严重恶化；转移财产、抽逃资金，以逃避债务；丧失商业信誉；其他丧失或者可能丧失履行能力的情况。

b. 履行能力明显降低，有不能为对待给付的现实危险，须发生在合同成立以后。

(3)不安抗辩权的效力：

①先给付义务人中止履行。先给付义务人有确切证据证明后给付义务人的履行能力明显降低，有不能为对待给付的现实危险的，有权中止履行。

②先给付义务人解除合同。先给付义务人中止履行后，后给付义务人在合理期限内未恢复履行能力并且未提供适当担保的，先给付义务人可以解除合同。

五、论述题

试论合同法上的抗辩权。[首师大2009年研]

相关试题：

(1)简述双务合同履行中的三种抗辩权。[简答题，北航2012年研]

(2)简述先履行抗辩权的成立条件。[简答题，武汉理工2010年研]

答：双务合同履行中的抗辩权，是在符合法定条件时，当事人一方对抗请求权或否认另一方当事人权利的权利。其包括同时履行抗辩权、先履行抗辩权和不安抗辩权。

(1)同时履行抗辩权，参见本章简答题第1题答案。

(2)先履行抗辩权，是指在当事人互负债务且有先后履行顺序时，负有先履行义务的一方未履行债务或履行债务不符合约定时，后履行一方有权拒绝其履行请求的权利。

①先履行抗辩权的成立要件有：a. 当事人基于同一双务合同互负债务；b. 双方债务均已届清偿期；c. 一方当事人应当先履行义务；d. 应当先履行的一方未履行债务或者履行债务不符合约定，如履行迟延、不完全履行、部分履行等。

②先履行抗辩权的行使是否需要明示，应区分情况而定：

a. 在先履行一方未构成违约并请求后履行一方履行的，后履行一方拒绝履行需要明示。

b. 在先履行一方已构成违约并请求后履行一方履行的，先履行抗辩权的行使需要明示。

c. 在先履行一方构成不能履行、履行瑕疵但未请求后履行一方履行的，先履行抗辩权的行使不需要明示。

③先履行抗辩权的效力。若先履行抗辩权行使，可使履行一方中止履行，且不影响后履行一方主张违约责任。在先履行一方采取了补救措施变更违约状态后，后履行一方丧失先履行抗辩权，应当承担债务履行责任。

(3)不安抗辩权，参见本章简答题第2题答案。

六、案例分析题

甲养殖场(以下简称“甲”)与乙公司(以下简称“乙”)签订合同：由甲向乙出售活鸡5000只，乙在2013年6月21日前向甲支付首期价款2万元，甲于同年6月30日向乙交货，交货后10日内乙结清余款。6月15日，乙得知甲与丙公司(以下简称“丙”)也签订了一份出售活鸡5000只的合同，担心甲不能按期向自己供货，于是向甲询问。甲称其的确与丙签订了合同，但养殖场规模较大，所以不会影响按期向乙供货。乙仍表示担心，虽经甲催促，也未于6月21日前支付首期款。6月25日，甲养殖场遭遇洪水灾害，致甲饲养的大部分鸡死亡，甲当即将此事通知了乙，并告知乙无法交货。[首经贸2015年研]

问题：

(1)乙未按期向甲支付首期款是否属于行使不安抗辩权的行为？为什么？是否构成违约？

(2)甲是否应承担无法交货的违约责任？请说明理由。

答：(1)乙未按期向甲支付首期款不属于行使不安抗辩权的行为。理由如下：

①不安抗辩权成立的条件包括：a. 双方当事人因同一双务合同而互负债务，抗辩方负有先为给付的义务；b. 有确切的证据表明后给付义务人的履行能力明显降低，有不能为对待给付的现实危险。

②现实危险主要是指下列情形：a. 经营状况严重恶化；b. 转移财产、抽逃资金，以逃避债务；c. 谎称有履行能力的欺诈行为；d. 其他丧失或者可能丧失履行能力的情况。

本案中，甲与丙之间签订的买卖合同并不能表明甲有不能为对待给付的现实危险。故乙不能行使不安抗辩权。《民法典》第527条第2款规定，当事人没有确切证据中止履行的，应当承担违约责任。本案中，乙没有确切证据而中止支付首期款，构成违约。

(2)甲不应承担无法交货的违约责任。理由如下：

《民法典》第590条规定，当事人一方因不可抗力不能履行合同的，根据不可抗力的影响，部分或者全部免除责任，但是法律另有规定的除外。因不可抗力不能履行合同的，应当及时通知对方，以减轻可能给对方造成的损失，并应当在合理期限内提供证明。当事人迟延履行后发生不可抗力的，不免除其违约责任。本案中，甲养殖场遭遇洪水灾害，造成甲饲养的大部分鸡死亡，属于不可抗力。甲当即将此事通知了乙，并告知乙无法交货，符合《民法典》的规定，故甲不应当承担违约责任。

第二十五章　合同的变更与解除

25.1　复习指南

【知识框架（庖丁解牛）】

- 合同的变更与解除
  - 合同的变更
    - 概念
    - 条件
      - 原已存在有效合同关系
      - 合同内容发生变化
      - 经当事人协商一致
    - 程序、法律后果
  - 合同的解除
    - 概念
    - 分类：单方、协议解除；法定、约定解除
    - 条件
      - 因不可抗力致使合同不能达到目的
      - 迟延履行、拒绝履行、不完全履行
      - 债务人的过错造成合同不能履行
      - 不定期继续性合同的解除
    - 程序：协议解除、单方行使解除权的程序
    - 法律后果

【通关提要（提纲挈领）】

本章主要介绍合同的变更和解除相关内容，比较基础。学习时，要掌握合同变更与解除的概念，重点掌握合同变更与解除的条件，了解其法律程序和法律后果。本章主要考查选择题、简答题和案例分析题，易与其他知识结合起来考查，要理解记忆。

25.2　考研真题与典型题详解

一、单项选择题

1. 甲与乙公司订立美容服务协议，约定服务期为半年，服务费预收后逐次计扣，乙公司提供的协议格式条款中载明“如甲单方放弃服务，余款不退”（并注明该条款不得更改）。协议订立后，甲依约支付5万元服务费。在接受服务1个月并发生费用8000元后，甲感觉美容效果不明显，单方放弃服务并要求退款，乙公司不同意。甲起诉乙公司要求返还余款。下列哪一选项是正确的？（　　）［2017年法考真题］

A. 美容服务协议无效

B. “如甲单方放弃服务，余款不退”的条款无效

C. 甲单方放弃服务无须承担违约责任

D. 甲单方放弃服务应承担继续履行的违约责任

【解析】AB两项，《民法典》第497条规定，有下列情形之一的，该格式条款无效：①具有本法第1编

1B

第6章第3节和本法第506条规定的无效情形；②提供格式条款一方不合理地免除或者减轻其责任、加重对方责任、限制对方主要权利；③提供格式条款一方排除对方主要权利。本题中，“如甲单方放弃服务，余款不退”的格式条款属于排除对方主要权利的条款，应归于无效。但该条款无效不等同于该美容服务协议无效。

CD两项，《民法典》第577条规定，当事人一方不履行合同义务或者履行合同义务不符合约定的，应当承担继续履行、采取补救措施或者赔偿损失等违约责任。本题中，甲单方放弃服务构成违约，应当承担违约责任。但甲已放弃服务，不应强迫其继续履行，由甲承担赔偿损失的违约责任即可。

2. 孙某与李某签订房屋租赁合同，李某承租后与陈某签订了转租合同，孙某表示同意。但是，孙某在与李某签订租赁合同之前，已经把该房租给了王某并已交付。李某、陈某、王某均要求继续租赁该房屋。下列哪一表述是正确的？（　　）［2014年法考真题］

A. 李某有权要求王某搬离房屋

B. 陈某有权要求王某搬离房屋

C. 李某有权解除合同，要求孙某承担赔偿责任

D. 陈某有权解除合同，要求孙某承担赔偿责任

【解析】《最高人民法院关于审理城镇房屋租赁合同纠纷案件具体应用法律若干问题的解释》第5条规定，出租人就同一房屋订立数份租赁合同，在合同均有效的情况下，承租人均主张履行合同的，人民法院按照下列顺序确定履行合同的承租人：①已经合法占有租赁房屋的；②已经办理登记备案手续的；③合同成立在先的。不能取得租赁房屋的承租人请求解除合同、赔偿损失的，依照民法典的有关规定处理。孙某将房屋事先出租给王某并已交付，导致李某无法实现合同目的，根据《民法典》第563条，李某有权解除合同，并可基于孙某违约而要求其承担赔偿的违约责任。

A项，王某为合同优先履行的承租人且已占有租赁物，李某无权要求王某搬离房屋。

B项，王某为合同优先履行的承租人，并且依据合同关系的相对性，陈某作为与李某成立转租合同的相对人，与王某之间无权利义务关系，陈某无权要求王某搬离房屋。

D项，陈某与孙某没有合同关系，根据合同的相对性，不能要求孙某承担赔偿责任。

3. 甲公司与乙公司签订并购协议：“甲公司以1亿元收购乙公司在丙公司中51%的股权。若股权过户后，甲公司未支付收购款，则乙公司有权解除并购协议。”后乙公司依约履行，甲公司却分文未付。乙公司向甲公司发送一份经过公证的《通知》：“鉴于你公司严重违约，建议双方终止协议，贵方向我方支付违约金；或者由贵方提出解决方案。”3日后，乙公司又向甲公司发送《通报》：“鉴于你公司严重违约，我方现终止协议，要求你方依约支付违约金。”下列哪一选项是正确的？（　　）［2011年法考真题］

A. 《通知》送达后，并购协议解除

B. 《通报》送达后，并购协议解除

C. 甲公司对乙公司解除并购协议的权利不得提出异议

D. 乙公司不能既要求终止协议，又要求甲公司支付违约金

【解析】A项，《民法典》第562条规定，当事人协商一致，可以解除合同。当事人可以约定一方解除合同的事由。解除合同的事由发生时，解除权人可以解除合同。乙公司有权行使约定解除权。虽然《通知》经过公证，但是其内容并非意在解除并购协议，实质意图是督促甲公司依约履行义务。此处的公证只是对事实的认定，并非对事实的法律效力作出认定。

B项，乙公司后来给甲公司发送《通报》，《通报》的内容明确表明乙公司解除并购协议的意思，即《通报》送达后，并购协议解除。

C项，《民法典》第565条第1款规定，当事人一方依法主张解除合同的，应当通知对方。合同自通知到达对方时解除；通知载明债务人在一定期限内不履行债务则合同自动解除，债务人在该期限内未履行债

2C　3B

务的，合同自通知载明的期限届满时解除。对方对解除合同有异议的，任何一方当事人均可以请求人民法院或者仲裁机构确认解除行为的效力。因此，甲公司有权对乙公司的解除提出异议。

D 项，乙公司依据约定解除并购协议后，有权要求甲公司按约定支付违约金。

二、简答题

1. 合同的撤销与解除的区别和联系。［中国政法 2021 年研］

相关试题：

(1)简述合同撤销与合同解除。［厦门大学 2025 年研］

(2)合同撤销与合同解除［概念题，武大 2013 年研］

答：(1)合同撤销，是指当事人在订立合同时，因意思表示不真实，法律允许撤销权人通过行使撤销权而使已经生效的合同归于无效的行为。合同解除，是指在合同有效成立后尚未开始履行或者尚未全部履行之前，因当事人一方或双方的意思表示，使合同关系自始或者仅向将来消灭的行为。

(2)合同撤销与合同解除的区别：

①权利行使方法不同。善意相对人的撤销权，可以由善意相对人单方以通知的方式作出，自该通知到达法定代理人或被代理人时生效。合同的解除权都可以由当事人一方行使，即单方作出解除合同的意思表示并用通知的形式告知对方，该通知到达对方之时合同即解除。如果对方对此有异议，则由对方提起诉讼或仲裁的方式来否定解除行为的效力。解除权往往也要在一定期限内行使，即如果法律规定或者当事人约定解除权行使期限，期限届满当事人不行使的，该权利消灭；法律没有规定或者当事人没有约定解除权行使期限，经对方催告后在合理期限内不行使的，该权利消灭。

②对合同效力的影响不同。合同撤销从根本上否定合同的效力，被撤销的合同视为自始不生效；合同解除根据合同的履行情况和合同的性质可分为有溯及力的合同解除和没有溯及力的合同解除。

③适用范围和发生原因不同。从适用范围看，合同撤销的适用范围比较广泛，不仅适用于欠缺有效要件的合同领域，而且适用于有瑕疵的意思表示及民事法律行为场合；而合同解除仅仅适用于有效成立的合同提前消灭的情况。从发生原因来看，合同撤销的原因由法律直接规定；而合同解除的原因既有法律规定的，也有当事人约定的。

2.《民法典》合同编规定的合同法定解除情形。［上财 2021 年研］

相关试题：

(1)合同的法定解除。［论述题，河北经贸 2024 年研］

(2)我国民法上的合同解除的情形。［中国政法 2023 年研］

(3)简述合同解除事由。［华东师大 2021 年研］

(4)合同法定解除的条件。［南京大学 2015 年研］

答：法定解除是指解除事由是法律直接规定的解除方式。法定解除分为一般法定解除和特别法定解除。一般法定解除是指适用于所有合同解除的解除条件，特别法定解除为仅适用于特定合同解除的解除条件。根据《民法典》第 563 条规定，一般法定解除的事由包括：

(1)因不可抗力致使不能实现合同目的。不可抗力致使合同目的完全不能实现时，可通过解除权解除合同；不可抗力导致合同目的部分不能实现或履行迟延，当事人可依情事变更原则请求法院变更合同内容。

(2)在履行期限届满之前，当事人一方明确表示或者以自己的行为表明不履行主要债务。此种情形即债务人预期违约，包括明示预期违约和默示预期违约。作为合同法定解除条件，预期违约的构成包括：①债务人有过错；②拒绝履行无正当理由(如遭遇不可抗力)；③违约方有履行能力。

(3)当事人一方迟延履行主要债务，经催告后在合理期限内仍未履行。一般情况下，债务人迟延履行不致使合同目的落空，债权人应先催告债务人在一定期限内履行，债务人在该履行宽限期届满时仍未履行的，债权人有权解除合同。

(4)当事人一方迟延履行债务或者有其他违约行为致使不能实现合同目的。

(5)法律规定的其他情形。法律规定的特别法定解除条件应当按照其规定处理。如《民法典》规定了承揽人的合同解除权和承包人的合同解除权。

三、论述题

论合同解除制度。［中国政法 2020 年研］

相关试题：

(1)简述合同的解除。［简答题，中国政法 2024 年研］

(2)论述合同解除的法律效果。［中国政法 2021 年研］

(3)我国民法典规定的合同解除事由。［中财 2013 年研］

(4)简述合同解除的条件。［简答题，首经贸 2010 年研］

答：合同解除是指合同有效成立后，具备合同解除条件时，通过当事人的单方行为或者双方合意终止合同效力或者溯及地消灭合同关系的行为。

(1)合同解除的条件：

①合同约定解除的条件。当事人双方在合同中约定的或在其后另订的合同中约定的解除权产生的条件。只要不违反法律的强行性规定，当事人可以约定任何会产生解除权的条件。

②合同法定解除的条件。《民法典》第 563 条规定，有下列情形之一的，当事人可以解除合同：a. 因不可抗力致使不能实现合同目的；b. 在履行期限届满之前，当事人一方明确表示或者以自己的行为表明不履行主要债务；c. 当事人一方迟延履行主要债务，经催告后在合理期限内仍未履行；d. 当事人一方迟延履行债务或者有其他违约行为致使不能实现合同目的；e. 法律规定的其他情形。

③协议解除的条件。当事人双方一致同意解除原合同，在双方之间形成以废弃原合同为内容的新合同。

(2)合同解除的法律后果：

①溯及力。合同解除具有溯及力，合同解除相当于自始未成立合同关系。但在协议解除情况下，有无溯及力原则上应取决于当事人的约定，无约定时由法院或仲裁机构根据具体情况确定。同时在违约的情况下继续性合同的解除原则上无溯及力。

②恢复原状。恢复原状是有溯及力的解除所具有的直接效力，是双方当事人基于合同发生的债务全部免除的必然结果。在合同尚未履行时，解除具有溯及力，基于合同发生的债权债务关系全部溯及地消灭，当事人之间当然恢复原状，不存在产生恢复原状义务的余地。

③尚未履行的债务免除与不当得利返还。合同解除无溯及力时，解除前的合同关系仍然有效，因此解除前进行的给付还有法律根据，只是自合同解除之时起尚未履行的债务被免除。当事人一方已经部分或全部履行了债务，对方却未履行对待给付，或者虽然也履行了债务但是双方各自的履行在数量上不对等，则受领人应将其多得的利益按不当得利规则加以返还。

④赔偿损失。合同解除不影响当事人要求赔偿损失的权利，具体内容为：

a. 协议解除可以与赔偿损失并存。协议解除是当事人一方从有利于自己的角度出发，而提议或同意的解除。既然他因协议解除而获得了利益，那么依据获得利益者承担风险的理论，他就应该负赔偿责任。

b. 合同因不可抗力造成不能履行而解除，有时可以与赔偿损失并存。因不可抗力造成合同不能履行，当事人可以将合同解除，当事人一般不负赔偿责任；但如果是当事人一方迟延履行发生不可抗力造成合同不能履行的，还应存在赔偿责任。

四、法条评析

《民法典》第 566 条规定：“合同解除后，尚未履行的，终止履行；已经履行的，根据履行情况和合同性质，当事人可以要求恢复原状或者采取其他补救措施，并有权请求赔偿损失。”

请回答《民法典》所规定合同解除的类型，以及合同解除与违约损害赔偿之间的关系，并进一步分析合同解除后主张损害赔偿的范围应如何界定？［中山大学 2015 年研改编］

答：(1)根据不同的分类标准，可以将《民法典》所规定的合同解除分为不同的类型，以下介绍两种分类：

①按照合同解除是否需要与对方当事人形成一致意思表示，可分为：

a．单方解除，是解除权人行使解除权将合同解除的行为，不必经对方当事人同意。

b．协议解除，是当事人双方协商一致将合同解除的行为，它不以解除权的存在为必要。

②按照合同的解除条件是否法定，可分为：

a．法定解除，是指合同解除的条件由法律直接加以规定。法定解除可分为可适用于所有合同的一般法定解除，以及仅适用于特定合同的特别法定解除。

b．约定解除，是当事人以合同形式，约定为一方或者双方保留解除权的解除。

约定解除与协议解除相似，都属于通过合意使用合同形式把原定的合同加以解除。二者的区别在于：约定解除在原合同中规定当事人的解除权；协议解除订立新合同来规定当事人的解除权。

(2)合同解除与违约损害赔偿是并用的关系。根据《民法典》第566条，合同解除后可以要求赔偿损失。

(3)《民法典》第566条对“损失”的范围没有进行明确界定，一般认为应当包括直接损失(信赖利益)和间接损失(可得利益)。

①因合同解除导致的权利人现有财产的减少应当得到赔偿，这一点理论上并无争议。

②合同如期履行，权利人将得到的利益，即可期待利益。合同解除是在当事人无法通过原始性权利义务来实现合同目的(可期待利益)时，通过救济性权利义务来实现合同目的一种方式。因此，救济性权利当然包括了要求对方赔偿可得利益损失。

此外，当可得利益因对方当事人违约而丧失，若不支持其可得利益损失，无疑有纵容当事人违约之嫌，有违诚实信用原则。

第二十六章　缔约过失责任与违约责任

26.1　复习指南

【知识框架(庖丁解牛)】

- 缔约过失责任与违约责任
  - 缔约过失责任
    - 概念、地位、性质
    - 构成要件
    - 类型、承担方式及赔偿范围
  - 违约责任
    - 违约行为：概念、构成
    - 违约形态：不能、迟延、不完全、拒绝履行，债权人迟延
    - 违约责任的概念、性质和归责原则
    - 免责条件与免责条款
      - 免责条件：概念、内容
      - 免责条款：概念、特征、前提、效力
    - 为第三人承担违约责任
    - 强制履行：概念、构成要件、表现形态、不适用情形
    - 赔偿损失
      - 概念、方法
      - 违约损害赔偿责任的构成要件、范围
      - 赔偿损失的计算
    - 违约金
      - 概念
      - 种类：惩罚性、赔偿性违约金；约定、法定违约金
      - 违约金责任的成立、数额调整
      - 与强制执行、损害赔偿和定金的比较

【通关提要(提纲挈领)】

本章主要介绍缔约过失责任与违约责任，可将两种责任类型进行比较学习。学习时，应了解缔约过失责任的概念，掌握其构成要件；了解违约责任的概念和违约形态，重点掌握违约责任的免责条件和免责条款，掌握违约损失赔偿、违约金等。本章主要考查概念题和简答题，复习时要整体把握，理解记忆。

26.2　考研真题与典型题详解

一、单项选择题

1. 甲、乙公司双方约定一标的为100万元的买卖合同。合同约定：一方延迟履约即付违约金1%。结果甲方延迟交货10天，造成乙方损失20万元。则乙方可要求甲方承担违约责任数额为(　　)。[2019年法考真题]

A. 10万元　　B. 20万元　　C. 30万元　　D. 100万元

【解析】迟延履行承担违约责任，以当事人有明确约定为前提。但只要约定了违约金，则一旦出现违约

1B

行为，不论是否造成损失，均可要求违约方支付违约金。违约金低于违约造成的损失的，当事人可要求增加，但增加后的违约金数额不得超过实际损失额，需注意的是，违约金与损害赔偿金竞合时的效力规则：可选择适用违约金或损害赔偿金，但不得并用。本题中，违约金为 10 万元，低于违约造成的损失 20 万元，因此，乙方可要求甲方承担违约责任数额为实际损失额 20 万元。

2. 德凯公司拟为新三板上市造势，在无真实交易意图的情况下，短期内以业务合作为由邀请多家公司来其主要办公地点洽谈。其中，真诚公司安排授权代表往返十余次，每次都准备了详尽可操作的合作方案，德凯公司佯装感兴趣并屡次表达将签署合同的意愿，但均在最后一刻推脱拒签。期间，德凯公司还将知悉的真诚公司的部分商业秘密不当泄露。对此，下列哪一说法是正确的？(　　)［2017 年法考真题］

A. 未缔结合同，则德凯公司就磋商事宜无须承担责任

B. 虽未缔结合同，但德凯公司构成恶意磋商，应赔偿损失

C. 未缔结合同，则商业秘密属于真诚公司自愿披露，不应禁止外泄

D. 德凯公司也付出了大量的工作成本，如被对方主张赔偿，则据此可主张抵销

【解析】ABD 三项，《民法典》第 500 条规定，当事人在订立合同过程中有下列情形之一，造成对方损失的，应当承担赔偿责任：①假借订立合同，恶意进行磋商；②故意隐瞒与订立合同有关的重要事实或者提供虚假情况；③有其他违背诚信原则的行为。本题中，德凯公司在无真实交易意图的情况下，假借订立合同，恶意进行磋商，给对方造成损失的，应当承担赔偿责任。而德凯公司虽然在此过程中也付出了大量的工作成本，但其损失是由自己造成的，不可主张抵销。

C 项，《民法典》第 501 条规定，当事人在订立合同过程中知悉的商业秘密或者其他应当保密的信息，无论合同是否成立，不得泄露或者不正当地使用；泄露、不正当地使用该商业秘密或者信息，造成对方损失的，应当承担赔偿责任。本题中，双方当事人虽然未订立合同，德凯公司也不应将缔约过程中知悉的真诚公司的部分商业秘密不当泄露。

3. 张某与李某共有一台机器，各占 50% 份额。双方共同将机器转卖获得 10 万元，约定张某和李某分别享有 6 万元和 4 万元。同时约定该 10 万元暂存李某账户，由其在 3 个月后返还给张某 6 万元。后该账户全部款项均被李某债权人王某申请法院查封并执行，致李某不能按期返还张某款项。下列哪一表述是正确的？(　　)［2014 年法考真题］

A. 李某构成违约，张某可请求李某返还 5 万元

B. 李某构成违约，张某可请求李某返还 6 万元

C. 李某构成侵权，张某可请求李某返还 5 万元

D. 李某构成侵权，张某可请求李某返还 6 万元

【解析】AB 两项，张某和李某之间就 10 万元暂存在李某处以及到期返还 6 万元存在约定，因此构成合同关系。《民法典》第 577 条规定，当事人一方不履行合同义务或者履行合同义务不符合约定的，应当承担继续履行、采取补救措施或者赔偿损失等违约责任。李某未按期归还的行为构成违约。根据合同约定，张某享有将机器转卖获得的 6 万元，张某可请求李某返还 6 万元。

CD 两项，侵权行为是指民事主体违反法定义务，侵害他人民事权益，依法应当承担民事责任的行为。李某并未违反法定义务，而是违反了合同义务，因此其行为不构成侵权。

4. 甲将某物出售于乙，乙转售于丙，甲应乙的要求，将该物直接交付于丙。下列哪一说法是错误的？(　　)［2012 年法考真题］

A. 如仅甲、乙间买卖合同无效，则甲有权向乙主张不当得利返还请求权

B. 如仅乙、丙间买卖合同无效，则乙有权向丙主张不当得利返还请求权

C. 如甲、乙间以及乙、丙间买卖合同均无效，甲无权向丙主张不当得利返还请求权

D. 如甲、乙间以及乙、丙间买卖合同均无效，甲有权向乙、乙有权向丙主张不当得利返还请求权

2B　3B　4C

【解析】A项，如仅甲、乙间买卖合同无效，甲失去某物，该物品被用于乙与丙之间合同的履行，丙并未不当得利，甲有权向乙主张不当得利。

B项，如仅乙、丙间买卖合同无效，甲的交付行为系履行有效合同，乙失去了利益，其有权向不应获得利益的丙主张不当得利返还。

C项，如甲、乙间以及乙、丙间买卖合同均无效，甲利益受损，丙获得了利益，可以突破债的相对性，由甲直接向丙请求返还不当得利。

D项，《民法典》第157条规定，民事法律行为无效、被撤销或者确定不发生效力后，行为人因该行为取得的财产，应当予以返还；不能返还或者没有必要返还的，应当折价补偿。有过错的一方应当赔偿对方由此所受到的损失；各方都有过错的，应当各自承担相应的责任。法律另有规定的，依照其规定。缔约过失责任与不当得利返还可以在甲与乙、乙与丙之间分别进行。

5. 甲、乙同为儿童玩具生产商。六一节前夕，丙与甲商谈进货事宜。乙知道后向丙提出更优惠条件，并指使丁假借订货与甲接洽，报价高于丙以阻止甲与丙签约。丙经比较与乙签约，丁随即终止与甲的谈判，甲因此遭受损失。对此，下列哪一说法是正确的？(　　)［2010年法考真题］

A. 乙应对甲承担缔约过失责任　　B. 丙应对甲承担缔约过失责任

C. 丁应对甲承担缔约过失责任　　D. 乙、丙、丁无须对甲承担缔约过失责任

【解析】缔约过失责任是指在合同订立过程中，一方因违背其依据的诚实信用原则所产生的义务，而致另一方的信赖利益的损失，并应承担损害赔偿责任。《民法典》第500条规定，当事人在订立合同过程中有下列情形之一，造成对方损失的，应当承担赔偿责任：①假借订立合同，恶意进行磋商；②故意隐瞒与订立合同有关的重要事实或者提供虚假情况；③有其他违背诚信原则的行为。

ACD三项，丁假借订立合同，恶意进行磋商构成缔约过失，应承担缔约过失责任。作为违反先合同义务后果的缔约过失责任同样应当遵守合同的相对性，只有参与缔约的当事人才可能承担缔约过失责任。本题中，虽然丁的相关行为是受乙的指使，但由于与甲进行缔约行为的是丁而不是乙，因此只有丁的行为才构成缔约过失。

B项，丙在甲、乙两个交易对象中选择并最终未与甲订约是正常的商业行为，不违反先合同义务，不构成缔约过失责任。

二、不定项选择题

甲公司与乙公司签订了一份手机买卖合同，约定：甲公司供给乙公司某型号手机1000部，每部单价1000元，乙公司支付定金30万元，任何一方违约应向对方支付合同总价款30%的违约金。合同签订后，乙公司向甲公司支付了30万元定金，并将该批手机转售给丙公司，每部单价1100元，指明由甲公司直接交付给丙公司。但甲公司未按约定期间交货。［2010年法考真题］

请回答1～3题：

1. 关于返还定金和支付违约金，乙公司向甲公司提出请求，下列表述正确的是(　　)。

A. 请求甲公司双倍返还定金60万元并支付违约金30万元

B. 请求甲公司双倍返还定金40万元并支付违约金30万元

C. 请求甲公司双倍返还定金60万元或者支付违约金30万元

D. 请求甲公司双倍返还定金40万元或者支付违约金30万元

【解析】AB两项，《民法典》第588条规定，当事人既约定违约金，又约定定金的，一方违约时，对方可以选择适用违约金或者定金条款。本题中，乙公司只可在定金和违约金中选择一项。

CD两项，《民法典》第586条第2款规定，定金的数额由当事人约定；但是，不得超过主合同标的额的20%，超过部分不产生定金的效力。实际交付的定金数额多于或者少于约定数额的，视为变更约定的定金数额。本题中，约定的定金是30万元，主合同标的额的20%是20万元，则应当认定20万元的定金有

5C ▎ 1D

效。而又根据《民法典》第587条规定，收受定金的一方不履行债务或者履行债务不符合约定，致使不能实现合同目的的，应当双倍返还定金。因此甲公司需要双倍返还定金40万元。

2. 关于甲公司违约时继续履行债务，下列表述错误的是(　　)。

A. 乙公司在请求甲公司支付违约金以后，就不能请求其继续履行债务

B. 乙公司在请求甲公司支付违约金的同时，还可请求其继续履行债务

C. 乙公司在请求甲公司继续履行债务以后，就不能请求其支付违约金

D. 乙公司可选择请求甲公司支付违约金，或请求其继续履行债务

【解析】ABC三项，根据《民法典》第585条第3款规定，当事人就迟延履行约定违约金的，违约方支付违约金后，还应当履行债务。即违约金责任与实际履行责任可以并存，乙公司在请求甲公司支付违约金的同时，还可请求其继续履行债务。

D项，《民法典》第577条规定，当事人一方不履行合同义务或者履行合同义务不符合约定的，应当承担继续履行、采取补救措施或者赔偿损失等违约责任。本题中，乙公司可在请求支付违约金与请求其继续履行间进行选择。

3. 关于甲、乙、丙公司间违约责任的承担，下列表述正确的是(　　)。

A. 如乙公司未向丙公司承担违约责任，则丙公司有权请求甲公司向自己承担违约责任

B. 如乙公司未向丙公司承担违约责任，则丙公司无权请求甲公司向自己承担违约责任

C. 如甲公司迟延向丙公司交货，则丙公司有权请求乙公司承担迟延交货的违约责任

D. 如甲公司迟延向丙公司交货，则丙公司无权请求乙公司承担迟延交货的违约责任

【解析】AB两项，《民法典》第522条第1款规定，当事人约定由债务人向第三人履行债务，债务人未向第三人履行债务或者履行债务不符合约定的，应当向债权人承担违约责任。本题中，甲乙之间存在买卖合同关系，甲为债务人，乙为债权人，丙为第三人，由于甲未按约定期间向丙交货，甲应当向乙承担违约责任，丙无权请求甲向自己承担违约责任。

CD两项，《民法典》第523条规定，当事人约定由第三人向债权人履行债务，第三人不履行债务或者履行债务不符合约定的，债务人应当向债权人承担违约责任。本题中，乙丙之间存在买卖合同关系，乙为债务人，丙为债权人，甲为第三人，由于甲未按约定期间向丙交货，乙应当向丙承担违约责任，丙有权请求乙向自己承担违约责任。

三、概念题

缔约过失责任[浙江财大2018年研；青岛大学2015年研；北邮2008年研]

答：参见本章论述题第1题答案。

四、论述题

1. 论述缔约过失责任。[中山大学2010年研]

相关试题：

(1)简述缔约过失责任。[简答题，扬州大学2024年研]

(2)请论述民法中的缔约过失责任。[中国政法2022年研]

(3)简述缔约过失责任的构成要件。[简答题，扬州大学2020年研]

(4)请简述缔约过失责任的概念及类型。[简答题，武大2015年研]

答：(1)缔约过失责任，是指在订立合同过程中，一方因违反其依据诚实信用原则所负义务而致另一方信赖利益和固有利益损失，依法应承担的民事责任。

(2)缔约过失责任的构成要件包括：

①缔约人一方违反先合同义务。先合同义务又称附随义务，是自要约生效后合同生效前的缔约过程中

2AC　3BC

产生的告知、保密等注意义务。在订约阶段，当事人依诚实信用原则负有忠实、保密等义务。先合同义务自要约生效开始产生。

②对方当事人受有损失。此处的损失要求是财产损失、信赖利益损失，既包括财产的直接减少，也包括应增加而未增加的利益。

③违反先合同义务与该损失之间有因果联系。即对方当事人的损失是因一方当事人违反先合同义务引起的。

④违反先合同义务者有过错。

(3)缔约过失责任的类型：

①《民法典》第500条规定的缔约过失责任：a. 恶意缔约，即假借订立合同，恶意进行磋商；b. 欺诈缔约，即故意隐瞒与订立合同有关的重要事实或者提供虚假情况，签订合同；c. 违反人格和尊严等其他违背诚实信用原则的缔约。

②《民法典》第501条规定的缔约过失责任。当事人在缔约过程中泄露或者不正当地使用对方当事人的商业秘密，给对方当事人造成损失的，应当承担损害赔偿责任。

③其他类型的缔约过失责任。如擅自撤销要约，缔约之际未尽通知、保密等项义务给对方造成损失，缔约之际未尽保护义务侵害对方的人身权、物权，合同不成立、无效、被变更或撤销，合同不被追认，无权代理等情况下的缔约过失责任。

(4)缔约过失责任的承担方式及赔偿范围。缔约过失责任的承担方式为赔偿损失。赔偿范围包括当事人由此产生的费用和实际损失，多为信赖利益的损失。信赖利益损失，是指一方预订立合同的行为使得另一方产生信赖并为此发生了费用，后因前者违反诚实信用原则导致合同未成立或者无效，因该费用受到的损失，包括直接损失和间接损失。其直接损失计有：①缔约费用，包括邮电费用、赶赴缔约地或者察看标的物等所支出的合理费用；②准备履行所支出的费用，包括为运送标的物或者受领对方给付所支付的合理费用；③受害人支出上述费用所失去的利息。

2. 结合《民法典》，试述违约责任和缔约过失责任的关系。［北大2010年研改编］

相关试题：

(1)简述缔约过失责任与违约责任的区别。［简答题，武大2015年研］

(2)缔约过失责任属于违约责任。［辨析题，首师大2015年研］

答：(1)缔约过失责任，是指合同成立前的缔约过程中，因缔约人一方致合同不成立或无效，或被撤销所具有的过失所承担的责任。违约责任，是指当事人不履行合同债务或者履行合同债务不符合约定时，依法产生的法律责任。

(2)两种责任的相同点：

①两种责任都具有相对性，是在特定当事人之间产生的责任。

②两种责任同属于债的发生原因，都具有债的相对性的特点。

③两种责任都具有财产性，这两种责任形式也都属于财产之债。

④赔偿的意定性，贯彻意思自治的原则，当事人可以协商确定赔偿的各种事宜。如责任范围、方式、形式等。

(3)两种责任的区别：

①责任形成条件不同。从责任形成条件来看，违约责任是违反有效合同而产生的责任，它以合同关系的存在为前提条件。而缔约过失责任则适用于合同订立中及合同不成立、无效和被撤销的情况下。所以区分违约责任与缔约过失责任的一个重要标准是要看合同关系是否有效成立。如果存在的是有效的合同关系，则应适用违约责任，而不必去考虑适用缔约过失责任。如果不存在有效的合同关系则可以考虑适用缔约过失责任。

②责任性质不同。从所违反债务的性质和类型来看，违约责任是违反合同债务，是一种约定义务，其核心为给付义务；而缔约过失责任则是违反了先合同义务，是一种法定义务，其核心是附随义务。由于这两种义务在性质上存在着较明显的差异，因此也成为违约责任与缔约过失责任之间的一个显著区别。

③责任承担形式不同。违约责任可以由当事人约定责任承担形式，比如约定违约金的数额或比例，也可以约定定金条款等。但由于缔约过失责任是一种法定责任，所以不能由当事人来进行约定，只能由法律来直接进行规定，而且只能是损害赔偿责任。

④归责原则不同。违约责任主要适用无过错责任原则，例外或补充适用过错推定原则；而缔约过失责任则只能适用过错责任原则，即只有在缔约人一方有过错的情况下才会产生缔约过失责任。如果缔约当事人一方在缔约过程中没有过错，是不能让他承担缔约过失责任的。

⑤赔偿范围不同。违约损害赔偿主要指履行利益的赔偿，要受到可预见规则的限制；而缔约过失责任的赔偿主要指信赖利益的赔偿，在某些特殊情况下可不受可预见规则的限制。

(4)两种责任的联系：

缔约过失责任和违约责任相配合，起到全面保护交易安全的作用。交易是个时间较长的过程，起初是双方当事人开始接触，尔后是相互洽商，最后是成交。法律保护交易，应是对整个过程加以全面的规制：

①对成交的保护通过赋予当事人合同关系并配置违约责任的途径达到目的。

②对接触磋商的保护通过赋予当事人无主给付义务的法定债务关系并配置缔约过失责任的方式完成任务。

五、法条评析

1. 试定位并分析下列法条中规定的责任。［武汉理工 2010 年研改编］

《民法典》第 501 条规定："当事人在订立合同过程中知悉的商业秘密或者其他应当保密的信息，无论合同是否成立，不得泄露或者不正当地使用；泄露、不正当地使用该商业秘密或者信息，造成对方损失的，应当承担赔偿责任。"

答：(1)本条是对当事人保密义务的规定。根据诚实信用原则，当事人对于知悉的商业秘密负有保密义务，其性质属于附随义务。当事人泄露或者不正当地使用商业秘密，给对方造成损失的，应当承担损害赔偿责任。商业秘密，是指不为公众所知悉、能为权利人带来经济利益、具有实用性并经权利人采取保密措施的技术信息和经营信息。在一般的合同订立过程中，不涉及商业秘密的问题。

(2)当事人违反保密义务主要有两种方式：泄露或者不正当地使用。

①泄露，是指将在订约中获取的商业秘密告知他人，该他人利用了该商业秘密而自己可能因泄露该信息而不正当受益。在这种情况下，违反保密义务的一方所承担的损害赔偿责任应为自己泄露信息而获得的利益和接受泄露信息者利用该信息而给对方造成的损失。

②不正当使用，包括自己不正当使用和允许他人不正当使用，该不正当使用信息可能自己从中获利而给对方造成损失，也可能自己没有获利而仅给对方造成损失。在这种情况下，以对方实际损失额或者不正当使用信息者获利额为赔偿标准，一般以数额较大者计算。

(3)当事人在缔约过程中，负有不得泄露对方商业秘密及不当使用对方商业秘密的义务。基于缔约中的相互信赖，一方可能向对方披露自身商业秘密，或对方在缔约过程中知悉另一方的商业秘密，此时披露方有合理理由相信，对方不会实施损害其商业秘密的行为。

附随义务不以当事人约定为条件，故无论合同是否达成，当事人均不得泄露或者不正当使用所知悉的商业秘密，而且只要商业秘密仍然是商业秘密，无论经过了多长时间，都不得泄露或者不正当地使用。不得泄露或者不正当地使用商业秘密，不仅是《民法典》的要求，也是其他法律如反不正当竞争法等的规定。因此，违反法律规定泄露或者不正当地使用商业秘密的，不仅仅限于承担民事赔偿责任，还有可能承担行政责任甚至刑事责任。

2.《民法典》第 591 条规定："当事人一方违约后，对方应当采取适当措施防止损失的扩大；没有采取适当措施致使损失扩大的，不得就扩大的损失请求赔偿。当事人因防止损失扩大而支出的合理费用，由违约方负担。"请谈谈对上述法条的理解。［北大 2013 年研改编］

答：(1)本法条规定的是减轻损失规则。根据《民法典》第 591 条规定，减轻损失规则是指当事人一方违约后，对方应当采取适当措施防止损失的扩大；没有采取适当措施致使损失扩大的，不得就扩大的损失要求赔偿。当事人因防止损失扩大而支出的合理费用，由违约方承担。

(2)减轻损害规则的构成要件：①损害的发生由违约方所致，受害人对此无过错；②受害人未采取合理措施防止损害扩大；③受害方的不当行为造成了损害扩大。

(3)减轻损失规则起源于英国普通法。在美国，《法律重述合同》(第二版)第350条规定了该规则。我国对减损规则的规定表现为《民法典》第591条的规定。

(4)减轻损失规则确立的目的在于防止损失的扩大。当事人一方违反合同的，另一方应当采取积极措施，减少损失，而不能无动于衷，任凭损失的扩大。如果当事人一方已经尽了最大努力，仍然不能履行或者不能完全履行合同的，应当及时向对方说明情况，尽量避免或者减少可能造成的损失。对方在接到通知后，如果能够采取有效措施防止损失的发生或者扩大而未采取相应措施的，不能履行或者不能完全履行合同的一方对此发生或者扩大的损失不承担民事责任。当事人一方因另一方违反合同受到损失的，即使没有接到违反合同一方的通知，也应当及时采取措施防止损失的扩大；没有及时采取措施致使损失扩大的，无权就扩大的损失请求赔偿。违约方承担当事人为防止损失扩大支出的合理费用。

(5)减损规则影响损害赔偿的范围，规则适用首先要判断受害人是采取减损措施是否及时。《民法典》第591条第1款将其规定为“采取适当措施”。减轻损失规则是为了促使当事人另一方积极地采取有效措施，防止损失的扩大。这种规定本质上有利于合同的切实履行，符合民法上的诚实守信原则。

六、案例分析题

甲、乙二公司订立一钢材买卖合同，约定甲公司应于9月20日前向乙公司提供钢材100吨，以保证乙公司承担的建设工程按期完成。9月18日，甲公司所在地突然发生特大水灾，一直持续到10月初。在此期间，甲公司未履行合同，也未向乙公司说明受水灾之事。乙公司因甲公司没有按期提供所需钢材，为按期完成承担的建设工程，不得不高价从丙公司处购买所需钢材，多花费4万元。乙公司因此要求解除钢材买卖合同并要求甲公司赔偿4万元。甲公司拒绝赔偿，也不同意解除钢材买卖合同。[厦大2012年研]

问：

(1)甲公司未履行合同的行为，是否构成违约？为什么？

(2)乙公司是否有权解除与甲公司的钢材买卖合同？为什么？

(3)本纠纷应如何处理？理由是什么？

答：(1)甲公司未履行合同的行为构成违约。

理由：《民法典》第577条规定，当事人一方不履行合同义务或者履行合同义务不符合约定的，应当承担继续履行、采取补救措施或者赔偿损失等违约责任。本题中甲公司未能按照合同约定于9月20日前向乙公司提供钢材100吨，属于履行合同不符合约定情形，构成违约。

(2)乙公司有权解除与甲公司的钢材买卖合同。

理由：《民法典》第563条规定，有下列情形之一的，当事人可以解除合同：①因不可抗力致使不能实现合同目的；②在履行期限届满之前，当事人一方明确表示或者以自己的行为表明不履行主要债务；③当事人一方迟延履行主要债务，经催告后在合理期限内仍未履行；④当事人一方迟延履行债务或者有其他违约行为致使不能实现合同目的；⑤法律规定的其他情形。本题中，甲公司应于9月20日前向乙公司提供钢材100吨，才能保证乙公司承担的建设工程按期完成。而特大水灾一直持续到10月初，甲乙之间的合同目的已经不能实现，乙公司有权解除合同。

(3)甲公司作为因不可抗力不能履行合同一方，未尽通知义务，致使乙公司的损失进一步扩大，故应对4万元的扩大损失承担赔偿责任。

理由：根据《民法典》第590条规定，因不可抗力不能履行合同的，应当及时通知对方，以减轻可能给对方造成的损失，并应当在合理期限内提供证明。则在发生不可抗力事件后，受不可抗力影响而不能履行合同的一方应及时通知合同相对方。若未及时通知，并因此导致相对方损失扩大的，受影响一方应对扩大的损失部分承担赔偿责任。本题中，甲公司在遭受特大水灾后，未及时通知乙公司，致使乙公司多花费4万元，甲公司应就此损失承担赔偿责任。

第二十七章　典型合同

27.1　复习指南

【知识框架(庖丁解牛)】

- 典型合同
  - 买卖合同
    - 概念、特征、当事人权利义务
    - 标的物意外毁损灭失的风险负担与利益承受
    - 分批交付的买卖与分期付款买卖
    - 凭样品买卖、试用买卖、保留所有权买卖
    - 招标投标买卖和拍卖、互易合同
  - 供用电、水、气、热力合同：概念、特征、当事人权利义务
  - 赠与合同
    - 概念、特征、成立、效力
    - 赠与的撤销
      - 赠与人撤销赠与
      - 赠与人的继承人或法定代理人撤销赠与
      - 撤销权的行使方法及效力
  - 借款合同：概念、特征、当事人权利义务
  - 保证合同：概念、特征、内容与形式、效力
  - 租赁合同：概念、特征、当事人权利义务、租赁合同的效力
  - 融资租赁合同：概念、特征、当事人权利义务
  - 保理合同：概念、特征、对应收账款债务人的效力、当事人权利义务
  - 承揽合同：概念、特征、当事人权利义务、承揽中的风险负担、终止
  - 建设工程合同：概念、特征、订立、当事人权利义务
  - 运输合同：概念、特征、类型[客运、货运、多式联运合同]
  - 技术合同
    - 概述、特征、形式和内容
    - 技术开发、转让、许可、咨询、服务合同
  - 保管合同：概念、特征、当事人权利义务
  - 仓储合同
    - 概念、特征、当事人权利义务
    - 仓单：概念、填发、性质
  - 委托合同
    - 概念、特征、当事人权利义务
    - 委托合同的当事人和第三人的关系、委托合同的终止
  - 物业服务合同：概念、特征、当事人权利义务、解除和续订
  - 行纪合同：概念、特征、当事人权利义务、行纪人的介入权
  - 中介合同：概念、特征、当事人权利义务
  - 合伙合同：概念、特征、当事人权利义务、终止

【通关提要(提纲挈领)】

本章主要介绍各种典型合同，可对比记忆各类合同的特征，比较重要。学习时，应了解各类合同的概念，掌握传统的重点合同类型即买卖合同、赠与合同、租赁合同的合同效力，重点掌握《民法典》新规定的合同类型：保证合同、保理合同、物业服务合同、中介合同、合伙合同等的合同特征、当事人之间的权利义务等。本章各种题型都有可能考查，可结合具体案例理解记忆。

27.2 考研真题与典型题详解

一、单项选择题

1. 画家甲丧偶后，独自抚养儿子乙。某日，甲将自己的一幅画作交给朋友丙保管，嘱托丙等自己去世后烧毁该画作。甲去世后，丙违背甲的嘱托，将画作交拍卖公司拍卖，得款50万元。该50万元应当(　　)。[2020年法硕(法学)真题]

A. 归乙所有　　B. 归丙所有　　C. 由乙、丙平分　　D. 归国家所有

【解析】《民法典》第888条第1款规定，保管合同是保管人保管寄存人交付的保管物，并返还该物的合同。第892条第1款规定，保管人应当妥善保管保管物。本题中，丙违背甲的嘱托，将画作交拍卖公司拍卖，该行为违反了甲与丙之间的保管合同的约定，甲可以要求丙返还拍卖价款。由于甲已经去世，乙作为甲的继承人，法定承受甲对丙享有的合同债权，因此，该50万元应该归乙所有。

2. 甲、乙两公司约定：甲公司向乙公司支付5万元研发费用，乙公司完成某专用设备的研发生产后双方订立买卖合同，将该设备出售给甲公司，价格暂定为100万元，具体条款另行商定。乙公司完成研发生产后，却将该设备以120万元卖给丙公司，甲公司得知后提出异议。下列哪一选项是正确的？(　　)[2017年法考真题]

A. 甲、乙两公司之间的协议系承揽合同

B. 甲、乙两公司之间的协议系附条件的买卖合同

C. 乙、丙两公司之间的买卖合同无效

D. 甲公司可请求乙公司承担违约责任

【解析】A项，《民法典》第770条规定，承揽合同是承揽人按照定作人的要求完成工作，交付工作成果，定作人给付报酬的合同。甲、乙两公司的约定却是将设备出售给甲公司，因此不属于承揽合同。

B项，《民法典》第158条规定，民事法律行为可以附条件，但是根据其性质不得附条件的除外。附生效条件的民事法律行为，自条件成就时生效。附解除条件的民事法律行为，自条件成就时失效。即当事人对合同的效力可以约定附条件。甲、乙两公司的约定为乙公司完成研发生产后再另行订立买卖合同，因此不属于附条件的买卖合同。

C项，《民法典》第153、154条规定了合同无效的几种情形，主要包括：①违反法律、行政法规的强制性规定的民事法律行为无效；②违背公序良俗的民事法律行为无效；③行为人与相对人恶意串通，损害他人合法权益的民事法律行为无效。本题中，乙公司完成研发生产后，作为设备的所有人，有权和丙公司签订设备买卖合同，不存在导致合同无效的事由，乙、丙两公司之间的买卖合同有效。

D项，乙公司完成某专用设备的研发生产后没有依据其和甲公司的协议订立买卖合同，将该设备出售给甲公司，而是卖给了丙公司，应向甲公司承担违约责任。

3. 甲公司与15周岁的网络奇才陈某签订委托合同，授权陈某为甲公司购买价值不超过50万元的软件。陈某的父母知道后，明确表示反对。关于委托合同和代理权授予的效力，下列哪一表述是正确的？(　　)[2015年法考真题]

1A　2D　3D

A. 均无效，因陈某的父母拒绝追认

B. 均有效，因委托合同仅需简单智力投入，不会损害陈某的利益，其父母是否追认并不重要

C. 是否有效，需确认陈某的真实意思，其父母拒绝追认，甲公司可向法院起诉请求确认委托合同的效力

D. 委托合同因陈某的父母不追认而无效，但代理权授予是单方法律行为，无须追认即有效

【解析】《民法典》第145条规定，限制民事行为能力人实施的纯获利益的民事法律行为或者与其年龄、智力、精神健康状况相适应的民事法律行为有效；实施的其他民事法律行为经法定代理人同意或者追认后有效。陈某属于限制民事行为能力人，标的价值为50万元的合同明显与其年龄不相适应，而作为其法定代理人的陈某的父母知道后，明确表示反对，故该委托合同因陈某的父母不追认而无效。授予代理权的行为为单方行为，仅凭被代理人授权的意思表示即可发生效力，无须追认。

4. 刘某与甲房屋中介公司签订合同，委托甲公司帮助出售房屋一套。关于甲公司的权利义务，下列哪一说法是错误的？（　　）[2015年法考真题]

A. 如有顾客要求上门看房时，甲公司应及时通知刘某

B. 甲公司可代刘某签订房屋买卖合同

C. 如促成房屋买卖合同成立，甲公司可向刘某收取报酬

D. 如促成房屋买卖合同成立，甲公司自行承担中介活动费用

【解析】A项，根据《民法典》第962条第1款规定，中介人应当就有关订立合同的事项向委托人如实报告。本题中，刘某与甲之间存在中介合同，中介人甲有报告订约机会或者提供订立合同媒介的义务。

B项，按照中介合同的特征，中介人对委托人与第三人之间的合同没有介入权。中介人只负责向委托人报告订立合同的机会或者为委托人与第三人订约居中斡旋，传达双方意思，起牵线搭桥的作用，对合同没有实质的介入权。所以本题中甲作为中介人不可以代刘某签订房屋买卖合同。

CD两项，根据《民法典》第963条规定，中介人促成合同成立的，委托人应当按照约定支付报酬。中介人促成合同成立的，中介活动的费用，由中介人负担。所以如促成房屋买卖合同成立，甲公司可向刘某收取报酬，但需自行承担中介活动费用。

5. 宗某患尿毒症，其所在单位甲公司组织员工捐款20万元用于救治宗某。此20万元存放于专门设立的账户中。宗某医治无效死亡，花了15万元医疗费。关于余下5万元，下列哪一表述是正确的？（　　）[2014年法考真题]

A. 应归甲公司所有　　B. 应归宗某继承人所有

C. 应按比例退还员工　　D. 应用于同类公益事业

【解析】D项，根据《民法典》第657条规定，赠与合同是赠与人将自己的财产无偿给予受赠人，受赠人表示接受赠与的合同。因此该行为属于赠与合同行为。20万元系捐款，赠与的款项具有救灾、扶贫等社会公益、道德义务特定的性质，即用于救治宗某。并且甲公司将捐款存放于专门设立的账户而非交付于宗某，应该理解为公司公益事业专门设立的，而非是针对宗某所特有的。故其死亡后，不应由其继承人继承，而是继续应用于同类公益事业，符合民法上的诚实信用以及公序良俗。

A项，甲公司作为募捐人对所捐款项仅享有占有、使用和监督等权利，不享有所有权。

B项，员工捐款的目的是帮助宗某治疗尿毒症，当宗某死亡后，捐赠人的特定捐赠目的因失去（第三人——受益人）载体而消除，募捐合同的权利义务亦随之消灭。甲公司是捐赠人的代表（理）人。根据民法理论，赠与财产自实际交付后所有权才发生转移。由于宗某未收到剩余善款，故此款不属于宗某生前个人财产，不能归宗某继承人所有。

C项，《民法典》第658条规定，赠与人在赠与财产的权利转移之前可以撤销赠与。经过公证的赠与合同或者依法不得撤销的具有救灾、扶贫、助残等公益、道德义务性质的赠与合同，不适用前款规定。因

4B　5D

此，赠与财产不可无故收回退还赠与人。

二、多项选择题

1. 齐某将房屋出租给乙，租期一年，约定不得转租。乙住一段时间后，租得更合适的房屋，于是，未经齐某同意将房屋转租给金某夫妇，约定租期三年。齐某因为换锁上门，才发现房屋已经被转租，但未作任何表示。一年后，齐某因住房需求，遂以乙擅自转租向法院主张乙转租行为无效，要金某夫妇搬走。下列选项正确的有（ ）。［2019年法考真题］

A. 转租合同超过租赁期限的部分无效

B. 转租合同无效

C. 齐某可主张撤销乙和金某夫妇的转租合同

D. 可以追加金某夫妇为第三人

【解析】A项，根据《民法典》第717条规定，原租期一年，承租人超过租赁期限转租的，超过期限部分无效。

BC两项，根据《民法典》第718条规定，出租人知道或者应当知道承租人转租，但在6个月内未提出异议，其以承租人未经同意为由请求解除合同或者认定转租合同无效的，人民法院不予支持。本案中，齐某发现转租的事实且在6个月内未提出异议，不得再主张转租合同无效，也不得主张撤销转租合同。

D项，因租赁合同产生的纠纷案件，人民法院可以通知次承租人作为第三人参加诉讼。本案中，法院可将金某夫妇列为无独立请求权第三人。

2. 甲公司借用乙公司的一套设备，在使用过程中不慎损坏一关键部件，于是甲公司提出买下该套设备，乙公司同意出售。双方还口头约定在甲公司支付价款前，乙公司保留该套设备的所有权。不料在支付价款前，甲公司生产车间失火，造成包括该套设备在内的车间所有财物被烧毁。对此，下列哪些选项是正确的？（ ）［2016年法考真题］

A. 乙公司已经履行了交付义务，风险责任应由甲公司负担

B. 在设备被烧毁时，所有权属于乙公司，风险责任应由乙公司承担

C. 设备虽然已经被烧毁，但甲公司仍然需要支付原定价款

D. 双方关于该套设备所有权保留的约定应采用书面形式

【解析】ABC三项，《民法典》第604条规定，标的物毁损、灭失的风险，在标的物交付之前由出卖人承担，交付之后由买受人承担，但是法律另有规定或者当事人另有约定的除外。本题中，甲乙双方对标的物毁损、灭失的风险未作特别约定，而乙公司已经履行了交付义务，故风险责任应由甲公司负担，双方关于所有权保留的约定不影响风险的转移。

D项，我国立法并未规定所有权保留的约定应采用书面形式。

3. 周某以6000元的价格向吴某出售一台电脑，双方约定五个月内付清货款，每月支付1200元，在全部价款付清前电脑所有权不转移。合同生效后，周某将电脑交给吴某使用。期间，电脑出现故障，吴某将电脑交周某修理，但周某修好后以6200元的价格将该电脑出售并交付给不知情的王某。对此，下列哪些说法是正确的？（ ）［2016年法考真题］

A. 王某可以取得该电脑所有权

B. 在吴某无力支付最后一个月的价款时，周某可行使取回权

C. 如吴某未支付到期货款达1800元，周某可要求其一次性支付剩余货款

D. 如吴某未支付到期货款达1800元，周某可要求解除合同，并要求吴某支付一定的电脑使用费

【解析】A项，本题中，周某与吴某约定在全部价款付清前电脑所有权不转移，因此周某仍然是电脑的所有权人，有权处分该电脑，善意的王某可以取得电脑的所有权。

B项，《最高人民法院关于审理买卖合同纠纷案件适用法律问题的解释》第26条第1款规定，买受人

1AD 2AC 3ACD

已经支付标的物总价款的75%以上，出卖人主张取回标的物的，人民法院不予支持。本题中，买受人吴某已经支付标的物总价款的75%以上，出卖人周某不能主张取回标的物。

CD两项，《民法典》第634条规定，分期付款的买受人未支付到期价款的数额达到全部价款的1/5，经催告后在合理期限内仍未支付到期价款的，出卖人可以请求买受人支付全部价款或者解除合同。出卖人解除合同的，可以向买受人请求支付该标的物的使用费。若吴某未支付到期货款达1800元，则未支付到期价款的金额已超过全部价款的1/5，周某可要求其一次性支付剩余货款或要求解除合同并要求吴某支付电脑使用费。

4. 2013年2月1日，王某以一套房屋为张某设定了抵押，办理了抵押登记。同年3月1日，王某将该房屋无偿租给李某1年，以此抵王某欠李某的借款。房屋交付后，李某向王某出具了借款还清的收据。同年4月1日，李某得知房屋上设有抵押后，与王某修订租赁合同，把起租日改为2013年1月1日。张某实现抵押权时，要求李某搬离房屋。下列哪些表述是正确的？（　　）[2014年法考真题]

A. 王某、李某的借款之债消灭　　B. 李某的租赁权可对抗张某的抵押权

C. 王某、李某修订租赁合同行为无效　　D. 李某可向王某主张违约责任

【解析】A项，本题中，王某与李某之间，通过协议将无偿租住房屋代替支付借款。这种情况在法律上称之为以物抵债。以物抵债的构成要件及其法律效果在我国法律中并无规定，实务中以当事人之间的约定按照无名合同来处理。就本题而言，双方均有以无偿租住房屋代替原来借款之债的意思。

C项，《民法典》第154条规定，行为人与相对人恶意串通，损害他人合法权益的民事法律行为无效。本题中，抵押在前，租赁在后，李某与王某恶意串通修订租赁合同以防止抵押权实现的行为无效。

D项，《民法典》第725条规定，租赁物在承租人按照租赁合同占有期限内发生所有权变动的，不影响租赁合同的效力。王某将房屋无偿给李某租住1年，理应能够正常居住，其租赁权不应有无法实现的障碍。《民法典》第723条规定，因第三人主张权利，致使承租人不能对租赁物使用、收益的，承租人可以要求减少租金或者不支付租金。因此李某的租赁权受到影响时，可以向王某主张违约责任。

B项，《民法典》第405条规定，抵押权设立前，抵押财产已经出租并转移占有的，原租赁关系不受该抵押权的影响。李某的租赁权在张某的抵押权之后产生，因此李某的租赁权不得对抗已登记的抵押权。

5. 某律师事务所指派吴律师担任某案件的一、二审委托代理人。第一次开庭后，吴律师感觉案件复杂，本人和该事务所均难以胜任，建议不再继续代理，但该事务所坚持代理。一审判决委托人败诉。下列哪些表述是正确的？（　　）[2013年法考真题]

A. 律师事务所有权单方解除委托合同，但须承担赔偿责任

B. 律师事务所在委托人一审败诉后不能单方解除合同

C. 即使一审胜诉，委托人也可解除委托合同，但须承担赔偿责任

D. 只有存在故意或者重大过失时，该律师事务所才对败诉承担赔偿责任

【解析】ABC三项，《民法典》第933条规定，委托人或者受托人可以随时解除委托合同。因解除合同造成对方损失的，除不可归责于该当事人的事由外，无偿委托合同的解除方应当赔偿因解除时间不当造成的直接损失，有偿委托合同的解除方应当赔偿对方的直接损失和合同履行后可以获得的利益。

D项，《民法典》第929条规定，有偿的委托合同，因受托人的过错造成委托人损失的，委托人可以请求赔偿损失。无偿的委托合同，因受托人的故意或者重大过失造成委托人损失的，委托人可以请求赔偿损失。委托人与律师事务所之间的委托合同一般属于有偿委托合同。

6. 甲、乙约定卖方甲负责将所卖货物运送至买方乙指定的仓库。甲如约交货，乙验收货，但甲未将产品合格证和原产地证明文件交给乙。乙已经支付80%的货款。交货当晚，因山洪暴发，乙仓库内的货物全部毁损。下列哪些表述是正确的？（　　）[2013年法考真题]

A. 乙应当支付剩余20%的货款

4ACD　5AC　6AB

B. 甲未交付产品合格证与原产地证明，构成违约，但货物损失由乙承担

C. 乙有权要求解除合同，并要求甲返还已支付的80%货款

D. 甲有权要求乙支付剩余的20%货款，但应补交已经毁损的货物

【解析】AD两项，《民法典》第604条规定，标的物毁损、灭失的风险，在标的物交付之前由出卖人承担，交付之后由买受人承担，但是法律另有规定或者当事人另有约定的除外。货物风险转移的标准以是否交付为准。因甲已向乙完成了货物交付，风险应由乙承担，因此即使货物全部毁损，甲也无须补交货物，且乙应当支付剩余20%货款。

B项，《民法典》第599条规定，出卖人应当按照约定或者交易习惯向买受人交付提取标的物单证以外的有关单证和资料。提取标的物单证以外的有关单证和资料主要包括保险单、保修单、普通发票、增值税专用发票、产品合格证、质量保证书、质量鉴定书、品质检验证书、产品进出口检疫书、原产地证明书、使用说明书、装箱单等。第611条规定，标的物毁损、灭失的风险由买受人承担的，不影响因出卖人履行义务不符合约定，买受人请求其承担违约责任的权利。据此，风险由乙承担，但乙有权请求甲承担未交付有关单证的违约责任。

C项，本案不符合《民法典》规定的法定解除合同的情形，双方也没有约定解除权，故乙无权请求解除合同。

7. 甲公司与乙公司签订商品房包销合同，约定甲公司将其开发的10套房屋交由乙公司包销。甲公司将其中1套房屋卖给丙，丙向甲公司支付了首付款20万元。后因国家出台房地产调控政策，丙不具备购房资格，甲公司与丙之间的房屋买卖合同不能继续履行。下列哪些表述是正确的？（ ）[2012年法考真题]

A. 甲公司将房屋出卖给丙的行为属于无权处分

B. 乙公司有权请求甲公司承担违约责任

C. 丙有权请求解除合同

D. 甲公司只需将20万元本金返还给丙

【解析】A项，甲为房屋所有权人，故甲丙之间的合同为有权处分。

B项，甲公司与乙公司签订商品房包销合同，后将房屋卖给丙，违反了包销合同的内容，应当承担违约责任。

C项，《民法典》第533条规定，合同成立后，合同的基础条件发生了当事人在订立合同时无法预见的、不属于商业风险的重大变化，继续履行合同对于当事人一方明显不公平的，受不利影响的当事人可以与对方重新协商；在合理期限内协商不成的，当事人可以请求人民法院或者仲裁机构变更或者解除合同。人民法院或者仲裁机构应当结合案件的实际情况，根据公平原则变更或者解除合同。因国家出台房地产调控政策，丙不具备购房资格而不能履行，而非继续履行合同对于一方当事人明显不公平或者不能实现合同目的，不构成情事变更。不可抗力造成的后果是致使合同无法履行，情事变更造成的结果是对于一方当事人明显不公平或者不能实现合同目的，本案应构成不可抗力，根据《民法典》第563条规定，丙也可以请求解除合同。

D项，《民法典》第590条规定，当事人一方因不可抗力不能履行合同的，根据不可抗力的影响，部分或者全部免除责任，但是法律另有规定的除外。因不可抗力不能履行合同的，应当及时通知对方，以减轻可能给对方造成的损失，并应当在合理期限内提供证明。当事人迟延履行后发生不可抗力的，不免除其违约责任。本题中，合同双方当事人对于合同不能履行均无过错，不须承担赔偿责任，但甲公司将20万元本金返还给丙之外，对于产生的孳息也应一并返还，否则即构成不当得利。

8. 丁某将其所有的房屋出租给方某，方某将该房屋转租给唐某。下列哪些表述是正确的？（ ）[2011年法考真题]

7BC 8AC

A. 丁某在租期内基于房屋所有权可以对方某主张返还请求权，方某可以基于其与丁某的合法的租赁关系主张抗辩权

B. 方某未经丁某同意将房屋转租，并已实际交付给唐某租用，则丁某无权请求唐某返还房屋

C. 如丁某与方某的租赁合同约定，方某未经丁某同意将房屋转租，丁某有权解除租赁合同，则在合同解除后，其有权请求唐某返还房屋

D. 如丁某与方某的租赁合同约定，方某未经丁某同意将房屋转租，丁某有权解除租赁合同，则在合同解除后，在丁某向唐某请求返还房屋时，唐某可以基于与方某的租赁关系进行有效的抗辩

【解析】A 项，《民法典》第 458 条规定，基于合同关系等产生的占有，有关不动产或者动产的使用、收益、违约责任等，按照合同约定；合同没有约定或者约定不明确的，依照有关法律规定。物权是权利人直接支配物的权利，丁某作为房屋所有人，可以基于房屋所有权对方某主张返还请求权，但是，方某可以以其属于有权占有为由主张抗辩权。

B 项，《民法典》第 716 条第 2 款规定，承租人未经出租人同意转租的，出租人可以解除合同。可见，承租人方某未经出租人丁某同意将房屋转租给唐某，出租人方某可以解除租赁合同，且能够基于其对房屋享有的所有权请求唐某返还房屋。

CD 两项，若丁某和方某在租赁合同中明确约定转租的法律后果，那么出租人丁某有权解除租赁合同，并且请求唐某返还房屋。

9. 甲委托乙寄售行以该行名义将甲的一台仪器以 3000 元出售，除酬金外双方对其他事项未作约定。其后，乙将该仪器以 3500 元卖给了丙，为此乙多支付费用 100 元。对此，下列哪些选项是正确的？(　　)［2010 年法考真题］

A. 甲与乙订立的是中介合同

B. 高于约定价格卖得的 500 元属于甲

C. 如仪器出现质量问题，丙应向乙主张违约责任

D. 乙无权要求甲承担 100 元费用

【解析】A 项，《民法典》第 951 条规定，行纪合同是行纪人以自己的名义为委托人从事贸易活动，委托人支付报酬的合同。第 961 条规定，中介合同是中介人向委托人报告订立合同的机会或者提供订立合同的媒介服务，委托人支付报酬的合同。本题中，甲委托乙寄售行以该行名义将甲的一台仪器以 3000 元出售，属于行纪合同而非中介合同。

B 项，《民法典》第 955 条第 2 款规定，行纪人高于委托人指定的价格卖出或者低于委托人指定的价格买入的，可以按照约定增加报酬；没有约定或者约定不明确，依据本法第 510 条的规定仍不能确定的，该利益属于委托人。甲乙之间除酬金外对其他事项未作约定，因此高于约定价格卖得的 500 元属于甲。

C 项，《民法典》第 958 条规定，行纪人与第三人订立合同的，行纪人对该合同直接享有权利、承担义务。若仪器出现质量问题，寄售商乙应向买受人丙承担违约责任。

D 项，《民法典》第 952 条规定，行纪人处理委托事务支出的费用，由行纪人负担，但当事人另有约定的除外。即行纪人乙无权要求甲承担 100 元费用。

三、不定项选择题

开发商华峰公司作为发包人与古观公司签订建设施工合同，由古观公司作为承包人承接华峰公司关于 M 市的地产项目。但该项目应招标而未招标，并且古观公司没有资质。之后，项目经验收合格。华峰公司以未招标无资质为由，拒绝付款，后该地产项目进行了拍卖。对于古观公司，下列说法正确的有(　　)。［2019 年法考真题］

A. 能够主张建设工程合同优先受偿权　　B. 优先受偿的范围不包括违约金

C. 行使优先受偿权不能超过 6 个月　　D. 能主张参照合同支付工程款

9BCD　　|　　ABCD

【解析】AB 两项，根据《民法典》第 807 条规定，承包人可就建设工程本身进行折价或拍卖，并就折价或拍卖所得价款优先受偿，优先受偿的范围，仅限于承包人为建设工程应当支付的工作人员报酬、材料款等实际支出的费用，不包括承包人因发包人违约所造成的损失。

C 项，根据《最高人民法院关于审理建设工程施工合同纠纷案件适用法律问题的解释(二)》第 22 条规定，建设工程优先权的行使期限，为发包人应当支付工程款之日起 6 个月内。

D 项，根据《民法典》第 157 条规定，民事法律行为无效、被撤销或者确定不发生效力后，行为人因该行为取得的财产，应当予以返还；不能返还或者没有必要返还的，应当折价补偿。因此，建设工程合同无效，但是建设工程经验收合格的，发包人应当向承包人折价补偿。

四、概念题

1. 权利瑕疵担保[北科 2011 年研；南京大学 2007 年研]

答：权利瑕疵担保是瑕疵担保责任的一种，是指出卖人就交付的标的物，除非法律另有规定，负有保证第三人不得向买受人主张任何权利的义务。《民法典》第 723 条规定："因第三人主张权利，致使承租人不能对租赁物使用、收益的，承租人可以请求减少租金或者不支付租金。第三人主张权利的，承租人应当及时通知出租人。"

2. 融资租赁合同[暨南大学 2016 年研；北邮 2005 年研]

答：融资租赁合同是指出租人根据承租人对出卖人、租赁物的选择，向出卖人购买租赁物，提供给承租人使用，承租人支付租金的合同。其含义有：①出租人须按照承租人的要求出资购买租赁物；②出租人须将购买的租赁物交付承租人使用收益；③承租人须向出租人支付租金。其特征包括：①对合同的当事人有资格限制；②合同中的承租人向出租人支付的租金是"融资"的代价；③承租人要求出租人为其融资购买承租人所需的设备，而且通常是价值较高的固定资产；④融资租赁合同是双务、有偿、诺成性的要式合同，应当采用书面形式。

3. 承揽合同[四川大学 2025 年研；河南师大 2017 年研]

答：承揽合同是指承揽人按照定作人的要求完成工作，交付工作成果，定作人给付报酬的合同。其特征包括：①承揽合同以一定工作的完成为目的；②承揽合同的承揽标的具有特定性；③承揽合同的承揽人自己承担风险独立完成工作；④承揽合同是诺成性合同、有偿合同、双务合同、不要式合同。

4. 委托合同与行纪合同[中南财大 2004 年研]

相关试题：行纪合同[暨南大学 2018 年研；南京理工 2011 年研]

答：(1)委托合同，又称委任合同，依《民法典》第 919 条规定，是指委托人和受托人约定，由受托人处理委托人事务的合同。

(2)行纪合同，是指行纪人以自己的名义为委托人从事交易，委托人支付报酬的合同。

(3)二者的区别表现在：

①行纪合同是有偿合同，行纪人为委托人进行一定的法律行为，委托人向行纪人支付报酬；而委托合同可以有偿也可以无偿。

②行纪合同的标的是行纪人为委托人进行的法律行为，限于商业活动；而委托合同的事务范围很广，商业、诉讼、亲近探望等法律行为、事实行为都可以。

5. 中介合同[中南大学 2018 年研；中南财大 2005 年研]

答：中介合同是指中介人向委托人报告订立合同的机会或者提供订立合同的媒介服务，委托人支付报酬的合同。中介人是受委托人的委托促成委托人订立合同的。其特征包括：①中介合同是一方为他方报告订约机会或者为订约媒介的合同；②中介合同为有偿合同；③中介合同为诺成性合同、不要式合同；④中介合同中委托人的给付义务的履行具有不确定性。

6. 租赁合同与融资租赁合同[人大2013年研]

相关试题：融资租赁合同[南开大学2012年研]

答：(1)租赁合同，是指出租人将租赁物交付承租人使用、收益，承租人支付租金的合同。

(2)融资租赁合同，是指当事人之间约定，出租人根据承租人对出卖人、租赁物的选择，向出卖人购买租赁物，提供给承租人使用，承租人支付租金的合同。

(3)二者的区别在于：①融资租赁合同是由融资租赁公司与承租人所签订的融资性租赁合同以及由融资租赁公司与供应商所签订的买卖合同相互交错而构成的新型独立合同，它以融资为目的、融物为手段，这是其不同于传统租赁合同的重要特征。②融资租赁合同中的出租人是专营融资租赁业务的租赁公司，一般的自然人、法人或其他组织不能成为融资租赁合同中的出租人，租赁合同则可以。

五、简答题

1. 简述赠与合同中赠与人的撤销权。[中南财大2012年研]

答：赠与合同中赠与人的撤销权包括任意撤销权和法定撤销权。

(1)赠与人的任意撤销权，是指在赠与合同成立后，赠与人可基于自己的意思任意撤销赠与的权利。

赠与人的任意撤销权必须具备以下三个条件：

①赠与合同依赠与人与受赠人之间的合意成立。

②赠与物权利尚未转移。对动产而言，赠与人尚未交付该动产；对不动产而言，赠与人尚未办理移转登记。

③必须是非经公证的赠与以及非具社会公益、道德义务性质的赠与。

(2)赠与人的法定撤销权，是指在具备法律所规定的撤销原因时，赠与人依法撤销赠与的权利。赠与人可撤销赠与的法定事由主要有两种情形：

①因受赠人的行为：a. 严重侵害赠与人或者赠与人近亲属的法定权益；b. 对赠与人有扶养义务而不履行；c. 不履行赠与合同约定的义务。在上述情形下，赠与人的撤销权自知道或者应当知道撤销原因之日起1年内不行使的，撤销权消灭。

②因赠与人的经济状况恶化。赠与合同生效后赠与人的经济状况显著恶化，严重影响其生产经营或者家庭生活时，赠与人有权撤销赠与，可以不再履行赠与义务。

2. 简述委托合同与间接代理的联系与区别。[北邮2010年研]

相关试题：简述代理与委托合同的联系和区别。[首经贸2017年研]

答：委托合同是指委托人和受托人约定，由受托人处理委托人事务的合同。间接代理是指代理人以自己的名义为民事法律行为，其效果转移于被代理人的代理，是委托代理的一种。

(1)委托合同与间接代理的联系。委托合同是间接代理的基础。二者的现实特征均为受托人和间接代理人以自己的名义从事民事法律行为，与第三人从事民事交易或其他活动，最后再将法律效果归于委托人或被代理人，被代理人不直接与第三人发生法律关系。

(2)委托合同与间接代理的区别：

①性质不同。委托合同是一种合同关系，学理上称为委托之债，属于民法典债权编的内容。间接代理是一种独立的法律制度，属于代理权授予这一单方法律行为的法律效果，属于民法典总则编的内容。

②内容不同。代理限于以意思表示为要素的民事法律行为，委托不限于以意思表示为要素的民事法律行为，还包括不以意思表示为要素的事实行为。

③内容的中心不同。委托合同以委托人和受托人的权利和义务为中心，代理以代理权为中心。在这种立法体例中，委托合同和代理关系不总是相伴而生。有时存在委托关系而无代理关系。

3. 简述一般保证与连带保证的主要区别。[首经贸2010年研]

答：(1)一般保证与连带保证的概念：

①一般保证是指当事人在保证合同中约定，债务人不能履行债务时，由保证人承担保证责任。一般保

证的保证人在主合同纠纷未经审判或者仲裁，并就债务人财产依法强制执行仍不能履行债务前，有权拒绝向债权人承担保证责任，但是有下列情形之一的除外：a. 债务人下落不明，且无财产可供执行；b. 人民法院已经受理债务人破产案件；c. 债权人有证据证明债务人的财产不足以履行全部债务或者丧失履行债务能力；d. 保证人书面表示放弃此项权利。

②连带责任保证是指当事人在保证合同中约定保证人和债务人对债务承担连带责任。连带责任保证的债务人不履行到期债务或者发生当事人约定的情形时，债权人可以请求债务人履行债务，也可以请求保证人在其保证范围内承担保证责任。

(2)一般保证与连带保证的区别：

①保证人承担责任的性质不同。一般保证的保证人只是在主债务人不履行时，有代为履行的义务，即保证人承担补充性责任；而连带责任保证中的保证人与主债务人为连带债务人，债权人在保证范围内，可以向债务人求偿，也可以向保证人求偿，债权人无论选择谁，债务人和保证人都无权拒绝，即保证人承担的是连带责任。

②保证责任的免除原因不同。一般保证中，在保证期间内，债权人未对债务人提起诉讼或者申请仲裁的，保证人免除责任；连带保证中，在保证期间内，债权人未请求保证人履行保证债务时，保证人的保证责任即免除。

③有无先诉抗辩权不同。连带责任保证中的债务人无先诉抗辩权，即不能以债权人是否催告主债务人作为是否履行保证义务的抗辩理由；而一般保证中的保证人享有先诉抗辩权，即当债权人要求保证人代为履行时，保证人可以要求债权人先就主债务人的财产诉请强制执行或设有物的担保时先执行担保物权为由而拒绝清偿。

④产生方式不同。连带保证由当事人约定；一般保证由当事人约定，在当事人未约定或约定不明确时，法律推定为一般保证。

⑤担保力度不同。连带责任保证的担保力度较强，对债权人颇为有利，保证人的负担较重；而一般保证的担保力度相对较弱，保证人的负担相对较轻。

4. 简述行纪合同与融资租赁合同的特征。[北科 2012 年研]

答：(1)行纪合同又称信托合同，是指行纪人以自己的名义为委托人从事贸易活动，委托人支付行纪人报酬的合同。其中以自己名义为他方办理业务的，为行纪人；由行纪人为之办理业务，并支付报酬的，为委托人。行纪合同的特征主要有：

①行纪合同的标的是行纪人为委托人进行贸易活动，通常表现为替委托人买入或卖出特定物品或财产权利。

②行纪人以自己的名义为委托人从事贸易活动。行纪人为了委托人的利益，以自己的名义与第三人为交易活动，由此产生的权利义务由行纪人自己承担。

③行纪合同属于双务、有偿、诺成性的不要式合同。

(2)融资租赁合同，是指出租人根据承租人对出卖人、租赁物的选择，向出卖人购买租赁物，提供给承租人使用，承租人支付租金的合同。融资租赁合同涉及出租人、承租人和出卖人。其主要特征有：

①对合同的当事人有资格限制。出租人为经过有关机关批准有权经营融资租赁业务的法人。

②合同中的承租人向出租人支付的租金并非仅为使用租赁物的代价，而是“融资”的代价。

③融资租赁合同的标的物是应承租人的要求购买的，而且通常是价值较高的固定资产。

④融资租赁合同是双务、有偿、诺成性的要式合同，应当采用书面形式。

六、论述题

1. 试论买卖合同标的物的风险负担。[北邮 2010 年研]

答：买卖标的物的风险负担又称风险承担，是指买卖合同履行过程中发生的标的物意外毁损、灭失的风险由哪一方当事人负担。

(1)确定标的物风险负担的原则：

①动产标的物风险负担的确定。《民法典》第604条规定，标的物毁损、灭失的风险，在标的物交付之前由出卖人承担，交付之后由买受人承担，但法律另有规定或者当事人另有约定的除外。可见，我国的民事立法就动产标的物毁损灭失的风险负担的移转，在当事人没有特别约定的情况下既与标的物的交付，又与标的物所有权的移转相一致。

②不动产标的物风险负担的确定：

a. 就大陆法系而言，物权变动采债权意思主义模式的国家和地区，由于不动产所有权的转移无须办理相应的登记手续，不动产毁损灭失风险负担的转移，在一般情形下与不动产所有权的移转相一致。

b. 对物权变动采债权形式主义或物权形式主义的国家和地区，单纯的不动产占有的移转并不能发生不动产所有权的移转，而是把登记作为不动产所有权移转的成立要件。

(2)我国《民法典》对标的物风险负担的具体规定：

对于标的物风险的负担，可由当事人约定。当事人没有特别约定的，依以下原则确定：

①出卖人发送标的物的，出卖人按照约定将标的物运送至买受人指定地点并交付给承运人后，标的物毁损、灭失的风险由买受人承担，但是当事人另有约定的除外。

②因买受人的原因致使标的物未按照约定期限交付的，买受人应当自违反约定时起承担标的物毁损、灭失的风险。

③出卖人出卖交由承运人运输的在途标的物，除当事人另有约定外，标的物毁损、灭失的风险自合同成立时起由买受人承担。出卖人在合同成立时知道或者应当知道标的物已经毁损、灭失却未告知买受人的，由出卖人承担风险。

④对于需要运输的标的物，当事人没有约定交付地点或约定不明确的，自出卖人将标的物交付给第一承运人起，标的物毁损、灭失的风险由买受人承担。

⑤出卖人按照合同约定或者法律规定将标的物置于交付地点，买受人违反约定没有收取的，标的物毁损、灭失的风险自违反约定时起由买受人承担。

⑥出卖人按照约定未交付有关标的物的单证和资料的，不影响标的物毁损、灭失风险的转移。

⑦因标的物质量不符合要求致使不能实现合同目的，买受人拒绝接受标的物或者解除合同的，标的物毁损、灭失的风险由出卖人承担。

⑧标的物毁损、灭失的风险由买受人承担的，不影响因出卖人违约买受人要求其承担违约责任的权利。

2. 货运合同中承运人的主要义务。[中山大学2015年研]

答：货运合同即货物运输合同，是指承运人将托运人交付运送的货物运送到约定地点，托运人或收货人依照约定支付运费的合同。承运人的主要义务，是将承运的货物按时安全地运送到目的地，并交付给收货人。其具体义务包括以下内容：

(1)运送义务。承运人要按照约定的时间、地点，安全无损地将物品运抵目的地。如因承运人的原因错运到货地点或逾期运到的，应承担违约责任。

(2)遵从托运人中止运输、返还货物、变更到达地点或者将货物交给其他收货人的有关要求。在承运人将货物交付收货人之前，托运人可以要求承运人中止运输、返还货物、变更到达地或者将货物交给其他收货人，但是应当赔偿承运人因此受到的损失。

(3)及时通知收货人的义务。货物运输到达后，承运人知道收货人的，应当及时通知收货人。收货人逾期领取货物的，承运人可以收取保管费；收货人不明或无正当理由拒绝受领的，可以提存。

(4)安全运送货物。若货物在运输途中毁损、灭失，承运人应承担赔偿责任，除非承运人能够证明货物的毁损、灭失是由于不可抗力、货物本身的自然属性或合理损耗以及托运人、收货人的过错造成的。

七、法条评析

我国《民法典》第604条规定："标的物毁损、灭失的风险，在标的物交付之前由出卖人承担，交付之后由买受人承担，但法律另有规定或者当事人另有约定的除外"。请结合我国《民法典》的规定与理论，评

析前述法条。［南开大学2008年研改编］

答： 该法条是关于买卖合同中标的物风险负担的规定。买卖合同中标的物的风险是指买卖合同的标的物由于不可归责于买卖合同双方当事人的事由毁损、灭失所造成的损失。风险负担是指该损失应由谁来承担。

(1)动产标的物所有权转移的标志为交付。因此动产标的物风险的转移与交付和所有权转移相一致。其中，《民法典》第604条中“法律另有规定或当事人另有约定”主要包括两种情况：

①在交付前标的物风险即由买受人负担。

②交付后的一段时间内标的物的风险仍由出卖人负担。

(2)如果当事人双方约定动产标的物的所有权非自交付时起转移，风险负担应采交付主义。

(3)买卖合同的标的物为不动产时，作为买卖合同标的物的不动产毁损灭失的风险负担，仍在不动产交付时移转。

(4)风险负担的交付主义规则在具体应用时，应注意：

①路货买卖合同。路货买卖是指标的物已在运输途中，出卖人寻找买主，出卖在途的标的物。依据《民法典》第606条规定，出卖人出卖交由承运人运输的在途标的物，除当事人另有约定的以外，毁损、灭失的风险自合同成立时起由买受人承担。

②未明确交付地点的合同。根据《民法典》第607条规定，当事人没有约定交付地点或者约定不明确，标的物需要运输的，出卖人将标的物交付给第一承运人后，标的物毁损、灭失的风险由买受人承担。

③保留所有权合同。在约定保留所有权场合，即使出卖人未向买受人交付提取标的物的单证和资料，标的物毁损、灭失的风险仍自标的物交付时起转移。

④因买受人的原因未能交付。因买受人的原因，主要包括买受人违约和买受人对出卖人准备交付的标的物实施侵权行为，致使出卖人无法按照约定的期限交付标的物，双方又未补充约定变更合同履行期限的。根据《民法典》第605条规定，因买受人的原因致使标的物不能按照约定的期限交付的，买受人应当自违反约定之日起承担标的物毁损、灭失的风险。

⑤买受人不按约定受领。《民法典》第608条规定，出卖人按照约定或者法律的规定将标的物置于交付地点，买受人违反约定没有收取的，标的物毁损、灭失的风险自违反约定之日起由买受人承担。

⑥标的瑕疵合同。根据《民法典》第610条规定，因标的物不符合质量要求，致使不能实现合同目的的，买受人可以拒绝接受标的物或者解除合同。买受人拒绝接受标的物或者解除合同的，标的物毁损、灭失的风险由出卖人承担。

⑦风险转移不影响买受人的请求权。《民法典》第611条规定，标的物毁损、灭失的风险由买受人承担的，不影响因出卖人履行债务不符合约定，买受人要求其承担违约责任的权利。

八、案例分析题

1. 2020年6月，甲是房屋所有人，甲、乙签订房屋租赁合同，租期5年。2022年7月，甲将房屋卖给自己的哥哥并办理登记过户，此事未通知乙。2022年8月，甲欲购单位附近的房屋，朋友丙遂将丁介绍给甲。2022年9月，三人见面商谈购房一事，丁表示房屋在自己父亲名下，并承诺能够得到父亲的房屋卖房授权，丙承诺：“我保证丁能得到他父亲的授权，房子能顺利买卖。”甲随后与丁签订房屋买卖合同，合同载明丁为其父亲的代理人。后因丁未能获得其父授权，房屋买卖合同无法履行，甲要求丁赔偿自己为购买房屋支出的一万元费用，并要求丙承担保证责任。之后，乙也得知甲出售自己承租的房屋后，向甲主张该租赁房屋的优先购买权。［2024年法硕(非法学)真题］

根据上述材料，回答下列问题并说明理由：

(1)乙是否依法享有优先购买权?

(2)丙是否需要承担保证责任?

(3)甲是否有权请求丁赔偿支出的一万元费用?

答： (1)乙不享有优先购买权。

理由：《民法典》第726条第1款规定，出租人出卖租赁房屋的，应当在出卖之前的合理期限内通知承租人，承租人享有以同等条件优先购买的权利；但是，房屋按份共有人行使优先购买权或者出租人将房屋出卖给近亲属的除外。本题中，甲的哥哥属于近亲属，故承租人乙不能主张优先购买权。

(2)丙不需要承担保证责任。

理由：保证的核心要素是具有提供担保的意思。丙作出承诺，“我保证丁能得到他父亲的授权，房子能顺利买卖”，该承诺并没有提供担保的意思。此外，保证合同是要式合同，需要以书面形式签订。在本题中，丙没有签订书面形式的保证合同，更没有提供担保的意思，因此丙无需承担保证责任。

(3)甲有权请求丁赔偿支出的一万元费用的一部分。

理由：当行为人没有代理权或者代理权终止、超越代理权限，实施代理行为且未被被代理人追认的，属于无权代理。《民法典》第171条第4款规定，相对人知道或者应当知道行为人无权代理的，相对人和行为人按照各自的过错承担责任。本题中，丁不是房屋的所有权人，却与甲签订房屋买卖合同，且未被其父亲追认，属于无权代理，因此该买卖合同对丁的父亲不发生效力。甲明知丁是无权代理，故甲和丁应按各自的过错承担责任，共同承担这一万元的损失。因此，甲有权请求丁赔偿支出的一万元费用的一部分。

2. 甲、乙合伙开办健身中心，二人在2014年12月1日约定：甲以健身场地出资，乙以现金80万元出资，合伙期限为2015年1月1日至2019年12月31日，利润双方平分。

协议签订后，甲为提供健身场地，以个人名义租赁了丙的经营性用房，租期为自2015年1月1日起五年，每年年底支付当年租金15万元。租赁期间，甲在该房屋的入口处安装了两个摄像头，但未告知丙。

2018年1月初，甲因病去世。乙向丙请求按照原租赁合同租赁该房屋，丙拒绝。甲去世时，2017年的房租尚未支付。[2020年法硕(法学)真题]

请根据上述材料，回答下列问题并说明理由：

(1)丙发现甲安装摄像头后，有权向甲提出何种请求？

(2)甲死亡后，乙是否有权请求按照原租赁合同租赁该房屋？

(3)乙是否有义务支付甲欠付的租金？

答：(1)丙有权请求甲恢复原状或者赔偿损失。

理由：根据《民法典》第715条规定，承租人未经出租人同意，对租赁物进行改善或者增设他物的，出租人可以要求承租人恢复原状或者赔偿损失。本案中，甲对租赁房屋增设摄像头未经出租人丙同意，因此丙有权向甲请求对该租赁房屋恢复原状或者赔偿损失。

(2)乙有权请求按照原租赁合同租赁该房屋。

理由：根据《民法典》第732条规定，承租人在房屋租赁期间死亡的，与其生前共同居住的人或者共同经营人可以按照原租赁合同租赁该房屋。本案中，甲租赁房屋用于以个人合伙方式从事经营活动，房屋租赁期截止至2020年1月1日，甲在租赁期间死亡，作为共同经营人的乙有权请求出租人丙按照原租赁合同继续租赁该房屋。

(3)乙无义务支付甲欠付的租金。

理由：甲以个人名义租赁房屋进行出资，为此欠付的租金属于甲的个人债务，并非合伙债务。因此，作为合伙人的乙无须为甲的个人债务承担无限连带责任，即无义务支付甲欠丙的2017年的房租。

3. 甲、乙签订水果购销合同，约定由甲方送货，甲与丙签订运输合同，如期发运价值10万元的水果一车。丙送货途中，因洪水冲垮公路，被迫绕道，迟延到达，导致水果有轻微的腐烂现象。乙方以逾期交货和货物不符合合同约定为由拒收货物且拒付货款。丙多次与乙交涉无果，发现水果腐烂迅速扩大，当即决定以6万元价格将水果就地处理。[中财2013年研]

根据上述案情回答下列问题：

(1)该合同的履行地在哪里？为什么？

(2)水果的风险负担于何时转移？为什么？

(3)水果价值减少的损失应由哪一方承担？为什么？

(4)丙为就地处理水果的费用应当由谁承担？为什么？

(5)如果合同没有特别约定，货物送达后，丙有权向谁索要运费？

(6)如果丙送货途中，因洪水冲垮公路，致使水果完全腐烂，该损失应当由谁承担？

(7)如果丙送货途中，因洪水冲垮公路，致使水果完全腐烂，丙是否有权索要运费？

答：(1)该合同的履行地为甲方所在地。

理由：《最高人民法院关于适用〈中华人民共和国民事诉讼法〉的解释》第18条规定："合同约定履行地点的，以约定的履行地点为合同履行地。合同对履行地点没有约定或者约定不明确，争议标的为给付货币的，接收货币一方所在地为合同履行地；交付不动产的，不动产所在地为合同履行地；其他标的，履行义务一方所在地为合同履行地。即时结清的合同，交易行为地为合同履行地。"本案中，争议标的为货物，甲、乙没有约定合同履行地点，因此以履行义务一方即甲方所在地为合同履行地。

(2)水果的风险从甲将水果交付第三方承运人丙时转移。

理由：《民法典》第604条规定，标的物毁损、灭失的风险，在标的物交付之前由出卖人承担，交付之后由买受人承担，但法律另有规定或者当事人另有约定的除外。第607条又规定，出卖人按照约定将标的物运送至买受人指定地点并交付给承运人后，标的物毁损、灭失的风险由买受人承担。当事人没有约定交付地点或者约定不明确，依据本法第603条第2款第1项的规定标的物需要运输的，出卖人将标的物交付给第一承运人后，标的物毁损、灭失的风险由买受人承担。即按照"标的物需要运输的，出卖人应当将标的物交付给第一承运人以运交给买受人"的规定承担风险。

(3)本案中，水果价值减少可分为两个阶段。第一阶段为不可抗力导致水果轻微腐烂，这一阶段由于风险已转移至买方，因此，应当由乙自己承担损失。第二阶段为乙方因卖方违约而拒收水果，导致水果腐烂迅速扩大。《民法典》第610条规定，因标的物不符合质量要求，致使不能实现合同目的的，买受人可以拒绝接受标的物或者解除合同。买受人拒绝接受标的物或者解除合同的，标的物毁损、灭失的风险由出卖人承担。第611条规定，标的物毁损、灭失的风险由买受人承担的，不影响因出卖人履行义务不符合约定，买受人请求其承担违约责任的权利。这一阶段，由于水果风险已经转移至卖方，故而应由甲方承担。

(4)丙就地处理水果的费用应当由甲承担。

理由：《民法典》第121条规定，没有法定的或者约定的义务，为避免他人利益受损失进行管理或者服务的，有权要求受益人偿付由此而支付的必要费用。本案中，水果风险由乙方拒收水果时转移至甲方，丙为了甲方的利益处理水果的行为构成无因管理，根据《民法典》的规定，其费用应由甲承担。

(5)丙有权向甲索要运费。丙与甲签订了运输合同，根据合同相对性原则，丙有权向甲索要运费。

(6)该损失由乙承担。《民法典》第832条规定，承运人对运输过程中货物的毁损、灭失承担赔偿责任。但是，承运人证明货物的毁损、灭失是因不可抗力、货物本身的自然性质或者合理损耗以及托运人、收货人的过错造成的，不承担赔偿责任。又根据《民法典》第607条规定，当事人没有约定交付地点或者约定不明确，标的物需要运输的，出卖人将标的物交付给第一承运人后，标的物毁损、灭失的风险由买受人承担。本题中，标的物的风险已转移至买方，因此，由乙承担。

(7)丙无权索要运费。《民法典》第835条规定："物在运输过程中因不可抗力灭失，未收取运费的，承运人不得请求支付运费；已经收取运费的，托运人可以请求返还。法律另有规定的，依照其规定。"因此，丙无权索要运费。

4. 2009年10月10日，甲公司与乙公司签订一份买卖合同。合同约定：甲公司向乙公司购买起重机2台，每台100万元，共计200万元；合同签订之日起7个工作日内甲公司向乙公司付款50万元，余款自起重机交付之后每月5日前支付15万元，10个月付清；甲公司任何一个月未按期付款，乙公司享有解除合同的权利；货款付清之前，乙公司保留该2台起重机的所有权；乙公司在收到50万元货款后3日内交付起重机。合同签订后，甲公司依约支付了第一笔货款50万元，乙公司在约定时间内向甲公司交付起重机时，因合同未约定履行地点及履行费用负担，双方发生争议。在争议未决的情况下，乙公司委托运输公司将起重机送到甲公司，为此支付运费1万元。在甲公司使用起重机期间，一台起重机因被突发洪水浸泡受损，送丙修理厂修理，因未支付修理费而被丙修理厂扣留；另一台起重机被甲公司出租给丁公司。截至

2010 年 5 月，甲公司连续 3 个月没有支付货款。[中财 2011 年研]

根据上述内容，分别回答下列问题并说明理由。

(1)如何确定该买卖合同中乙公司交货义务的履行地点？

(2)在乙公司保留所有权的情况下，起重机因洪水所受损失应当由谁承担？

(3)丙修理厂能否对起重机行使留置权？

(4)甲公司与丁公司之间的租赁合同是否有效？甲公司是否有权收取租金？

(5)在甲公司连续 3 个月没有付款的情况下，乙公司是否有权解除合同？

答：(1)乙公司应当将标的物交付给第一承运人以运交给甲公司。具体分析如下：

根据《民法典》第 603 条规定，出卖人应当按照约定的地点交付标的物。当事人未约定交付地点或者约定不明确，可以协议补充；不能达成补充协议的，按照合同有关条款或者交易习惯确定；仍不能确定的，适用下列规定：①标的物需要运输的，出卖人应当将标的物交付给第一承运人以运交给买受人。②标的物不需要运输的，出卖人和买受人订立合同时知道标的物在某一地点的，出卖人应当在该地点交付标的物；不知道标的物在某一地点的，应当在出卖人订立合同时的营业地交付标的物。

(2)损失应由甲公司承担。我国买卖合同风险转移规则采取的是交付主义规则。即使是所有权保留买卖合同，仍然在交付时转移风险。因风险发生时，乙公司已将起重机交付给甲公司，故风险转移到甲公司。

(3)丙修理厂可以行使留置权。留置权，是指债务人不履行到期债务时，债权人所享有的留置其已经合法占有的债务人的动产，并就该动产优先受偿的权利。留置权的成立条件包括：①债权人已经合法占有债务人的动产；②债权人占有的动产与债权属于同一法律关系；③债务人不履行到期债务。

据此如果债权人合法占有债务人交付的动产时，不知债务人无处分该动产的权利，法律保护债权人的利益，债权人可以行使留置权。本题中，尽管债务人甲公司尚未取得所有权，但债权人丙修理厂并不知道乙公司保留所有权的事实，因此，丙修理厂可以行使留置权。

(4)租赁合同有效，甲公司有权收取租金。《民法典》第 458 条规定，基于合同关系等产生的占有，有关不动产或者动产的使用、收益、违约责任等，按照合同约定；合同没有约定或者约定不明确的，依照有关法律规定。由于所有权保留条款，尽管甲公司不享有挖掘机的所有权，但甲公司因所有权保留条款的约定享有占有、使用和收益的权利。因此，甲公司有权出租该挖掘机并有权收取租金。

(5)乙公司可以要求解除合同。双方在订立合同时，可以依意思自治原则约定合同当事人一方解除合同的条件。一旦该条件成就，解除权人就可以通过行使解除权而终止合同。在本题中，当事人约定甲公司任何一个月未按期付款，乙公司享有解除合同的权利；由于甲公司连续 3 个月没有支付货款，因此，乙公司可以要求解除合同。

5. 甲 7 月 1 日从乙公司花 50 万购买一辆进口韩国汽车，已付款交货，甲前去车管所上牌，结果因汽车生产厂家在汽车发动机编号少打印 4 位，按照法律法规规定，无法在车管所登记取得行驶证，不能上路行驶。甲于是向乙公司提出解除合同、返还购车款及赔偿相应损失。但是乙公司坚持让甲再与车管所协调。没过多久，7 月 15 日，天降大雨，将甲停放在路面上的该汽车严重损坏，价值减损到 15 万元。[北大 2013 年研]

请分析本案中的民事法律关系。

答：本案中主要涉及以下几种民事法律关系：

(1)甲与乙之间形成汽车买卖合同关系，汽车买卖合同生效。

合同成立的要件包括：①当事人意思表示一致；②合意须有两个或两个以上的当事人；③当事人的意思表示须以订立合同为目的。在本案中，甲乙双方意思表示一致，达成汽车买卖协议，因此汽车买卖合同成立。

合同生效的要件包括：①合同当事人必须有签约能力；②合同必须有对价或约因；③合同的内容必须合法；④合同必须符合法律规定的形式；⑤合同当事人的意思表示必须真实。在本案中，双方当事人意思表示真实，内容与形式均合法，因此汽车买卖合同生效。

(2)甲取得汽车的所有权。根据《民法典》第224条规定，动产的所有权自交付时转移，双方另有约定除外。在本案中，甲、乙已经付款交货，双方无其他约定，故汽车所有权在交付时发生转移，即从乙转移到甲，甲取得了汽车所有权。

(3)甲享有法定解除权。根据《民法典》第563条规定，有下列情形之一的，当事人可以解除合同：①因不可抗力致使不能实现合同目的；②在履行期限届满之前，当事人一方明确表示或者以自己的行为表明不履行主要债务；③当事人一方延迟履行主要债务，经催告后在合理期限内仍未履行；④当事人一方延迟履行或者有其他违约行为致使不能实现合同目的；⑤法律规定的其他情形。

本案中，乙交付给甲的汽车发动机编号少打印4位，使得甲无法在车管所登记取得行驶证，不能上路行驶。因乙合同履行不当行为导致甲买车使用的合同目的未能实现，构成根本违约。符合上述第④项规定，当事人享有法定解除权，即甲可以解除合同。

(4)乙公司享有向汽车生产厂商之间追偿的权利。根据《民法典》第593条规定，当事人一方因第三人的原因造成违约的，应当依法向对方承担违约责任。当事人一方和第三人之间的纠纷，依照法律规定或者按照约定处理。

本案中，由于汽车生产厂商的原因，致使合同无法履行，甲解除合同，乙须对甲承担违约责任。乙承担违约责任之后，可以向汽车生产厂商追偿。

6. 2006年6月1日，甲公司董事长以公司名义与乙公司签订房屋租赁合同。合同约定，甲将闲置的1号旧厂房出租给乙作为经营门面，租期六年。但未约定房屋维修义务的负担。乙租得房屋后，经甲同意对房屋进行了内部装修。2007年8月1日，当地发生特大暴雨，因房屋年久未维修而漏水，造成乙财产损失30万元。同年11月1日，乙经甲同意，在办理了合法建设手续后，将1号旧厂房扩建，但双方对扩建费用负担未达成一致。2008年6月1日，甲因生产需要，向丙银行借款200万元，约定同年12月1日还款。甲以扩建后的厂房作抵押，并办理了抵押登记。同时，丁公司作为保证人，约定丁承担保证责任直至甲向丙还清本息为止。还款期到后，甲未能还款。法院查明：

(1)甲股东会决议规定，厂房出租应经股东会特别决议。

(2)经甲委托，拍卖公司拍卖租赁房屋，戊以100万元拍得房屋。

(3)在拍卖前五日，甲通知了乙，但乙并未参加竞拍。[中南财大2010年研]

问：

(1)甲、乙的房屋租赁合同效力如何？为什么？

(2)因房屋漏水造成乙的损失如何承担？为什么？

(3)扩建后的房屋归谁所有，扩建费用如何承担？为什么？

(4)丁的保证责任期间应如何计算？为什么？

(5)丙如何主张担保权利？为什么？

(6)乙能否就房屋主张优先购买权？为什么？

(7)设在房屋抵押前，因甲违约导致租赁合同解除，对于装修物应如何处理，为什么？

答：(1)甲、乙的房屋租赁合同有效。

理由：①合同有效成立的要件主要包括：a. 适格的民事主体，具有相应的民事行为能力；b. 意思表示真实；c. 不违反法律、行政法规的强制性规定。

②甲公司要求对外租赁须经股东会特别决议的限制只是公司内部规定，无法对抗不知情的第三人，该租赁合同满足合同的其他成立要件。

因此，甲公司董事长作为其法定代表人与乙签订的租赁合同合法有效。

(2)因房屋漏水造成的损失应当由甲公司承担。

理由：依据《民法典》规定，甲公司作为出租人应当确保租赁物符合约定用途，即应当满足乙公司的日常使用要求，并承担租赁物的瑕疵担保义务。在双方未对租赁物厂房的维修明确约定的情况下，法律推定甲公司作为出租人应当履行维修义务。因此，因厂房失修导致房屋漏水给乙公司造成的损失应当由甲公司承担。

(3)扩建后的房屋归甲公司所有，扩建费用由甲公司负担。

理由：厂房所有权仍然归出租人甲公司所有，甲同意对出租屋的扩建是对自己所有物的正当支配，不影响所有权的归属。《最高人民法院关于审理城镇房屋租赁合同纠纷案件具体应用法律若干问题的解释》第12条规定，承租人经出租人同意扩建，但双方对扩建费用的处理没有约定的，人民法院按照下列情形分别处理：①办理合法建设手续的，扩建造价费用由出租人负担；②未办理合法建设手续的，扩建造价费用由双方按照过错分担。乙公司作为承租人经过甲的同意并办理了合法的建设手续，甲乙双方未约定扩建费用负担的，应由出租方即甲公司负担。因此，扩建房屋仍为甲公司所有，同时由其负担扩建费用。

(4)丁的保证期间应是2008年12月1日至2009年6月1日。

理由：《民法典》第692条第2款规定，债权人与保证人可以约定保证期间，但是约定的保证期间早于主债务履行期限或者与主债务履行期限同时届满的，视为没有约定；没有约定或者约定不明确的，保证期间为主债务履行期限届满之日起6个月。本题中，丁是甲公司向银行借款的保证人，但未约定保证期间，仅约定丁承担保证责任直至甲向丙还清本息为止。因此，丁的保证期应为甲的债务履行期限届满之日起6个月，即2008年12月1日至2009年6月1日。

(5)丙应当首先主张100万元的厂房拍卖款，再对未获清偿的100万元向甲公司或者在保证期限内向丁主张承担保证责任。

理由：丙对甲公司的200万元贷款既有甲自身所有厂房的物的抵押担保，同时又有丁作为保证人，依《民法典》规定，应当首先要求甲承担抵押权担保责任，再请求丁承担保证责任。丁的保证未约定保证形式，依法应当推定为一般保证。因此，丙应首先主张实现抵押担保，受偿拍卖所得后剩余部分向甲主张，甲不能履行债务时向丁主张。

(6)乙可以主张优先购买权。

理由：根据《民法典》第726条规定，出租人出卖租赁房屋的，应当在出卖之前的合理期限内通知承租人，承租人享有以同等条件优先购买的权利。根据《最高人民法院关于人民法院民事执行中拍卖、变卖财产的规定》第11条规定，人民法院应当在拍卖5日前以书面或者其他能够确认收悉的适当方式，通知当事人和已知的担保物权人，优先购买权人或者其他优先权人于拍卖日到场。即担保物权人或者人民法院拍卖担保物，优先购买权人不丧失优先购买权。因此，乙公司作为本案厂房的承租人，依法享有优先购买权，且不因未参加拍卖而丧失。

(7)对于装修物的处理应分两种情况：①若装修物与厂房未形成附合，可由承租人乙拆除。因拆除造成房屋毁损的，乙应当恢复原状。②若装修物与厂房已形成附合，则装修物的所有权归甲，乙可以请求甲赔偿剩余租赁期内装饰装修残值损失。

理由：根据《最高人民法院关于审理城镇房屋租赁合同纠纷案件具体应用法律若干问题的解释》第9条规定，乙系征得出租人甲的同意而对厂房进行的装修，且双方未对装修物未来归属和处分作明确约定，因甲违约而导致租赁合同解除。装修物若未与租赁物形成附合，所有权归属承租人，承租人有权拆除，但因此给出租人造成的损失应当赔偿；若已经形成附合，则依据所有权取得原则，由出租屋所有权人甲获得装修物所有权，但因其违约导致合同解除的，应当对乙的装修物残值进行赔偿。

第二十八章　无因管理之债

28.1　复习指南

【知识框架(庖丁解牛)】

- 无因管理之债
  - 无因管理概述
    - 概念、性质
    - 与合同、不当得利、侵权行为的区别
    - 与代理、无权代理的区别
  - 无因管理的成立要件
    - 管理他人事务
    - 为避免他人利益受损失而管理
    - 无法律上的义务
  - 无因管理的效力
    - 管理人的义务
      - 适当管理义务
      - 通知义务
      - 报告与计算义务
    - 管理人的权利
      - 必要费用的偿还请求权
      - 负债清偿请求权

【通关提要(提纲挈领)】

本章主要介绍无因管理之债，比较重要，知识点明确且易掌握。学习时，应了解无因管理的概念和性质，重点掌握无因管理的成立要件，掌握无因管理中当事人的权利与义务。本章主要考查选择题和简答题，要理解记忆。

28.2　考研真题与典型题详解

一、单项选择题

1. 2017 年 3 月 2 日，吕某前往超市购物途中，恰逢孟某牵着自己家的泰迪狗迎面走来。泰迪狗突然上前追咬吕某，吕某见此情形吓得狂奔。路人张某为救吕某，拿起旁边菜贩何某的伞与泰迪狗扭打起来。结果：吕某得救，张某被狗咬伤，花去医药费 2000 元。关于本案，下列哪一说法是错误的？(　　)[2018 年法考真题]

A. 张某的行为构成无因管理　　　　B. 张某的行为不构成无因管理

C. 张某可以请求吕某支付 2000 元医药费　　　　D. 张某可以请求孟某支付 2000 元医药费

【解析】AB 两项，《民法典》第 121 条规定，没有法定的或者约定的义务，为避免他人利益受损失而进行管理的人，有权请求受益人偿还由此支出的必要费用。本题中，路人张某的行为构成无因管理。

C 项，管理人或服务人可以要求受益人偿付的必要费用，包括在管理或服务活动中直接支出的费用，以及在该活动中受到的实际损失。本题中，张某(管理人)可以请求吕某(受益人)支付 2000 元医药费。

D 项，《民法典》第 1245 条规定，饲养的动物造成他人损害的，动物饲养人或者管理人应当承担侵权责任；但是，能够证明损害是因被侵权人故意或者重大过失造成的，可以不承担或者减轻责任。本题中，

1B

张某为救吕某被孟某家的狗咬伤，孟某作为饲养人依法应承担侵权责任。受害人张某可以请求孟某支付2000元医药费。

2. 甲的房屋与乙的房屋相邻。乙把房屋出租给丙居住，并为该房屋在A公司买了火灾保险。某日甲见乙的房屋起火，唯恐大火蔓延自家受损，遂率家人救火，火势得到及时控制，但甲被烧伤住院治疗。下列哪一表述是正确的？(　　)［2014年法考真题］

A. 甲主观上为避免自家房屋受损，不构成无因管理，应自行承担医疗费用

B. 甲依据无因管理只能向乙主张医疗费赔偿，因乙是房屋所有人

C. 甲依据无因管理只能向丙主张医疗费赔偿，因丙是房屋实际使用人

D. 甲依据无因管理不能向A公司主张医疗费赔偿，因甲欠缺为A公司的利益实施管理的主观意思

【解析】A项，《民法典》第121条规定，没有法定的或者约定的义务，为避免他人利益受损失而进行管理的人，有权请求受益人偿还由此支出的必要费用。本题中，甲的救火行为虽然主观上最终是为自己，但也有为他人管理的意思，只要主观上有为他人管理的意思即使同时有为自己管理的意思，在构成无因管理方面不受影响。因此，甲的救火行为构成无因管理。

BC两项，管理人或者服务人可以要求受益人偿付的必要费用，包括在管理或者服务活动中直接支出的费用，以及在该活动中受到的实际损失。乙是房屋的所有人，丙作为房屋的使用人，有财产在房屋中。因此二人均因甲的救火行为而受益，甲均可要求他们就自己救火时受到的损失进行赔偿。

D项，甲的救火行为虽然在客观上使保险公司减少了理赔数额，但甲救火时并无为A公司管理的意思。

3. 下列哪一情形会引起无因管理之债？(　　)［2013年法考真题］

A. 甲向乙借款，丙在明知诉讼时效已过后擅自代甲向乙还本付息

B. 甲在自家门口扫雪，顺便将邻居乙的小轿车上的积雪清扫干净

C. 甲与乙结婚后，乙生育一子丙，甲抚养丙5年后才得知丙是乙和丁所生

D. 甲拾得乙遗失的牛，寻找失主未果后牵回暂养。因地震致屋塌牛死，甲出卖牛皮、牛肉获价款若干

【解析】A项，即使没有丙的偿还行为，甲的利益也不会受损。而且丙的偿还明显违反甲的意思，所以不引起无因管理之债，丙不能要求甲还款。

B项，即使没有清扫行为，乙的利益也不会受损。虽然甲为乙的利益管理乙的事务，也没有义务，清扫属于不能发生债务关系的好意施惠行为。

C项，甲把丙作为自己的儿子抚养，没有管理他人事务的意思，所以不构成无因管理。

D项，根据《民法典》第121条规定，无因管理是指没有法定或者约定的义务，为避免他人利益受损失进行管理或者服务的，有权要求受益人偿还由此而支付的必要费用。甲为乙的利益管理乙的遗失物（暂养牛），没有法定或约定义务，构成无因管理，有权要求乙偿付养牛的费用。

4. 甲聘请乙负责照看小孩，丙聘请丁做家务。甲和丙为邻居，乙和丁为好友。一日，甲突生急病昏迷不醒，乙联系不上甲的亲属，急将甲送往医院，并将甲的小孩委托给丁临时照看。丁疏于照看，致甲的小孩在玩耍中受伤。下列哪一说法是正确的？(　　)［2012年法考真题］

A. 乙将甲送往医院的行为属于无因管理

B. 丁照看小孩的行为属于无因管理，不构成侵权行为

C. 丙应当承担甲小孩的医疗费

D. 乙和丁对甲小孩的医疗费承担连带责任

【解析】A项，根据《民法典》第121条规定，无因管理之债的构成要件为：①无法定或约定义务；②管理他人事务；③有为他人利益的意思。本题中，乙没有法定或约定义务送甲上医院，其将甲送往医院的行

2D　3D　4A

为构成无因管理。

B 项，丁照看小孩是基于与乙的委托合同，故不构成无因管理。

CD 两项，《民法典》第 169 条第 3 款规定，转委托代理未经被代理人同意或者追认的，代理人应当对转委托的第三人的行为承担责任；但是，在紧急情况下代理人为了维护被代理人的利益需要转委托第三人代理的除外。第 925 条规定，受托人以自己的名义，在委托人的授权范围内与第三人订立的合同，第三人在订立合同时知道受托人与委托人之间的代理关系的，该合同直接约束委托人和第三人；但是，有确切证据证明该合同只约束受托人和第三人的除外。第 929 条第 1 款规定，有偿的委托合同，因受托人的过错造成委托人损失的，委托人可以请求赔偿损失。无偿的委托合同，因受托人的故意或者重大过失造成委托人损失的，委托人可以请求赔偿损失。本题中，监护人甲委托乙照顾小孩，乙在情况紧急下为了甲的利益转委托于丁，此转委托有效。因为丁知道受托人与委托人之间的代理关系，该转委托直接约束甲和丁，丁疏于照看，致甲的小孩在玩耍中受伤，小孩的医疗费则应由丁独立承担。对于丁受乙委托照看甲小孩的行为，与丙和丁之间的委托合同无关，丙不应当承担甲小孩的医疗费。

5. 刘某承包西瓜园，收获季节突然病故。好友刁某因联系不上刘某家人，便主动为刘某办理后事和照看西瓜园，并将西瓜卖出，获益 5 万元。其中，办理后事花费 1 万元、摘卖西瓜雇工费以及其他必要费用共 5000 元。刁某认为自己应得劳务费 5000 元。关于刁某的行为，下列哪一说法是正确的？（　　）［2011 年法考真题］

A. 5 万元属于不当得利　　　　B. 应向刘某家人给付 3 万元

C. 应向刘某家人给付 4 万元　　D. 应向刘某家人给付 3.5 万元

【解析】无因管理，是指没有法律规定或者约定的义务而为他人管理事务。成立无因管理之后，在当事人之间会发生无因管理之债。《民法典》第 121 条规定，没有法定的或者约定的义务，为避免他人利益受损失而进行管理的人，有权请求受益人偿还由此支出的必要费用。

A 项，刁某在没有法定和约定义务的情况下，为了避免刘某的利益受损，主动为刘某办理后事并对其西瓜园进行管理的行为构成无因管理，而非不当得利。

BCD 三项，刁某的行为构成无因管理，有权要求受益人即刘某的家人偿付其因管理行为而支付的必要费用，包括在管理或者服务活动中直接支出的费用，以及在该活动中受到的实际损失。该必要费用包括：刁某办理刘某后事花费 1 万元、摘卖西瓜雇工费以及其他必要费用 5000 元，共 1.5 万元，不包括刁某要求的劳务费。即刁某应从获益的 5 万元中扣除 1.5 万的必要费用，向刘某家人给付 3.5 万元。

二、概念题

无因管理［华侨大学 2018 年研；温州大学 2018 年研；南航 2016 年研］

答：参见本章简答题答案。

三、简答题

简述无因管理的概念及构成要件。［北邮 2019 年研］

相关试题：无因管理的构成要件。［首师大 2015 年研］

答：(1) 无因管理是指没有法定的或约定的义务，为避免他人利益受损失而管理他人事务的行为。管理他人事务的人，为管理人；事务被管理的人，为本人。无因管理发生后，管理人享有请求本人偿还因管理事务而支出的必要费用的债权，本人负有偿还该项费用的债务，以此为主要内容的管理人与本人之间的债权债务关系，为无因管理之债。

(2) 无因管理的构成要件包括：

①管理他人事务。这是无因管理成立的前提条件。

a. 管理人须管理事务。他人事务是指有关人们生活利益的一切事项，可以是有关财产的，也可以是非财产性的，但不包括公益事业。通说认为，管理不能在当事人之间产生债务关系的事项一般不构成无因管理。例如违法事项，纯粹宗教的、道德的和属公益性质的事项以及依照法律规定由本人办理或者须经本人授权才能办理的事项等。

b. 管理人管理的是他人的事务。

②有为他人谋利益的意思。管理人主观上要存在为他人利益管理的意思，管理行为在客观上避免了他人利益受损。

③没有法定的和约定的义务。无因管理的“无因”是指无法律上的原因，也就是无法律上的根据，即既没有法定的义务也没有约定的义务。该义务的判断标准以管理人着手管理时的客观事实而非主观判断而定。

四、案例分析题

1. 甲在路上捡到一只挎包，内有一部手机、一只皮夹和其他一些物品。根据手机上的信息，甲联系到了失主乙。半小时后，甲打车到某商场门口将挎包交与乙。乙非常感谢，主动支付了甲20元出租车费。甲要求乙再支付自己回去的出租车费20元和100元酬金，乙拒绝，双方发生纠纷。[暨南大学2022年研]

(1)甲是否有权要求乙支付20元回程车费？为什么？甲是否有权要求乙支付100元酬金？为什么？

(2)如果甲在查看手机时不慎失手将手机摔坏，甲应不应赔偿乙？

(3)如果甲没有将挎包交还乙，而是将手机私下卖给了同乡丙。后乙发现了，乙如何救济？

答：(1)①甲有权要求乙支付20元回程车费。

理由：《民法典》第979条规定，管理人没有法定的或者约定的义务，为避免他人利益受损失而管理他人事务的，可以请求受益人偿还因管理事务而支出的必要费用；管理人因管理事务受到损失的，可以请求受益人给予适当补偿。甲为了将挎包交还给乙，支付了出租车费，这是为了乙的利益而支出的必要费用，因此甲有权要求乙支付20元回程车费。

②甲无权要求乙支付100元酬金。

理由：根据《民法典》第979条规定，管理人可以请求受益人偿还因管理事务而支出的必要费用和适当补偿，但并没有规定必须支付酬金。本题中，甲的行为属于无因管理，而不是有偿服务。乙已经支付了甲去程的出租车费，这已经是对甲的适当补偿。除非双方有特别约定，否则甲无权要求乙支付额外的100元酬金。

(2)甲应当赔偿乙。

理由：根据《民法典》第980条规定，管理人管理事务时，应当采取有利于受益人的方法。管理人在管理事务过程中，故意或者重大过失造成受益人损害的，应当承担赔偿责任。甲在查看手机时不慎将手机摔坏，属于管理事务过程中的重大过失，因此应当对乙进行赔偿。

(3)乙可以通过以下方式救济：

①要求甲返还挎包及物品。乙可向法院提起诉讼，要求甲返还挎包及其中的物品，包括手机、皮夹等。

②要求甲赔偿损失。如果甲无法返还物品，乙可以要求甲赔偿相应的损失。根据《民法典》第981条规定，管理人未尽到管理职责，造成受益人损失的，应当承担赔偿责任。

③追索手机。如果乙能证明手机是被甲卖给丙的，乙可以要求丙返还手机。根据《民法典》第311条规定，无处分权人将不动产或者动产转让给受让人的，所有权人有权追回。如果丙是善意取得且支付了合理对价，且手机已经交付，乙可能无法直接追回手机，但可以要求甲赔偿损失。

2. 乙出差在外，窗户被大风刮破。邻居甲出于好心，为其配了玻璃。[南京大学2009年研]

分别回答下列问题，并扼要说明理由：

(1)甲可以以哪一种或者哪几种理由向乙索要玻璃的材料费？

(2)假定玻璃在安装好后第二天又因飞来的足球再次破损，那么甲还能否向乙索要玻璃的材料费？如果可以，依据是什么？

(3)假定甲赊账请金刚玻璃店来安装玻璃，事后金刚玻璃店能否向乙索要玻璃的材料费和手工费？

(4)假定甲声称是受了乙的委托，赊账请金刚玻璃店来安装玻璃。那么事后金刚玻璃店可否向乙索要相关的费用和报酬？

答：(1)甲可以无因管理之债向乙索要玻璃的材料费。无因管理，是指没有法定的或约定的义务，为避免他人利益受损失而管理他人事务的行为。无因管理是一种债的发生原因，其双方当事人包括进行管理活动的管理人，以及被管理的本人。《民法典》第121条规定，管理人或者服务人有权请求受益人偿还由此支出的必要费用。

(2)甲可以向乙索要玻璃的材料费。无因管理能引起债的发生，因此是一种法律事实。该种债权债务关系的产生，是基于法律的规定，而非当事人的约定，故非民事法律行为。就本人债务的产生而言，系基于他人的管理行为，民事法律事实的性质为事件。就管理人债权的产生而言，系基于管理人的管理行为。本题中，玻璃的破损与甲的行为无关，甲仍可以依据无因管理债权请求乙履行债务。

(3)事后金刚玻璃店可以向乙索要玻璃的材料费和手工费。无因管理中，管理人享有必要费用偿还请求权和负债清偿请求权，也即有权向本人要求其在管理活动中，以自己的名义为管理事务所负担的债务。玻璃材料费、安装手工费属于实现管理的必要费用。根据《民法典》第535条规定，甲因赊账为金刚玻璃店的债务人，乙因甲的无因管理需要向甲承担材料费用和安装费用，金刚玻璃店可以行使代位权直接向乙请求支付材料费和手工费。

(4)事后金刚玻璃店可以向乙索要相关的费用，但不能索要相关报酬。无因管理可不以管理人自己的名义为必要，也可以本人的名义。管理人为本人管理事务，纯属义举，因而管理人在结束管理时，不得要求本人即受益人支付报酬。

第二十九章　不当得利之债

29.1　复习指南

【知识框架(庖丁解牛)】

不当得利之债
- 不当得利概述
  - 概念、性质
  - 与相关制度的关系
- 不当得利的构成条件
  - 一方取得利益
  - 他方受损失
  - 二者间有因果关系
  - 没有法律根据
- 不当得利的基本类型
  - 因给付而发生的不当得利
  - 基于给付以外的事实而发生的不当得利
- 不当得利的效力
  - 不当得利返还请求权与其他请求权的关系
  - 不当得利返还请求权的标的和范围

【通关提要(提纲挈领)】

本章主要介绍不当得利之债，比较重要。学习时，应了解不当得利的概念和性质，重点掌握不当得利的成立要件，了解不当得利成立的基本类型，掌握不当得利中当事人的权利与义务关系。本章主要考查简答题，要理解记忆。

29.2　考研真题与典型题详解

一、单项选择题

下列哪一情形产生了不当得利之债？(　　)［2013 年法考真题］

A. 甲欠乙款超过诉讼时效后，甲向乙还款

B. 甲欠乙款，提前支付全部利息后又在借期届满前提前还款

C. 甲向乙支付因前晚打麻将输掉的 2000 元现金

D. 甲在乙银行的存款账户因银行电脑故障多出 1 万元

【解析】不当得利是指得利人没有法律根据而受利益，致使他人受损失的事实。成立不当得利的两个条件，一是取得利益没有合法根据，二是造成了他人的损失。

A 项，《民法典》第 192 条第 2 款规定，诉讼时效期间届满后，义务人同意履行的，不得以诉讼时效期间届满为由抗辩；义务人已经自愿履行的，不得请求返还。债务人还款仍然是清偿债务，债权人受领有合法根据，不构成不当得利。

B 项，关于利息部分，《民法典》第 677 条规定，借款人提前返还借款的，除当事人另有约定外，应当按照实际借款的期间计算利息。提前支付全部利息可能就是当事人约定的内容，所以此情况下实际借款的期间不影响利息支付的数额，乙可依约定取得全部利息，所以利息部分不构成不当得利。关于本金部分，

D

还款是债务清偿，债权人受领有合法根据，也不构成不当得利。

C 项，赌博是无效的民事法律行为，不产生债权债务关系。偿还赌债属于“因不法原因而为给付”，故不构成不当得利。

D 项，甲有得利(债权多出 1 万元)，银行有损失(债务多出 1 万元)，得利、损失间有因果关系，但没有合法根据，产生不当得利之债。

二、多项选择题

甲遗失其为乙保管的迪亚手表，为偿还乙，甲窃取丙的美茄手表和 4000 元现金。甲将美茄手表交乙，因美茄手表比迪亚手表便宜 1000 元，甲又从 4000 元中补偿乙 1000 元。乙不知甲盗窃情节。乙将美茄手表赠与丁，又用该 1000 元的一半支付某自来水公司水费，另一半购得某商场一件衬衣。下列哪些说法是正确的？(　　)[2015 年法考真题]

A. 丙可请求丁返还手表

B. 丙可请求甲返还 3000 元、请求自来水公司和商场各返还 500 元

C. 丙可请求乙返还 1000 元不当得利

D. 丙可请求甲返还 4000 元不当得利

【解析】A 项，甲窃取丙的美茄手表，以偿还乙，该手表为盗赃物，目前我国立法和实务不认可这种情形下乙可以取得该手表的所有权，所以在乙将美茄手表赠与丁后，丁也不能取得该手表的所有权，该手表仍属于丙所有，丙可以请求现占有人丁返还手表。

B 项，货币具有占有即认定所有的特殊性，乙从甲手中受领 1000 元后，其用一半支付某自来水公司水费，另一半购得某商场一件衬衣，自来水公司和商场相应取得 500 元的所有权，均无须返还 500 元。

CD 两项，不当得利是指得利人没有法律根据而受利益，致使他人受损失的事实。不当得利的成立要件有四个：①一方取得财产利益；②一方受有损失；③取得利益与所受损失间有因果关系；④没有法律上的根据。甲窃取丙的 4000 元现金而获利，丙因此而受到损失，甲构成不当得利，丙可请求甲返还 4000 元不当得利。乙是基于甲清偿债务而受领的手表和现金，得利有合法根据，乙不构成不当得利。

三、概念题

不当得利[浙江财大 2020 年研；中南大学 2019 年研；武大 2015 年研；南京理工 2011 年研]

答：参见本章简答题答案。

四、简答题

民法中不当得利的成立要件是什么？[中山大学 2009 年研]

相关试题：

(1)不当得利的适用要件。[中南财大 2025 年研]

(2)简述不当得利的构成要件。[暨南大学 2023 年研]

答：(1)不当得利是指得利人没有法律根据而受利益，致使他人受损失的事实。在这一事实中，取得不当利益的一方称为受益人，受到损失的一方称为受害人或者受损人。

(2)不当得利的构成要件：

①一方获得利益。指一方当事人因一定的事实结果而得到一定的财产利益，包括：

a. 财产或利益的积极增加，即通过取得权利、增强权利效力或获得某种财产利益或义务的减弱而扩大财产范围。

b. 财产或利益的消极增加，即因财产或利益本应减少而未减少所得的利益。

②另一方有损失。这里的损失既包括现有财产或利益的积极减少，也包括应增加而未增加(可得利益)

AD

利益的丧失。另一方所受损失可以是现有财产利益的减少，也可以是财产本应增加而未增加，即应得利益的损失。此处的应得利益是指在正常情形下可以得到的利益，而不是指必然得到的利益。

③取得利益与所受损失间有因果关系。一方受益导致另一方受损，二者之间有变动的关联性。即使受损失与得到利益不是同时发生的，具有不同的表现形式，有不同的范围，也不影响二者之间因果关系的存在。

④获益没有合法根据。即不是直接根据法律或者根据民事法律行为取得利益的。没有法律上的原因，亦无合同上的根据，是不当得利构成的实质性条件。

五、案例分析题

甲与乙是邻居，共同从事马匹养殖。某日，甲的名贵纯血种马混入乙的普通马群，乙在不知情情况下照常进行喂养。甲虽发现此事，但希望乙继续喂养以“坐收渔利”，所以并未告知。一年后，乙将该纯血种马出卖给他人，获价款5000元，并随后用该笔钱购买两匹普通小马驹，每匹单价为2500元。某天，乙的好友丙前来做客，乙将其中一匹小马驹赠与给了丙，甲获悉乙已将纯血种马变卖之后，大惊不已，遂将事实告知乙，并要求乙进行赔偿。丙听闻此事后，旋即将其受赠的小马驹出卖给他人，获价款2000元。[中南财大2024年研]

问题：

(1)甲基于何种法律基础，可请求乙承担何种具体的法律责任？

(2)乙可否以不知情为由，拒绝向甲返还纯血种马所得价款？

(3)丙是否应向甲承担责任，如果应该，承担何种责任；如果不应该，理由为何？

(4)乙基于何种法律基础，对甲享有何种权利？

答：(1)甲可以基于不当得利的法律基础，请求乙返还纯血种马的价款5000元。理由如下：

①不当得利。根据《民法典》第985条规定，得利人没有法律根据取得不当利益的，受损失的人可以请求得利人返还取得的利益。本题中，乙在不知情的情况下获得了甲的纯血种马，并将其出卖获得5000元，这构成了不当得利。

②返还义务。乙应将因不当得利所取得的利益返还给甲，即返还5000元。

(2)乙不能以不知情为由拒绝向甲返还纯血种马所得价款。理由如下：

①善意无过失。虽然乙在不知情的情况下获得了纯血种马并进行了喂养和出售，但这并不影响其构成不当得利的事实。《民法典》第987条规定，得利人知道或者应当知道取得的利益没有法律根据的，受损失的人可以请求得利人返还其取得的利益并依法赔偿损失。即使乙是善意无过失的，也应当返还其所获得的不当利益。

②返还义务。乙应当返还因不当得利所取得的利益，即5000元。如果乙已经用该笔钱购买了其他财产，则应返还相应的替代物或等值金额。

(3)丙不应向甲承担责任。理由如下：

①赠与行为。乙将其中一匹小马驹赠与丙，赠与行为合法有效。丙作为受赠人，取得了小马驹的所有权。

②无直接关系。丙与甲之间没有直接的法律关系，丙并没有从甲处取得任何不当利益。因此，丙不需要向甲承担任何责任。

③丙的处分行为。丙随后出卖受赠的小马驹，是对自己财产的合法处分行为，与甲无关。

(4)乙基于无因管理的法律基础，对甲享有请求支付必要费用的权利。理由如下：

①无因管理。根据《民法典》第979条规定，管理人没有法定的或者约定的义务，为避免他人利益受损失而进行管理的，有权请求受益人偿还由此支出的必要费用。本题中，乙在不知情的情况下照常喂养甲的纯血种马，这是一种无因管理行为。

②必要费用。乙可以请求甲支付其在喂养纯血种马期间所支出的必要费用。这些费用包括饲料费、护理费等合理支出。

第四编　人身权

第三十章　人身权概述

30.1　复习指南

【知识框架(庖丁解牛)】

人身权概述
- 人身权的概念和特征
- 人身权的分类
  - 人格权：一般人格权、具体人格权
  - 身份权：亲属法上、外的身份权
- 人身权的内容、意义
- 人身权制度的未来发展：面临的问题、挑战

【通关提要(提纲挈领)】

本章主要介绍人身权的基本内容，是《民法典》的新增内容，较为基础简单。学习时，应了解人身权的概念和分类、意义与制度发展，掌握人身权的内容。本章内容少，简单理解记忆即可。

30.2　考研真题与典型题详解

一、概念题

人身权[武汉理工 2010 年研；北邮 2007 年研]

答：参见本章简答题答案。

二、简答题

简述人身权的法律特征。[青岛大学 2017 年研]

相关试题：简述人身权的特征。[北邮 2009 年研]

答：人身权是指民事主体基于其人格或身份而依法享有的，以实现人身利益的自由为内容，与权利人的人身密不可分的民事权利。人身权包括人格权和身份权，其主要特征有：

(1)不可转让性和不可放弃性。人身权与民事主体的主体资格密不可分，具有很强的伦理属性。其依附于权利主体，只能由特定民事主体享有，除特殊的、可以体现为一定经济利益的以外，不可放弃、转让或继承。

(2)绝对性和支配性。人身权的权利主体是特定的，义务主体是不特定的，权利人之外的任何人都负有不得侵害权利人所享有的各种人身权的义务。同时，民事主体可以基于人身权直接支配其人格利益或者身份，而无须对方当事人为特定的行为。因此，人身权属于支配权。

(3)法定性。人身权的类型和内容是由法律规定的，当事人不可自由创设；对一般人格权内容的解释，也需要由有权机关经一定程序作出。

(4)固有性。公民人身权是法治文明社会的应有内容。绝大多数人身权是民事主体固有的，无须申请，

也无须以一定方式公示。

(5)兼具非财产性和财产性的可救济性。人身权是一种没有直接财产内容的权利，以民事主体的人格利益和身份利益为客体，它不具有经济学上的价值，对它只能从观念上作出评价。人身权多表现为一定的人格利益，从道德伦理的层面不可对其标价，法律限制或禁止权利人进行经济交易。但人身权受到损害时，可以请求经济赔偿。此种损害不仅包括财产损失，还可以包括精神损害。

第三十一章　人格权

31.1　复习指南

【知识框架(庖丁解牛)】

- 人格权
  - 概述
    - 概念、特征
    - 性质：自然属性、社会属性
    - 分类：具体人格权、一般人格权
  - 具体人格权
    - 生命权：概念、特征、内容
    - 身体权：概念、内容
    - 健康权：概念、特征、内容
    - 生命权、健康权与身体权的关系
      - 人格利益不同
      - 被侵犯后果的严重程度不同
      - 责任性质和范围不同
      - 从重吸收
    - 姓名权：概念、内容
    - 名称权：概念、内容
    - 肖像权：概念、特征、内容
    - 名誉权：概念、法律特征、内容
    - 隐私权
      - 概念、范围
      - 内容：隐私控制、利用、维护权
      - 公众人物的隐私权
    - 信用权：概念、特征、内容
    - 个人信息权
    - 自由权：概念、特征、性质、内容
    - 贞操权：概念、内容
  - 一般人格权
    - 概念、特征
    - 功能：产生、解释、补充具体人格权
    - 内容：人格平等、独立、自由、尊严

【通关提要(提纲挈领)】

本章主要介绍人格权的基本内容，内容虽多且杂，但很基础、简单。学习时，应了解人格权各子项的概念和特征，并掌握传统重点生命权、健康权与身体权的内容；此外，也应关注近年来逐渐备受关注的隐私权的范围和内容。本章主要考查概念题和简答题，可按框架理解记忆。

31.2　考研真题与典型题详解

一、单项选择题

1. 甲某在北京三里屯逛街，遇到乙某正在街拍。乙某未经甲某同意便拍摄甲某。甲某很不开心，遂小跑离开。第二天，甲某在网上看到自己被街拍的照片。乙某的行为(　　)。[2024 年法硕(非法学)真题]

A. 侵害甲的肖像权　　　　B. 侵害甲的隐私权

C. 侵害甲的名誉权　　　　D. 不构成侵权

【解析】AD 两项，侵犯肖像权的典型行为包括：①丑化、污损，或者利用信息技术手段伪造等方式侵害他人的肖像权；②未经肖像权人同意，制作、使用、公开肖像权人的肖像，但是法律另有规定的除外；③未经肖像权人同意，肖像作品权利人以发表、复制、发行、出租、展览等方式使用或者公开肖像权人的肖像。本题中，乙某未经甲某同意，对甲某进行拍摄并将照片上传至网络，属于上述第②种类型，构成侵权行为，侵犯了甲某的肖像权。

BC 两项，个人肖像不属于隐私。且乙某并未对甲某名誉造成损害，即乙某未侵害甲某的隐私权、名誉权。

2. 微信名为“温柔的小蜜蜂”的用户在朋友圈中发图配文称：张某是一位糖尿病患者，服用“小蜜蜂”牌保健品后病情得到控制。李某发现该图用的是自己的生活照，且文字内容与自己毫不相干。该用户侵犯了李某的(　　)。[2020 年法硕(法学)真题]

A. 名誉权　　B. 肖像权　　C. 个人信息权益　　D. 姓名权

【解析】《民法典》第 1019 条规定，任何组织或者个人不得以丑化、污损，或者利用信息技术手段伪造等方式侵害他人的肖像权。未经肖像权人同意，不得制作、使用、公开肖像权人的肖像，但是法律另有规定的除外。未经肖像权人同意，肖像作品权利人不得以发表、复制、发行、出租、展览等方式使用或者公开肖像权人的肖像。本题中，“温柔的小蜜蜂”未经李某同意，擅自使用李某的肖像，侵犯了李某的肖像权。

3. 甲公司将售房过程中收集到的购房者的姓名、身份证号码、电话、家庭住址等信息打包出售。甲公司的行为侵害了购房者的(　　)。[2019 年法硕(法学)真题]

A. 个人信息权益　　B. 身份权　　C. 信用权　　D. 姓名权

【解析】《民法典》第 111 条规定，自然人的个人信息受法律保护。任何组织和个人需要获取他人个人信息的，应当依法取得并确保信息安全，不得非法收集、使用、加工、传输他人个人信息，不得非法买卖、提供或者公开他人个人信息。个人信息权益，是指个人信息本人对其个人信息所享有的支配、控制并排除他人侵害的合法权益。本题中，姓名、身份证号码、电话、家庭住址等信息属于个人信息，甲公司将其出售，侵害了购房者的个人信息权益。

B 项，身份权，是指民事主体基于某种特定的身份而依法享有的维护一定社会关系的权利，包括配偶权和亲属权。本题中的姓名、身份证号码等各种信息均不属于身份权范畴。

C 项，信用权，是受到法律保护的资信利益。本题中的信息并非信用，且我国民法并未规定信用权。

D 项，姓名权，是公民依法享有的决定、使用、改变自己姓名，并排除他人非法侵害如干涉、盗用、假冒的权利。本题中甲公司并未干涉、盗用和假冒用户的姓名，不构成对姓名权的侵害。

4. 张某因出售公民个人信息被判刑，孙某的姓名、身份证号码、家庭住址等信息也在其中，买方是某公司。下列哪一选项是正确的？(　　)[2017 年法考真题]

A. 张某侵害了孙某的身份权

B. 张某侵害了孙某的名誉权

1A　2B　3A　4C

C. 张某侵害了孙某对其个人信息享有的民事权益

D. 某公司无须对孙某承担民事责任

【解析】A项，身份权是民事主体基于某种特定的身份享有的民事权利，当民事主体从事某种行为或因婚姻、家庭关系而取得某种身份时享有。本题中，张某出售孙某的姓名、身份证号码、家庭住址等信息并不会导致孙某身份权受到损害。

B项，名誉权，是人们依法享有的对自己所获得的客观社会评价排除他人侵害的权利。侵犯名誉权的表现主要为以侮辱、诽谤的方式使得他人社会评价降低。张某仅是非法出售孙某的个人信息，但孙某的社会评价并未降低，因此张某未侵害孙某的名誉权。

CD两项，《民法典》第1034条规定，自然人的个人信息受法律保护。第1035条规定，处理个人信息的，应当遵循合法、正当、必要原则，不得过度处理，并符合下列条件：①征得该自然人或者其监护人同意，但是法律、行政法规另有规定的除外；②公开处理信息的规则；③明示处理信息的目的、方式和范围；④不违反法律、行政法规的规定和双方的约定。本题中，张某和某公司非法买卖孙某的个人信息，侵害了孙某对其个人信息享有的民事权益，应当承担侵权责任。

5. 下列哪一情形构成对生命权的侵犯？（　　）［2016年法考真题］

A. 甲女视其长发如生命，被情敌乙尽数剪去

B. 丙应丁要求，协助丁完成自杀行为

C. 戊为报复欲置己于死地，结果将己打成重伤

D. 庚医师因误诊致辛出生即残疾，辛认为庚应对自己的错误出生负责

【解析】A项，身体权，是指自然人维持其身体的完整性和完全性，并支配其肢体、器官和其他人体组织的人格权。甲的长发被剪去破坏了其身体组成部分的完整性，但未对其生命利益造成威胁，因此构成对甲身体权而非生命权的侵犯。

B项，生命权是指自然人维持生命和维护生命安全利益的权利，其客体是生命及其安全利益。我国未认可“安乐死”，受害人的同意不产生法律效力，因此协助自杀的行为构成对生命权的侵犯。

C项，健康权，是指自然人以其身体生理机能、心理机能的健全正常运作和功能正常发挥，进而维持人体生命活动为内容的人格权。戊将己打成重伤，侵犯了己的健康权而非生命权。

D项，庚医师的医疗过失侵犯的是辛的健康权，而非辛的生命权。

6. 甲谎称是乙公司的代理人，以乙公司的名义与丙公司签订合同。甲侵犯了乙公司的（　　）。［2017年法硕（非法学）真题］

A. 姓名权　　B. 商标权　　C. 名誉权　　D. 名称权

【解析】名称权，是指法人及其他社会组织依法享有的决定、使用、改变其名称并排除他人非法干涉的权利，法人和其他社会组织对其名称享有独占的使用权，任何人不得干涉和非法使用。

A项，姓名权是自然人依法享有的决定、使用、改变自己姓名，并排除他人非法侵害（如干涉、盗用、假冒等）的权利。姓名权是自然人专属的权利，法人不享有姓名权，因此乙公司不享有姓名权，甲的行为不侵犯乙公司的姓名权。B项，甲没有擅自使用或冒充乙公司的商标，没有侵犯乙公司的商标权。

C项，甲并没有侵犯乙公司的名誉权，名誉权的本质在于权利人要求他人对其进行客观公正的评价，有权排除他人对其名誉权的侵害。甲没有恶意贬损乙公司或以其他方式损害乙公司名誉，没有侵犯乙公司的名誉权。

D项，甲未经授权，擅自以乙公司的名义对外签订合同，侵犯了乙公司的名称权。

7. 甲向乙求婚，遭拒绝，甲恼羞成怒剪掉了乙飘逸的长发，乙因此忧郁成疾。甲侵害了乙的（　　）。［2014年法硕（法学）真题］

A. 名誉权　　B. 健康权　　C. 身体权　　D. 肖像权

5B　6D　7C

【解析】身体权是指自然人享有的对其肢体、器官和组织进行支配并维护其安全与完满，从而享受一定利益的权利。头发亦属于身体的一部分，甲将乙的长发剪去，侵犯了乙的身体权。

8. 下列人身权中，属于自然人专有的是（ ）。[2011年法硕（非法学）真题]

A. 名誉权　　B. 肖像权　　C. 信用权　　D. 荣誉权

【解析】按照权利享有的主体分类，人格权可以分为三类：①只能由法人和非法人组织享有的，即名称权；②自然人、法人和非法人组织都可以享有的，即名誉权、荣誉权；③自然人专有的权利，即除上述权利以外所有的人格权。肖像权属于第三种，是指自然人依法制作、使用自己的肖像，借此享受一定利益并排除他人非法侵害的权利。

B项，肖像权是专属于自然人的人格权，其主体限于自然人。

ACD三项，自然人与法人都能享有。

二、多项选择题

张某毕业要去外地工作，将自己贴身生活用品、私密照片及平板电脑等装箱交给甲快递公司运送。张某在箱外贴了"私人物品，严禁打开"的字条。张某到外地收到快递后察觉有异，经查实，甲公司工作人员李某曾翻看箱内物品，并损坏了平板电脑。下列哪些选项是正确的？（ ）[2015年法考真题]

A. 甲公司侵犯了张某的隐私权

B. 张某可请求甲公司承担精神损害赔偿责任

C. 张某可请求甲公司赔偿平板电脑的损失

D. 张某可请求甲公司和李某承担连带赔偿责任

【解析】A项，隐私权是指自然人享有的对其与社会公共利益无关的个人信息、私人活动和私有领域进行支配的一种人格权。下列行为可归入侵犯隐私权范畴：①私拆他人信件，偷看他人日记，刺探他人私人文件内容，以及将之公开；②收集公民不愿向社会公开的纯属个人的情况。本题中，甲公司工作人员李某未经许可翻看张某箱内物品，构成对张某隐私权的侵犯。

B项，本题中，甲公司工作人员李某侵犯张某隐私权的行为并未给其造成严重后果，故张某不能请求甲公司承担精神损害赔偿责任。

CD两项，《民法典》第1191条第1款规定，用人单位的工作人员因执行工作任务造成他人损害的，由用人单位承担侵权责任。用人单位承担侵权责任后，可以向有故意或者重大过失的工作人员追偿。甲公司工作人员李某在执行工作任务时翻看箱内物品致平板电脑损害，张某有权要求用人单位甲公司赔偿损失。

三、概念题

1. 姓名权[北邮2020年研；南京大学2012年研]

答：姓名权是自然人对其姓名依法享有的决定、使用和依照规定变更，同时禁止他人干涉、盗用和假冒的权利。《民法典》第1012条规定，自然人享有姓名权，有权依法决定、使用、变更或者许可他人使用自己的姓名，但是不得违背公序良俗。第1014条规定，任何组织或者个人不得以干涉、盗用、假冒等方式侵害他人的姓名权或者名称权。

2. 名誉权与隐私权[武大2013年研]

相关试题：隐私权[中国海大2020年研；暨南大学2017年研；青岛大学2017年研]

答：参见本章简答题第6题答案。

3. 名誉权的客体[南京大学2010年研]

答：参见本章简答题第5题答案。

8B | AC

4. 一般人格权[暨南大学2023年研；南京大学2020年研；武大2020年研；宁波大学2020年研；人大2012年研；东财2010年研]

答：参见本章论述题答案。

四、简答题

1. 简述人格权的概念及性质。[北邮2019年研]

相关试题：

(1)简述人格权的概念与内容。[北邮2012年研]

(2)简述人格权。[中山大学2010年研]

答：(1)人格权是指为维护和实现人格尊严和人格自由，民事主体应当具备的、经法律认可对其人格要素享有利益并排除他人非法侵害的基本权利。

(2)人格权的特征：

①固有性。人格权是作为民事主体所应当具备的，不需要其实施一定行为就具有的。

②法定性。民事主体享有的人格权，是经法律认可的。人格权的内容和类型也是由法律规定的。

③专属性。人格权与权利主体不可分离，不得随意放弃、转让或继承。

④对世性。人格权是一种对世权、绝对权，权利人是特定的。义务人是权利人之外一切不特定人，负有不得非法侵害他人人格权的义务。

⑤兼有消极防御和积极利用的双重权能。在人格权受到侵害时，权利人才能主张其人格权遭受侵害从而排除行为人的不法侵害行为；很多人格要素如肖像、姓名、名称同时具有财产价值，权利人可以对其进行商业化利用，获得财产收益。

⑥体系开放性。随着社会的发展，新的人格权益类型不断产生，我国《民法典》在规定各项具体人格权的同时也规定了一般人格权，为新的人格利益的出现和保护提供法律依据，保持了人格权体系的开放性。

(3)人格权的内容：

根据人格权所体现和保护的人格利益不同，可以将人格权分为一般人格权和具体人格权，参见本章简答题第7题答案。

随着社会的发展，人格权的范围也在逐步扩展，会出现更多新类型的人格权。

2. 简述生命权、健康权和身体权之间的关系。[扬州大学2017年研]

相关试题：

(1)简述生命权、健康权、身体权的区别。[北大2008年研]

(2)身体权与健康权[概念题，中南财大2008年研]

答：(1)三者的概念：

①生命权，指自然人享有的以维护生命安全和生命尊严为内容的权利。

②健康权，指自然人以维护身体和心理机能健康为内容的权利。

③身体权，是自然人维护其身体组织完整安全并支配其身体或者身体组成部分，以及维护个人行动自由的权利。

(2)三者的区别：

①人格利益不同。生命权、健康权、身体权所保护的人格利益分别是生命利益、健康利益和身体利益，在权利内容方面存在差异。

②被侵犯后果的严重程度不同。一般来说，生命权受到侵犯时，给权利人造成的后果最严重；健康权或身体权受到侵犯时，造成的后果要轻于侵犯生命权造成的后果。

③责任及赔偿范围不同。由于后果的严重程度不同，责任及赔偿范围也有所不同。在责任范围方面，侵犯生命权的民事责任一般要重于侵犯健康权的民事责任，侵犯身体权的民事责任可能最轻。在责任的处理上一般从重吸收，即如果一个行为同时侵犯生命权、健康权和身体权，将选择其中最重的后果确定赔偿范围。

④除人格权所共有的一些特征，如固有性、专属性、平等性之外，生命权、健康权、身体权各自有一些独有的特征，如生命权在整个民事权利体系中具有最高地位，是享有其他民事权益的基础和前提；民事主体对身体权的支配是有限的，必须在法律允许的范围内；健康权的内容不仅包括生理健康，还包括心理健康。

3. 简述身体权。［武汉理工 2008 年研］

答：身体权是自然人维护其身体组织完整安全、支配其身体或者身体组成部分，以及维护个人行动自由的人格权。

（1）身体权的内容：

①维护身体组织完整安全。完整的身体组织是自然人正常生活的基础，法律保护自然人享有正常生活的权利。

②依法支配身体或者身体组成部分。在法律规定的范围内，民事主体可以根据自己的意志支配自己的身体。

③维护个人行动自由。《民法典》第 1003 条将维护行动自由也纳入身体权的范畴，丰富了身体权的内涵。《民法典》第 1011 条规定："以非法拘禁等方式剥夺、限制他人的行动自由，或者非法搜查他人身体的，受害人有权依法请求行为人承担民事责任。"非法拘禁虽然未直接侵害自然人的身体组织的完整安全，但损害了民事主体的行动自由，仍构成对身体权的侵害。

（2）身体权的特征：

①权利主体仅限于自然人。法人及非法人组织不是身体权的主体。

②固有性和人身专属性。自然人从出生起即享有身体权，且在权利人主体资格存续期间，身体权不得抛弃、转让或继承。

③有限的支配性。权利人对身体权的支配，必须在法律允许的范围内，不允许个人对其身体或身体组成部分进行经济利用。

4. 简述隐私权的概念与内容。［北邮 2013 年研；北师 2007 年研］

相关试题：民法上隐私权的范围和内容。［中山大学 2009 年研］

答：（1）隐私权是指自然人依法享有的私人生活安宁与不愿为他人知晓的私密空间、私密活动、私密信息受保护，不受刺探、侵扰、泄露、公开的权利。

（2）隐私的范围随人类社会的进步而不断变化和扩展。凡属于自然人自身私人生活范畴，即与公共利益无关的内容皆应属于隐私的范围。具体而言，隐私包括私人生活安宁和不愿为他人知晓的私密空间、私密活动、私密信息等。

①私人生活安宁。包括个人日常生活安宁、通讯安全等。

②私密空间。传统意义上主要指个人的住宅，在现代社会，还可以包括网络空间内的个人私密空间，如个人邮箱、采取了一定安全措施的社交账户空间等。

③私密活动。如个人的日常活动、行动轨迹等。

④私密信息。指个人不愿意公开的、具有私密性的个人信息。

（3）隐私权的内容：

①隐私控制权。自然人有权对自己的隐私加以控制。如为保护自己的隐私采取一定的保护措施，或者向自己选定的特定对象透露自己的隐私等。

②隐私利用权。自然人可以对自己的隐私加以利用。如以自己的私人生活为素材创作文学作品等。但自然人在行使自己对隐私的控制权和利用权时，同样不应当违反法律及公序良俗。

③隐私维护权。自然人有权维护自己的隐私不受他人非法刺探、侵扰、泄露或公开。

5. 简述名誉权的概念及其特征。［中财 2018 年研］

答：（1）名誉权是民事主体对其所获得的客观社会评价依法享有的维护并排斥他人侵害的权利。

（2）名誉权的法律特征：

①客体是名誉。《民法典》第1024条第2款规定，名誉是指对民事主体的品德、声望、才能、信用等的社会评价。由此可见，名誉是对民事主体的一种客观社会评价，这种评价直接关系到民事主体的人格尊严和社会地位，属于重要的人格利益。所以侵害他人的名誉权表现为使权利人的社会评价降低。

②主体包括自然人、法人和非法人组织。与自然人名誉相比较，法人和非法人组织的名誉最显著的特点在于其与财产利益的联系更为密切。

③具有人身专属性。民事主体无法抛弃、转让或继承名誉。

④名誉权的内容是就名誉受有利益和排除他人的侵害。受有利益主要表现在：民事主体就自己的客观公正的社会评价获得精神上的满足；民事主体利用自己良好的名誉取得财产上的利益。排除他人的侵害表现在：a. 维护名誉，使自己的社会评价免于不正当的降低和贬损；b. 在名誉受到侵害时，有权获得法律救济，使名誉恢复到受侵害之前的状态。

6. 隐私权和名誉权之间的主要区别。［南航2015年研］

答：(1)名誉权是指民事主体对其所获得的客观社会评价依法享有的维护并排斥他人侵害的权利。

隐私权是指自然人依法享有的私人生活安宁与不愿为他人知晓的私密空间、私密活动、私密信息受保护，不受刺探、侵扰、泄露、公开的权利。

(2)名誉权和隐私权的区别：

①主体不同。名誉权的主体包括自然人、法人和非法人组织；而隐私权专属于自然人。

②客体不同。名誉权的客体是名誉，即对民事主体的品德、声望、才能、信用等的社会评价，权利人自己无法抛弃；隐私权的客体是隐私，包括私人生活安宁和不愿为他人知晓的私密空间、私密信息、私密活动等。

③侵害行为不同。侵害名誉权往往是故意以侮辱或诽谤的方式来减损他人的名誉；侵害隐私权的主要方式是非法获得或未经许可非法公开他人的私人信息。

④保护方法不同。名誉权受到侵害后，权利人除了可以通过停止侵害、赔礼道歉、赔偿损失的方式获得保护外，还可以要求消除影响、恢复名誉；但隐私一经公开就不能再成为隐私，对隐私权的保护则只能通过停止侵害、赔礼道歉和赔偿损失的方式加以救济。

7. 简述一般人格权与具体人格权的关系。［北邮2010年研］

答：(1)根据人格权所体现和保护的人格利益不同，可以将人格权分为：

①一般人格权，是以一般人格利益为客体的一种相对抽象的、概括性的人格权。一般人格利益包括人格平等、人格独立、人身自由、人格尊严等。

②具体人格权，是以具体人格利益为客体的人格权。具体人格利益包括生命、健康、身体、姓名或名称、名誉、肖像、隐私等。

(2)一般人格权与具体人格权的关系：

①一般人格权包含具体人格权。一般人格权是任何人都应受尊重的权利，是所有具体人格权的基础，是全部人格利益的高度概括，从其权益的内涵上包含了具体人格权，是具体人格权以外的人格利益保护的法律依据；具体人格权是一般人格权的一部分，是特定具体人格利益类型化，只保护特定的人格利益。

②在法律逻辑上，一般人格权优先于具体人格权。一般人格利益还包含十分丰富的、无法穷尽列举其他内容，因此，对一般人格权进行界定，也只能用一系列的价值观念将其外延的程度进行界定。但这种界定由于建立在个体的价值观念之上，存在一定的弹性空间。一般人格权自然而然地成为具体人格权的渊源。从这种意义上说，一般人格权是创造具体人格权的母权，新的人格权从一般人格权中剥离而独立出来。

③在适用上，具体人格权优先于一般人格权。在所涉及的人格利益可以被纳入特定具体人格权范畴内时，优先适用具体人格权进行裁判；只有在所涉及的人格利益无法通过具体人格权制度获得所需要的保护时，才考虑通过一般人格权的创造、补充、解释功能，对其进行兜底保护。

五、论述题

试论一般人格权。［安徽师大 2018 年研］

相关试题：

(1)简述一般人格权的主要内容与功能。［简答题，中南财大 2022 年研］

(2)简述一般人格权的概念和特征。［简答题，北科 2013 年研］

(3)举例说明一般人格权的功能与内容。［简答题，南京大学 2010 年研］

(4)简述一般人格权的作用与意义。［简答题，首经贸 2010 年研］

答：(1)一般人格权，是指以一般人格利益，包括人格平等、人格独立、人身自由、人格尊严等为客体的一种相对抽象的、概括性的人格权。

(2)一般人格权的法律特征：

①主体的普遍性。在具体人格权中，有些权利主体只能是自然人，而一般人格权的主体则是所有民事主体，自然人、法人及其他组织均平等享有一般人格权。

②权利客体的高度概括性、权利内容的广泛性。一般人格权的客体是高度概括的一般人格利益，涵盖了具体人格利益及其之外的、尚未或无法具体化的人格利益。

③所保护利益的根本性。一般人格权所保护的人格利益，包括人格的平等、独立、自由和尊严，是民事主体的根本利益，是民事主体之所以成为民事主体最根本的要件，也是民事主体享有其他民事权利的基础。

④权利内容的不确定性。一般人格权的内容无法事先确定，也不应当事先确定。

(3)一般人格权的功能：

①创造功能。体现在两个方面：a. 一般人格权是具体人格权的母权利，为生成新的具体人格权提供了基础和条件。b. 一般人格权是内涵和外延均不确定的类型式概念，其功能的一个重要方面是使法律能够与时俱进、实现其规范功能，可以对法律没有类型化为具体人格权的人格利益先以一般人格权受保护，在条件成熟后，再提升为具体人格权。一般人格权的存在造就了人格权体系的开放性。

②解释功能。一般人格权凸显以人为本的理念，明确了人格权立法的目的与宗旨，对于进一步明确个别人格权保护目的，保证各具体人格权制度的正确适用，具有积极的启发和指导作用。在司法裁判中，在遇到就具体人格权的法律规定应如何适用产生分歧或疑惑时，应依据一般人格权的基本原理进行解释，并要求其至少不得违背一般人格权所规定的价值内涵。

③补充功能。从其概念特点上看，作为一种"框架性权利"，一般人格权的高度抽象和概括性特点赋予了其较强的涵摄能力，可以将广泛的人格利益内容涵盖其中加以保护。而就内涵而言，一般人格权对人格尊严所蕴含的各项法益提供整体保护。当具体人格权规范存在保护不足时，可援引该兜底性权利予以补充救济。

(4)一般人格权的内容：

①人格平等。即民事主体的法律地位彼此平等。主要体现为：a. 民事主体资格上的平等，即自然人的民事权利能力一律平等。b. 人格权享有和保护上的平等。

②人格独立。即民事主体彼此互相独立，包括意思独立、财产独立以及责任独立，他人对别人的意思和法律行为无权干涉。每个民事主体有权独立作出意思表示，独立实施法律行为并独立为自己的行为承担责任。

③人身自由。即民事主体可以根据自己的意愿依法实施法律行为，他人不得干涉，不能将自己的意愿强加给别人。主要包括两个方面：a. 身体活动的自由，是自然人根据自己的愿望自由支配自己外在身体运动的权利；b. 精神活动的自由，其实质为意思决定自由，是自然人进行意思表示或其他民事活动的意志决定自由。

④人格尊严。即人基于其尊严在人格上所具有的不可冒犯、不可亵渎、不可侵害和不可剥夺的一种社会性的精神特质。人格尊严是所有人格权的核心含义，也是其他所有人格权的出发点和必然推论。民事主体之间应当互相尊重。

六、案例分析题

张三是体育明星，有一天在甲餐厅吃饭。在该餐厅打工的李四看到后，马上拿起照相机给张三拍照，张三予以制止，但李四已经拍到张三的四张照片，之后发表在某网站上。张三认为李四、甲餐厅、某网站共同侵害了其肖像权。[首经贸2010年研]

请分析以下几个问题：

(1)李四的行为是否构成侵害张三的肖像权？原因是什么？

(2)餐厅是否对张三的肖像权进行了侵害？请分析原因。

(3)某网站是否对张三的肖像权进行了侵害？请分析原因。

(4)假设餐厅在自己的餐馆上张贴了李四拍摄的张三的照片，是否构成对张三的肖像权的侵害？分析原因。

(5)假设李四是个记者，李四拍摄张三照片的行为是否构成侵权行为？请分析原因。

答：(1)李四的行为构成侵害张三的肖像权，具体分析如下：

肖像权的内容包括：依法制作、使用、公开、许可他人使用肖像。侵害肖像权的行为包括：

①未经许可制作、公开他人肖像。如果肖像权人有证据证明某人再现其肖像，并已经扰乱其生活安宁，则可按侵害隐私权追究侵权人的民事责任。

②未经许可使用或许可他人使用他人肖像。此处的使用包括商业上的使用和一切对肖像权人肖像的公开展示、复制和销售等行为。

③歪曲、丑化他人肖像。肖像体现了肖像权人的人格尊严和精神利益，在再现和使用他人肖像时，应忠诚于肖像权人形象。任何歪曲和丑化他人肖像的行为都构成对肖像权的侵害。

本案中，李四没有经过张三的许可，就擅自给张三拍照，还传到了网上。这种行为侵犯了张三肖像的再现权和使用权，属于上述的前两种侵犯肖像权行为。

(2)餐厅没有侵害张三的肖像权。本案中，餐厅不存在上述三种侵犯肖像权的行为，没有侵犯张三的肖像权；而且餐厅和张三之间是一种服务合同关系，也没有保护张三的肖像不被其他人侵害的义务。

(3)网站的行为是否侵害张三的肖像权应分情况讨论，具体分析如下：

根据《民法典》第1194、1195条规定，网络用户、网络服务提供者利用网络侵害他人民事权益的，应当承担侵权责任。网络用户利用网络服务实施侵权行为的，被侵权人有权通知网络服务提供者采取删除、屏蔽、断开链接等必要措施。网络服务提供者接到通知后未及时采取必要措施的，对损害的扩大部分与该网络用户承担连带责任。网络服务提供者知道网络用户利用其网络服务侵害他人民事权益，未采取必要措施的，与该网络用户承担连带责任。

本案中，如果张三曾经告知过网站，要求删除其照片，但是网站没有删除，那么网站就侵犯了张三的肖像权；如果网站明知李四上传的照片没有获得张三的同意，仍没有采取必要的措施禁止，网站的行为则属于侵犯张三肖像权的行为。否则，网站本身并不构成侵权。

(4)此种情况下构成对张三肖像权的侵害。餐厅将体育明星张三的照片张贴在自己的餐馆上，没有取得张三的同意，虽然照片不是餐厅拍的，但是也属于使用张三的肖像，利用张三的明星效应营利，侵害了张三肖像权中的使用权，所以侵害了张三的肖像权。

(5)是否构成对张三肖像权的侵害，要对李四拍摄张三照片的用途加以区别分析，具体分析如下：

如果记者李四是为了新闻报道而使用张三的照片，能够使观众、听众或者读者全面、真切地了解事实，符合社会公众利益的需要，那么这种行为是合理使用肖像权的行为，不构成对张三肖像权的侵害。如果记者李四拍摄张三照片不是为了新闻报道等公共利益的需要，那么就属于侵害张三肖像权的行为。

第三十二章　身份权

32.1　复习指南

【知识框架(庖丁解牛)】

- 身份权
  - 概述：概念、特征、分类
  - 荣誉权
    - 概念
    - 特征：性质、主体、消灭事由
    - 内容
      - 荣誉保持权
      - 荣誉维护权
      - 荣誉利用权
      - 享有因荣誉产生的各种利益的权利
  - 其他身份权
    - 配偶权
    - 亲权
    - 知识产权法上的各种人身权

【通关提要(提纲挈领)】

本章主要介绍身份权的内容，内容简单，以理解为主。学习时，要了解身份权的概念和特征，掌握荣誉权的内容，并了解其他身份权的类型。本章主要考查简答题，要理解记忆。

32.2　考研真题与典型题详解

一、概念题

1. 身份权［人大 2010 年研］

答：参见本章简答题第 1 题答案。

2. 亲权［武大 2014 年研］

答：参见本章简答题第 3 题答案。

二、简答题

1. 简述身份权的特点。［北邮 2020 年研］

答：身份权，是指民事主体基于其在特定社会关系中的地位和资格而依法享有的民事权利。其具体包括两大类：①基于亲属关系而产生的身份权，如亲权、亲属权等；②基于其他身份关系而产生的身份权，如作者权、社员权等。身份权的特点具体如下：

(1)属于人身权。身份权与人格权一起构成了完整的人身权。

(2)须以一定社会关系中的地位或资格为前提。

(3)不直接体现财产的内容。

2. 简述名誉权与荣誉权的区别。［中山大学 2015 年研；中南财大 2014 年研］

答：(1)名誉权与荣誉权的概念：

①名誉权，指民事主体对其所获得的客观社会评价依法享有的维护并排斥他人侵害的权利。其中，名誉是指对民事主体的品德、声望、才能、信用等的社会评价。

②荣誉权，指民事主体对自己已获得或可能获得的荣誉依法享有的不受他人非法侵害的权利。

(2)名誉权与荣誉权的区别：

①客体不同。荣誉权的客体是荣誉，是特定组织依据特定程序对某一主体某方面的成绩或贡献作出的较高评价；名誉是社会公众对某一主体人格价值作出的一般社会评价。

②主体的普遍性和取得方式不同。所有民事主体都享有名誉权，不需要通过任何机关或任何程序授予；荣誉权需要被特定主体授予才能享有。

③是否可撤销不同。荣誉是可以被撤销的；名誉则不存在撤销的问题，仅因民事主体的消灭而消灭。

④对自然人的影响不同。单就荣誉与名誉比较，名誉对自然人来说，要比荣誉重要得多。

3. 简述亲权与亲属权的特征和区别。［西安交大 2006 年研］

相关试题：简述亲权的概念、特点与内容。［北邮 2014 年研］

答：(1)亲权是指父母基于其身份而具有的对未成年子女的人身和财产进行管教和保护的权利和义务。亲权具有以下三个特征：

①亲权是权利和义务的综合体。因此，亲权不得抛弃、非法转让或非法剥夺。

②亲权是父母对未成年子女的权利义务。只有在子女尚未成年时，父母对子女才有亲权，当子女成年后，享有完全的民事行为能力，父母对子女的亲权即消失。

③亲权为父母专有，且仅以教育、保护未成年子女为目的。

(2)亲属权是因由血缘、收养关系产生的特定身份而享有的民事权利，具体包括：父母与成年子女、祖父母与孙子女、外祖父母和外孙子女以及兄弟姐妹之间的身份权。其特征包括：①亲属权是基于血缘或婚姻形成的亲属关系而产生的一种身份权；②亲属权具有派生性；③亲属权效力具有补充性；④亲属权主体具有一定的范围限制。

(3)亲权与亲属权的区别：

①权利主体不同。亲权的主体只能是父母；亲属权的主体是除父母之外的更广泛的亲属。

②权利主体的相对人不同。亲权权利主体的相对人只能是未成年子女；亲属权权利主体的相对人是包括子女在内的更广泛的人。

③权利内容不同。亲权的内容中包含了广泛的教养权；而亲属权的主要内容是亲属间的扶养、抚养和赡养等。

4. 简述人格权与身份权的异同。［北交 2004 年研］

相关试题：简述人格权与身份权的区别。［首经贸 2009 年研；中央党校 2008 年研］

答：(1)概念：

①人格权，指为维护和实现人格尊严和人格自由，民事主体应当具备的、经法律认可对其人格要素享有利益并排除他人非法侵害的基本权利，包括一般人格权与生命权、健康权、身体权、姓名权、名称权、肖像权、名誉权、隐私权等具体人格权。

②身份权，指民事主体基于其在特定社会关系中的地位和资格而依法享有的民事权利，包括荣誉权、亲权、配偶权等。

(2)人格权与身份权的相同点：

①二者都属于人身权，具有人身权的一般特征：a. 以人身利益为内容；b. 不直接体现财产利益，不能用货币衡量；c. 一般不能放弃、转让、继承。

②二者的主体范围一致，都包括自然人、法人和其他组织。

(3)人格权与身份权的不同点：

①权利客体上的差别。人格权以人格利益为客体，除自然人与法人外，各民事主体所享有的人格权内容是基本一致的，尤其是一般人格权，更是为一切自然人或团体所普遍享有。而身份权的客体身份利益则

具有多元性，不同的身份权所指向的身份利益具有明显差别。

②权利取得上的差别。人格权因自然人的出生和团体的法律人格的取得而获得，无其他前提。而身份权的取得，必须以一定社会关系中的地位或资格作为前提，既可基于身份事实，也可基于身份行为。在以身份行为创设身份权的场合，行为人不仅要有行为能力，而且受到法律上一定的限制。

③权利的存续期间不同。人格权以权利人的生存为基础，伴随权利人的存在而存在，无期限限制。而身份权中的具体权利既可是无期限权利，也可由当事人设定权利存续期间或因当事人一定的身份行为而产生或终止。

第五编　婚姻家庭

第三十三章　婚姻家庭法概述

33.1　复习指南

【知识框架（庖丁解牛）】

- 婚姻家庭法概述
  - 婚姻家庭概述
    - 概念、特征、职能
    - 属性：自然属性、社会属性
    - 历史类型：群婚制、对偶婚制和一夫一妻制
  - 婚姻家庭法概述
    - 概念
    - 特征：广泛性、伦理性、强制性
    - 基本原则
      - 婚姻家庭受国家保护原则
      - 婚姻自由原则
      - 一夫一妻原则
      - 男女平等原则
      - 保护妇女、未成年人、老年人、残疾人的合法权益原则
      - 重视家庭文明建设原则
  - 亲属制度
    - 亲属的概念、范围
    - 亲属的特征：法律性、原因性、身份性
    - 亲属的分类：配偶、血亲和姻亲
    - 亲系和亲等
    - 亲属关系的变动和效力

【通关提要（提纲挈领）】

本编属于新增章节，比较通俗简单。本章主要介绍婚姻家庭法，属于总括性章节。学习时，应熟悉婚姻家庭和婚姻家庭法的概念和特征、亲属的概念和范围等，掌握婚姻家庭法的基本原则、亲属的分类和特征。本章主要考查选择题和简答题，复习时要整体把握，理解记忆。

33.2　考研真题与典型题详解

一、简答题

简述婚姻自由原则。

答：(1)婚姻自由，是指自然人有权在法律规定的范围内，自主、自愿地决定本人的婚姻问题，不受他人强制或干涉。但婚姻自由是相对的，不是绝对的，婚姻当事人在行使婚姻自由时，必须在法律规定的范围内进行，既不允许任何组织、个人对当事人行使婚姻自由的侵犯，也不允许当事人滥用权利。

(2)婚姻自由的内容：

①结婚自由。指婚姻当事人有依法缔结婚姻关系的自由。其包含两个方面的内容：a.《民法典》第1046条规定，结婚应当男女双方完全自愿，禁止任何一方对另一方加以强迫，禁止任何组织或者个人加以干涉。据此规定，当事人有权决定是否结婚，与谁结婚是其本人的权利，不允许任何一方对另一方加以强迫，或者任何组织、个人对婚姻当事人加以干涉。b. 结婚必须符合法律规定的条件和程序。

②离婚自由。指婚姻当事人有权自主地处理离婚问题。其包含两个方面的内容：a. 夫妻双方有共同作出离婚决定、达成离婚协议的权利，或者在夫妻感情确实已经破裂、婚姻关系无法继续维持下去的情况下，夫妻任何一方都有提出离婚的权利。b. 离婚必须符合法定条件、履行法定程序、承担相应的法律后果。

二、案例分析题

孙某与江某于2004年8月8日登记结婚。婚后二人签订了一份夫妻忠诚协议，约定：婚后各方应以家庭为重，互相忠实；任何一方背叛对方，背叛方必须同意离婚，且夫妻共同财产全部归无过错方所有。随着女儿的降生，2006年初，二人又补充了忠诚协议的内容：如一方违反忠诚协议，离婚后女儿归无过错方抚养，过错方必须放弃对女儿的监护权。

2009年9月，江某得知孙某与其大学时期的恋人邹某重温旧情，气愤不已，但因孙某一再保证以后不再与邹某联系，故江某原谅了孙某。

2010年4月，江某发现孙某仍然与邹某保持着联系，且经常互发暧昧短信，接触频繁，孙、江二人感情因此出现危机。同年7月起，孙某与邹某在外租房同居。江某对孙某的出轨行为忍无可忍，提出离婚，并要求孙某履行夫妻忠诚协议。[2012年法硕(法学)真题改编]

请根据上述事实，回答以下问题：

(1)孙某与江某的夫妻忠诚协议是否适用我国《民法典》？为什么？

(2)对本案中的夫妻忠诚协议，法官甲认为全部无效，而法官乙认为部分无效。请选择你较为认同的观点(只能选择一种观点)，并阐释理由。

答：(1)孙某与江某的夫妻忠诚协议可以参照适用我国《民法典》合同编的相关规定。

理由：《民法典》第464条规定："合同是民事主体之间设立、变更、终止民事法律关系的协议。婚姻、收养、监护等有关身份关系的协议，适用有关该身份关系的法律规定；没有规定的，可以根据其性质参照适用本编规定。"题中协议属于有关身份关系的协议，在没有相关法律规定的情况下，可以根据其性质参照适用《民法典》合同编相关规定。

(2)观点一：同意法官甲的观点，分析如下：

人身权是法定的，法律不允许通过协议来设立、变更、终止人身关系，即不能通过合同来调整人身关系。《民法典》规定，夫妻应互相忠实。这一规定具有明显的倡导性。夫妻一方以此道德义务作为对价与另一方进行交换而订立的协议，不能确立具体的民事权利义务关系。对此，《〈民法典〉婚姻家庭编解释(一)》第4条规定，当事人仅以违反"夫妻应互相忠实"的规定提起诉讼的，法院不予受理；已经受理的，裁定驳回起诉。

本案中，孙某和江某的夫妻忠诚协议属于人身关系的约定，并且是以道德义务作为对价，违反公序良俗原则，故该协议无效。

观点二：同意法官乙的观点，分析如下：

①协议中有关人身关系的约定，如"背叛方必须同意离婚""过错方必须放弃对女儿的监护权"等，因违反法律强制性规定而无效。根据《民法典》的规定，是否主张离婚是婚姻当事人的权利，任何人不得干涉。本案中，孙某与江某之间的约定违反婚姻自由原则，故无效。根据《民法典》的规定，父母是未成年子女的第一顺序法定监护人；父母对未成年子女的监护既是法定权利，也是法定义务；父母对未成年子女的监护不得取消或放弃。本案中，双方的约定与此相违背，故无效。

②孙某与江某之间"夫妻共同财产全部归无过错方拥有"的约定，属于财产关系的约定，《民法典》允许夫妻双方以协议方式处分财产，故该约定有效。

第三十四章　结婚制度

34.1　复习指南

【知识框架(庖丁解牛)】

- 结婚制度
  - 婚姻成立概述
    - 概念、特征
    - 婚姻成立的要件
      - 实质要件：必备条件、禁止条件
      - 形式要件：登记制、仪式制、登记与仪式结合制
    - 结婚制度的沿革：掠夺婚、有偿婚、聘娶婚、宗教婚、自由婚
    - 婚约：概念、性质、类型、特征、处理原则
  - 结婚条件
    - 必备条件
      - 男女双方完全自愿
      - 达到法定婚龄
      - 符合一夫一妻制原则
    - 禁止条件：禁止直系血亲或三代以内的旁系血亲结婚
  - 结婚程序
    - 结婚登记的意义、机关
    - 结婚登记程序：申请、审查、登记
    - 结婚登记的效力
  - 婚姻的无效与撤销
    - 无效婚姻
      - 概念、情形、请求权主体
      - 宣告机关和程序
    - 可撤销婚姻
      - 概念、情形、请求权主体
      - 撤销婚姻的机关和程序
    - 婚姻无效和被撤销的法律后果
  - 事实婚姻
    - 概念、特征、确认
    - 效力：对当事人、子女的效力
    - 与同居关系辨析：概念、特征、性质认定、效力

【通关提要(提纲挈领)】

本章主要介绍结婚制度，比较重要。学习时，应熟悉婚姻成立的概念、特征和要件，结婚程序，事实婚姻的概念、特征和效力；掌握结婚的必备条件和禁止条件、无效婚姻和可撤销婚姻的情形和法律后果。本章主要考查概念题和简答题，可结合框架理解记忆。

34.2　考研真题与典型题详解

一、单项选择题

1. 高甲患有精神病，其父高乙为监护人。2009 年高甲与陈小美经人介绍认识，同年 12 月陈小美以其

1D

双胞胎妹妹陈小丽的名义与高甲登记结婚，2011 年生育一子高小甲。2012 年高乙得知儿媳的真实姓名为陈小美，遂向法院起诉。诉讼期间，陈小美将一直由其抚养的高小甲户口迁往自己原籍，并将高小甲改名为陈龙，高乙对此提出异议。下列哪一选项是正确的？(　　)［2017 年法考真题］

A. 高甲与陈小美的婚姻属无效婚姻

B. 高甲与陈小美的婚姻属可撤销婚姻

C. 陈小美为高小甲改名的行为侵害了高小甲的合法权益

D. 陈小美为高小甲改名的行为未侵害高甲的合法权益

【解析】AB 两项，陈小美以陈小丽的名义与高甲进行婚姻登记，意味着陈小美与高甲之间在法律上并不存在婚姻关系，也就无所谓无效婚姻与可撤销婚姻的问题，反而是陈小丽因并非本人的意思表示“被登记结婚”，其与高甲之间的婚姻关系是无效的。

C 项，根据《户口登记条例》规定，未满 18 周岁的人需要变更姓名的时候，由本人或者父母、收养人向户口登记机关申请变更登记。本题中，母亲陈小美为未满 18 周岁的高小甲变更姓名是符合法律规定的，未侵害高小甲的合法权益。

D 项，《民法典》第 1015 条第 1 款规定，自然人应当随父姓或者母姓。陈小美有权决定高小甲的姓名，其为高小甲改名的行为并未侵害高小甲以及高甲的合法权益。

2. 胡某与黄某长期保持同性恋关系，胡某创作同性恋题材的小说发表。后胡某迫于父母压力娶陈某为妻，结婚时陈某父母赠与一套房屋，登记在陈某和胡某名下。婚后，胡某收到出版社支付的小说版税 10 万元。此后，陈某得知胡某在婚前和婚后一直与黄某保持同性恋关系，非常痛苦。下列哪一说法是正确的？(　　)［2015 年法考真题］

A. 胡某隐瞒同性恋重大事实，导致陈某结婚的意思表示不真实，陈某可请求撤销该婚姻

B. 陈某受欺诈而登记结婚，导致陈某父母赠与房屋意思表示不真实，陈某父母可撤销赠与

C. 该房屋不属于夫妻共同财产

D. 10 万元版税属于夫妻共同财产

【解析】A 项，根据《民法典》第 1052 条规定，因胁迫结婚的，受胁迫的一方可以向人民法院请求撤销婚姻。陈某受欺诈结婚不能撤销。

B 项，陈某父母的赠与是合同关系，目的是转移房屋的所有权，该意思表示的作出是真实的，与陈某受欺诈而登记结婚缔结身份关系无关。

C 项，由双方父母出资购买的不动产，产权登记在一方子女名下的，该不动产可认定为双方按照各自父母的出资份额按份共有，但当事人另有约定的除外。本题中，房屋登记在双方名下，故为夫妻共同财产。

D 项，根据《〈民法典〉婚姻家庭编解释(一)》第 24 条规定，《民法典》第 1062 条第 1 款第 3 项规定的“知识产权的收益”，是指婚姻关系存续期间，实际取得或者已经明确可以取得的财产性收益。所以婚后实际取得的 10 万元版税属于夫妻共同财产。

3. 甲与乙登记结婚 3 年后，乙向法院请求确认该婚姻无效。乙提出的下列哪一理由可以成立？(　　)［2011 年法考真题］

A. 乙登记结婚的实际年龄离法定婚龄相差 2 年

B. 甲婚前谎称是海归博士且有车有房，乙婚后发现上当受骗

C. 甲与乙是表兄妹关系

D. 甲以揭发乙父受贿为由胁迫乙结婚

【解析】A 项，《〈民法典〉婚姻家庭编解释(一)》第 10 条规定，当事人依据《民法典》第 1051 条规定向人民法院请求确认婚姻无效，法定的无效婚姻情形在提起诉讼时已经消失的，人民法院不予支持。甲与乙

2D　3C

登记结婚时乙没有到法定婚龄，但是，在乙请求向人民法院申请宣告婚姻无效时，该无效婚姻情形已经消失，则不再属于无效婚姻。

B 项，《民法典》第 1051 条规定，有下列情形之一的，婚姻无效：①重婚；②有禁止结婚的亲属关系；③未到法定婚龄。欺诈不构成婚姻无效的事由。

C 项，根据《民法典》第 1051 条规定，有禁止结婚的亲属关系的，婚姻无效。根据第 1048 条规定，直系血亲或者三代以内的旁系血亲禁止结婚。表兄妹属于三代以内的旁系血亲，因此，甲与乙是表兄妹关系，有禁止结婚的亲属关系，该婚姻无效。

D 项，《民法典》第 1052 条第 1 款规定，因胁迫结婚的，受胁迫的一方可以向人民法院请求撤销婚姻。受胁迫缔结的婚姻，属于可撤销婚姻，而非无效婚姻。

二、多项选择题

孙新和孙立系双胞胎兄弟，2017 年 3 月 10 日，弟弟孙立拿着哥哥孙新的身份证与哥哥的女友韩孟前往民政部门办理了结婚登记手续。4 月 2 日，哥哥孙新因病前往医院治疗，住院期间爱上了照顾自己的小护士马冬梅，二人欲办理结婚登记手续。关于本案，下列哪些说法是错误的？（　　）［2018 年法考真题］

A. 韩孟可以向法院提起民事诉讼主张撤销婚姻

B. 孙新可以向法院提起民事诉讼主张撤销婚姻

C. 法院应当宣告孙立和韩孟的婚姻无效

D. 韩孟可以向法院提起行政诉讼

【解析】ABD 三项，《〈民法典〉婚姻家庭编解释（一）》第 17 条第 2 款规定，当事人以结婚登记程序存在瑕疵为由提起民事诉讼，主张撤销结婚登记的，告知其可以依法申请行政复议或提起行政诉讼。本题中，韩孟和孙新应提起行政复议或行政诉讼。

C 项，《民法典》第 1051 条规定，有下列情形之一的，婚姻无效：①重婚；②有禁止结婚的亲属关系；③未到法定婚龄。同时，《〈民法典〉婚姻家庭编解释（一）》第 17 条第 1 款规定，当事人以《民法典》第 1051 条规定以外的情形申请宣告婚姻无效的，法院应当判决驳回当事人的申请。本题中，孙立和韩孟二者并不存在无效婚姻的情形。

三、概念题

可撤销婚姻［复旦大学 2021 年研］

答：可撤销婚姻，是指因欠缺婚姻合意，经请求权人请求，依法撤销后不具有婚姻效力的违法婚姻。可撤销婚姻的具体情形有：①受胁迫。《民法典》第 1052 条第 1 款规定，因胁迫结婚的，受胁迫的一方可以向人民法院请求撤销婚姻。因受胁迫而结合的婚姻中，受胁迫方同意结婚的意思表示不真实，因而法律赋予了受胁迫方撤销婚姻的权利。②隐瞒重大疾病。一方患有重大疾病在结婚登记前未如实告知另一方的，另一方可以向人民法院请求撤销婚姻。

四、简答题

1. 婚姻无效的情形有哪些？［暨南大学 2019 年研］

答：依照《民法典》第 1051 条规定，以下情形为无效婚姻：

（1）重婚。任何人不得有两个或两个以上的配偶，有配偶者在前婚未终止之前不得结婚，否则即构成重婚，后婚当然无效。重婚包括法律上的重婚和事实上的重婚两种。无论哪一种，都构成婚姻无效的法定理由。

（2）当事人为禁婚亲。直系血亲和三代以内的旁系血亲禁止结婚。凡属上述范围内的亲属，无论是全血缘还是半血缘、无论是自然血亲还是拟制血亲，都不得结婚。

（3）未到法定婚龄。男女双方未到法定婚龄而“结婚”的，为无效婚姻，申请宣告婚姻无效的，应当依

ABC

法准许。

2. 简述无效婚姻的法律后果。[2023年法硕(法学、非法学)真题]

答：无效婚姻，是指虽已办理结婚登记但因欠缺结婚实质要件而不具有法律效力的婚姻。无效的婚姻自始没有法律约束力，即无效婚姻在依法被确认无效时，确定该婚姻自始不受法律保护。无效婚姻的具体法律后果表现在以下几个方面：

(1)身份上的后果。当事人自始不具有夫妻的权利和义务。

(2)财产上的后果。当事人同居期间所得的财产，由当事人协议处理；协议不成的，除有证据证明为当事人一方所有的以外，按共同共有处理，由人民法院根据照顾无过错方的原则判决。对重婚导致的无效婚姻的财产处理，不得侵害合法婚姻当事人的财产权益。

(3)父母子女关系的后果。当事人所生的子女，适用《民法典》关于父母子女的规定。比如，当事人双方均有抚养、教育和保护未成年子女的权利和义务；子女由一方直接抚养的，另一方应当负担一定的抚养费；一方抚养子女的，另一方享有探望子女的权利等。

(4)损害赔偿责任。婚姻无效的，无过错方有权请求损害赔偿。

五、论述题

试述无效婚姻和可撤销婚姻的异同。

相关试题：

(1)简述无效婚姻和可撤销婚姻的区别。[简答题，暨南大学2023年研]

(2)无效婚姻与可撤销婚姻[概念题，中南财大2023年研]

答：(1)无效婚姻和可撤销婚姻的相同点：

①有权宣告婚姻无效和可撤销婚姻的国家机关均为婚姻登记机关和人民法院。

②婚姻被宣布无效或者被撤销，均是自登记之日起无效，双方当事人均不具有夫妻的权利。

③同居期间所得的财产，由当事人协商处理，协商不成时，均由人民法院根据照顾无过错方的原则依法判决。因重婚导致婚姻无效的财产处理，不得侵害合法婚姻当事人的财产权利。

④人民法院审理这两类案件均不适用调解，应当依法判决，判决一经作出即发生法律效力，当事人均不能再就婚姻效力问题提出上诉。

(2)无效婚姻和可撤销婚姻的不同点：

①结婚时欠缺的结婚条件不同。可撤销婚姻所欠缺的是婚姻当事人违反“结婚必须男女双方完全自愿”。而无效婚姻是指当事人因违反结婚的禁止性规定，登记结婚时欠缺结婚的实质条件。

②时效不同。宣告无效婚姻是绝对无效，只要符合宣告无效婚姻的几种情形即无效，不因时间的经过而消灭；而可撤销婚姻是相对无效，它有时间限制，因时间的经过而消灭。即受胁迫的一方撤销婚姻的请求，应当自结婚登记之日起1年内提出；被非法限制人身自由的当事人请求撤销婚姻的，应当自恢复人身自由之日起1年内提出。

③请求人不同。向人民法院就已办理结婚登记的婚姻申请宣告婚姻无效的主体，包括婚姻当事人及利害关系人。利害关系人包括：

a. 以重婚为由申请宣告婚姻无效的，为当事人的近亲亲属及基层组织。

b. 以未到法定婚龄为由申请宣告婚姻无效的，为未达法定婚龄者的近亲属。

c. 以有禁止结婚的亲属关系为由申请宣告婚姻无效的，为当事人的近亲属。

d. 以婚前患有医学上认为不应当结婚的疾病，婚后尚未治愈为由申请宣告婚姻无效的，为与患病者共同生活的近亲属。因受胁迫而请求撤销婚姻的，只能是受胁迫一方的婚姻关系当事人本人。

第三十五章　家庭关系

35.1　复习指南

【知识框架（庖丁解牛）】

- 家庭关系
  - 夫妻关系
    - 概述
      - 概念
      - 特征：合法性、专属性、终身性
      - 我国夫妻在婚姻家庭中地位平等
    - 夫妻人身关系
    - 夫妻财产关系：法定、约定夫妻财产制[我国]
  - 父母子女关系
    - 概述
      - 父母子女关系的概念和种类
      - 亲权的概念、特征、行使原则、内容
    - 父母与婚生子女：概念、推定和否认、权利义务
    - 父母与非婚生子女：概念、认领与准正、保护
    - 继父母与继子女：概念、情形、法律地位
    - 人工生育子女：概念、种类、法律地位
  - 其他近亲属关系
    - 祖孙关系：抚养赡养关系、遗产继承权
    - 兄弟姐妹关系：扶养义务

【通关提要（提纲挈领）】

本章主要介绍家庭关系，简单且基础。学习时，要熟悉夫妻关系的概念和特征，父母子女关系的概念、种类及各子项的概念和内容等，亲权的概念、特征和内容，以及祖孙关系和兄弟姐妹关系；掌握夫妻的人身关系和财产关系、我国现行的夫妻财产制。本章主要考查选择题和简答题，要理解记忆。

35.2　考研真题与典型题详解

一、单项选择题

1. 张老汉和妻子李某居住在单位公租房内，后妻子李某因病去世。张老汉与家中保姆何某相爱。婚后，张老汉用10万元养老保险金购买了该公租房并登记在自己名下。关于养老保险金和房屋的归属，下列哪一说法是正确的？（　　）[2018年法考真题]

A. 10万元养老保险金属于张老汉的个人财产

B. 房屋属于张老汉和前妻李某共有

C. 房屋属于张老汉所有

D. 房屋属于张老汉和保姆何某共有

【解析】A项，《〈民法典〉婚姻家庭编解释（一）》第25条规定，婚姻关系存续期间，下列财产属于《民法典》第1062条规定的其他应当归共同所有的财产：①一方以个人财产投资取得的收益；②男女双方实际

1D

取得或应当取得的住房补贴、住房公积金；③男女双方实际取得或应当取得的养老保险金、破产安置补偿费。本题中，张老汉的10万元养老保险金属于张老汉和何某夫妻共同财产。

BCD三项，《〈民法典〉婚姻家庭编解释（一）》第27条规定，由一方婚前承租、婚后用共同财产购买的房屋，房屋权属证书登记在一方名下的，应当认定为夫妻共同财产。本题中，房屋系张老汉婚前承租、婚后张老汉用共同财产购买，虽然登记在张老汉一方名下，但依法应认定为张老汉和保姆何某的夫妻共同财产。

2. 刘山峰、王翠花系老夫少妻，刘山峰婚前个人名下拥有别墅一栋。关于婚后该别墅的归属，下列哪一选项是正确的？（　　）［2016年法考真题］

A. 该别墅不可能转化为夫妻共同财产

B. 婚后该别墅自动转化为夫妻共同财产

C. 婚姻持续满八年后该别墅即依法转化为夫妻共同财产

D. 刘、王可约定婚姻持续八年后该别墅转化为夫妻共同财产

【解析】《民法典》第1063条规定，下列财产为夫妻一方的个人财产：①一方的婚前财产；②一方因受到人身损害获得的赔偿或者补偿；③遗嘱或者赠与合同中确定只归一方的财产；④一方专用的生活用品；⑤其他应当归一方的财产。《〈民法典〉婚姻家庭编解释（一）》第31条规定，《民法典》第1063条规定为夫妻一方所有的财产，不因婚姻关系的延续而转化为夫妻共同财产。但当事人另有约定的除外。本题中，该别墅属于刘山峰婚前个人财产，除双方当事人约定外，一方婚前个人财产不自动转化成夫妻共同财产。

二、多项选择题

甲与乙离婚，甲、乙的子女均已成年，与乙一起生活。甲与丙再婚后购买了一套房屋，登记在甲的名下。后甲因中风不能自理，常年卧床。丙见状离家出走达3年之久。甲、乙的子女和乙想要回房屋，进行法律咨询。下列哪些意见是错误的？（　　）［2011年法考真题］

A. 因房屋登记在甲的名下，故属于甲个人房产

B. 丙在甲中风后未尽妻子责任和义务，不能主张房产份额

C. 甲、乙的子女可以申请宣告丙失踪

D. 甲本人向法院提交书面意见后，甲、乙的子女可代理甲参与甲与丙的离婚诉讼

【解析】A项，《〈民法典〉婚姻家庭编解释（一）》第27条规定，由一方婚前承租、婚后用共同财产购买的房屋，房屋权属证书登记在一方名下的，应当认定为夫妻共同财产。甲与丙在婚姻后购买的房屋虽然登记在甲的名下，但是应认定为夫妻共同财产。

B项，丙是房屋的共同共有人，其对房屋享有的是所有权，而非是继承权。不能因其未尽妻子的责任与义务就剥夺其对房屋享有的所有权。

C项，《民法典》第40条规定，自然人下落不明满2年的，利害关系人可以向人民法院申请宣告该自然人为失踪人。利害关系人是指下落不明人的近亲属或者对该人负有监护职责的人以及该人的债权人和债务人。有权申请自然人为失踪人的近亲属包括：配偶、父母、子女、兄弟姐妹、祖父母、外祖父母、孙子女、外孙子女。本题中，失踪人丙的利害关系人是甲，而非甲、乙的子女，因此，甲、乙的子女不能直接去申请宣告丙失踪。

D项，《民事诉讼法》第62条规定，离婚案件有诉讼代理人的，本人除不能表达意志的以外，仍应出庭；确因特殊情况无法出庭的，必须向人民法院提交书面意见。离婚诉讼一般不能代理，但是在特殊情形下，譬如离婚当事人无法到庭，则可以通过委托代理的方式，由代理人参与离婚诉讼。本题中，甲因中风卧床无法出庭，可以委托其子女代理参加离婚诉讼。

2D　ABC

第三十六章　离婚制度

36.1　复习指南

【知识框架(庖丁解牛)】

- 离婚制度
  - 概述
    - 婚姻的终止
      - 配偶一方死亡
      - 离婚：种类、与婚姻无效和别居的比较
    - 离婚的处理原则：保障离婚自由、防止轻率离婚
  - 登记离婚
    - 概念、办理机关和程序
    - 条件
      - 当事人自愿离婚
      - 对子女抚养、财产及债务处理等已协商一致
  - 诉讼离婚
    - 概念和程序、特别规定
    - 条件：诉讼离婚、准予离婚的法定情形
  - 离婚效力
    - 离婚效力的概念
    - 离婚对当事人的效力：人身、财产关系效力
    - 离婚对子女的效力：监护、抚养教育、探望权
  - 离婚救济
    - 概念和意义
    - 离婚家务贡献补偿：概念、特征、实质、适用
    - 离婚经济帮助：概念、性质、方法
    - 离婚损害赔偿：概念、实质、意义、适用
    - 离婚财产保障：概念、实质、适用

【通关提要(提纲挈领)】

本章主要介绍离婚制度，比较重要。学习时，应熟悉婚姻的终止，离婚的处理原则，登记离婚的概念、条件和程序，诉讼离婚的概念和程序，离婚救济等；掌握诉讼离婚的条件、离婚效力。本章主要考查选择题和简答题，可结合框架理解记忆。

36.2　考研真题与典型题详解

一、单项选择题

1. 2018 年甲与妻子乙登记结婚。2019 年甲以个人名义向弟弟丙借款 120 万元购买商品房，登记在妻子乙名下。2021 年甲、乙因为感情不和离婚。甲向丙所借的钱应当(　　)。[2024 年法硕(法学、非法学)真题]

A. 全部由甲偿还　　B. 全部由乙偿还

C. 由甲和乙连带偿还　　D. 由甲和乙按份偿还

【解析】《民法典》第 1064 条第 1 款规定，夫妻双方共同签名或者夫妻一方事后追认等共同意思表示所

1C

负的债务，以及夫妻一方在婚姻关系存续期间以个人名义为家庭日常生活需要所负的债务，属于夫妻共同债务。本题中，甲以个人名义举债，所购买的房屋系用于夫妻双方共同生活，属于夫妻共同债务。在离婚时，夫妻共同债务由夫妻双方共同偿还，夫妻共同财产不足以偿还或者约定财产归各自所有的，由双方协商，协商不成的由法院判决。夫妻双方对外承担连带责任，其所协商或者法院判决各自偿还的份额仅在内部有效。

2. 乙起诉离婚时，才得知丈夫甲此前已着手隐匿并转移财产。关于甲、乙离婚的财产分割，下列哪一选项是错误的？（　　）［2016 年法考真题］

A. 甲隐匿转移财产，分割财产时可少分或不分

B. 就履行离婚财产分割协议事宜发生纠纷，乙可再起诉

C. 离婚后发现甲还隐匿其他共同财产，乙可另诉再次分割财产

D. 离婚后因发现甲还隐匿其他共同财产，乙再行起诉不受诉讼时效限制

【解析】ACD 三项，《民法典》第 1092 条规定，夫妻一方隐藏、转移、变卖、毁损、挥霍夫妻共同财产，或者伪造夫妻共同债务企图侵占另一方财产的，在离婚分割夫妻共同财产时，对该方可以少分或者不分。离婚后，另一方发现有上述行为的，可以向人民法院提起诉讼，请求再次分割夫妻共同财产。《〈民法典〉婚姻家庭编解释（一）》第 84 条规定，当事人依据《民法典》第 1092 条的规定向人民法院提起诉讼，请求再次分割夫妻共同财产的诉讼时效为 3 年，从当事人发现之次日起计算。因此，乙须在发现丈夫隐匿并转移财产之次日起的 3 年内再行起诉。

B 项，《〈民法典〉婚姻家庭编解释（一）》第 8 条规定，当事人依照《民法典》第 1076 条签订的离婚协议中关于财产以及债务处理的条款，对男女双方具有法律约束力。登记离婚后当事人因履行上述协议发生纠纷提起诉讼的，人民法院应当受理。

3. 钟某性情暴躁，常殴打妻子柳某，柳某经常找同村未婚男青年杜某诉苦排遣，日久生情。现柳某起诉离婚，关于钟、柳二人的离婚财产处理事宜，下列哪一选项是正确的？（　　）［2016 年法考真题］

A. 针对钟某家庭暴力，柳某不能向其主张损害赔偿

B. 针对钟某家庭暴力，柳某不能向其主张精神损害赔偿

C. 如柳某婚内与杜某同居，则柳某不能向钟某主张损害赔偿

D. 如柳某婚内与杜某同居，则钟某可以向柳某主张损害赔偿

【解析】AB 两项，《民法典》第 1091 条规定，有下列情形之一，导致离婚的，无过错方有权请求损害赔偿：①重婚的；②与他人同居；③实施家庭暴力的；④虐待、遗弃家庭成员的；⑤有其他重大过错。《〈民法典〉婚姻家庭编解释（一）》第 86 条规定，《民法典》第 1091 条规定的“损害赔偿”，包括物质损害赔偿和精神损害赔偿。涉及精神损害赔偿的，适用最高人民法院《关于确定民事侵权精神损害赔偿责任若干问题的解释》的有关规定。本题中，对于钟某家庭暴力，柳某有权向其主张损害赔偿，且该损害赔偿包括精神损害赔偿。

CD 两项，《〈民法典〉婚姻家庭编解释（一）》第 90 条规定，夫妻双方均有《民法典》第 46 条规定的过错情形，一方或者双方向对方提出离婚损害赔偿请求的，人民法院不予支持。《〈民法典〉婚姻家庭编解释（一）》第 2 条规定，《民法典》第 1042 条、第 1079 条、第 1091 条规定的“与他人同居”的情形，是指有配偶者与婚外异性，不以夫妻名义，持续、稳定地共同居住。本题中，如柳某婚内与杜某同居，则其夫妻双方均有过错，均不能向对方主张损害赔偿。

4. 甲与乙结婚多年后，乙患重大疾病需要医治，甲保管夫妻共同财产但拒绝向乙提供治疗费，致乙疾病得不到及时治疗而恶化。下列哪一说法是错误的？（　　）［2012 年法考真题］

A. 乙在婚姻关系存续期间，有权起诉请求分割夫妻共同财产

B. 乙有权提出离婚诉讼并请求甲损害赔偿

2D　3C　4C

C. 乙在离婚诉讼中有权请求多分夫妻共同财产

D. 乙有权请求公安机关依照《治安管理处罚法》对甲予以行政处罚

【解析】A 项，《民法典》第 1066 条规定，婚姻关系存续期间，有下列情形之一的，夫妻一方可以向人民法院请求分割共同财产：①一方有隐藏、转移、变卖、毁损、挥霍夫妻共同财产或者伪造夫妻共同债务等严重损害夫妻共同财产利益的行为；②一方负有法定扶养义务的人患重大疾病需要医治，另一方不同意支付相关医疗费用。本题中，乙患重大疾病需要医治，甲保管夫妻共同财产拒绝向乙提供治疗费，致乙疾病得不到及时治疗而恶化，乙在婚姻关系存续期间，有权起诉请求分割夫妻共同财产。

B 项，《民法典》第 1091 条规定，有下列情形之一，导致离婚的，无过错方有权请求损害赔偿：①重婚；②与他人同居；③实施家庭暴力；④虐待、遗弃家庭成员；⑤有其他重大过错。甲对乙的行为已经构成虐待，为过错方，故乙有权提出离婚诉讼并请求甲损害赔偿。

C 项，《民法典》第 1092 条规定，夫妻一方隐藏、转移、变卖、毁损、挥霍夫妻共同财产，或者伪造夫妻共同债务企图侵占另一方财产的，在离婚分割夫妻共同财产时，对该方可以少分或者不分。离婚后，另一方发现有上述行为的，可以向人民法院提起诉讼，请求再次分割夫妻共同财产。本案中，甲的行为不属于少分或不分财产的情形，因此乙在离婚诉讼中无权请求多分夫妻共同财产。

D 项，《治安管理处罚法》第 45 条第 1 项规定，虐待家庭成员，被虐待人要求处理的，处 5 日以下拘留或者警告。乙有权请求公安机关依照《治安管理处罚法》对甲予以行政处罚。

二、多项选择题

1. 乙女与甲男婚后多年未生育，后甲男发现乙女因不愿生育曾数次擅自中止妊娠，为此甲男多次殴打乙女。乙女在被打住院后诉至法院要求离婚并请求损害赔偿，甲男以生育权被侵害为由提起反诉，请求乙女赔偿其精神损害。法院经调解无效，拟判决双方离婚。下列哪些选项是正确的？（　　）[2017 年法考真题]

A. 法院应支持乙女的赔偿请求　　B. 乙女侵害了甲男的生育权

C. 乙女侵害了甲男的人格尊严　　D. 法院不应支持甲男的赔偿请求

【解析】A 项，《民法典》第 1091 条规定，有下列情形之一，导致离婚的，无过错方有权请求损害赔偿：①重婚的；②有配偶者与他人同居的；③实施家庭暴力的；④虐待、遗弃家庭成员的。本题中，甲男多次殴打乙女，属于家庭暴力，乙女可以此为由请求离婚并主张损害赔偿。

BCD 三项，《〈民法典〉婚姻家庭编解释（一）》第 23 条规定，夫以妻擅自中止妊娠侵犯其生育权为由请求损害赔偿的，人民法院不予支持；夫妻双方因是否生育发生纠纷，致使感情确已破裂，一方请求离婚的，人民法院经调解无效，准予离婚。本题中，乙女擅自中止妊娠既不侵害甲男的生育权，也不侵害甲男的人格尊严，法院不应支持甲男的赔偿请求。

2. 屈赞与曲玲协议离婚并约定婚生子屈曲由屈赞抚养，另口头约定曲玲按其能力给付抚养费并可随时探望屈曲。对此，下列哪些选项是正确的？（　　）[2016 年法考真题]

A. 曲玲有探望权，屈赞应履行必要的协助义务

B. 曲玲连续几年对屈曲不闻不问，违背了法定的探望义务

C. 屈赞拒不履行协助曲玲探望的义务，经由裁判可依法对屈赞采取拘留、罚款等强制措施

D. 屈赞拒不履行协助曲玲探望的义务，经由裁判可依法强制从屈赞处接领屈曲与曲玲会面

【解析】A 项，《民法典》第 1086 条规定，离婚后，不直接抚养子女的父或母，有探望子女的权利，另一方有协助的义务。行使探望权利的方式、时间由当事人协议；协议不成时，由人民法院判决。父或母探望子女，不利于子女身心健康的，由人民法院依法中止探望的权利；中止的事由消失后，应当恢复探望的权利。

B 项，探望是权利而非义务，曲玲有权放弃行使其探望权。

1AD　2AC

CD 两项，《〈民法典〉婚姻家庭编解释(一)》第 68 条规定，对于拒不协助另一方行使探望权的有关个人或者组织，可以由人民法院依法采取拘留、罚款等强制措施，但是不能对子女的人身、探望行为进行强制执行。

3．董楠(男)和申蓓(女)是美术学院同学，共同创作一幅油画作品《爱你一千年》。毕业后二人结婚育有一女。董楠染上吸毒恶习，未经申蓓同意变卖了《爱你一千年》，所得款项用于吸毒。因董楠恶习不改，申蓓在女儿不满 1 周岁时提起离婚诉讼。下列哪些说法是正确的？(　　)［2015 年法考真题］

A．申蓓虽在分娩后 1 年内提出离婚，法院应予受理

B．如调解无效，应准予离婚

C．董楠出售《爱你一千年》侵犯了申蓓的物权和著作权

D．对董楠吸毒恶习，申蓓有权请求离婚损害赔偿

【解析】A 项，《民法典》第 1082 条规定，女方在怀孕期间、分娩后 1 年内或者终止妊娠后 6 个月内，男方不得提出离婚；但是，女方提出离婚或者人民法院认为确有必要受理男方离婚请求的除外。

B 项，《民法典》第 1079 条规定，夫妻一方要求离婚的，可以由有关组织进行调解或者直接向人民法院提起离婚诉讼。人民法院审理离婚案件，应当进行调解；如果感情确已破裂，调解无效的，应准予离婚。

C 项，《爱你一千年》属于夫妻二人共同创作的油画作品，属于合作作品。该油画属于著作权的载体，二人也属于油画的共有人。董楠未经申蓓同意变卖《爱你一千年》，依《著作权法》和《民法典》的规定，董楠不仅侵犯了申蓓对于油画的物权，而且侵犯了申蓓对油画的著作权中的使用权。

D 项，《民法典》第 1091 条规定，有下列情形之一，导致离婚的，无过错方有权请求损害赔偿：①重婚；②与他人同居；③实施家庭暴力；④虐待、遗弃家庭成员；⑤有其他重大过错。董楠吸毒恶习不属于法律规定的导致离婚的过错，申蓓无权请求离婚损害赔偿。

4．甲、乙因离婚诉至法院，要求分割实为共同财产而以甲的名义对丙合伙企业的投资。诉讼中，甲、乙经协商，甲同意将其在丙合伙企业中的财产份额转让给乙。法院对此作出处理，下列哪些选项是正确的？(　　)［2010 年法考真题］

A．其他三分之二以上合伙人同意转让的，乙取得合伙人地位

B．其他合伙人不同意转让，在同等条件下行使优先受让权的，可对转让所得的财产进行分割

C．其他合伙人不同意转让，也不行使优先受让权，但同意甲退伙或退还其财产份额的，可对退伙财产进行分割

D．其他合伙人对转让、退伙、退还财产均不同意，也不行使优先受让权的，视为全体合伙人同意转让，乙依法取得合伙人地位

【解析】《〈民法典〉婚姻家庭编解释(一)》第 73 条规定，人民法院审理离婚案件，涉及分割夫妻共同财产中以一方名义在合伙企业中的出资，另一方不是该企业合伙人的，当夫妻双方协商一致，将其合伙企业中的财产份额全部或者部分转让给对方时，按以下情形分别处理：①其他合伙人一致同意的，该配偶依法取得合伙人地位；②其他合伙人不同意转让，在同等条件下行使优先受让权的，可以对转让所得的财产进行分割；③其他合伙人不同意转让，也不行使优先受让权，但同意该合伙人退伙或者退还部分财产份额的，可以对退还的财产进行分割；④其他合伙人既不同意转让，也不行使优先受让权，又不同意该合伙人退伙或者退还部分财产份额的，视为全体合伙人同意转让，该配偶依法取得合伙人地位。

5．甲婚前有一头母牛，婚后，在妻子乙的精心照料下，该牛生了一头小牛。一年后甲、乙离婚，关于小牛的归属说法正确的有(　　)。［2019 年法考真题］

A．属于甲婚前财产的天然孳息　　B．归甲所有

C．属于婚后财产，归甲、乙共有　　D．属于甲婚前财产的自然增值

3ABC　4BCD　5AB

【解析】《〈民法典〉婚姻家庭编解释(一)》第26条规定，夫妻一方个人财产在婚后产生的收益，除孳息和自然增值外，应认定为夫妻共同财产。本题中，母牛是甲的婚前财产，小牛属于甲婚前财产的天然孳息，不属于夫妻共同财产，仍归甲所有。

三、简答题

简述法定的离婚标准。

答：法定的离婚标准，是指人民法院审理离婚案件时适用的是否准予解除婚姻关系的法律依据。《民法典》第1079条规定了以下事由为离婚法定事由：

(1)重婚或者与他人同居：

①重婚是指有配偶者而与他人结婚的行为，包括有配偶者而与他人进行结婚登记，以及有配偶者而与他人以夫妻名义共同生活的事实重婚。对方提出离婚请求，则构成判决离婚的法定理由，应判决离婚。重婚方提出离婚的，应审查婚姻关系是否确已破裂，对确已破裂的，判决离婚。

②与他人同居，是指与婚外异性不以夫妻名义，持续、稳定地共同居住。与他人同居是离婚的法定事由，对方起诉离婚的，法院应当判决准予离婚。在过错方请求离婚的情形，不应把处理其错误行为与是否判决离婚等同起来，一方坚决提起离婚时，如果确无和好可能，无论对方配偶是否同意，均视为婚姻关系无可挽回的破裂，可以判决离婚。

(2)实施家庭暴力或虐待、遗弃家庭成员。这三种行为都违反了法律规定，都是夫妻感情确已破裂的客观表现，是判决离婚的法定理由。对配偶一方实施家庭暴力、虐待、遗弃的，是正当的离婚法定事由，对其他家庭成员实施家庭暴力、虐待、遗弃的，对方配偶提出离婚的，也是离婚的法定事由，应当准予离婚。

(3)有赌博、吸毒等恶习屡教不改。构成这一离婚法定事由须满足两个条件：

①配偶一方确有赌博、吸毒等恶习，经教育、劝说屡不改正。

②配偶一方因恶习不履行婚姻义务，夫妻难以共同生活。

(4)因感情不和分居满2年。分居，是指配偶双方拒绝在一起共同生活，互不履行夫妻义务的行为。在主观上，配偶确有分居的愿望，拒绝在一起共同生活；在客观上，配偶的夫妻共同生活完全废止，分开生活。按照法律规定，这种状态已满2年的，构成离婚法定事由。

(5)其他导致夫妻感情破裂的情形。其他原因是否构成离婚法定事由，判断标准是该原因是否直接引起了夫妻感情确已破裂，且经调解后仍无法挽回。符合这一要求的，构成离婚的法定理由，人民法院应据此判决离婚；否则不能作为判决离婚的法定理由。

(6)一方被宣告失踪。夫妻一方下落不明满2年，经利害关系人的申请，被人民法院宣告失踪的，当事人双方在事实上已经终止了夫妻的共同生活。如果另一方提出离婚的诉讼请求，则表明其已经失去了对婚姻的期待，应当认定为夫妻感情确已破裂，符合离婚的法定事由。

第三十七章　收养制度

37.1　复习指南

【知识框架（庖丁解牛）】

- 收养制度
  - 概述
    - 收养的概念和特征
    - 收养的分类
    - 收养的原则
      - 有利于被收养人原则
      - 保障被收养人和收养人合法权益的原则
      - 禁止借收养名义买卖未成年人的原则
      - 保守收养秘密原则
  - 收养关系的成立
    - 条件
      - 一般条件
        - 被收养人、送养人、收养人的条件
        - 当事人的收养合意
      - 特殊条件
    - 程序：收养登记、收养协议和收养公证
  - 收养的效力
    - 收养的拟制效力［积极效力］
    - 收养的解销效力［消极效力］
    - 无效收养：概念和原因、确认程序、法律后果
  - 收养关系的解除
    - 含义、法定程序［登记、诉讼解除］
    - 解除的法定情形
      - 当事人协议
      - 收养人侵害行为
      - 养父母与成年养子女关系恶化且无法共同生活
    - 法律效力：人身、财产关系效力

【通关提要（提纲挈领）】

本章主要介绍收养制度，比较重要。学习时，应熟悉收养的概念和特征；掌握收养的原则，收养关系的成立条件，收养关系解除的法定情形、法律效力等。本章主要考查选择题和简答题，复习时要整体把握，理解记忆。

37.2　考研真题与典型题详解

一、单项选择题

1. 下列选项中，属于继父或继母收养继子女的条件是（　　）。［2020 年法硕（法学）真题］

A. 继子女不满 14 周岁　　B. 继父母无子女

C. 经生父母同意　　D. 生父母有特殊困难无力抚养子女

1C

【解析】根据《民法典》第1103条规定，继父或者继母经继子女的生父母同意，可以收养继子女，并可以不受下列条件的限制：①被收养人应为生父母有特殊困难无力抚养的子女［第1093条第3项］；②送养人应为有特殊困难无力抚养子女的生父母［第1094条第3项］；③收养人须无子女或只有一名子女、年满30周岁、有抚养教育和保护被收养人的能力，未患有在医学上认为不应当收养子女的疾病，无不利于被收养人健康成长的违法犯罪记录［第1098条］；④无子女的收养人可以收养两名子女，有子女的收养人只能收养一名子女［第1100条第1款］。未成年人均可以被收养，不要求必须“不满14周岁”。

2. 下列关于收养关系解除的说法中，正确的是（　　）。［2019年法硕（非法学）真题］

A. 养父母遗弃未成年养子女的，养子女有权要求解除收养关系

B. 养父母虐待未成年养子女的，送养人有权要求解除收养关系

C. 在被收养人成年以前，收养人经民政部门同意可以解除收养关系

D. 养父母与未成年养子女关系恶化，无法共同生活的，可以协议解除收养关系

【解析】收养，是指自然人依照法律规定的条件和程序，领养他人的子女为自己的子女，使之发生父母子女间权利义务关系的民事法律行为。收养关系的解除是收养关系终止的一种原因。

AB两项，《民法典》第1114条第2款规定，收养人不履行抚养义务，有虐待、遗弃等侵害未成年养子女合法权益行为的，送养人有权要求解除养父母与养子女间的收养关系。送养人、收养人不能达成解除收养关系协议的，可以向人民法院提起诉讼。因此，虐待、遗弃情形下，送养人有权要求解除收养关系，而养子女无权要求解除收养关系。所以A项错误，B项正确。

CD两项，《民法典》第1114条第1款规定，收养人在被收养人成年以前，不得解除收养关系，但是收养人、送养人双方协议解除的除外。养子女8周岁以上的，应当征得本人同意。第1115条规定，养父母与成年养子女关系恶化、无法共同生活的，可以协议解除收养关系。不能达成协议的，可以向人民法院提起诉讼。因此，在被收养人成年以前，收养人除非与送养人达成协议解除，否则无法解除收养关系。

3. 小强现年9周岁，生父谭某已故，生母徐某虽有抚养能力，但因准备再婚决定将其送养。徐某的姐姐要求收养，其系华侨富商，除已育有一子外符合收养人的其他条件；谭某父母为退休教师，也要求抚养。下列哪一选项是正确的？（　　）［2017年法考真题］

A. 徐某因有抚养能力不能将小强送其姐姐收养

B. 徐某的姐姐因有子女不能收养小强

C. 谭某父母有优先抚养的权利

D. 收养不需要征得小强同意

【解析】A项，根据《民法典》第1094条第3项规定，有特殊困难无力抚养子女的生父母才可以作送养人。但根据第1099条第1款规定，收养三代以内旁系同辈血亲的子女，可以不受本法第1093条第3项、第1094条第3项和第1102条规定的限制。本题中，徐某的姐姐是徐某的同辈旁系血亲，不受抚养能力的限制。

B项，《民法典》第1098条规定，收养人应当同时具备下列条件：①无子女或者只有一名子女；②有抚养、教育和保护被收养人的能力；③未患有在医学上认为不应当收养子女的疾病；④无不利于被收养人健康成长的违法犯罪记录；⑤年满30周岁。根据第1099条第2款规定，华侨收养三代以内旁系同辈血亲的子女，可以不受收养人无子女或者只有一名子女的限制。本题中，徐某的姐姐要求收养，其系华侨富商，虽已育有一子，但如果收养三代以内同辈旁系血亲的子女，可以不受收养人无子女的限制。

C项，《民法典》第1108条规定，配偶一方死亡，另一方送养未成年子女的，死亡一方的父母有优先抚养的权利。本题中，谭某父母为退休教师，也要求抚养小强，故谭某父母有优先抚养的权利。

D项，《民法典》第1104条规定，收养人收养与送养人送养，应当双方自愿。收养8周岁以上未成年人的，应当征得被收养人的同意。本题中，小强现年9周岁，所以收养必须征得小强同意。

2B　3C

4. 张某和李某达成收养协议，约定由李某收养张某6岁的孩子小张。任何一方违反约定，应承担违约责任。双方办理了登记手续，张某依约向李某支付了10万元。李某收养小张1年后，因小张殴打他人赔偿了1万元，李某要求解除收养协议并要求张某赔偿该1万元。张某同意解除但要求李某返还10万元。下列哪一表述是正确的？(　　)［2014年法考真题］

A. 李某、张某不得解除收养关系　　B. 李某应对张某承担违约责任

C. 张某应赔偿李某1万元　　D. 李某应返还不当得利

【解析】D项，收养协议解除后，李某收取的10万元丧失了法律依据，因此构成不当得利，应予返还。

A项，《民法典》第1114条第1款规定，收养人在被收养人成年以前，不得解除收养关系，但是收养人、送养人双方协议解除的除外。养子女8周岁以上的，应当征得本人同意。因此，李某，张某在小张不满10周岁时可以协议解除收养关系。

B项，违约责任调整的是侵犯财产关系应承担的责任，而收养关系属于身份关系，收养协议不适用《民法典》合同编的有关规定，故不会产生违约责任。

C项，《民法典》第1111条规定，自收养关系成立之日起，养父母与养子女间的权利义务关系，适用本法关于父母子女关系的规定；养子女与养父母的近亲属间的权利义务关系，适用本法关于子女与父母的近亲属关系的规定。据此，李某在收养小张期间，应尽到生父母养育子女的监护义务，对养子小张的赔偿行为在其无支付能力的情况下予以赔偿，故不得要求张某赔偿李某。

二、多项选择题

某6岁女童的父母因意外双双遇难。下列有抚养能力的人中，有资格收养该女童的是(　　)。［2010年法硕(法学)真题］

A. 甲，女，29周岁，未婚，无子女　　B. 乙，男，45周岁，离婚，无子女

C. 丙，女，38周岁，丧偶，无子女　　D. 丁，女，46周岁，已婚，有一子已成年

【解析】《民法典》第1098条规定，收养人应当同时具备下列条件：①无子女或者只有一名子女；②有抚养、教育和保护被抚养人的能力；③未患有在医学上认为不应当收养子女的疾病；④无不利于被收养人健康成长的违法犯罪记录；⑤年满30周岁。第1102条规定，无配偶者收养异性子女的，收养人与被收养人的年龄应当相差40周岁以上。

A项，收养人未满30周岁，不符合条件。

B项，乙男与6岁女童的年龄相差不满40周岁，不符合条件。

CD两项，丙女与丁女均符合收养人条件，有资格收养该女童。

三、论述题

简述收养的法律效力。

答：收养的法律效力，是指因收养的成立而引起的法律后果的总称，其主要包括：

(1)收养的拟制效力，又称收养的积极效力，是指收养依法创设新的亲属身份关系及其权利义务的效力。收养的拟制效力不仅及于养父母和养子女以及收养关系存续期间养子女的晚辈直系血亲，同时及于养父母的血亲。

①对养父母与养子女的拟制效力。收养的拟制效力主要体现在自收养关系成立之日，养父母与养子女之间发生父母子女之间的权利义务关系。《民法典》第1111条第1款作了明确规定，自收养关系成立之日起，养父母与养子女间的权利义务关系，适用本法关于父母子女关系的规定；养子女与养父母的近亲属间的权利义务关系，适用本法关于子女与父母的近亲属关系的规定。因此养父母、养子女之间的权利义务关系与父母子女之间的权利义务关系相同。养子女的姓氏，既可以随养父姓，也可以随养母姓，还可以经过协商一致，保留原姓，而不改为养父母的姓。

②对养子女与养父母的近亲属的拟制效力。养子女与养父母的近亲属之间的权利义务关系，是养亲子

4D　|　CD

关系在法律上的延伸。收养对养子女与养父母的近亲属的拟制效力，表现为养子女与养父母的近亲属以及养父母与养子女的近亲属之间发生的拟制效力，取得亲属的身份，发生权利义务关系。

(2)收养的解销效力，又称收养的消极效力，是指收养依法消灭原有的亲属身份关系及其权利义务的效力。

①对养子女与生父母的解销效力。养子女与生父母间的身份关系和权利义务关系，因收养关系的成立而消除。但收养消除的是养子女与生父母之间法律意义上的父母子女关系，而非自然意义上的父母子女关系。

②对养子女与生父母以外的其他近亲属的解销效力。养子女与其他近亲属间的身份关系和权利义务关系，因收养关系的成立而消除。养子女与生父母的父母不再存在祖孙间的权利义务关系，与生父母的子女间不再存在兄弟姐妹间的权利义务关系。

收养的解销效力，消灭的仅仅是法律意义上的父母子女关系，而不是自然意义上的父母子女关系。养子女与生父母之间基于出生而具有的直接血缘联系是客观存在的，不能通过法律手段加以改变。法律关于禁婚亲的规定仍然适用于养子女与生父母及其近亲属。

第六编 继 承

第三十八章 继承概述

38.1 复习指南

【知识框架(庖丁解牛)】

- 继承概述
  - 继承的概念、特征、本质
  - 继承法的基本原则
    - 保护继承权原则
    - 继承权平等原则
    - 养老育幼原则
    - 互谅互让、团结和睦原则
  - 继承权概述
    - 概念、特征
    - 接受
    - 放弃：概念、特征
    - 丧失：概念、法定理由、效力
    - 保护：回复请求权的概念、性质、主体、行使期间

【通关提要(提纲挈领)】

本章主要介绍继承，属于总括性章节。学习时，应熟悉继承的概念、特征、本质，继承权的概念和特征；掌握继承法的基本原则，继承权的接受、放弃、丧失与保护。本章主要考查选择题和简答题，要理解记忆。

38.2 考研真题与典型题详解

一、单项选择题

下列哪一行为可引起放弃继承权的后果？(　　)［2011 年法考真题］

A. 张某口头放弃继承权，本人承认

B. 王某在遗产分割后放弃继承权

C. 李某以不再赡养父母为前提，书面表示放弃其对父母的继承权

D. 赵某与父亲共同发表书面声明断绝父子关系

【解析】A 项，《最高人民法院关于适用〈中华人民共和国民法典〉继承编的解释(一)》(以下简称《〈民法典〉继承编解释(一)》)第 33 条规定，继承人放弃继承应当以书面形式向其他继承人表示。用口头方式表示放弃继承，本人承认，或有其他充分证据证明的，也应当认定其有效。

B 项，《〈民法典〉继承编解释(一)》第 35 条规定，继承人放弃继承的意思表示，应当在继承开始后、

A

遗产分割前作出。遗产分割后，继承权已经行使，此时放弃的是所有权。

C项，《〈民法典〉继承编解释(一)》第32条规定，继承人因放弃继承权，致其不能履行法定义务的，放弃继承权的行为无效。

D项，父母子女关系是强行法规定，不得由当事人以书面形式放弃或更改。

二、多项选择题

继承人所为的下列行为中，可导致其丧失继承权的有(　　)。[2008年法硕(非法学)真题]

A. 故意杀害被继承人　　B. 伪造遗嘱情节严重

C. 遗弃被继承人　　D. 虐待被继承人情节严重

【解析】《民法典》第1125条规定，继承人有下列情形之一的，丧失继承权：①故意杀害被继承人；②为争夺遗产而杀害其他继承人；③遗弃被继承人，或者虐待被继承人情节严重；④伪造、篡改、隐匿或者销毁遗嘱，情节严重的；⑤以欺诈、胁迫手段迫使或者妨碍被继承人设立、变更或者撤回遗嘱，情节严重。

三、概念题

继承权的丧失[南京大学2009年研]

答：继承权的丧失，又称继承权的剥夺，是指继承人因有法律规定的违法行为而依法丧失继承资格。其可分为绝对丧失与相对丧失。其特征有：①既可能是继承期待权丧失，也可能是继承既得权丧失；②继承权的丧失是一种民事制裁；③继承权丧失的规则适用于法定继承和遗嘱继承。

四、简答题

丧失继承权的法定事由及其效力。[中南财大2015年研]

相关试题：

(1)简述继承权丧失的情形。[中南财大2025年研]

(2)继承人丧失继承权的事由。[上海交大2024年研]

答：(1)继承权丧失的法定事由：

①故意杀害被继承人的。其条件有二：a. 继承人客观上实施了杀害被继承人的行为；b. 继承人主观上有杀害的故意。

②为争夺遗产而杀害其他继承人的。其条件有二：a. 继承人杀害的对象是其他继承人；b. 杀害的目的是争夺遗产。

③遗弃被继承人或者虐待被继承人情节严重的。其条件为：a. 被遗弃的是没有独立生活能力的被继承人；b. 继承人有能力和条件尽扶养义务而故意不尽扶养义务。

④伪造、篡改或者销毁遗嘱，情节严重的。

(2)继承权丧失的效力：①丧失时间为继承开始时；②仅对特定的被继承人发生效力。

ABCD

第三十九章　法定继承

39.1　复习指南

【知识框架(庖丁解牛)】

- 法定继承
  - 法定继承的概念、特征与适用范围
  - 法定继承人的范围与继承顺序
    - 范围：配偶、子女及其晚辈血亲、父母、兄弟姐妹及其晚辈直系血亲、祖父母和外祖父母
    - 继承顺序
      - 第一顺序：配偶、子女、父母
      - 第二顺序：兄弟姐妹、祖父母和外祖父母
  - 代位继承
    - 概念、特征
    - 与转继承
      - 转继承的概念和成立条件
      - 转继承与代位继承的根本区别
  - 法定继承中的遗产分配
    - 原则：概念、内容
    - 非继承人的遗产取得权

【通关提要(提纲挈领)】

本章主要介绍法定继承，比较重要。学习时，要熟悉法定继承的概念、特征与适用范围，代位继承的概念与特征，遗产分配；掌握法定继承人的范围与继承顺序，转继承与代位继承的根本区别。本章主要考查选择题和简答题，复习时要整体把握，理解记忆。

39.2　考研真题与典型题详解

一、单项选择题

1. 老夫妇王冬与张霞有一子王希、一女王楠，王希婚后育有一子王小力。王冬和张霞曾约定，自家的门面房和住房属于王冬所有。2012 年 8 月 9 日，王冬办理了公证遗嘱，确定门面房由张霞和王希共同继承。2013 年 7 月 10 日，王冬将门面房卖给他人并办理了过户手续。2013 年 12 月，王冬去世，不久王希也去世。关于住房和出售门面房价款的继承，下列哪一说法是错误的？(　　)［2015 年法考真题］

A. 张霞有部分继承权

B. 王楠有部分继承权

C. 王小力有部分继承权

D. 王小力对住房有部分继承权、对出售门面房的价款有全部继承权

【解析】《民法典》第 1152 条规定："继承开始后，继承人于遗产分割前死亡，并没有放弃继承的，该继承人应当继承的遗产转给其继承人，但是遗嘱另有安排的除外。"2013 年 7 月 10 日，王冬将门面房卖给他人并办理了过户手续，相当于以行为撤销 2012 年 8 月 9 日的公证遗嘱。关于出售该门面房价款的继承，由于没有遗嘱规定，应由其第一顺序法定继承人王希、张霞和王楠继承；因王希在遗产分割前死亡，发生

1D

转继承，即由王希继承的份额转由王小力继承。关于住房的继承，应由王冬的第一顺序法定继承人王希、张霞和王楠继承，同理王希继承的份额转由王小力继承。

2. 2012年5月10日，张楠(男)和李霞(女)结婚。婚后，生育一子张军。从2013年2月起二人感情不和，张楠前往深圳打工，并结识打工妹何芸。二人自2015年2月开始同居，并生育一子张强。2016年1月，张楠因病住院，于2月1日亲笔书写一份遗嘱称：死后将自己的所有遗产留给何芸，但未注明年月日。2017年10月，张楠去世。关于本案，下列哪一表述是错误的？(　　)[2018年法考真题]

A. 张楠的遗嘱无效，何芸不能继承张楠的遗产

B. 李霞有权继承张楠的遗产

C. 张军是张楠的第一顺序的法定继承人

D. 张强不能继承张楠的遗产

【解析】A项，《民法典》第1134条规定，自书遗嘱由遗嘱人亲笔书写，签名，注明年、月、日。本题中，张楠的遗嘱因未注明年月日而无效。

BCD三项，根据《民法典》第1127条规定，第一顺序的遗产继承人为配偶、子女、父母。本法所说的子女，包括婚生子女、非婚生子女、养子女和有扶养关系的继子女。本题中，何芸并非张楠的配偶，无权继承遗产。李霞(配偶)、张军(婚生子)和张强(非婚生子)均是张楠的第一顺序的法定继承人。

二、多项选择题

1. 甲(男)与乙(女)结婚，其子小明20周岁时，甲与乙离婚。后甲与丙(女)再婚，丙子小亮8周岁，随甲、丙共同生活。小亮成年成家后，甲与丙甚感孤寂，收养孤儿小光为养子，视同己出，未办理收养手续。丙去世，其遗产的第一顺序继承人有哪些？(　　)[2014年法考真题]

A. 小明　　B. 小亮　　C. 甲　　D. 小光

【解析】《民法典》第1127条规定，遗产按照下列顺序继承：第一顺序：配偶、子女、父母。第二顺序：兄弟姐妹、祖父母、外祖父母。继承开始后，由第一顺序继承人继承，第二顺序继承人不继承。没有第一顺序继承人继承的，由第二顺序继承人继承。本法所说的子女，包括婚生子女、非婚生子女、养子女和有扶养关系的继子女。《民法典》第1105条规定，收养应当向县级以上人民政府民政部门登记。收养关系自登记之日起成立。本题中，由于甲与丙结婚时，小明已经20周岁，因此小明与丙之间没有扶养关系；丙收养小光未登记，其不构成法律上的收养关系。据此，丙去世，其遗产的第一顺序继承人是甲(配偶)、小亮(子)。

2. 甲与妻子乙协议离婚，约定8周岁的儿子由乙抚养，甲支付抚养费。后甲与有一女儿的丙再婚，并在婚后继续给付儿子抚养费。十年后，丙因病去世。丙去世时，其近亲属还有姐姐丁。有权继承丙遗产的人有(　　)。[2015年法硕(法学)真题]

A. 甲　　B. 甲的儿子　　C. 丙的女儿　　D. 丁

【解析】根据《民法典》第1127、1129条规定，遗产按照下列顺序继承：①第一顺序包括配偶、子女、父母、对公婆、岳父母尽了主要赡养义务的丧偶儿媳、丧偶女婿；②第二顺序包括兄弟姐妹、祖父母、外祖父母。继承的规则是：继承开始后，由第一顺序继承人继承，第二顺序继承人不继承；没有第一顺序继承人的，才由第二顺序继承人继承。本题中，丙的继承人包括其丈夫甲和女儿及其姐姐丁，其丈夫甲和女儿是第一顺序继承人，有权继承其遗产；而姐姐丁是第二顺序继承人，无权继承其遗产。

3. 甲育有二子乙和丙。甲生前立下遗嘱，其个人所有的房屋死后由乙继承。乙与丁结婚，并有一女戊。乙因病先于甲死亡后，丁接替乙赡养甲。丙未婚。甲死亡后遗有房屋和现金。下列哪些表述是正确的？(　　)[2012年法考真题]

A. 戊可代位继承　　B. 戊、丁无权继承现金

2D　┃　1BC　2AC　3AC

C. 丙、丁为第一顺序继承人　　D. 丙无权继承房屋

【解析】《民法典》第 1154 条规定，有下列情形之一的，遗产中的有关部分按照法定继承办理：①遗嘱继承人放弃继承或者受遗赠人放弃受遗赠；②遗嘱继承人丧失继承权或者受遗赠人丧失受遗赠权；③遗嘱继承人、受遗赠人先于遗嘱人死亡或者终止；④遗嘱无效部分所涉及的遗产；⑤遗嘱未处分的遗产。由于遗嘱继承人乙已经先于被继承人甲死亡，所以，遗嘱继承应转为法定继承。

A 项，根据《民法典》第 1128 条规定，被继承人的子女先于被继承人死亡的，由被继承人的子女的直系晚辈血亲代位继承。代位继承人一般只能继承被代位继承人有权继承的遗产份额。继承人乙先于甲死亡，其应当法定继承的份额可以由乙之女戊代位继承。

BCD 三项，《民法典》第 1129 条规定，丧偶儿媳对公婆，丧偶女婿对岳父母，尽了主要赡养义务的，作为第一顺序继承人。甲的继承人包括法定继承人儿子丙、代位继承人戊和尽到了主要赡养义务的丁。丙、丁、戊均可作为第一顺序继承人参加法定继承。

4. 赵某死亡，遗产由其父甲、其母乙、其妻丙和其子丁继承，当时丙已怀孕。上述继承人在继承时为胎儿保留了必要的继承份额。丙分娩时，胎儿死于母体内。有权继承为该胎儿所保留份额的人包括(　　)。[2011 年法硕(法学)真题]

A. 甲　　B. 乙　　C. 丙　　D. 丁

【解析】《民法典》第 1155 条规定，遗产分割时，应当保留胎儿的继承份额。胎儿娩出时是死体的，保留的份额按照法定继承办理。第 1127 条规定，遗产按照下列顺序继承：①第一顺序：配偶、子女、父母；②第二顺序：兄弟姐妹、祖父母、外祖父母。继承开始后，由第一顺序继承人继承，第二顺序继承人不继承。没有第一顺序继承人继承的，由第二顺序继承人继承。本题中，胎儿的继承份额应由被继承人(胎儿的父亲)的继承人继承，甲、乙、丙、丁均为第一顺序的法定继承人，故有权继承为该胎儿所保留份额的人为甲、乙、丙、丁四人。

5. 郭大爷女儿五年前病故，留下一子甲。女婿乙一直与郭大爷共同生活，尽了主要赡养义务。郭大爷继子丙虽然与其无扶养关系，但也不时从外地回来探望。郭大爷还有一丧失劳动能力的养子丁。郭大爷病故，关于其遗产的继承，下列哪些选项是正确的？(　　)[2010 年法考真题]

A. 甲为第一顺序继承人　　B. 乙在分配财产时，可多分

C. 丙无权继承遗产　　D. 分配遗产时应该对丁予以照顾

【解析】A 项，《民法典》第 1128 条规定，被继承人的子女先于被继承人死亡的，由被继承人的子女的直系晚辈血亲代位继承。本题中，郭大爷的女儿先于郭大爷死亡，其子甲作为郭大爷的直系晚辈血亲可代位继承郭大爷的遗产，同时郭大爷的女儿属于第一顺序继承人，甲代替其母成为第一顺序继承人。

B 项，《民法典》第 1129 条规定，丧偶儿媳对公婆，丧偶女婿对岳父母，尽了主要赡养义务的，作为第一顺序继承人。第 1130 条第 3 款规定，对被继承人尽了主要扶养义务或者与被继承人共同生活的继承人，分配遗产时，可以多分。本题中，乙为郭大爷的女婿，且尽了主要赡养义务，可以作为第一顺序继承人分配遗产，且可以多分。

C 项，《民法典》第 1127 条规定，本编(继承编)所称子女，包括婚生子女、非婚生子女、养子女和有扶养关系的继子女。本题中，继子丙与郭大爷无扶养关系，无权继承遗产。

D 项，《民法典》第 1130 条第 2 款规定，对生活有特殊困难又缺乏劳动能力的继承人，分配遗产时，应当予以照顾。丁作为养子可以成为继承人，因其丧失劳动能力，在分配遗产时应当予以照顾。

三、概念题

代位继承与转继承[中南财大 2010 年研]

相关试题：代位继承[武大 2020 年研]、**转继承**[中国政法 2025 年研；北科 2014 年研；浙大 2012 年研；首经贸 2009 年研]

4ABCD　5ABCD

答：参见本章简答题第3题答案。

四、简答题

1. 法定继承的概念、特征和适用范围。［南京理工2011年研］

相关试题：简述法定继承的适用情形。［暨南大学2020年研］

答：(1)法定继承，是指直接根据法律规定的继承人范围、继承顺序以及遗产分配原则，由法定继承人继承被继承人遗产的法律制度。由于法定继承的适用顺序在遗赠扶养协议和遗嘱之后，故法定继承有时也被称为无遗嘱继承。

(2)法定继承的特征：

①法定继承基于一定的身份关系产生。在法定继承中，法律规定法定继承人的依据一般是基于继承人与被继承人之间的亲属关系。

②法定继承是对遗嘱继承的补充。法定继承和遗嘱继承是两种不同的继承方式，但遗嘱继承的效力优于法定继承。

③法定继承是对遗嘱继承的限制。尽管遗嘱继承的效力优于法定继承，但是法定继承对遗嘱继承也存在制约作用，如法定继承规定了法定继承人的特留份。

④法定继承具有法定性、强行性。在法定继承中，继承人的范围、继承人参加继承的顺序和继承人应该继承的遗产及遗产的分配原则等内容都由法律直接规定，且不能由当事人随意变更。

(3)法定继承的适用范围。法定继承是现实生活中最主要的继承方式。依《民法典》第1154条规定，有下列情形之一的，遗产中的有关部分按照法定继承办理：①遗嘱继承人放弃继承或者受遗赠人放弃受遗赠的；②遗嘱继承人丧失继承权的；③遗嘱继承人、受遗赠人先于遗嘱人死亡的；④遗嘱无效部分所涉及的遗产；⑤遗嘱未处分的遗产。

2. 简述法定继承人的范围及继承顺序。［武大2015年研］

相关试题：

(1)简述我国《民法典》对法定继承人的范围是如何规定的。［暨南大学2018年研］

(2)阐述法定继承人继承顺序的概念、确定原则和法律规定。［南京大学2008年研］

答：(1)法定继承人的范围：

法定继承人是指由法律直接规定的可以依法继承被继承人遗产的人，包括以下近亲属：

①配偶：a. 配偶是指处于合法婚姻关系中的男女双方。b. 夫妻一方在离婚诉讼过程中或者在法院已作出离婚的判决但判决未发生效力前死亡的，另一方仍为配偶，为法定继承人。

②子女及其晚辈血亲。包括婚生子女、非婚生子女、养子女和继子女。

③父母。作为被继承人最近的直系尊亲属，包括生父母、养父母和有扶养关系的继父母。

④兄弟姐妹及其晚辈直系血亲。包括同父同母的兄弟姐妹、同父异母或者同母异父的兄弟姐妹、养兄弟姐妹和有扶养关系的继兄弟姐妹。

⑤祖父母和外祖父母。包括亲祖父母、亲外祖父母、养祖父母、养外祖父母、有扶养关系的继祖父母和有扶养关系的继外祖父母。

⑥对公婆、对岳父母尽了主要赡养义务的丧偶儿媳、女婿。

(2)法定继承人的继承顺序。指法定继承人继承遗产的先后次序，通常根据法定继承人与被继承人的亲疏远近关系来确定。

①根据《民法典》规定，在法定继承中，继承开始后，由第一顺序继承人继承，第二顺序继承人不继承；没有第一顺序继承人继承的，由第二顺序继承人继承。法定继承人的继承顺序有以下特点：

a. 法定性，指法定继承人的继承顺序由法律直接规定，而不是由当事人决定。

b. 强行性，指任何人不得以任何理由改变法定的继承顺序。继承人可以放弃继承权，但不能放弃自己的继承顺序。

c. 排他性，指法定继承人中前一顺序的继承人排斥后一顺序的继承人继承。

d. 限定性，指法定继承人的继承顺序仅适用于法定继承，而不适用于遗嘱继承。在遗嘱继承中遗嘱继承人不受法定继承人继承顺序的限制，虽有前一顺序的法定继承人，遗嘱人也可指定后一顺序的继承人继承。

②依《民法典》第1127、1129条规定，法定继承人分为两个顺序：

a. 第一顺序：配偶、子女、父母。丧偶儿媳对公婆，丧偶女婿对岳父母，尽了主要赡养义务的，也作为第一顺序继承人。

b. 第二顺序：兄弟姐妹、祖父母和外祖父母。

3. 代位继承与转继承的区别。［南航2016年研；武大2014年研］

答：（1）代位继承与转继承的概念：

①代位继承，是指被继承人的子女先于被继承人死亡时，由该死亡子女的晚辈直系血亲继承其应继承的遗产份额的制度。其中双方法律主体为，被代位继承人，即先于被继承人死亡的子女，和代位继承人，即先于被继承人死亡的子女的晚辈直系血亲。

②转继承又称再继承、二次继承，是指继承开始后遗产分割前，被转继承人在行使继承权前死亡，其取得遗产的权利转给其合法继承人继承的制度。包括转继承人和被转继承人双方当事人。

（2）代位继承与转继承的联系：

代位继承与转继承都是属于遗产转移的方式，都是由继承人继承其他继承人取得的遗产。

（3）代位继承与转继承的区别：

①性质和效力不同。转继承中连续发生了两次继承，即继承人继承财产后，转继承人又继承继承人的财产。而代位继承是代位人基于代位继承权直接参加遗产继承，其参加继承行使的是对被继承人遗产的继承权，而不是对被代位人的遗产继承权。

②发生的时间和成立条件不同。转继承发生于继承开始后遗产分割前，并且可因任何一继承人的死亡而发生。而代位继承发生于被继承人的子女先于被继承人死亡的情形，被代位继承人只能是被继承人的子女。

③主体不同。转继承人是被转继承人死亡时生存的所有法定继承人。而代位继承中的代位继承人仅限于被继承人的晚辈直系血亲。

④适用范围不同。转继承适用于法定继承和遗嘱继承。代位继承只适用于法定继承。

4. 法定继承的遗产分配原则。［中山大学2014年研］

相关试题：谈谈法定继承中财产的分配。［清华大学2006年研］

答：法定继承，是指由法律直接规定继承人的范围、继承顺序以及遗产分配的基本规则的继承方式。法定继承的遗产分配原则，是指法定继承人分配遗产时，确定继承人应继承份额的原则。不同国家法定继承的遗产分配方式主要有两种：①由法律直接规定各法定继承人的应当继承份额；②规定同一顺序的法定继承人均分遗产。

按照《民法典》第1130条规定，在法定继承中遗产的分配按以下原则确定：

（1）继承人继承遗产的份额一般应当均等。

在一般情况下，同一顺序的法定继承人应按照人数平均分配相等份额的遗产。

（2）特殊情形下继承人继承的份额可以不均等。

在有下列情形之一时，同一顺序法定继承人继承的遗产份额可以不均等：

①对生活特殊困难的缺乏劳动能力的继承人，分配遗产时，应当予以照顾。

②对被继承人尽了主要扶养义务或者与被继承人共同生活的继承人，在分配遗产时，可以多分。

③有扶养能力和有扶养条件的继承人，不尽扶养义务的，分配遗产时，应当不分或者少分。

④继承人协商同意不均分。

五、案例分析题

甲1994年离家出走，杳无音讯。1999年，其妻乙向人民法院申请甲宣告死亡。2000年，人民法院依法宣告甲死亡，其房屋三间被其妻乙和其子丙继承，但不久毁于泥石流。2001 年，妻乙迫于生活压力将其子丙交邻居收养。甲离家出走后，南下上海，2002 年因福利彩票中奖 20 万元。甲用该款购买股票，同年获利 200 万元。2003 年 1 月，甲因车祸死亡。死前一个月，乙得知其下落并与其通了电话，随即请求法院撤销了死亡宣告。经查，甲于 2002 年与丁在教堂举行了婚礼(但未办理婚姻登记)，并生子戊。[中财 2015 年研]

则甲的 200 万元遗产的法定继承人都有哪些？为什么？其他人为什么不是法定继承人？

答：(1)甲的法定继承人有丙、戊、乙。具体分析如下：

《民法典》第 1127 条规定，遗产继承的第一顺序为配偶、子女、父母；第二顺序为兄弟姐妹、祖父母、外祖父母。对甲的 200 万元遗产的法定继承人，具体分析如下：

①丙。丙是甲的亲生儿子。根据《民法典》第 1127 条规定，子女是第一顺序继承人。尽管甲被宣告死亡后，乙将丙交由邻居收养，但收养关系并未改变丙作为甲亲生子女的身份。因此，丙仍然是甲的第一顺序继承人。

②戊。戊是甲与丁的非婚生子。根据《民法典》第 1071 条规定，非婚生子女享有与婚生子女同等的权利。因此，戊也是甲的第一顺序继承人。

③乙。甲于 2000 年被宣告死亡，乙与甲的婚姻关系自死亡宣告之日起消除。2003 年 1 月，甲因车祸死亡；死前一个月，乙得知甲的下落并请求法院撤销了死亡宣告。根据《民法典》第 51 条规定，死亡宣告被撤销后，婚姻关系自撤销之日起自行恢复，除非乙再婚或书面声明不愿意恢复婚姻关系。而乙在甲被宣告死亡后未再婚，也未书面声明不愿意恢复婚姻关系。因此，乙与甲的婚姻关系自撤销死亡宣告之日起自行恢复。即乙作为甲的合法配偶，是甲的第一顺序继承人。

(2)丁不是法定继承人，理由如下：

丁与甲虽然举行了婚礼，但未办理婚姻登记。根据《民法典》第 1049 条规定，男女双方必须进行结婚登记，才能确立夫妻关系。因此，丁与甲之间不存在法律上的婚姻关系，丁不能作为甲的配偶继承遗产。

第四十章　遗嘱继承、遗赠与遗赠扶养协议

40.1　复习指南

【知识框架（庖丁解牛）】

遗嘱继承、遗赠与遗赠扶养协议
- 遗嘱继承的概念、特征、适用条件
- 遗嘱概述
  - 概念、特征、内容、有效要件
  - 形式：自书、代书、打印、录音录像、口头、公证遗嘱
  - 遗嘱见证人、合立遗嘱
  - 变更与撤销：概念、要件
  - 执行
- 遗赠：概念、特征、与遗嘱继承的异同
- 遗赠扶养协议
  - 概念、特征
  - 效力：内部效力、外部效力

【通关提要（提纲挈领）】

本章主要介绍遗嘱继承、遗赠与遗赠扶养协议，简单且基础。学习时，应熟悉遗嘱继承的概念、特征和适用条件，遗赠扶养协议的特征和效力；掌握遗嘱的有效要件、形式，遗赠的特征及其与遗嘱继承的异同。本章主要考查选择题和简答题，可结合案例理解记忆。

40.2　考研真题与典型题详解

一、单项选择题

1. 甲有乙、丙和丁三个女儿。甲于2013年1月1日亲笔书写一份遗嘱，写明其全部遗产由乙继承，并签名和注明年月日。同年3月2日，甲又请张律师代书一份遗嘱，写明其全部遗产由丙继承。同年5月3日，甲因病被丁送至医院急救，甲又立口头遗嘱一份，内容是其全部遗产由丁继承，在场的赵医生和李护士见证。甲病好转后出院休养，未立新遗嘱。如甲死亡，下列哪一选项是甲遗产的继承权人？（　　）［2014年法考真题］

A. 乙　　B. 丙　　C. 丁　　D. 乙、丙、丁

【解析】A项，《民法典》第1134条第2款规定，自书遗嘱由遗嘱人亲笔书写，签名，注明年、月、日。

B项，《民法典》第1135条规定，代书遗嘱应当有两个以上见证人在场见证，由其中一人代书，并由遗嘱人、代书人和其他见证人签名，注明年、月、日。请律师代书遗嘱没有见证人，不符合法律规定的遗嘱的形式要件，系无效遗嘱，丙不享有继承权。

C项，《民法典》第1138条规定，遗嘱人在危急情况下，可以立口头遗嘱。口头遗嘱应当有两个以上见证人在场见证。危急情况消除后，遗嘱人能够以书面或者录音录像形式立遗嘱的，所立的口头遗嘱无效。本题中，甲在危急情况消除后，之前所立口头遗嘱未以书面形式订立，故该口头遗嘱无效，丁不享有继承权。唯有第一份遗嘱有效，故乙是甲遗产的继承权人。

1A

2．甲与保姆乙约定：甲生前由乙照料，死后遗产全部归乙。乙一直细心照料甲。后甲女儿丙回国，与乙一起照料甲，半年后甲去世。丙认为自己是第一顺序继承人，且尽了义务，主张甲、乙约定无效。下列哪一表述是正确的？（　　）［2012 年法考真题］

A．遗赠扶养协议有效　　B．协议部分无效，丙可以继承甲的一半遗产

C．协议无效，应按法定继承处理　　D．协议有效，应按遗嘱继承处理

【解析】《民法典》第 1158 条规定，自然人可以与继承人以外的组织或者个人签订遗赠扶养协议。按照协议，该组织或者个人承担该自然人生养死葬的义务，享有受遗赠的权利。遗赠扶养协议签订即生效，扶养人尽了生养死葬的义务，享有遗赠扶养协议中约定的权利，即使甲的女儿丙已经回国，但遗赠扶养协议效力高于遗嘱继承的效力，遗嘱继承的效力高于法定继承的效力，因此甲的遗产应全部归乙。

3．甲妻病故，膝下无子女，养子乙成年后常年在外地工作。甲与村委会签订遗赠扶养协议，约定甲的生养死葬由村委会负责，死后遗产归村委会所有。后甲又自书一份遗嘱，将其全部财产赠与侄子丙。甲死后，乙就甲的遗产与村委会以及丙发生争议。对此，下列哪一选项是正确的？（　　）［2010 年法考真题］

A．甲的遗产应归村委会所有

B．甲所立遗嘱应予撤销

C．村委会、乙和丙共同分割遗产，村委会可适当多分

D．村委会和丙平分遗产，乙无权分得任何遗产

【解析】《民法典》第 1158 条规定，自然人可以与继承人以外的组织或者个人签订遗赠扶养协议。按照协议，该组织或者个人承担该自然人生养死葬的义务，享有受遗赠的权利。因此甲可以与村委会签订遗赠扶养协议。第 1123 条规定，继承开始后，按照法定继承办理；有遗嘱的，按照遗嘱继承或者遗赠办理；有遗赠扶养协议的，按照协议办理。本题中，在既有遗赠扶养协议又有遗嘱的情形下，应按照遗赠扶养协议的约定，甲的遗产归村委会所有，甲自书将其全部财产赠与侄子丙的遗嘱无效，其他人无权继承遗产。

二、多项选择题

1．老人生病由其子女照料。儿子照顾老人时威胁称，如不写遗嘱将全部遗产分给他就停药，无奈之下老人写了遗嘱 X，然后儿子嫌遗嘱字迹潦草，自己又抄了一遍，还模仿老人签名，此遗嘱为 Y。女儿照看老人期间，谎称老人得了绝症，活不了多久了，然后老人遂写了份遗嘱 Z。没过多久，老人康复从医院出院了，但 3 个月后因车祸死亡。下列说法正确的有（　　）。［2019 年法考真题］

A．X 无效　　B．Y 不成立　　C．Y 有效　　D．Z 有效

【解析】遗嘱必须是遗嘱人的真实意思表示才能产生效力，受胁迫、欺骗所立的遗嘱无效。本案中，遗嘱 X 是老人基于被胁迫订立，当属无效；遗嘱 Z 是老人受欺骗订立的，当属无效。遗嘱属于法定要式民事法律行为，遗嘱 Y 属于誊抄并假冒立遗嘱人签字，不具备自书或代书遗嘱的形式要件，故法律行为不成立。

2．2015 年甲立公证遗嘱：死后其全部遗产归长子乙。2016 年甲又前往同一公证部门立公证遗嘱：死后全部遗产归次子丙。由于儿子不孝，2017 年甲又在家中亲笔书写一份遗嘱，写明其全部遗产死后归大女儿丁，并注明年月日。后甲因病住院，小女儿戊悉心照料，2018 年甲病危，口头遗嘱死后全部遗产归小女儿戊，在场的两名护士可以见证。后甲死亡。关于本案，下列哪些说法是正确的？（　　）［2018 年法考真题］

A．2015 年甲立的第一份公证遗嘱无效　　B．2016 年甲立的第二份公证遗嘱有效

C．丁无权继承甲的遗产　　D．戊有权继承甲的全部遗产

【解析】《民法典》第 1142 条规定，遗嘱人可以撤销、变更自己所立的遗嘱。立遗嘱后，遗嘱人实施与遗嘱内容相反的民事法律行为的，视为对遗嘱相关内容的撤回。立有数份遗嘱，内容相抵触的，以最后的

2A　3A　▎　1AB　2BCD

遗嘱为准。该规定取消了原《继承法》规定的“自书、代书、录音、口头遗嘱，不得撤销、变更公证遗嘱”。本题中，甲在2015年和2016年所立的两份公证遗嘱均有效，只是后面失效了。本题应以甲最后的遗嘱，即口头遗嘱为准，因此，最终应由戊继承甲的全部遗产。

3. 韩某于2017年3月病故，留有住房1套、存款50万元、名人字画10余幅及某有限责任公司股权等遗产。韩某在2014年所立第一份自书遗嘱中表示全部遗产由其长子韩大继承。在2015年所立第二份自书遗嘱中，韩某表示其死后公司股权和名人字画留给7岁的外孙女婷婷。2017年6月，韩大在未办理韩某遗留房屋所有权变更登记的情况下以自己的名义与陈卫订立了商品房买卖合同。下列哪些选项是错误的？(　　)［2017年法考真题］

A. 韩某的第一份遗嘱失效　　B. 韩某的第二份遗嘱无效

C. 韩大与陈卫订立的商品房买卖合同无效　　D. 婷婷不能取得某有限责任公司股东资格

【解析】AB两项，《民法典》第1142条规定，立有数份遗嘱，内容相抵触的，以最后的遗嘱为准。本题中，韩某所立的第二份遗嘱是其真实意思表示、内容合法并且符合法律规定的形式要求，因此是有效的。而第二份遗嘱仅是对第一份遗嘱的部分变更，因此第一份遗嘱在没有变更的范围内仍是有效的。

C项，《民法典》第230条规定，因继承取得物权的，自继承开始时发生效力。根据第232条规定，处分依照本节规定享有的不动产物权，依照法律规定需要办理登记的，未经登记，不发生物权效力。据此可知，韩大因继承取得了该房屋的所有权，其有权处分自己的财产，因此订立的商品房买卖合同是有效的。只是未经登记，不发生物权效力。

D项，《公司法》第90条规定，自然人股东死亡后，其合法继承人可以继承股东资格，但是，公司章程另有规定的除外。据此可知，婷婷能否取得股东资格，取决于公司章程的相关规定。

4. 贡某立公证遗嘱：死后财产全部归长子贡文所有。贡文知悉后，自书遗嘱：贡某全部遗产归弟弟贡武，自己全部遗产归儿子贡小文。贡某随后在贡文遗嘱上书写：同意，但还是留10万元给贡小文。其后，贡文先于贡某死亡。关于遗嘱的效力，下列哪一选项是正确的？(　　)［2016年法考真题］

A. 贡某遗嘱已被其通过书面方式变更　　B. 贡某遗嘱因贡文先死亡而不生效力

C. 贡文遗嘱被贡某修改的部分合法有效　　D. 贡文遗嘱涉及处分贡某财产的部分有效

【解析】A项，《民法典》第1142条规定，遗嘱人可以撤回、变更自己所立的遗嘱。立遗嘱后，遗嘱人实施与遗嘱内容相反的民事法律行为的，视为对遗嘱相关内容的撤回。立有数份遗嘱，内容相抵触的，以最后的遗嘱为准。本题中，贡某所立公证遗嘱因贡某之后的书面自书遗嘱而变更。

B项，《民法典》第1154条规定，有下列情形之一的，遗产中的有关部分按照法定继承办理：①遗嘱继承人放弃继承或者受遗赠人放弃受遗赠的；②遗嘱继承人丧失继承权的或受遗赠人丧失受遗赠权的；③遗嘱继承人、受遗赠人先于遗嘱人死亡的或者终止；④遗嘱无效部分所涉及的遗产；⑤遗嘱未处分的遗产。本题中，贡文先于贡某死亡，属于上述第3项规定的情形，因此贡某遗嘱不生效力，应依法定继承办理。

CD两项，《民法典》第1133条第1款规定，自然人可以依照本法规定立遗嘱处分个人财产，并可以指定遗嘱执行人。《〈民法典〉继承编司法解释(一)》第26条规定，遗嘱人以遗嘱处分了国家、集体或者他人财产的，应当认定该部分遗嘱无效。本题中，贡某死前，贡文在遗嘱中处分贡某的部分遗产，即使经过贡某同意，也属无效。

5. 张某李某系夫妻，生有一子张甲和一女张乙。张甲于2007年意外去世，有一女丙。张某在2010年死亡，生前拥有个人房产一套，遗嘱将该房产处分给李某。关于该房产的继承，下列哪些表述是正确的？(　　)［2011年法考真题］

A. 李某可以通过张某的遗嘱继承该房产

B. 丙可以通过代位继承要求对该房产进行遗产分割

3ABCD　4AB　5AC

C. 继承人自张某死亡时取得该房产所有权

D. 继承人自该房产变更登记后取得所有权

【解析】A 项，《民法典》第 1123 条规定，继承开始后，按照法定继承办理；有遗嘱的，按照遗嘱继承或者遗赠办理；有遗赠扶养协议的，按照协议办理。本题中，李某可以通过张某的遗嘱继承该房产。

B 项，《民法典》第 1128 条第 1 款规定，被继承人的子女先于被继承人死亡的，由被继承人的子女的直系晚辈血亲代位继承。代位继承人一般只能继承他的父亲或者母亲有权继承的遗产份额。代位继承仅适用于法定继承，因此，丙只能代位继承张某遗嘱未处分的遗产。

CD 两项，《民法典》第 230 条规定，因继承取得物权的，自继承开始时发生效力。第 1121 条规定，继承从被继承人死亡时开始。因此，继承人在张某死亡时已经取得了该房产所有权，只是未经登记，处分该房产所有权时不发生物权效力。

三、概念题

1. 遗嘱继承［北邮 2009 年研］

答：参见本章简答题第 1 题答案。

2. 遗赠［安徽师大 2019 年研；人大 2015 年研；北科 2012 年研；浙大 2006 年研］

答：遗赠是指自然人以遗嘱的方式将其个人财产赠与国家、集体或者法定继承人以外的人，且于其死亡后发生效力的民事法律行为。立遗嘱的自然人称为遗赠人，遗嘱中指定受赠与的人为受遗赠人。其特征包括：①遗赠是一种单方的民事法律行为；②遗赠是死后行为，于遗赠人死亡后发生效力；③受遗赠人是国家、集体或者法定继承人以外的人；④遗赠是无偿行为；⑤遗赠只能由受遗赠人接受。

3. 遗赠扶养协议［中南财大 2011 年研；清华大学 2006 年研］

答：遗赠扶养协议是指被扶养人与法定继承人以外的扶养人之间订立的，以扶养人对被扶养人生养死葬的义务以及被扶养人将个人财产遗赠给扶养人为内容的协议。其法律特征有：①遗赠扶养协议是双方法律行为；②遗赠扶养协议是有偿法律行为；③遗赠扶养协议自协议成立起生效；④遗赠扶养协议的扶养人是继承人之外的人；⑤遗赠扶养协议效力优先于遗嘱和法定继承；⑥遗赠扶养协议兼具生前行为与死因行为。

四、简答题

1. 遗嘱继承的法律特征有哪些？［安徽师大 2020 年研］

相关试题：简述遗嘱继承的特征。［河南师大 2017 年研］

答：遗嘱继承，是指按照被继承人生前遗嘱，由其指定的继承人取得遗嘱确定的遗产份额的继承方式。其特征有：

（1）遗嘱继承须以存在有效遗嘱为前提。遗嘱继承的发生需要被继承人死亡和被继承人生前订立了有效遗嘱这两个法律事实，仅有被继承人的死亡并不能发生遗嘱继承，还须有被继承人所立的有效遗嘱。

（2）遗嘱继承直接体现被继承人的遗愿。在遗嘱继承中，继承人、继承份额等都是由被继承人在遗嘱中指定的。按照遗嘱进行继承，充分尊重被继承人处分自己财产的自由。

（3）遗嘱继承排斥法定继承。遗嘱继承人均为法定继承人范围之内的人，但遗嘱中所指定的继承人对遗产的继承不受法定继承人顺序、法定继承份额的限制。

（4）遗嘱继承的效力优于法定继承。在具体分割遗产时，有遗嘱的首先适用遗嘱继承。只有在没有遗嘱、或虽有遗嘱但遗嘱无效、遗嘱继承人放弃遗嘱继承或遗嘱继承人丧失继承权等情形时，才可适用法定继承。

（5）遗嘱继承不适用代位继承，遗嘱指定的继承人先于遗嘱人死亡的，这部分遗嘱不生效。

2. 遗嘱的法律特征。［北理 2008 年研］

答：（1）遗嘱是指自然人生前对个人财产进行处分并于其死亡后生效的单方民事法律行为。

（2）遗嘱的特征：

①遗嘱是单方民事法律行为。根据《民法典》第134、138条规定，遗嘱是无相对人的单方民事法律行为，遗嘱按照法律规定的形式和要件订立后即成立，无须他人了解更不需要他人同意。

②遗嘱于遗嘱人死亡时生效。遗嘱属于终意处分行为，在遗嘱人死亡前其均有权撤回、变更其遗嘱处分。根据《民法典》规定，遗嘱于符合有效要件完成时成立，于遗嘱人死亡时生效。

③遗嘱是遗嘱人亲自所为的民事法律行为，不得代理。为确保遗嘱是被继承人的真实意愿，根据《民法典》规定的遗嘱形式要件要求，遗嘱人应亲自订立遗嘱，不得由他人代理。

④遗嘱是要式法律行为。遗嘱只有符合法律规定的形式要件，才能发生效力。

3. 简述口头遗嘱的生效要件。［中南财大2014年研］

答：口头遗嘱是指遗嘱人在危急情况下以口头方式设立的遗嘱。依《民法典》第1138条规定，口头遗嘱必须符合以下条件：

（1）只能在危急情形下作出。危急情形，是指在某些来不及或者无条件设立其他形式遗嘱的情形。危急情形解除后，遗嘱人有条件设立其他形式遗嘱的，口头遗嘱无效。

（2）须有两个以上的见证人在场见证。根据《民法典》第1140条规定，下列人员不能作为遗嘱见证人：无行为能力人、限制行为能力人；继承人、受遗赠人；与继承人、受遗赠人有利害关系的人。“有利害关系的人”共有两类：一是继承人或受遗赠人的近亲属，包括配偶、子女、父母、兄弟姐妹、祖父母、外祖父母、孙子女、外孙子女以及其他共同生活的家庭成员；二是与继承人有民事债权和债务关系的人。《〈民法典〉继承编司法解释（一）》第24条规定，继承人、受遗赠人的债权人、债务人，共同经营的合伙人，也应当视为与继承人、受遗赠人有利害关系，不能作为遗嘱见证人。

4. 我国遗嘱有效成立的实质要件是什么？［首经贸2012年研］

相关试题：简述遗嘱的有效条件。［中财2011年研］

答：遗嘱是指自然人生前对个人财产进行处分的单方民事法律行为。该行为于其死亡后生效。遗嘱的内容主要涉及遗嘱人对其死后遗产的处分，直接关系到继承人及有关利害关系人的利益，关系到遗产的归属及社会交易的安全。因此，遗嘱必须具备一定的实质要件与形式要件，方能有效成立。

（1）遗嘱有效成立的实质要件有：

①主体要件。遗嘱人在遗嘱作成时须有设立遗嘱的行为能力。根据《民法典》的规定，完全行为能力人才有遗嘱能力，对遗嘱能力的判断应以设立遗嘱时为准。

②客体要件。遗嘱只能处分遗嘱人在死亡时所遗留的个人合法财产。

③内容要件。遗嘱必须是遗嘱人的真实意思表示；遗嘱不得取消缺乏劳动能力又没有生活来源的继承人的继承权；遗嘱须为胎儿保留必要的继承份额；遗嘱内容不得违反社会公德和公共利益。

（2）遗嘱有效成立的形式要件有：

①公证遗嘱需由遗嘱人亲自申请、经国家公证机关证明。

②自书遗嘱由遗嘱人亲笔书写，并注明地点、时间，且由本人签章。

③代书遗嘱，应当有两个以上的见证人在场见证，并由代书人、见证人、遗嘱人分别签章。

④录音遗嘱，应当有两个以上的见证人在场见证。

⑤口头遗嘱发生在危急情况下，且应当有两个以上见证人在场见证。

5. 简述遗赠和遗嘱继承的区别。［暨南大学2016年研］

答：遗赠是指自然人以遗嘱的方式将其个人财产赠与国家、集体或者法定继承人以外的人，而于其死亡后发生效力的民事法律行为。遗嘱是指自然人生前对个人财产进行处分并于其死亡后生效的单方民事法律行为。遗赠与遗嘱继承的相同点在于都为被继承人处分个人财产的方式。二者的区别主要有：

（1）主体范围不同。受遗赠人可以是法定继承人以外的任何自然人，国家或者集体。遗嘱继承人只能是法定继承人范围之内的自然人。

（2）客体范围不同。受遗赠权的客体为遗产中的财产权利而非财产义务。遗嘱继承权的客体既可以是财产权利，也可以是财产义务。

(3)行使方式不同。受遗赠人接受遗赠需要在法定期间内作出接受的明示的意思表示。遗嘱继承人接受继承无须作出明示的意思表示。

(4)取得遗产的方式不同。受遗赠人不直接参与遗产的分配，从遗嘱执行人处取得受遗赠的财产；而遗嘱继承人可直接参与遗产分配而取得遗产。

(5)是否指定候补继承人不同。在遗嘱继承中，遗嘱人可以于遗嘱中指定候补继承人；而一般认为遗赠人不能于指定受遗赠人后再指定。

五、案例分析题

某甲幼年丧母，由其父抚养长大。后其父再婚。某甲与其继母乙格格不入，造成父子关系也较紧张。后因矛盾激化，甲与其父立据宣布脱离父子关系。几年后甲父死亡，临终留下遗书：要求把其存款平均分给甲、其妻乙及其与乙的儿子丙。但在执行遗嘱时乙阻止将存款的1/3分给甲，声称甲与其父已脱离父子关系，已无权继承其父的遗产，并将该存款取走。甲遂向人民法院提起诉讼。[华中农大2015年研]

请回答下列问题：

(1)法院能否根据甲与其父所立字据，宣布二人脱离父子关系？

(2)甲父所立遗嘱是否有效？为什么？

(3)对甲父遗产应如何分割？

答：(1)法院不能根据甲与其父所立字据宣布二人脱离父子关系。

理由：父母子女关系是一种基于血缘关系产生的身份关系，这种血缘身份关系具有法定性，当事人不得任意变更，不会因为当事人口头或者书面宣称消灭而消灭。这种身份法律关系只会因当事人死亡这一法律事件而客观上消灭，或者因为收养关系的确立而在法律上归于消灭。因此，法院不能根据甲与其父所立字据宣布二人脱离父子关系。

(2)甲父所立遗嘱有效。

理由：甲与其父的父子关系并未消灭，其仍享有甲父遗产的继承权。根据《民法典》的规定，公民可以立遗嘱将个人财产指定由法定继承人的一人或者数人继承。遗嘱是被继承人的真实意思表示，当遗嘱不属于法定的无效情形时，都将有效。

(3)对甲父遗产应平均分割给三个继承人。

理由：本案中，甲父的遗嘱对遗产的分配方式已作出安排，在遗嘱真实有效并且不存在缺乏劳动能力又没有生活来源的继承人的情况下，应当尊重遗嘱人的意愿，按照遗嘱确定的分配方式执行。另外，根据《民法典》的规定，对于甲父再婚期间的财产，应当先将其与乙婚姻关系存续期间夫妻共同所有的财产的一半分出为乙所有后，再作为遗产按照遗嘱进行平均分配。因此，对属于甲父遗产的部分，三个遗嘱继承人应各分得1/3的遗产。

第四十一章　遗产的处理

41.1　复习指南

【知识框架(庖丁解牛)】

- 遗产的处理
  - 继承的开始
    - 继承开始的时间与意义
    - 继承开始的地点、通知
  - 遗产与遗产管理
    - 遗产的概念、特征、范围
    - 遗产管理
      - 含义、遗产管理人的确定
      - 遗产管理人的职责及不履行职责的责任
      - 遗产管理人的报酬请求权、辞任和解任
  - 遗产的分割与债务清偿
    - 遗产的分割
      - 概念、意义
      - 分割原则
        - 遗产分割自由原则
        - 保留胎儿继承份额的原则
        - 互谅互让、协商分割原则
        - 物尽其用原则
      - 遗产分割的方式、效力
    - 被继承人的债务清偿
      - 债务的范围
      - 遗产债务的清偿原则
        - 限定继承原则
        - 保留必留份原则
        - 清偿债务优于执行遗赠原则
        - 继承人连带清偿责任原则
      - 遗产债务的清偿时间和方式
  - 无人继承且无人受遗赠的遗产：概念、范围、归属

【通关提要(提纲挈领)】

本章主要介绍遗产的处理，比较简单。学习时，应熟悉遗产的概念、特征和范围，遗产管理人的职责、报酬请求权、辞任和解任，被继承人债务的范围；掌握遗产的分割原则、方式和效力，被继承人遗产债务的清偿原则；了解无人继承且无人受遗赠的遗产。本章主要考查概念题和简答题，复习时要整体把握，理解记忆。

41.2　考研真题与典型题详解

一、单项选择题

2013 年 3 月 28 日，毕某病逝。3 月 31 日，子女将其安葬。4 月 2 日，毕某的子女一起清理毕某的遗

A

产并确定继承份额。4 月 5 日，遗产分割完毕。遗产继承开始的时间是（ ）。［2014 年法硕（非法学）真题］

A. 3 月 28 日　　B. 3 月 31 日　　C. 4 月 2 日　　D. 4 月 5 日

【解析】《民法典》第 1121 条规定，继承从被继承人死亡时开始。本题中，被继承人毕某于 2013 年 3 月 28 日死亡，则继承由此时开始。

二、概念题

1. 遗产债务［南京大学 2010 年研］

答： 遗产债务又称被继承人债务，属于遗产中的消极财产，是指被继承人死亡时遗留的应由被继承人个人清偿的财产债务。继承人获得遗产前应先就被继承财产清偿被继承人应缴纳的税款，其次清偿被继承人债务，最后才能继承。遗产已被分割而未清偿债务时，如有法定继承又有遗嘱继承和遗赠的，首先由法定继承人用其所得遗产清偿债务；不足清偿时，剩余的债务由遗嘱继承人和受遗赠人按比例用所得遗产偿还；如果只有遗嘱继承和遗赠的，由遗嘱继承人和受遗赠人按比例用所得偿还。

2. 限定继承［武大 2015 年研］、**限定继承原则**［中国政法 2017 年研］

答： 参见本章简答题答案。

三、简答题

被继承人遗产清偿债务的原则。［上海交大 2009 年研］

答： 被继承人的遗产清偿主要有以下几个原则：

（1）限定继承原则。限定继承，是指继承人以取得遗产的价值范围为限承担被继承人生前债务。根据《民法典》第 1161 条，继承人以所得遗产实际价值为限清偿被继承人依法应当缴纳的税款和债务。超过遗产实际价值部分，继承人自愿偿还的不在此限。继承人放弃继承的，对被继承人依法应当缴纳的税款和债务可以不负清偿责任。

（2）保留必留份的原则。《民法典》第 1159 条规定，分割遗产，应当清偿被继承人依法应当缴纳的税款和债务；但是，应当为缺乏劳动能力又没有生活来源的继承人保留必要的遗产。

（3）清偿债务优先于执行遗赠的原则。《民法典》第 1162 条规定，执行遗赠不得妨碍清偿遗赠人依法应当缴纳的税款和债务。

（4）继承人连带清偿责任原则。继承人死亡前未清偿的债务应当由共同继承人共同承担，各个继承人之间承担连带责任，债权人可主张向任一、数位或者全体继承人主张债务清偿，继承人应以所得遗产实际价值为限清偿债务。

第七编　侵权责任

第四十二章　侵权责任概述

42.1　复习指南

【知识框架(庖丁解牛)】

- 侵权责任概述
  - 侵权行为
    - 概念
    - 特征
      - 侵害他人合法民事权益
      - 违反法定义务
      - 是因过错实施的行为及法定的无过错行为
      - 造成他人损害
      - 是应承担侵权责任的不法事实行为
  - 侵权责任
    - 概念
    - 特征
      - 因违反法定义务而承担
      - 以侵权行为的存在为前提
      - 方式具有法定性、多样性
      - 具有优先性

【通关提要(提纲挈领)】

本章主要介绍侵权责任，属于总括性章节。学习时，应熟悉侵权行为和侵权责任的概念，掌握侵权行为和侵权责任的特征。本章主要考查简答题，可理解记忆。

42.2　考研真题与典型题详解

一、概念题

侵权行为[中山大学2014年研；华中农大2013年研；中国矿大2009年研]

答：参见本章简答题答案。

二、简答题

简述侵权行为的法律特征。[华中农大2017年研；北邮2009年研]

答：(1)侵权行为是指行为人违反法律规定，由于过错损害他人民事权益，承担侵权责任的行为，和不论有无过错，侵害他人民事权益，依照法律规定应当承担侵权责任的行为。

(2)侵权行为的法律特征：

①侵权行为是侵害他人受法律保护的民事权益的行为。

②侵权行为是违法的行为。法定义务首先是指绝对权赋予相对人不得侵害的义务，包括法律赋予某些特定主体的特别义务以及侵权法所设定的某些具体作为或者不作为的义务。

③侵权行为是因过错而实施的行为，以及法律明确规定无论有无过错均构成侵权的行为。

④侵权行为是给他人造成损害的行为。《民法典》所称的损害是指行为给他人造成的所有不利后果，包括现实损害以及可能的危险。

⑤侵权行为是不法事实行为，应当承担侵权责任。

三、案例分析题

甲房地产公司(下称甲公司)与乙建筑公司(下称乙公司)达成一项协议，由乙公司为甲公司承建一栋商品房。合同签订后，为筹集工程建设资金，甲公司用其建设用地使用权作抵押向甲银行贷款4000万元，乙公司为此笔贷款承担保证责任，但对保证方式未作约定。

乙公司将部分施工任务交给丙建筑公司施工。丙公司施工时未对通行工地的道路设防护措施，行人陈某路过时，工人刘某不慎掉落手中的砖头，将陈某砸成重伤，花去医药费5000元。

甲公司在施工开始后即进行商品房预售。梁某购买了3号楼501号房屋，预交了10万元房款，约定该笔款项作为定金。但不久，甲公司又与汪某签订了一份合同，将上述房屋卖给了汪某，并在房屋竣工后将该房的产权证办理给了汪某。汪某不知该房已经卖给梁某的事实。[首经贸2010年研]

问：

(1)对于陈某的损失，应当由谁承担责任？为什么？

(2)对于陈某的赔偿，应当适用何种归责原则？依据是什么？

(3)乙公司应承担何种性质的保证责任？为什么？

(4)梁某在得知房屋卖给汪某后，向法院提起诉讼，要求甲公司履行合同交付房屋，其主张应否得到支持？为什么？

(5)如果甲公司不能向乙公司支付工程款，乙公司可对甲公司提出什么请求？

答：(1)对于陈某的损失，应当由丙公司承担侵权责任。

理由：《民法典》第1191条规定："用人单位的工作人员因执行工作任务造成他人损害的，由用人单位承担侵权责任。用人单位承担侵权责任后，可以向有故意或者重大过失的工作人员追偿。"本案中，刘某的侵权行为是在其履行工作任务时造成的，依法应当由丙公司承担责任。

(2)对于陈某的赔偿，应当适用无过错责任原则，依据如下：

《民法典》第1240条规定："从事高空、高压、地下挖掘活动或者使用高速轨道运输工具造成他人损害的，经营者应当承担侵权责任；但是，能够证明损害是因受害人故意或者不可抗力造成的，不承担责任。被侵权人对损害的发生有重大过失的，可以减轻经营者的责任。"据此，从事高空活动致人损害的采用无过错责任原则。刘某建造房屋的行为属于高空活动，造成他人损害时适用无过错归责原则。

(3)乙公司应承担一般保证责任。

理由：《民法典》第686条第2款规定："当事人在保证合同中对保证方式没有约定或者约定不明确的，按照一般保证承担保证责任。"本案中，甲公司和乙公司没有约定保证方式，所以应当承担一般保证责任。

(4)梁某的主张不能得到法院的支持。

理由：房屋作为不动产所有权转移的方式是登记。本案中，甲公司在竣工前将房屋预售给了梁某，但未办理预告登记，因此梁某不能享有预告登记的物权保护。在竣工后，甲公司又将房屋卖给了汪某并办理了房产过户手续，汪某取得房屋的所有权。因此，梁某要求甲公司履行房屋交付义务的主张不能得到法院支持。

(5)甲公司不能向乙公司支付工程款，乙公司可以向甲公司提出法定优先权，依据如下：

在发包方不能支付工程款的时候，承包方可催告发包方，在一定的合理期限后，发包方仍然不交付工程款，承包方就可以行使法定优先权。法律对建设工程合同中承包人优先权的实现规定了两种方式：①通过发包人与承包人之间的协议，对建设工程进行折价，承包人在支付折价款与工程价款的差额后，取得该项建设工程的所有权，使其工程价款债权得以实现。②对建设工程进行拍卖，拍卖须在人民法院的主持下进行，由承包人在拍卖所得价款中优先受偿。

第四十三章　侵权行为的归责原则

43.1　复习指南

【知识框架(庖丁解牛)】

侵权行为的归责原则
- 概述：概念、意义、体系
- 过错责任原则
  - 概念、含义、意义
  - 过错推定：概念、性质、适用情况
- 无过错责任原则：概念、含义、适用情形

【通关提要(提纲挈领)】

本章主要介绍侵权行为的归责原则。学习时，应熟悉侵权行为归责原则的概念和体系，过错责任原则的概念和含义，过错推定的概念和性质；掌握过错推定的适用情况、无过错责任原则的概念和适用情形。本章主要考查概念题和简答题，复习时要理解记忆。

43.2　考研真题与典型题详解

一、单项选择题

污染环境造成损害的，污染者承担侵权责任的归责原则是(　　)。[2014 年法硕(非法学)真题]

A. 公平责任原则　　　　B. 过错责任原则

C. 无过错责任原则　　　　D. 过错推定责任原则

【解析】《民法典》第 1229 条规定，因污染环境、破坏生态造成他人损害的，侵权人应当承担侵权责任。第 1230 条规定，因污染环境、破坏生态发生纠纷，行为人应当就法律规定的不承担责任或者减轻责任的情形及其行为与损害之间不存在因果关系承担举证责任。则环境污染责任实行无过错责任原则，即不论行为人主观是否有过错，只要行为和损害后果之间具有因果关系，就应该承担民事责任。

二、概念题

1. 无过错责任原则[广西民大 2024 年研；华侨大学 2018 年研；北理 2008 年研]

相关试题：无过错原则[安徽师大 2020 年研]、**无过错责任**[广东财大 2024 年研；浙工商 2017 年研；武汉理工 2010 年研]

答：无过错责任原则又称无过失责任原则，是指不论行为人有无过错，只要行为人损害他人民事权益，就应依法承担民事责任。《民法典》第 1166 条规定，行为人造成他人民事权益损害，不论行为人有无过错，法律规定应当承担侵权责任的，依照其规定。无过错责任原则不以行为的过错作为责任的构成要件，其适用必须有法律的明确规定。无过错责任原则存在免责事由，如果损害是出于受害人自身原因或是其故意造成的，可依法免除行为人的责任。

2. 过错推定原则[浙江理工 2019 年研；三峡大学 2017 年研]

答：过错推定原则，是指依照法律规定推定行为人有过错，其不能证明自己没有过错的，应当承担侵

C

权责任。适用过错推定的情况，需要有法律的明确规定。过错推定原则本质上也是过错责任原则，但它不调整一般侵权行为的责任归属，而是调整部分特殊侵权责任。将过错推定原则独立出来作为一个单独的归责原则，具有积极的意义。

三、简答题

1. 请比较过错责任、过错推定、无过错责任、公平责任概念的不同。［北大 2004 年研］

答：(1)过错责任是以行为人过错作为价值判断标准，判断其造成的损害应否承担侵权责任的归责原则。过错责任原则是侵权行为的一般归责原则。一般的侵权损害赔偿应当由主观上有过错的一方承担赔偿责任，主观上的过错是损害赔偿责任构成的基本要件之一，并且其行为与损害结果之间有因果关系。《民法典》第 1165 条第 1 款规定，行为人因过错侵害他人民事权益造成损害的，应当承担侵权责任。

(2)过错推定是指损害事实发生后，法律推定加害人存在过失，如果加害人能够证明自己无过失，则可被免除责任。这种推定多适用于受损害方不便或难以举证的情况。适用过错推定的情况，需要有法律明文规定。过错推定原则是过错责任原则的一种特殊表现形式。《民法典》第 1165 条第 2 款规定，依照法律规定推定行为人有过错，其不能证明自己没有过错的，应当承担侵权责任。

(3)无过错责任原则与过错责任原则是完全不同的一种归责原则，是指在法律有特别规定情况下的一种严格责任。它以已经发生的损害结果为价值判断标准，无过错的行为人也要承担民事责任的归责原则。实行举证责任倒置，但行为人所要证明的并不是自己无过错，而是受害人的故意是致害的原因。《民法典》第 1166 条规定，行为人损害他人民事权益，不论行为人有无过错，法律规定应当承担侵权责任的，依照其规定。

(4)公平责任是指当事人对造成损害都没有过错，又不能根据无过错责任原则由加害人承担赔偿责任，但如果不分担受害人的损失不公平，则可以根据实际情况，由当事人分担民事责任。

2. 无过错责任的特征和在我国侵权责任法上的应用。［中南财大 2015 年研］

答：无过错责任原则，又称无过失责任原则，是指不论行为人有无过错，只要行为人损害他人民事权益，就应依法承担民事责任的原则。

(1)无过错责任的特征：

①无过错责任原则不以行为人的过错为构成要件。

②无过错责任原则的适用必须有法律的明确规定。无过错责任原则只适用于法律规定的几种特殊侵权行为。

③无过错责任原则存在免责事由。如果损害是出于受害人自身原因或是其故意造成的，也会依法免除行为人的责任。

④在侵权行为构成要件方面，无“加害人过错”这一要件，仅存在行为人的(致害)行为、被侵权人遭受的损害以及二者之间的因果关系三个要件。

⑤由于不要求以加害人的过错作为侵权行为的构成要件，所以不存在受害人对加害人的举证问题，也不存在加害人证明自己无过错的情况。

⑥适用无过错责任的侵权行为，原则上有最高赔偿限额。

(2)无过错责任原则在我国《民法典》侵权责任编上的应用：

《民法典》第 1166 条规定：“行为人造成他人民事权益损害，不论行为人有无过错，法律规定应当承担侵权责任的，依照其规定。”这是对无过错责任原则的规定。其具体内容包括：

①对他人不当行为的责任。其特点是：责任主体与行为主体相分离，责任主体不是直接实施侵权行为的人，而是为他人的侵权行为负责的替代责任人。该责任又分为监护人责任和雇主责任。

②工业灾害危险物侵权责任。这类侵权是大工业生产方式发展的结果。有的侵权按现有的技术发展水平，即使尽了极其谨慎的注意，仍不能避免、不能控制和防止事故的发生。这类侵权有：a. 高度危险作业致人损害；b. 环境污染致人损害；c. 产品缺陷致人损害；d. 机动车交通事故责任等。

③《民法典》中规定的适用无过错责任的情形主要包括：a. 产品责任；b. 污染环境责任；c. 高度危

险责任；d. 危险物品致人损害责任；e. 机动车交通事故责任；f. 饲养动物致人损害责任等。

四、论述题

试述我国民法所采取的归责原则体系。［北邮2007年研］

相关试题：

（1）论无过错责任原则。［暨南大学2019年研］

（2）试述民事责任的归责原则。［南航2016年研］

（3）论侵权责任归责原则。［中山大学2014年研］

（4）试述我国法律责任的归责原则。［华中农大2011年研］

（5）简述过错责任原则与无过错责任原则的含义及区别。［简答题，武汉理工2008年研］

答：民法的归责原则是民法规定的确定民事主体承担民事责任的规则和标准。各个归责原则有机联系构成了整个归责原则体系。民法的归责原则体系主要是指侵权行为法的归责原则体系。

（1）过错责任原则：

①过错责任原则又称过失责任原则，是指以行为人主观上具有过错为承担侵权责任的必要条件的归责原则。行为人无过错，则无责任。其特点有：

a. 以过错作为侵权责任的构成要件，仅当行为人具有主观过错时才承担侵权责任。

b. 以过错作为损害转移的正当性基础，无过错即无责任。

c. 遵循"谁主张，谁举证"的原则，受害人须对行为人主观上存在过错负举证责任。

d. 过错决定侵权责任的成立与否。在多数人侵权中，行为人承担的侵权责任与其过错程度相适应。

②过错责任原则的意义。过错责任原则为民事主体的行为明确了标准。它要求行为人善尽对他人的谨慎和注意，也要求行为人充分尊重他人的权益，从而确定了个人自由行为的范围，体现了对个人的尊重；它也有利于预防损害的发生；它充分协调和平衡了"个人自由"和"社会安全"两种利益的关系。

③过错推定是过错责任原则的特殊适用方法。即依照法律规定推定行为人有过错，行为人不能证明自己没有过错的，应当承担侵权责任。

（2）无过错责任原则：

①无过错责任原则，是指不论行为人有无过错，只要行为人损害他人民事权益，且行为与损害之间有因果关系，行为人就应依法承担民事责任的原则。包括以下三层含义：a. 不以行为人的过错为构成要件；b. 无过错责任原则的适用必须由法律明文规定；c. 存在免责事由。

②无过错责任原则的意义。一般认为，无过错责任是在机器大生产背景下出现的。在机器大生产造成的事故中，有的侵权按现有的技术发展水平，即使尽了极其谨慎的注意仍不能避免、不能控制并防止事故的发生，此时过错责任无法给受害人适当的赔偿，无过错责任因此应运而生。

（3）二者的区别：

①过错责任的构成要件之一是行为人具有过错。而无过错责任原则不以行为人的过错为构成要件，行为人则不能通过证明自己没有过错来免责。

②在法律无特别规定的情况下，一般适用过错责任原则。无过错责任原则只适用于法律规定的几种特殊侵权行为。

第四十四章　一般侵权行为的构成要件

44.1　复习指南

【知识框架(庖丁解牛)】

一般侵权行为的构成要件
- 概述：含义、构成要件、归责原则
- 行为
  - 行为的概念
  - 加害行为的种类：作为/不作为的侵权行为
- 损害事实
  - 概念
  - 特征：侵害合法权益、可补救性、确定性
  - 分类：财产损害、非财产损害
- 因果关系
  - 侵权法上因果关系的概念
  - 事实因果关系与法律因果关系
  - 相当因果关系：概念、判断步骤
  - 因果关系的证明与推定
- 过错
  - 过错的概念
  - 过错的形式
    - 故意
    - 过失：重大、一般过失
  - 过失的客观化
  - 汉德公式：内容、含义
  - 过错的证明与推定

【通关提要(提纲挈领)】

本章主要介绍一般侵权行为的构成要件，比较重要。学习时，应掌握一般侵权行为构成要件的四要素，即行为、损害事实、因果关系和过错。具体要熟悉损害事实的特征和分类，因果关系的概念、证明与推定等；掌握过错的概念和形式等。本章主要考查简答题，要理解记忆。

44.2　考研真题与典型题详解

一、单项选择题

1. 甲网购了一条乙销售的裙子，收到后发现面料不是乙宣称的真丝，便在网站上给了差评。乙认为甲的差评影响到网店声誉和商品销量，遂联系甲要求其删除差评，并表示愿退还双倍货款，甲拒绝。乙后来了解到，甲系一服装店店主。甲的行为(　　)。[2019 年法硕(非法学)真题]

A. 不构成侵权　　　　B. 构成商业诽谤

C. 侵犯了乙的经营权　　　　D. 构成不正当竞争

【解析】一般侵权行为的构成要件包括：①加害行为；②损害事实；③因果关系；④主观过错。经营者

1A

向消费者提供有关商品或者服务的质量、性能、用途、有效期限等信息，应当真实、全面，不得做虚假或引人误解的宣传。本题中，乙销售的裙子不是真丝，却宣传为真丝，货物与宣传不符。甲购买了乙销售的裙子，即为消费者。甲给予差评的行为，主观上没有恶意，客观上也没有编造事实，属于正当行为，因此消费者甲给予差评的行为是正当行使自己的权利，不构成侵权。

2. 大学生甲在寝室复习功课，隔壁寝室的学生乙、丙到甲寝室强烈要求甲打开电视观看足球比赛，甲只好照办。由于质量问题，电视机突然爆炸，甲、乙、丙三人均受重伤。关于三人遭受的损害，下列哪一选项是正确的？(　　)［2010 年法考真题］

A. 甲可要求电视机的销售者承担赔偿责任

B. 甲可要求乙、丙承担损害赔偿责任

C. 乙、丙无权要求电视机的销售者承担赔偿责任

D. 乙、丙有权要求甲承担损害赔偿责任

【解析】AC 两项，《民法典》第 1203 条规定，因产品存在缺陷造成他人损害的，被侵权人可以向产品的生产者请求赔偿，也可以向产品的销售者请求赔偿。产品缺陷由生产者造成的，销售者赔偿后，有权向生产者追偿。因销售者的过错使产品存在缺陷的，生产者赔偿后，有权向销售者追偿。由于电视机存在质量问题，突然爆炸，导致甲、乙、丙三人受重伤，因此甲、乙、丙三人均可以向生产者请求赔偿，也可以向销售者请求赔偿。

BD 两项，根据民法理论，一般侵权行为的构成要件有：①行为的违法性；②损害事实的存在；③因果关系；④行为人主观有过错。即我国侵权法上一般侵权责任以“过错责任”为原则，无过错即无责任。本题中，乙、丙观看电视的行为并不具有违法性，乙、丙对甲的损害也没有过错，甲也没有侵害乙、丙的过错，因此甲无权要求乙、丙承担损害赔偿责任，乙、丙也无权要求甲承担损害赔偿责任。

二、概念题

侵权损害事实［南京大学 2008 年研］

答：参见本章简答题答案。

三、简答题

简述我国一般侵权行为(或过错侵权行为)的构成要件。［北航 2015 年研］

相关试题：

(1)一般侵权民事责任的构成要件。［浙江财大 2015 年研］

(2)简述侵权损害赔偿责任的构成要件。［首师大 2011 年研］

答：一般侵权行为的构成要件主要有：

(1)有侵权行为。侵权行为是指侵犯他人权利或者合法利益的行为，包括作为和不作为。作为是指不该为而为；不作为，是指当为能为而不为。

(2)有损害事实。损害事实是指他人人身或财产所遭受的不利影响，包括财产损害、人身损害、精神损害。作为侵权行为构成要件的损害事实必须具备以下特征：

①损害是合法权益被侵害的结果。合法权益包括权利和合法利益。法律救济的损害范围限于合法权益遭受的不利益。

②损害具有可补救性。包括两层含义：a. 从量上来看，损害已产生或确定将发生，且已经达到一定的严重程度；b. 损害的可补救性并不要求损害必须能够计量，不能以此为由拒绝给予赔偿。

③损害具有确定性，指：a. 损害是已经发生的事实；b. 损害是真实存在而非主观臆测的事实；c. 损害是对合法利益的侵害，且此种损害事实能够依据社会一般人的观念或者公平原则加以认可。

(3)有因果关系。即损害事实是由侵权行为引起的证明因果关系的存在一般对决定责任的成立起到关

键作用，包括责任成立上的因果关系和责任范围的因果关系。一般情况下，因果关系是否存在，由受害人承担证明责任。但在有些情况下举证责任倒置，法律也会要求由行为人来证明因果关系的不存在，如果行为人不能举证证明，则推定因果关系的存在。

(4)过错。指行为人应受责难的主观状态。一般情况下，受害人需要证明自己有无过错。例外情况下，行为人需要证明自己不存在过错，否则推定存在过错。过错分为故意和过失两种形式：

①故意分为直接故意与间接故意。前者是指行为人已经预见到自己的行为会产生损害他人民事权益的结果，仍然积极追求该结果的产生；后者是指行为人已经预见到自己的行为可能会产生损害他人民事权益的结果，放任该结果的产生。

②过失分为疏忽的过失和轻信的过失。前者是指行为人对其行为所导致的损害事实应当预见而没有预见；后者是指行为人已经预见其行为将导致损害事实，但轻信可以避免。民法理论上也将过失分为重大过失和一般过失。重大过失，是指行为人极为疏忽大意的情况；而一般过失是指尚未达到重大过失的过失。

第四十五章　侵害财产权与人身权的行为

45.1　复习指南

【知识框架(庖丁解牛)】

- 侵害财产权与人身权的行为
  - 侵害财产权的行为
    - 侵害所有权的行为
    - 侵害他物权的行为
    - 侵害准物权的行为
    - 侵害知识产权的行为
    - 侵害债权的行为
  - 侵害生命权、健康权与身体权的行为
  - 侵害姓名权与名称权的行为
  - 侵害肖像权的行为
    - 侵害肖像权的行为
    - 不构成侵害肖像权的行为
  - 侵害名誉权的行为
    - 行为：侮辱、诽谤、新闻报道严重失实等
    - 不构成的行为
  - 侵害信用权、自由权和贞操权的行为
  - 侵害隐私权与个人信息的行为
  - 侵害一般人格权与荣誉权的行为

【通关提要(提纲挈领)】

本章主要介绍侵害财产权与人身权的行为，比较简单且不重要，可结合案例理解记忆。

45.2　考研真题与典型题详解

一、单项选择题

摄影爱好者李某为好友丁某拍摄了一组生活照，并经丁某同意上传于某社交媒体群中。蔡某在社交媒体群中看到后，擅自将该组照片上传于某营利性摄影网站，获得报酬若干。对蔡某的行为，下列哪一说法是正确的？(　　)［2017 年法考真题］

A. 侵害了丁某的肖像权和身体权　　B. 侵害了丁某的肖像权和李某的著作权

C. 侵害了丁某的身体权和李某的著作权　　D. 不构成侵权

【解析】AC 两项，身体权，是指自然人保持其身体组织完整并支配其肢体、器官和其他身体组织并保护自己的身体不受他人违法侵犯的权利。本题中，蔡某的行为仅是非法上传丁某的照片，并未侵害丁某的身体权。

BD 两项，肖像权人对自己的肖像享有专有权，肖像权人既可以对自己的肖像权利进行自由处分，又有权禁止他人在未经其同意的情况下，擅自使用其专有的肖像。未经著作权人同意，又无法律上的依据，

B

使用他人作品或行使著作权人专有权的行为，属于侵害著作权的行为。本题中，蔡某未经丁某同意，将丁某照片上传于营利性摄影网站并获得报酬，侵犯了丁某的肖像权。蔡某未经李某同意将其摄影作品上传于摄影网站，侵犯了著作权人李某的信息网络传播权。

二、多项选择题

女青年牛某因在一档电视相亲节目中言辞犀利而受到观众关注，一时应者如云。有网民对其发动“人肉搜索”，在相关网站首次披露牛某的曾用名、儿时相片、家庭背景、恋爱史等信息，并有人在网站上捏造牛某曾与某明星有染的情节。关于网民的行为，下列哪些说法是正确的？（　　）［2010 年法考真题］

A. 侵害牛某的姓名权　　B. 侵害牛某的肖像权

C. 侵害牛某的隐私权　　D. 侵害牛某的名誉权

【解析】A 项，《民法典》第 1014 条规定，任何组织或者个人不得以干涉、盗用、假冒等方式侵害他人的姓名权或者名称权。本题中，网民披露牛某曾用名的行为不构成对其姓名权的侵犯。

B 项，肖像权是公民通过各种形式在客观上再现自己形象而享有的专有权。网民仅仅披露牛某的儿时肖像且考虑到牛某为公众人物，并不构成对其肖像权的侵犯。《民法典》第 1019 条规定，未经肖像权人同意，不得制作、使用、公开肖像权人的肖像，但是法律另有规定的除外。第 1020 条规定，合理实施下列行为的，可以不经肖像权人同意：①为个人学习、艺术欣赏、课堂教学或者科学研究，在必要范围内使用肖像权人已经公开的肖像；②为实施新闻报道，不可避免地制作、使用、公开肖像权人的肖像；③为依法履行职责，国家机关在必要范围内制作、使用、公开肖像权人的肖像；④为展示特定公共环境，不可避免地制作、使用、公开肖像权人的肖像；⑤为维护公共利益或者肖像权人合法权益，制作、使用、公开肖像权人的肖像的其他行为。本题中，牛某并未同意公开其照片，也不属于肖像权合理使用的范围，因此网民此举侵犯了牛某的肖像权。

C 项，《民法典》第 1032 条规定，自然人享有隐私权。任何组织或者个人不得以刺探、侵扰、泄露、公开等方式侵害他人的隐私权。隐私是自然人的私人生活安宁和不愿为他人知晓的私密空间、私密活动、私密信息。网民擅自披露牛某的家庭背景、恋爱史等私密信息，构成对其隐私权的侵犯。

D 项，《民法典》第 1024 条规定，民事主体享有名誉权。任何组织或者个人不得以侮辱、诽谤等方式侵害他人的名誉权。名誉是对民事主体的品德、声望、才能、信用等的社会评价。本题中，网民捏造牛某曾与某明星有染的情节，降低了社会对牛某名誉的评价，构成对牛某名誉权的侵犯。

BCD

第四十六章 侵权责任的方式与侵权责任的承担

46.1 复习指南

【知识框架(庖丁解牛)】

- 侵权责任的方式与侵权责任的承担
  - 侵权责任方式及其适用
    - 停止侵害：适用条件、责任承担
    - 排除妨碍：适用条件、行为妨碍人与状态妨碍人
    - 消除危险：适用条件、责任承担
    - 返还财产：含义、适用条件、物权效力
    - 恢复原状：概念、适用条件
    - 赔偿损失；赔礼道歉
    - 消除影响、恢复名誉
    - 修理、重作、更换；继续履行；支付违约金
  - 侵权损害赔偿责任
    - 概念、特征
    - 赔偿原则：全面赔偿、统一赔偿
    - 确定损害赔偿数额的考量因素
  - 财产损害赔偿与人身损害赔偿
    - 财产损害赔偿：侵害财产、人身权益造成
    - 人身损害赔偿
      - 受害人遭受人身损害，但没有致残或死亡
      - 受害人遭受人身损害致残
      - 受害人遭受人身损害死亡
  - 精神损害赔偿：概念、范围、条件
  - 侵权责任的免责事由
    - 正当理由
      - 依法执行公务：概念、条件
      - 受害人同意：概念、特征
    - 外来原因
      - 不可抗力
      - 意外事件：概念、与不可抗力的关系
      - 受害人过错：概念、免责情况
      - 第三人过错：概念、免责情况
  - 违约责任与侵权责任的竞合
    - 责任竞合概述：规范竞合问题、民事责任竞合
    - 违约责任与侵权责任的差异
    - 对二者竞合的处理：三种基本理论、立法模式
    - 我国法的选择

【通关提要(提纲挈领)】

本章主要介绍侵权责任的方式与侵权责任的承担，比较重要。学习时，要熟悉侵权责任方式及其适用，侵权损害赔偿责任的概念、特征和赔偿原则，财产损害赔偿、人身损害赔偿和精神损害赔偿的概念、范围和条件；掌握侵权责任的免责事由，违约责任与侵权责任的竞合。本章主要考查概念题和简答题，复习时要整体把握，理解记忆。

46.2 考研真题与典型题详解

一、单项选择题

1. 姚某旅游途中，前往某玉石市场参观，在唐某经营的摊位上拿起一只翡翠手镯，经唐某同意后试戴，并问价。唐某报价18万元(实际进货价8万元，市价9万元)，姚某感觉价格太高，急忙取下，不慎将手镯摔断。关于姚某的赔偿责任，下列哪一选项是正确的？(　　)[2017年法考真题]

A. 应承担违约责任　　B. 应赔偿唐某8万元损失

C. 应赔偿唐某9万元损失　　D. 应赔偿唐某18万元损失

【解析】A项，违约责任是合同法律关系中，违约方应当向守约方承担的责任。本题中，姚某与唐某并未订立合同，不可能承担违约责任。

BCD三项，《民法典》第1184条规定，侵害他人财产的，财产损失按照损失发生时的市场价格或者其他方式计算。手镯被摔断时市价9万元，因此姚某应当赔偿唐某9万元损失。

2. 刘婆婆回家途中，看见邻居肖婆婆带着外孙小勇和另一家邻居的孩子小囡(均为4岁多)在小区花园中玩耍，便上前拿出几根香蕉递给小勇，随后离去。小勇接过香蕉后，递给小囡一根，小囡吞食时误入气管导致休克，经抢救无效死亡。对此，下列哪一选项是正确的？(　　)[2017年法考真题]

A. 刘婆婆应对小囡的死亡承担民事责任

B. 肖婆婆应对小囡的死亡承担民事责任

C. 小勇的父母应对小囡的死亡承担民事责任

D. 属意外事件，不产生相关人员的过错责任

【解析】一般侵权行为由违法行为、损害事实、因果关系、主观过错四个要件构成。本题中，小囡吞食时香蕉误入气管导致休克，是由于不能预见的原因造成的，属于意外事件。刘婆婆、肖婆婆及小勇的父母对小囡的死亡均不存在过错，不产生相关人员的过错责任。因此，刘婆婆、肖婆婆及小勇的父母都无须对小囡的死亡承担民事责任。

二、多项选择题

彭某因车祸双腿高位截肢，高价安装了科技含量高、只能由专业人员拆卸的假肢。一日彭某与李某发生口角，李某一怒之下将彭某的假肢打碎。关于本案，下列哪些说法正确？(　　)[2019年法考真题]

A. 彭某的生命健康受到了侵害　　B. 彭某可就假肢向李某主张精神损害赔偿

C. 彭某的身体权遭到侵害　　D. 彭某可主张所有权遭受侵害

【解析】A项，本题中，李某对假肢的损害，并非对彭某生命健康权的侵害。

B项，《最高人民法院关于确定民事侵权精神损害赔偿责任若干问题的解释》第1条规定，精神损害赔偿的范围包括侵害生命权、健康权、身体权、姓名权等情形。因此，彭某可以向李某主张精神损害赔偿。

CD两项，只能由专业人员拆卸，而不可自由拆卸的身体人工组件，理论上认定为身体，而非财产。本题中，李某侵害了彭某的身体权，而不可以再以财产权受侵害为由主张损害赔偿。

三、概念题

损益相抵[复旦大学2020年研]

答：损益相抵，是指被侵权人在遭受损失的同时也得到利益的，应在其应得的赔偿金额中扣除所得利益的一项规则。其理论基础在于，在受害人受到损失的前提下，基于同一原因获得的利益可冲抵其损失。这一制度有助于明确受害人真正的损失，并对受害人进行赔偿。

1C　2D　|　BC

四、简答题

违约责任与侵权责任的比较。［南京理工 2011 年研］

答：违约责任是指合同当事人不履行合同义务时，依法产生的法律责任。侵权责任是指行为人因其侵权行为承担的责任。当行为人实施某一行为，既符合违约责任构成要件也符合侵权责任构成要件，即产生了违约责任和侵权责任的竞合。违约责任和侵权责任区别如下：

(1)归责原则不同。违约责任适用严格责任原则，侵权责任主要适用过错责任原则。

(2)举证责任不同。在违约责任中，受害人只需证明对方有违约行为，自己因此受到损害即可；在一般侵权责任中，受害人必须证明侵权人主观上有过错。

(3)责任构成要件和免责条件不同。在违约责任中，行为人实施了违约行为，且无有效的抗辩事由，就应当承担违约责任。除了法定的免责事由，当事人还可以约定免责事由。在侵权责任中，侵权行为一般由四个构成要件组成：侵权行为、损害事实、因果关系和过错。在侵权责任中，免责事由只能是法定的，当事人不能事先约定免责条件，也不能事先约定不可抗力的范围。

(4)责任承担方式不同。侵权责任主要采用损害赔偿的方式；违约责任除了损害赔偿外，还可以采用违约金、解除合同、定金罚则等方式。

(5)责任范围不同。违约责任的损害赔偿主要是财产损失的赔偿，一般不包括对人身伤害的赔偿和精神损害的赔偿责任；侵权责任的损害赔偿不仅包括财产损失的赔偿，而且包括人身伤害和精神损害的赔偿，其赔偿范围包括直接损失和间接损失。

(6)对第三人的责任不同。合同责任中，如果因第三人的过错导致合同债务不能履行，根据合同相对性原则，向债权人承担违约责任后，债务人才能向第三人追偿。而在侵权责任中，行为人一般只对因自己的过错导致他人损害的后果负责。

(7)诉讼管辖不同。因合同纠纷提起的诉讼，由被告住所地或者合同履行地人民法院管辖，合同的双方当事人可以在书面合同中协议选择被告住所地、合同履行地、合同签订地、原告住所地、标的物所在地人民法院管辖；侵权之诉，由侵权行为地或被告住所地人民法院管辖。

五、论述题

1. 侵权责任的免责事由。［中山大学 2011 年研］

相关试题：

(1)侵权责任的免责事由。［简答题，西南政法 2025 年研］

(2)简述侵权责任的抗辩事由。［简答题，中南财大 2023 年研］

答：(1)侵权责任的免责事由是免除或者减轻侵权责任的条件，是不承担责任的特别事由。

(2)侵权责任免责事由的类型：

①正当理由：

a. 依法执行公务。依法执行公务行为指侵权行为是依照法律授权执行公务的行为。按照国家形成理论，国家为保障社会成员整体的利益而行使一定公共职能，在这过程中导致的社会个体损失是公共权力行使的代价，该受害人应当容忍。该行为须具备以下条件：第一，必须有合法根据；第二，必须有合法程序；第三，造成他人损失的行为必须为执行公务所必需。

b. 受害人的同意。又称自甘风险，是指在不违背法律及公序良俗的情况下，受害人于损害发生前明确表示自愿承担某种不利后果的行为。其特征包括：第一，受害人自愿是出于真实意思表示。自愿包括明示和默示自愿；在默示推定时，采严格解释。第二，受害人承担的不利后果不得超出其自愿承担的范围。第三，该表示不违背法律及公序良俗。第四，在不利后果发生前作出同意的意思表示。损害后果发生后的同意为受害人对加害人侵权责任的事后免除，而非受害人同意。

②外来原因：

a. 不可抗力。《民法典》第 180 条规定，因不可抗力不能履行民事义务的，不承担民事责任。法律另有规定，依照其规定。不可抗力是指不能预见、不能避免且不能克服的客观情况。

b. 意外事件。指通常情况下无法预见、无法避免的小概率事件。意外事件因其无法预见性，常导致无法避免或避免成本过高，故可作为侵权责任的免责事由。

c. 受害人过错。《民法典》第1173条规定，被侵权人对同一损害的发生或者扩大有过错的，可以减轻侵权人的责任。第1174条规定，损害是因受害人故意造成的，行为人不承担责任。若受害人过错导致的行为是损害发生的唯一原因，行为人对损失的发生没有过错，那么行为人对损失不承担责任；若受害人和行为人对损失的发生都有过错，适用过错相抵规则。

d. 第三人过错。《民法典》第1175条规定，损害是因第三人造成的，第三人应当承担侵权责任。若三人过错导致的行为是损失发生的唯一原因，行为人和受害人对损失的发生都没有过错，在过错责任情况下，第三人承担全部责任；在无过错责任情况下，行为人仍承担责任，第三人的行为可能导致行为人的责任减轻或免除。若第三人和行为人都存在过错则各自承担与过错相应的责任。

2. 试述关于对侵权责任与违约责任竞合的处理的不同立法例。[南京大学2006年研]

相关试题：简述侵权责任与违约责任竞合的适用规则。[简答题，华侨大学2018年研]

答：民事责任的竞合是指同一行为符合多种民事责任的构成要件，同时成立几种民事责任，但受害人只能选择其中之一请求。违约责任与侵权责任竞合时，两种责任都以赔偿损失为主要内容，因此债权人择一请求，以防不当得利。

(1)侵权责任与违约责任竞合的处理的三种基本理论：

①法条竞合说，认为规范之间具有位阶关系，或是补充关系，或是特别关系，或是吸收关系，但同一行为具有数个规范的要件时，仅能择一种规范进行适用。在同一事实符合具备侵权行为和违约行为的要件时，只能适用违约行为的规定，产生合同上的请求权，不能主张侵权行为请求权。

②请求权竞合说，认为当某一事实同时属于侵权行为与违约行为时，应在其各自规范内处理，所产生的两个请求权独立并存。其包括两种理论：请求权自由竞合说和请求权相互影响说。

③请求权规范竞合说，为德国判例学说重要理论，拉伦茨认为，一个具体生活事实符合债务不履行和侵权行为两个要件时，只产生一个请求权，但同时具有合同关系和侵权关系两个法律基础。

(2)违约责任与侵权责任的三种立法例：

①以法国民法为代表的禁止竞合模式。该模式以法国民法为代表，其认为有合同关系存在时需要通过违约责任进行救济，没有合同关系存在时才可以通过侵权责任进行救济。

②以德国民法为代表的允许竞合模式，允许违约责任与侵权责任竞合。

③以英国法为代表的有限制的选择诉讼模式，认为解决责任竞合是诉讼模式选择的问题，与实体法上请求权的竞合无关。

六、案例分析题

1. 甲医院的主治医生王某，为了救治李某，本着救死扶伤的精神，将已死亡的张某的眼角膜移植给了李某，张某的儿子得知此事后大闹甲医院，并在乙网站散布谣言。甲医院得知后要求网站删除内容，乙网站以核实为理由延迟一周。[中南财大2015年研]

请根据此案例回答以下问题：

(1)尸体在民法上是如何定位的，为什么？

(2)王某的行为是否是职务行为，为什么？

(3)张某的儿子是否有权维护其权益，可以通过什么途径维护？

(4)甲医院是否可以请求精神损害赔偿，为什么？

(5)张某的儿子和乙网站是否要承担责任，如何承担？

答：(1)尸体属于民法上的物，是民事法律关系的客体之一。

理由：物，是指存在于人身之外，能够满足人们的社会需要而又能为人所实际控制或者支配的物质客体。尸体已没有精神活动，可以视为物，因此可以成为民事法律关系的客体。尸体可以成为继承人继承的客体，但它只具有精神价值，不具有交换价值。

（2）王某的行为属于职务行为。理由：职务行为被称作“完成工作任务”的行为，是指工作人员行使职务、履行职责的活动，与个人行为相对应。认定职务行为必须从时间、地点、控制力和利益这四个要素进行综合考量。王某的行为是为了救治李某，行使的是医生的职责，从事的是医疗行为，且该行为可以推断是在医院的工作时间范围内进行的手术，所以王某的行为属于职务行为。

（3）张某的儿子有权维护其权益。具体分析如下：

①遗体及其器官捐赠必须依行为人生前的真实意思表示。张某生前并没有表示进行器官捐赠，因此任何人都无权将张某的器官进行捐赠。张某的儿子作为张某的法定继承人，对遗体有法定继承权。王某未经允许摘除张某遗体的眼角膜，侵犯了张某儿子的权利，其行为构成侵权。

②《最高人民法院关于确定民事侵权精神损害赔偿责任若干问题的解释》第3条规定，自然人死亡后，其近亲属因下列侵权行为遭受精神痛苦，向人民法院起诉请求赔偿精神损害的，人民法院应当依法予以受理：a. 以侮辱、诽谤、贬损、丑化或者违反社会公共利益、社会公德的其他方式，侵害死者姓名、肖像、名誉、荣誉；b. 非法披露、利用死者隐私，或者以违反社会公共利益、社会公德的其他方式侵害死者隐私；c. 非法利用、损害遗体、遗骨，或者以违反社会公共利益、社会公德的其他方式侵害遗体、遗骨。

本案中，王某对张某遗体提取眼角膜的行为已经构成侵权行为。因此，张某的儿子可以据此向法院起诉请求赔偿精神损害。

（4）甲医院不能请求精神损害赔偿。理由：精神损害赔偿的适用有严格的条件，必须是人身权益受到侵害，只有自然人才能提起精神损害赔偿。甲医院作为法人，享有有限的人格权，因此无权请求精神损害赔偿。

（5）张某的儿子和乙网站都要承担侵权责任。具体分析如下：

①张某的儿子在网站上散布谣言，侵犯了甲医院的名誉权，须承担侵权责任。

②根据《民法典》第1195条规定，网络服务提供者接到通知后未及时采取必要措施的，对损害的扩大部分与该网络用户承担连带责任。本案中，乙网站在接到甲医院通知后，以核实为由延迟一周，应对损害的扩大部分与张某的儿子一起承担连带侵权责任。

2. 于某搭乘好友张某的小型面包车外出办事。途中，张某的面包车与一辆违章行驶的货车相撞，导致于某右小腿被截肢。交通事故责任认定书认定违章行驶的货车驾驶员陈某应负该起事故的全部责任。张某将于某送进医院后，垫付了1500元治疗费，因该费用不足以支付于某的住院费，张某与肇事货车所属A公司协商，由A公司赔偿给于某包括伤残补助费在内的赔偿款共计26000元，由张某代为签收。次日，张某交给于某6000元。经核实，于某住院期间的所有费用共计9800元，张某主动照顾于某的费用，按当地护工的平均收入计算，共计450元。[南京大学2010年研]

请简要回答以下问题，并加以必要说明：

（1）于某是否可以主张对A公司支付的部分或全部赔偿余款的所有权？为什么？

（2）如果于某主张所有赔偿余款的返还，张某可否以其在于某住院期间主动照顾于某并为其支付了各种医疗费用为由加以抗辩？为什么？

（3）如果于某的财产权遭受损害，于某可对张某行使哪些请求权以获得救济？于某应该选择哪种最有利于自己的救济方式？

答：（1）于某可以主张。理由：根据本案的材料，A公司所支付的赔偿金主要是用于于某的治疗费和伤残补助费。根据《民法典》第1179条关于损害赔偿范围的规定，于某作为被侵权人，理应获得这些侵权损害赔偿的费用。

（2）张某可以抗辩。理由：《民法典》第121条规定，没有法定的或者约定的义务，为避免他人利益受损失而进行管理的人，有权请求受益人偿还由此支出的必要费用。本案中，张某照顾于某的一系列行为并非基于法定义务或约定义务，因此张某的行为构成无因管理行为，其可以要求将垫付的医药费和因护理于某而耽误的费用在赔偿金中扣除。

（3）如果于某的财产权受到了损害，于某可以对张某行使的请求权包括：违约损害赔偿请求权和侵权损害赔偿请求权。于某行使侵权损害赔偿请求权不需要证明其与张某之间存在合同关系，而且可以请求精神损害赔偿，因而更有利于保护于某权利。

第四十七章　数人侵权行为与责任

47.1　复习指南

【知识框架(庖丁解牛)】

- 数人侵权行为与责任
  - 数人侵权行为概述：概念、类型体系
  - 共同侵权行为与责任
    - 概念
    - 构成要件
      - 行为人为二人以上
      - 行为的关联性
      - 共同的过错：行为共同说、意思共同说
      - 结果的单一性
    - 责任
  - 教唆行为、帮助行为及其责任
    - 教唆行为
      - 概念、特征
      - 与被教唆者的加害行为构成共同侵权要件
    - 帮助行为
      - 概念、特征
      - 与被帮助行为构成共同侵权要件
    - 教唆行为、帮助行为的责任
  - 共同危险行为与责任：概念、构成要件、责任、免责事由
  - 无意思联络的数人侵权行为与责任
    - 概念
    - 类型
      - 承担连带责任的无意思联络数人侵权
      - 承担按份责任的无意思联络数人侵权

【通关提要(提纲挈领)】

本章主要介绍数人侵权行为与责任，比较重要。学习时，应熟悉数人侵权行为的类型及法律效果，特别是要掌握共同侵权行为和共同危险行为的构成要件、责任和免责事由，掌握无意思联络的数人侵权行为的概念、构成要件与责任。本章主要考查简答题和论述题，可结合案例理解记忆。

47.2　考研真题与典型题详解

一、单项选择题

甲晚10点30分酒后驾车回家，车速每小时80公里，该路段限速60公里。为躲避乙逆向行驶的摩托车，将行人丙撞伤，丙因住院治疗花去10万元。关于丙的损害责任承担，下列哪一说法是正确的？(　　)[2010年法考真题]

A. 甲应承担全部责任　　B. 乙应承担全部责任

C. 甲、乙应承担按份责任　　D. 甲、乙应承担连带责任

D

【解析】共同侵权行为是指二人以上共同故意或共同过失致人损害的行为。《民法典》第1168条规定，二人以上共同实施侵权行为，造成他人损害的，应当承担连带责任。本题中，甲酒后驾车且超速驾驶，乙逆向行驶，都可能对丙造成侵害，甲乙之间没有意思联络，构成无意思联络的共同侵权，应承担连带责任。

二、多项选择题

甲、乙、丙三家毗邻而居，甲、乙分别饲养山羊各一只。某日二羊走脱，将丙辛苦栽培的珍稀药材悉数啃光。关于甲、乙的责任，下列哪些选项是正确的？（　　）[2017年法考真题]

A. 甲、乙可各自通过证明已尽到管理职责而免责

B. 基于共同致害行为，甲、乙应承担连带责任

C. 如能确定二羊各自啃食的数量，则甲、乙各自承担相应赔偿责任

D. 如不能确定二羊各自啃食的数量，则甲、乙平均承担赔偿责任

【解析】A项，《民法典》第1245条规定，饲养的动物造成他人损害的，动物饲养人或者管理人应当承担侵权责任；但是，能够证明损害是因被侵权人故意或者重大过失造成的，可以不承担或者减轻责任。据此可知，饲养动物侵权采无过错责任原则，已尽到管理职责不是该侵权行为的免责事由。

B项，《民法典》第1168条规定，二人以上共同实施侵权行为，造成他人损害的，应当承担连带责任。本题中，甲、乙二人对羊走脱没有意思联络、不存在共同过错，因此给丙造成的损害不应认定为共同致害行为。

CD两项，《民法典》第1172条规定，二人以上分别实施侵权行为造成同一损害，能够确定责任大小的，各自承担相应的责任；难以确定责任大小的，平均承担赔偿责任。据此可知，如果能确定二羊各自啃食的数量，由甲、乙各自承担相应的赔偿责任。如果不能确定二羊各自啃食的数量，由甲、乙平均承担赔偿责任。

三、概念题

1. 共同侵权行为[中国青年政治学院2008年研]、**共同侵权**[安徽师大2018年研；南航2015年研]

答：参见本章简答题第1题答案。

2. 共同危险行为[中国政法2022年研；武大2020年研；北科2014年研；北航2011年研]

答：参见本章论述题第1题答案。

四、简答题

1. 简述共同侵权行为的认定。[中南财大2010年研]

答：共同侵权行为是指二人以上共同故意或者共同过失侵害他人民事权益的行为。

共同侵权行为须具备的构成要件包括：

(1)主体的复数性。共同加害行为人应当多于一人，因此存在数人之间责任认定及分担问题。这里的主体，包括具备民事责任能力的自然人、法人或者其他非法人组织。

(2)行为的关联性。数个行为人实施的具有关联性的加害行为共同造成了损害后果。

(3)共同的过错。民法理论认为，共同的过错包括行为人具有共同的故意、过失或故意和过失的混合。

(4)结果的单一性。数个侵权人实施的多个侵权行为造成了单一的、不可分割的损害结果。

2. 共同侵权行为和共同危险行为的区别和联系。[中国政法2021年研]

答：(1)二者的概念：

①共同侵权行为是指二人以上共同故意或共同过失侵害他人民事权益的行为。共同故意或共同过失，是共同侵权行为人承担连带责任的正当性基础。

CD

②共同危险行为又称“准共同侵权行为”，是指二人以上实施危及他人人身或财产安全的危险行为，其中的一人或数人的行为造成他人的损害，但无法确定实际侵害人的侵权行为。

(2)二者的联系：都属于数人侵权行为。

(3)二者的区别在于：

①行为人主观状态的不同。共同侵权行为人具有共同故意或过失；共同危险行为人不具有共同过错。

②加害人能否确定不同。共同侵权行为中加害人为行为人；共同危险行为中不能确定谁的行为实际造成了损害后果的发生。

③因果关系不同。共同侵权行为中行为人与损害结果都有因果关系；共同危险行为并非所有行为人都与损害结果有因果关系。

④归责原则与举证责任不同。共同侵权采取过错责任原则，根据“谁主张、谁举证”的原则承担举证责任；共同危险采取过错推定原则，由实施危险行为的人就其行为与损害结果之间是否存在因果关系承担举证责任。

五、论述题

1. 试论我国《民法典》中规定的数人侵权行为的类型及法律效果。[北航2011年研]

相关试题：数人侵权的类型。[简答题，北航2020年研]

答：数人侵权行为，是指二人以上实施侵权行为，由数个独立主体对同一损害后果承担共同的侵权责任。数人侵权行为包括共同侵权行为、教唆行为、帮助行为、共同危险行为、无意思联络数人侵权行为。数人侵权行为的类型及法律效果如下：

(1)共同侵权行为。指二人以上共同故意或者共同过失侵害他人民事权益的行为。包括共同故意或者共同过失。

①构成要件：a. 主体的复数性；b. 行为的关联性；c. 共同的过错；d. 损害结果的单一性。

②法律效果：共同侵权人对受害人承担连带责任。

(2)教唆行为。指利用言语或者通过刺激、利诱、怂恿等方法引起被教唆者的侵权意图，进而从事某种侵权行为。

构成要件包括：教唆者实施的教唆行为与被教唆者按教唆内容实施的加害行为之间具有因果关系；教唆者与被教唆者主观上要有共同过错。

(3)帮助行为。指以提供工具、指示目标或语言激励等方式，在物质或精神上帮助他人实施侵权行为的行为。

①构成要件包括：帮助者与被帮助者分别实施了帮助行为和加害行为；帮助者与被帮助者存在共同过错；帮助者和被帮助者都是完全民事行为能力人。

②教唆行为与帮助行为的法律效果：

a. 教唆者、帮助者应当与行为人承担连带责任。

b. 教唆、帮助无民事行为能力人、限制民事行为能力人实施侵权行为的，应当承担侵权责任。

c. 该无民事行为能力人、限制民事行为能力人的监护人未尽到监护责任的，监护人应当承担相应的责任。该无民事行为能力人、限制民事行为能力人承担与其过错相适应的责任。

(4)共同危险行为。又称“准共同侵权行为”，是指二人以上实施危及他人人身安全或财产安全的危险行为，仅是其中的一人或数人的行为实质上造成他人的损害，但无法确定实际侵害人的侵权行为。

①构成要件：a. 存在数个共同危险行为人；b. 二人以上实施了危险行为；c. 共同危险行为导致他人损害；d. 共同危险行为人主观上具有共同过失。

②法律效果：二人以上实施危及他人人身、财产安全的行为，不能确定具体侵权人的，行为人承担连带责任。

(5)无意思联络的数人侵权行为。指二人以上没有意思联络，客观上分别实施侵权行为造成同一损害的行为。

①构成要件：a. 行为人为二人以上；b. 没有意思联络的数个行为人都实施了侵害行为；c. 侵害行为造成了同一个损害后果；d. 每个人的行为都足以造成全部损害结果。

②法律效果：二人以上分别实施侵权行为造成同一损害，每个人的侵权行为都足以造成全部损害的，行为人承担连带责任。二人以上分别实施侵权行为造成同一损害，能够确定责任大小的，各自承担相应的责任；难以确定责任大小的，平均承担赔偿责任。

2. 阐述无意思联络的数人侵权行为的概念、构成要件与责任。［南京大学 2009 年研］

相关试题：

(1)简述无意思联络的数人侵权。［简答题，中南财大 2023 年研］

(2)简述无意思联络的共同侵权行为及其责任承担。［简答题，中南财大 2006 年研］

答：无意思联络的数人侵权行为，是指没有意思联络的数人，客观上分别实施侵权行为，且造成了同一损害的行为。具体包括以下类型：

(1)承担连带责任的无意思联络数人侵权：

《民法典》第 1171 条规定，二人以上分别实施侵权行为造成同一损害，每个人的侵权行为都足以造成全部损害的，行为人承担连带责任。其构成要件包括：①侵害行为人为二人以上；②无意思联络的数个行为人都实施了侵害行为；③损害后果同一；④每个人的行为均可造成全部损害结果。符合以上条件即成立累积因果关系。在每个人的行为与损害结果之间都有完全的因果关系的情况下，全部加害人承担连带责任。

(2)承担按份责任的无意思联络数人侵权：

《民法典》第 1172 条规定，二人以上分别实施侵权行为造成同一损害，能够确定责任大小的，各自承担相应的责任；难以确定责任大小的，平均承担赔偿责任。其构成要件包括：①行为人为二人以上；②数个实施侵权行为的行为人之间没有意思联络；③损害后果同一；④每个人的行为单独不足以造成损害。不存在累积因果关系的情况下，全部加害人侵权承担按份责任，责任大小能够确定则各自承担相应的责任；责任大小难以确定则平均承担赔偿责任。

六、法条评析

《民法典》第 1170 条规定："二人以上实施危及他人人身、财产安全的行为，其中一人或者数人的行为造成他人损害，能够确定具体侵权人的，由侵权人承担责任；不能确定具体侵权人的，行为人承担连带责任。"分析该法条并举例说明。［北大 2011 年研改编］

答：(1)对《民法典》第 1170 条的分析：

《民法典》第 1170 条是对共同危险行为与责任的规定。通过该法条可以得出以下结论：

①共同危险行为，又称"准共同侵权行为"，是指二人以上实施危及他人人身或财产安全的危险行为，其中的一个行为或部分行为造成他人的损害，但无法确定实际侵害人的情形。

②共同危险行为的构成要件：a. 主体数量必须是二人以上；b. 每个人都单独实施可能引发损害后果的行为，且主体行为之间无关联或者结合关系；c. 每个人都具有独立的过错，彼此之间无意思联络；d. 不能确定实际造成损害后果的人。

③共同危险行为的责任。根据《民法典》规定，共同危险行为人要对受害人承担连带责任。承担责任的共同危险人内部可以进行追偿。

④共同危险行为的免责事由。关于共同危险行为的免责事由存在不同观点。一种观点认为，共同危险行为的责任免除不再采取因果关系推定，即行为人必须证明实际侵权人，才可以免除自己的责任，这一观点注重保护受害人，《民法典》采取这一观点。另一种观点认为，行为人可以通过证明行为与结果之间不存在因果关系的方式免责。这一学说可能会导致所有行为人通过证明不存在因果关系而免责，受害人无法获得赔偿，不利于对受害人的保护。

(2)共同危险行为在现实中比较特殊，下面举例说明：

甲、乙和丙等数人在公路边玩耍，大家在没有约定的情况下同时向公路上扔小石块，其中一个石块击中了疾驶而来的车辆的挡风玻璃，石块穿过挡风玻璃击中司机王某的头部，致其当场死亡。本案中，甲、乙和丙等人并无通谋的意思表示，但是同时各自独立实施了危及司机安全的行为，并且导致了车辆损毁、人员死亡的损害后果。其危险行为与损害后果之间有因果关系，但是无法确定谁是真正的侵权人。综上，本案中甲、乙和丙实施了共同危险行为，应当承担连带责任。三人中的某人要想免责，必须证明实际的侵权人。

七、案例分析题

1. 王某系建华火炮工人，离厂后以采购原料给他人制作发令纸并予以销售为业。2021 年 2 月，李某与王某约定购买发令纸，后王某通知李某前去提货。李某从王某家中提走了王某装在纸箱内的 4500 张发令纸，搭乘周某开的三轮车返程。行程途中，发令纸突然爆炸起火，将同车的张甲和张乙严重烧伤。张甲和张乙为治疗烧伤共造成医药费等损失 3 万余元。二人起诉，要求李某和王某共同承担侵权赔偿责任。［湖南师大 2022 年研］

请问：

(1) 什么是共同侵权行为？

(2) 本案应该如何处理？理由是什么？

答：(1) 共同侵权行为，是指二人以上共同故意或者共同过失侵害他人民事权益，依法承担连带责任的行为。其构成要件包括：

①主体的复数性。行为人为二人或二人以上。

②行为的侵权性。每个侵权人的行为都符合侵权行为的客观构成要件。

③共同的过错。包括共同故意、共同过失。

④结果的单一性。数个侵权人实施的多个侵权行为导致了单一的、不可分割的损害结果。

(2) 本案应该由王某和李某共同承担侵权赔偿责任。理由如下：

①王某的责任：

a. 生产与销售。王某作为发令纸的生产者和销售者，有义务确保其产品的安全性和质量。如果发令纸存在质量问题或安全隐患，导致爆炸起火，王某应当承担责任。

b. 产品责任。根据《民法典》第 1202 条规定，因产品存在缺陷造成他人损害的，生产者应当承担侵权责任。因此，如果发令纸存在缺陷，王某应当承担侵权责任。

②李某的责任：

a. 运输与保管。李某从王某家中提走了装在纸箱内的 4500 张发令纸，并搭乘周某开的三轮车返程。如果李某在运输过程中未尽到合理的注意义务，导致发令纸爆炸起火，李某也应当承担责任。

b. 过错责任。根据《民法典》第 1165 条规定，行为人因过错侵害他人民事权益造成损害的，应当承担侵权责任。如果李某在运输过程中存在疏忽大意或其他过错，导致发令纸爆炸起火，李某应承担侵权责任。

③共同侵权：

a. 共同行为。王某和李某的行为共同导致了发令纸爆炸起火，造成了张甲和张乙的严重烧伤。

b. 连带责任。根据《民法典》第 1168 条规定，二人以上共同实施侵权行为，造成他人损害的，应当承担连带责任。因此，王某和李某应当对张甲和张乙的损害承担连带赔偿责任。

综上所述，王某和李某应当共同承担侵权赔偿责任，赔偿张甲和张乙的医药费等损失 3 万余元。张甲和张乙可以选择向王某或李某中的任何一方或双方请求全部赔偿。

2. 2006 年 9 月 29 日上午 9 时许，车主郑某雇请本村杨某驾驶其所有的农用四轮拖拉机去给邻居张某拉石头盖房，杨某顺便给李某捎了一口棺材。车走到半路，突然下起了倾盆大雨。原先坐在车里的 5 位农民全部挤到了驾驶室里。这时，路边一青年小伙子王某拦车搭乘，杨某让他上了拖车，并告诉他拖车上的棺材是口空棺材。雨越下越大，王某被雨淋得实在受不了，索性掀起棺材盖躲进棺材里边避雨。

走了几里路后，又路遇村妇兰某拦车，杨某见她也被浇成了落汤鸡，于是就让她也上了后面的拖车。

因为司机知道拖车上还有个青年人，再加上雨下得太大顾不上多说话，所以没向兰某说明拖车上的棺材里没装死人。上车后，兰某看见拖车上放着口棺材，虽然有点胆怯，但也顾不了别的便爬上了拖车，走了一阵子，躲在棺材里边的王某想看看雨是否停了，于是将棺材盖掀开伸出头来。此刻，兰某见棺材里突然钻出一个大活人来，以为是见鬼了，大喊一声“有鬼”！接着就往正飞驰的车下跳去，结果被摔伤，经抢救无效死亡。后死者家属将拖拉机车主郑某、司机杨某、被帮忙拉货的张某、棺材主李某和男青年王某同时告上了法庭。[中南财大 2008 年研]

试回答下列问题，并说明理由：

(1)本案是否应适用道路交通安全法？

(2)本案五被告是否成立共同侵权？

(3)五被告是否都要对兰某的死亡承担侵权责任？如何承担责任？

(4)承担侵权责任的形式有哪些？

(5)兰某擅自跳车的行为是否可以成为被告要求减免部分或全部责任的抗辩理由。

答：(1)本案不适用《道路交通安全法》。

理由：《道路交通安全法》调整的是车辆在道路上因过错或意外造成的人身伤亡或财产损失(即交通事故)。本案中，兰某的死亡并非因车辆碰撞、碾压等直接交通事故导致，而是因王某从棺材中突然出现引发惊吓后跳车所致。虽然事件发生在车辆行驶过程中，但损害的直接诱因是兰某的主观恐惧和跳车行为，属于一般侵权责任纠纷，应适用《民法典》中关于过错责任的规定。

(2)本案五被告不成立共同侵权。

理由：共同侵权要求各侵权人具有共同过错或共同行为，且行为与损害结果之间存在因果关系。本案中，五被告缺乏共同故意或共同过失，行为间无协同性，且王某的行为是损害的直接诱因，其他被告的过错仅为间接因素，故不构成共同侵权。

(3)五被告中，仅郑某、杨某、王某需承担责任，张某、李某无责。责任分配及理由：

①郑某(车主)，作为雇主，对司机杨某在劳务活动中的过失(未尽安全告知义务)，因雇主责任连带承担杨某的责任，可向杨某追偿。

②杨某(司机)，违规搭载兰某且未履行告知义务，对损害发生存在重大过失，负次要责任。

③王某，躲进棺材并突然出现的行为虽非故意，但作为完全民事行为能力人，应预见到可能引发他人恐慌，存在过失，负主要责任。

④张某、李某，无过错且与损害结果无因果关系，不承担责任。

(4)根据《民法典》的规定，侵权责任的承担方式包括：①停止侵害；②排除妨碍；③消除危险；④返还财产；⑤恢复原状；⑥赔偿损失；⑦赔礼道歉；⑧消除影响、恢复名誉。

本案适用的形式主要为赔偿损失，并辅以赔礼道歉。

(5)兰某擅自跳车的行为可以作为减免部分责任的抗辩理由。

理由：《民法典》第 1173 条规定，被侵权人对同一损害的发生或者扩大有过错的，可以减轻侵权人的责任。兰某作为完全民事行为能力人，应当预见到雨天乘坐拖车的风险及跳车后果，其擅自跳车的行为对损害发生存在重大过失，可减轻被告部分责任。但被告的过错(未告知、违规搭载)是损害的主要诱因，故不能完全免除责任。

第四十八章　各类侵权责任

48.1　复习指南

【知识框架(庖丁解牛)】

各类侵权责任
- 监护人责任
  - 无、限制民事行为能力人致人损害侵权行为的概念、认定
  - 监护人责任的承担
- 完全民事行为能力人暂时丧失意识侵权责任：概念、责任承担
- 职务侵权行为的概念、构成和责任
- 个人劳务关系中侵权行为的概念、认定和债权责任
- 承揽关系中的侵权责任：概念、责任
- 网络侵权责任：网络侵权行为的概念、认定；网络侵权责任的类型
- 违反安全保障义务的责任
  - 安全保障义务的概念与性质
  - 侵权行为的内容：主体、归责原则、责任承担
- 校园伤害责任
  - 校园伤害侵权行为的概念
  - 幼儿园、学校或其他教育机构所承担义务的性质
  - 校园伤害侵权责任、监护人的责任
- 产品责任
  - 概念、归责原则、免责事由、责任竞合、诉讼时效
  - 认定：产品有缺陷、人身财产受损害、因果关系
  - 责任主体：产品的生产者和销售者
  - 形式：赔偿损失；停止侵害、排除妨碍、消除危险；停止销售、警示、召回；惩罚性赔偿
- 道路交通事故责任
  - 道路交通事故侵权行为的概念、类型、归责原则
  - 交通事故的认定、机动车交通事故责任的类型
- 医疗损害责任
  - 医疗侵权行为的概念、认定
  - 医疗机构及其医务人员的义务
  - 医疗产品侵权行为、医疗损害责任的免责事由
- 环境污染和生态破坏责任：概念、认定、责任承担、惩罚性赔偿
- 高度危险责任：概念、认定、责任类型
- 饲养动物损害责任：概念、认定、责任类型
- 建筑物和物件损害责任：概念、认定、责任类型

【通关提要(提纲挈领)】

本章主要介绍各类侵权责任，内容多且杂。学习时，应熟悉各类侵权责任的概念、构成和责任，特别是要重点掌握校园伤害责任、产品责任、医疗损害责任、高度危险责任的概念、认定、责任类型等。本章主要考查选择题和简答题，可结合具体案例理解记忆。

48.2 考研真题与典型题详解

一、单项选择题

1. 甲某系限制民事行为能力人，课间在学校操场和其他小朋友一起做游戏。乙为学校校友，当日驾车到学校，不慎将甲撞伤。甲的损失应当（ ）。[2024年法硕（非法学）真题]

A. 全部由乙赔偿　　B. 全部由学校赔偿

C. 由乙赔偿，学校承担相应补充责任　　D. 由学校和乙承担连带赔偿责任

【解析】《民法典》第1201条规定："无民事行为能力人或者限制民事行为能力人在幼儿园、学校或者其他教育机构学习、生活期间，受到幼儿园、学校或者其他教育机构以外的第三人人身损害的，由第三人承担侵权责任；幼儿园、学校或者其他教育机构未尽到管理职责的，承担相应的补充责任。幼儿园、学校或者其他教育机构承担补充责任后，可以向第三人追偿。"本题中，甲为限制民事行为能力人，乙在校园内撞伤甲，应承担侵权责任；同时学校没有管理好校园内车辆，未尽到管理职责，应当承担补充责任。

2. 某地多日暴雪，甲在公交站等车时，站台顶棚因积雪过多塌落，将甲砸伤。该公交站站台系乙公司设计、丙公交公司管理。甲的损害应由（ ）。[2020年法硕（法学）真题]

A. 本人承担　　B. 乙公司赔偿

C. 丙公司赔偿　　D. 乙公司和丙公司共同赔偿

【解析】《民法典》第1253条规定，建筑物、构筑物或者其他设施及其搁置物、悬挂物发生脱落、坠落造成他人损害，所有人、管理人或者使用人不能证明自己没有过错的，应当承担侵权责任。所有人、管理人或者使用人赔偿后，有其他责任人的，有权向其他责任人追偿。本题中，站台顶棚积雪过多，丙公司作为公交站站台顶棚的管理人，没有及时清理，导致顶棚积雪坠落造成甲被砸伤，且无法证明自己没有过错，应当承担侵权责任。

3. 两个以上污染者污染环境造成他人损害的，污染者承担（ ）。[2020年法硕（法学）真题]

A. 按份责任　　B. 连带责任　　C. 过错责任　　D. 公平责任

【解析】《民法典》第1229条规定，因污染环境、破坏生态造成他人损害的，侵权人应当承担侵权责任。第1231条规定，两个以上侵权人污染环境、破坏生态的，承担责任的大小，根据污染物的种类、浓度、排放量，破坏生态的方式、范围、程度，以及行为对损害后果所起的作用等因素确定。因此，污染环境的数个侵权人承担按份责任而非连带责任。

4. 甲物业公司委托乙清洁公司清洁其管理的某住宅楼外墙，乙公司指派的员工丙因操作不当，致使清洁工具从高处掉落，砸中业主丁的汽车。丁的损害应由（ ）。[2020年法硕（法学）真题]

A. 甲公司承担责任　　B. 乙公司承担责任

C. 甲公司和乙公司承担连带责任　　D. 乙公司和丙承担连带责任

【解析】《民法典》第1165条第1款规定，行为人因过错侵害他人民事权益造成损害的，应当承担侵权责任。第1191条第1款规定，用人单位的工作人员因执行工作任务造成他人损害的，由用人单位承担侵权责任。用人单位承担侵权责任后，可以向有故意或者重大过失的工作人员追偿。本题中，丙因操作不当造成丁损害，应当承担侵权责任，但丙是在执行乙公司工作任务时造成丁损害的，因此其侵权行为应当由乙公司承担责任。

5. 王某在甲汽车销售店购买了乙公司制造的汽车。某日，王某驾驶该车在高速公路上正常行驶，安全气囊突然弹开，导致车辆失控，王某受伤。王某（ ）。[2020年法硕（法学）真题]

A. 只能向甲请求赔偿　　B. 只能向乙请求赔偿

C. 只能要求甲和乙按份赔偿　　D. 可向甲请求赔偿，也可向乙请求赔偿

1C　2C　3A　4B　5D

【解析】《民法典》第 1202 条规定，因产品存在缺陷造成他人损害的，生产者应当承担侵权责任。第 1203 条规定，因产品存在缺陷造成他人损害的，被侵权人可以向产品的生产者请求赔偿，也可以向产品的销售者请求赔偿。产品缺陷由生产者造成的，销售者赔偿后，有权向生产者追偿。因销售者的过错使产品存在缺陷的，生产者赔偿后，有权向销售者追偿。因此，王某可以向生产者乙公司追偿，也可向销售者甲汽车销售店追偿。

6. 王某因全家外出旅游，请邻居戴某代为看管其饲养的宠物狗。戴某看管期间，张某偷狗，被狗咬伤。关于张某被咬伤的损害，下列哪一选项是正确的？（　　）[2017 年法考真题]

A. 王某应对张某所受损害承担全部责任

B. 戴某应对张某所受损害承担全部责任

C. 王某和戴某对张某损害共同承担全部责任

D. 王某或戴某不应对张某损害承担全部责任

【解析】《民法典》第 1245 条规定，饲养的动物造成他人损害的，动物饲养人或者管理人应当承担侵权责任；但是，能够证明损害是因被侵权人故意或者重大过失造成的，可以不承担或者减轻责任。本题中，在戴某看管宠物狗期间，张某偷狗的行为证明其对损害后果的发生有重大过失，故而可以减轻饲养人或者管理人的责任。

7. 田某突发重病神志不清，田父将其送至医院，医院使用进口医疗器械实施手术，手术失败，田某死亡。田父认为医院在诊疗过程中存在一系列违规操作，应对田某的死亡承担赔偿责任。关于本案，下列哪一选项是正确的？（　　）[2016 年法考真题]

A. 医疗损害适用过错责任原则，由患方承担举证责任

B. 医院实施该手术，无法取得田某的同意，可自主决定

C. 如因医疗器械缺陷致损，患方只能向生产者主张赔偿

D. 医院有权拒绝提供相关病历，且不会因此承担不利后果

【解析】A 项，《民法典》第 1218 条规定，患者在诊疗活动中受到损害，医疗机构或者其医务人员有过错的，由医疗机构承担赔偿责任。本条规定的归责原则是过错责任原则，由患方承担举证责任。

B 项，《民法典》第 1219 条规定，医务人员在诊疗活动中应当向患者说明病情和医疗措施。需要实施手术、特殊检查、特殊治疗的，医务人员应当及时向患者具体说明医疗风险、替代医疗方案等情况，并取得其明确同意；不能或者不宜向患者说明的，应当向患者的近亲属说明，并取得其明确同意。医务人员未尽到上述义务，造成患者损害的，医疗机构应当承担赔偿责任。第 1220 条规定，因抢救生命垂危的患者等紧急情况，不能取得患者或者其近亲属意见的，经医疗机构负责人或者授权的负责人批准，可以立即实施相应的医疗措施。本题不属于抢救生命垂危的患者等紧急情况，且题目中也未交代该行为已经医疗机构负责人或者授权的负责人批准，因此医院在未取得田某或其近亲属同意的情况下，不得自主决定实施手术。

C 项，《民法典》第 1223 条规定，因药品、消毒产品、医疗器械的缺陷，或者输入不合格的血液造成患者损害的，患者可以向药品上市许可持有人、生产者、血液提供机构请求赔偿，也可以向医疗机构请求赔偿。患者向医疗机构请求赔偿的，医疗机构赔偿后，有权向负有责任的药品上市许可持有人、生产者、血液提供机构追偿。

D 项，《民法典》第 1222 条规定，患者在诊疗活动中受到损害，有下列情形之一的，推定医疗机构有过错：①违反法律、行政法规、规章以及其他有关诊疗规范的规定；②隐匿或者拒绝提供与纠纷有关的病历资料；③遗失、伪造、篡改或者违法销毁病历资料。本条规定的归责原则是过错推定原则，医院若拒绝提供相关病历，则推定其具有过错。

8. 张小飞邀请关小羽来家中做客，关小羽进入张小飞所住小区后，突然从小区的高楼内抛出一块砚

6D　7A　8B

台，将关小羽砸伤。关于砸伤关小羽的责任承担，下列哪一选项是正确的？（　　）[2016 年法考真题]

A. 张小飞违反安全保障义务，应承担侵权责任

B. 顶层业主通过证明当日家中无人，可以免责

C. 小区物业违反安全保障义务，应承担侵权责任

D. 如查明砚台系从 10 层抛出，10 层以上业主仍应承担补充责任

【解析】AC 两项，根据《民法典》第 1198 条规定，宾馆、商场、银行、车站、机场、体育场馆、娱乐场所等经营场所、公共场所的经营者、管理者或者群众性活动的组织者，未尽到安全保障义务，造成他人损害的，应当承担侵权责任。本题中，张小飞不属于公共场所的管理人，不承担相应的安全保障义务。根据题目交代的背景也不能认定小区物业违反了法定或者约定安全保障义务。

BD 两项，《民法典》第 1254 条规定，禁止从建筑物中抛掷物品。从建筑物中抛掷物品或者从建筑物上坠落的物品造成他人损害的，由侵权人依法承担侵权责任；经调查难以确定具体侵权人的，除能够证明自己不是侵权人的外，由可能加害的建筑物使用人给予补偿。可能加害的建筑物使用人补偿后，有权向侵权人追偿。因此，对于高空抛物的责任认定，若业主能证明自己不是侵权人，则无须承担侵权责任。

9. 甲、乙、丙三家公司生产三种不同的化工产品，生产场地的排污口相邻。某年，当地大旱导致河水水位大幅下降，三家公司排放的污水混合发生化学反应，产生有毒物质致使河流下游丁养殖场的鱼类大量死亡。经查明，三家公司排放的污水均分别经过处理且符合国家排放标准。后丁养殖场向三家公司索赔。下列哪一选项是正确的？（　　）[2015 年法考真题]

A. 三家公司均无过错，不承担赔偿责任

B. 三家公司对丁养殖场的损害承担连带责任

C. 本案的诉讼时效是 2 年

D. 三家公司应按照污染物的种类、排放量等因素承担责任

【解析】A 项，《民法典》第 1229 条规定，因污染环境、破坏生态造成他人损害的，侵权人应当承担侵权责任。环境污染的侵权责任是无过错责任。

BD 两项，《民法典》第 1231 条规定，两个以上侵权人污染环境、破坏生态的，承担责任的大小，根据污染物的种类、浓度、排放量，破坏生态的方式、范围、程度，以及行为对损害后果所起的作用等因素确定。所以，三家公司对丁养殖场的损害应当按照污染物的种类、排放量等因素承担责任。

C 项，《环境保护法》第 66 条规定，提起环境损害赔偿诉讼的时效期间为 3 年，从当事人知道或者应当知道其受到损害时起计算。

二、多项选择题

1. 商场促销，举行购买电器送奶粉的活动。李老太购买电器后，喝完奶粉上吐下泻，去医院治疗了七天。李老太要求商场承担赔偿责任，商场以奶粉是赠送为由抗辩。关于此案，下列说法正确的有（　　）。[2019 年法考真题]

A. 李老太自行承担损失　　　　B. 李老太可向商场主张侵权

C. 李老太可向商场主张违约　　D. 奶粉生产者有赔偿义务

【解析】ABC 三项，因“促销赠品”的价金中已经包含在所促销的商品价金中，故“促销赠品”本质为买卖，而非赠与。当债务人的瑕疵履行使债权人的人身利益或其他财产利益受到损害时，便构成加害给付。本题中，商场构成加害给付，应承担违约责任或侵权责任。

D 项，产品缺陷致人损害的，产品的生产者需承担侵权责任。因此，奶粉的生产者有赔偿义务。

2. 甲是开汽配店的，利用配件组装了一辆车，卖给了乙，然后乙转手卖给了丙，丙又转手卖给了丁。丁开着车，由于刹车系统的原因出了车祸。丁可以找哪些人赔偿？（　　）[2019 年法考真题]

A. 甲应承担赔偿责任　　　　B. 甲、乙、丙要承担连带责任

9D　｜　1BCD　2ABCD

C. 乙应承担责任　　　　　　　　　　　　D. 丁应承担责任

【解析】《民法典》第 1214 条规定，以买卖等方式转让拼装或者已达到报废标准的机动车，发生交通事故造成损害的，由转让人和受让人承担连带责任。本题中，涉事车辆是组装车，在发生交通事故时，由转让人甲和受让人乙、丙、丁承担连带责任。

3. 2017 年 11 月 10 日，李某邀请张某前往家中做客，张某带着王某家的宠物狗前往并将宠物狗放在李某家的阳台上晒太阳。李某提醒张某说：把宠物狗放在阳台容易掉下去。张某让李某放心不会有事。后宠物狗从阳台掉落，将从楼下路过的赵某砸伤，医药费 2000 元。关于本案，下列哪些说法是错误的？(　　)[2018 年法考真题]

A. 李某所在小区的物业应对赵某的损害相应的赔偿责任

B. 李某应对赵某的损害承担赔偿责任

C. 张某应对赵某的损害承担赔偿责任

D. 王某应对赵某的损害承担赔偿责任

【解析】A 项，《民法典》第 1198 条规定，宾馆、商场、银行、车站、机场、体育场馆、娱乐场所等经营场所、公共场所的经营者、管理者或者群众性活动的组织者，未尽到安全保障义务，造成他人损害的，应当承担侵权责任。因第三人的行为造成他人损害的，由第三人承担侵权责任；经营者、管理者或者组织者未尽到安全保障义务的，承担相应的补充责任。经营者、管理者或者组织者承担补充责任后，可以向第三人追偿。据此可知，安保义务人的责任属于过错责任，在第三人侵权的情形下且安保义务人无过错的，无须承担责任。本题中，小区物业没有过错，无须承担侵权责任。

BCD 三项，《民法典》第 1253 条规定，建筑物、构筑物或者其他设施及其搁置物、悬挂物发生脱落、坠落造成他人损害，所有人、管理人或者使用人不能证明自己没有过错的，应当承担侵权责任。所有人、管理人或者使用人赔偿后，有其他责任人的，有权向其他责任人追偿。本题中赵某的损伤虽然是由狗造成的，但并非通常意义上的由饲养动物造成的损伤，因此不宜适用《民法典》关于饲养动物致人损害的侵权责任。而被放置于阳台上的狗掉落致人损伤，可以类推适用上述因建筑物的搁置物发生坠落致人损害的规定，则使用人张某对损害发生具有过错，须承担侵权责任。

4. 4 名行人正常经过北方牧场时跌入粪坑，1 人获救 3 人死亡。据查，当地牧民为养草放牧，储存牛羊粪便用于施肥，一家牧场往往挖有三四个粪坑，深者达三四米，之前也发生过同类事故。关于牧场的责任，下列哪些选项是正确的？(　　)[2016 年法考真题]

A. 应当适用无过错责任原则　　　　　　B. 应当适用过错推定责任原则

C. 本案情形已经构成不可抗力　　　　　D. 牧场管理人可通过证明自己尽到管理职责而免责

【解析】ABD 三项，《民法典》第 1258 条规定，在公共场所或者道路上挖掘、修缮安装地下设施等造成他人损害，施工人不能证明已经设置明显标志和采取安全措施的，应当承担侵权责任。窨井等地下设施造成他人损害，管理人不能证明尽到管理职责的，应当承担侵权责任。在公共场所或者道路上挖坑、修缮安装地下设施等致人损害的，适用过错推定责任原则。如果牧场管理人能证明自己尽到管理职责就可免责。

C 项，《民法典》第 180 条规定，不可抗力是指不能预见、不能避免且不能克服的客观情况。牧场挖粪坑用于施肥是常态，且之前发生过同类事故，并非不能预见、不能避免并不能克服的情况，因此不属于不可抗力。

5. 赵某从商店购买了一台甲公司生产的家用洗衣机，洗涤衣物时，该洗衣机因技术缺陷发生爆裂，叶轮飞出造成赵某严重人身损害并毁坏衣物。赵某的下列哪些诉求是正确的？(　　)[2015 年法考真题]

A. 商店应承担更换洗衣机或退货、赔偿衣物损失和赔偿人身损害的违约责任

B. 商店应按违约责任更换洗衣机或者退货，也可请求甲公司按侵权责任赔偿衣物损失和人身损害

C. 商店或者甲公司应赔偿因洗衣机缺陷造成的损害

3ABD　4BD　5ABCD

D. 商店或者甲公司应赔偿物质损害和精神损害

【解析】ABC三项，《民法典》第1203条规定，因产品存在缺陷造成损害的，被侵权人可以向产品的生产者请求赔偿，也可以向产品的销售者请求赔偿。产品缺陷由生产者造成的，销售者赔偿后，有权向生产者追偿。因销售者的过错使产品存在缺陷的，生产者赔偿后，有权向销售者追偿。赵某和甲公司没有合同关系，只可以要求甲公司承担侵权损害赔偿责任。鉴于赵某和商店有合同关系，赵某可以要求商店承担违约责任或侵权责任。

D项，《最高人民法院关于审理人身损害赔偿案件适用法律若干问题的解释》第1条规定，因生命、身体、健康遭受侵害，赔偿权利人起诉请求赔偿义务人赔偿物质损害和精神损害的，人民法院应予受理。叶轮飞出造成严重人身损害，属于侵权造成严重后果的情形，法院对精神损害的诉讼请求应予支持。

6. 关于动物致害侵权责任的说法，下列哪些选项是正确的？（　　）[2015年法考真题]

A. 甲8周岁的儿子翻墙进入邻居院中玩耍，被院内藏獒咬伤，邻居应承担侵权责任

B. 小学生乙和丙放学途经养狗的王平家，丙故意逗狗，狗被激怒咬伤乙，只能由丙的监护人对乙承担侵权责任

C. 丁下夜班回家途经邻居家门时，未看到邻居饲养的小猪趴在路上而绊倒摔伤，邻居应承担侵权责任

D. 戊带女儿到动物园游玩时，动物园饲养的老虎从破损的虎笼蹿出将戊女儿咬伤，动物园应承担侵权责任

【解析】A项，《民法典》第1247条规定，禁止饲养的烈性犬等危险动物造成他人损害的，动物饲养人或者管理人应当承担侵权责任。故邻居应承担侵权责任。

B项，《民法典》第1250条规定，因第三人的过错致使动物造成他人损害的，被侵权人可以向动物饲养人或者管理人请求赔偿，也可以向第三人请求赔偿。

C项，《民法典》第1245条规定，饲养的动物造成他人损害的，动物饲养人或者管理人应当承担侵权责任；但是能够证明损害是因被侵权人故意或者重大过失造成的，可以不承担或者减轻责任。丁非故意，也不应认定为重大过失，邻居应承担侵权责任。

D项，《民法典》第1248条规定，动物园的动物造成他人损害的，动物园应当承担侵权责任；但是能够证明尽到管理职责的，不承担责任。题干中动物园明显有过错，应承担侵权责任。

7. 甲参加乙旅行社组织的旅游活动。未经甲和其他旅游者同意，乙旅行社将本次业务转让给当地的丙旅行社。丙旅行社聘请丁公司提供大巴运输服务。途中，由于丁公司司机黄某酒后驾驶与迎面违章变道的个体运输户刘某货车相撞，造成甲受伤。甲的下列哪些请求能够获得法院的支持？（　　）[2014年法考真题]

A. 请求丁公司和黄某承担连带赔偿责任

B. 请求黄某与刘某承担连带赔偿责任

C. 请求乙旅行社和丙旅行社承担连带赔偿责任

D. 请求刘某承担赔偿责任

【解析】AB两项，《民法典》第1191条规定，用人单位的工作人员因执行工作任务造成他人损害的，由用人单位承担侵权责任。本案中，黄某是丁公司的司机，其驾车是执行工作任务的行为，因此对旅客的赔偿责任应由用人单位丁公司承担责任，而不是黄某。

C项，《民法典》第823条规定，承运人应当对运输过程中旅客的伤亡承担损害赔偿责任，但伤亡是旅客自身健康原因造成的或者承运人证明伤亡是旅客故意、重大过失造成的除外。《最高人民法院关于审理旅游纠纷案件适用法律若干问题的规定》第10条第2款规定，旅游经营者擅自将其旅游业务转让给其他旅游经营者，旅游者在旅游过程中遭受损害，请求与其签订旅游合同的旅游经营者和实际提供旅游服务的旅

6ACD　7CD

游经营者承担连带责任的，人民法院应予支持。因此，乙旅行社、丙旅行社须承担连带赔偿责任。

D项，《道路交通安全法》第76条第1款第1项规定，机动车发生交通事故造成人身伤亡、财产损失的，由保险公司在机动车第三者责任强制保险责任限额范围内予以赔偿；不足的部分，按照下列规定承担赔偿责任：机动车之间发生交通事故的，由有过错的一方承担赔偿责任；双方都有过错的，按照各自过错的比例分担责任。本题中，甲可以要求丁公司和刘某按照其过错承担相应的责任。

8. 小偷甲在某商场窃得乙的钱包后逃跑，乙发现后急追。甲逃跑中撞上欲借用商场厕所的丙，因商场地板湿滑，丙摔成重伤。下列哪些说法是错误的？（　　）[2012年法考真题]

A. 小偷甲应当赔偿丙的损失　　B. 商场须对丙的损失承担补充赔偿责任

C. 乙应适当补偿丙的损失　　D. 甲和商场对丙的损失承担连带责任

【解析】ABD三项，《民法典》第1198条规定，宾馆、商场、银行、车站、机场、体育场馆、娱乐场所等经营场所、公共场所的经营者、管理者或者群众性活动的组织者，未尽到安全保障义务，造成他人损害的，应当承担侵权责任。因第三人的行为造成他人损害的，由第三人承担侵权责任；经营者、管理者或者组织者未尽到安全保障义务的，承担相应的补充责任。经营者、管理者或者组织者承担补充责任后，可以向第三人追偿。小偷甲的行为造成丙损害，应当赔偿丙的损失；商场地板湿滑为商场的过错，未尽到安全保障义务，须对丙的损失承担补充赔偿责任而非连带责任。

C项，乙的行为是正当行为，其对丙的损害结果不承担任何责任。

9. 甲系某品牌汽车制造商，发现已投入流通的某款车型刹车系统存在技术缺陷，即通过媒体和销售商发布召回该款车进行技术处理的通知。乙购买该车，看到通知后立即驱车前往丙销售公司，途中因刹车系统失灵撞上大树，造成伤害。下列哪些说法是正确的？（　　）[2011年法考真题]

A. 乙有权请求甲承担赔偿责任　　B. 乙有权请求丙承担赔偿责任

C. 乙有权请求惩罚性赔偿　　D. 甲的责任是无过错责任

【解析】AD两项，《民法典》第1202条规定，因产品存在缺陷造成他人损害的，生产者应当承担侵权责任。甲的责任是产品责任中的生产者责任，属于无过错责任，不以有过错为承担责任的前提条件。乙有权请求甲承担赔偿责任。

B项，《民法典》第1203条规定，因产品存在缺陷造成他人损害的，被侵权人可以向产品的生产者请求赔偿，也可以向产品的销售者请求赔偿。产品缺陷由生产者造成的，销售者赔偿后，有权向生产者追偿。因销售者的过错使产品存在缺陷的，生产者赔偿后，有权向销售者追偿。可见，乙也有权要求销售商丙承担赔偿责任。

C项，《民法典》第1207条规定，明知产品存在缺陷仍然生产、销售，或者没有依据前条规定采取有效补救措施，造成他人死亡或者健康严重损害的，被侵权人有权请求相应的惩罚性赔偿。本题中，甲、丙并不存在明知该汽车存在缺陷而故意生产、销售的情况，而且甲在发现汽车存在缺陷后及时通过媒体和销售商发布了召回该款车的通知，说明其在主观上不存在恶意且采取了有效补救措施，因此乙无权请求惩罚性赔偿。

三、概念题

1. 产品责任[武大2022年研；安徽师大2019年研]

答：产品责任，是指因产品存在缺陷致他人损害，产品生产者和销售者所应承担的责任。产品责任的构成要件包括：①产品有缺陷；②人身、财产遭受损害；③产品的缺陷与受害人的损害之间存在因果关系。产品责任的责任主体是产品的生产者和销售者。产品责任是无过错责任。

2. 高度危险责任[中国政法2021年研]

答：高度危险责任是指从事高度危险活动致人损害或保有高度危险物品致人损害或危及周围的人身或

8CD　9ABD

财产安全，从而应当承担的责任。其特征包括：①属于危险责任；②是因合法行为或合法保有高度危险物品致人损害产生的责任；③无过错责任；④自己责任。《民法典》规定的高度危险责任包括三种类型：①民营核设施致人损害责任；②民用航空事故责任；③从事高空、高压、地下挖掘作业或者经营高速轨道运输工具造成损害的责任。

四、简答题

1. 试述校园伤害侵权责任的承担。［河南师大 2018 年研］

答：校园伤害侵权行为，是指无民事行为能力人或限制民事行为能力人在学校或者其他教育机构学习、生活期间，遭受人身损害，教育机构没有尽到教育和管理职责，应当由教育机构承担侵权责任。教育机构承担的侵权责任主要有以下三种：

（1）无民事行为能力人在教育机构中受到损害的责任承担：

采取过错推定原则。《民法典》第 1199 条规定，无民事行为能力人在幼儿园、学校或者其他教育机构学习、生活期间受到人身损害的，幼儿园、学校或者其他教育机构应当承担侵权责任；但是，能够证明尽到教育、管理职责的，不承担侵权责任。教育机构可以通过证明自己已经尽到教育、管理职责进行免责。

（2）限制民事行为能力人在教育机构中受到损害的责任承担：

采取过错责任原则，受害人承担过错的证明责任。《民法典》第 1200 条规定，限制民事行为能力人在学校或者其他教育机构学习、生活期间受到人身损害，学校或者其他教育机构未尽到教育、管理职责的，应当承担侵权责任。

（3）无民事行为能力人、限制民事行为能力人在教育机构中受到第三人侵害时的责任承担：

《民法典》第 1201 条规定，无民事行为能力人或者限制民事行为能力人在幼儿园、学校或者其他教育机构学习、生活期间，受到幼儿园、学校或者其他教育机构以外的第三人人身损害的，由第三人承担侵权责任；幼儿园、学校或者其他教育机构未尽到管理职责的，承担相应的补充责任。幼儿园、学校或者其他教育机构承担补充责任后，可以向第三人追偿。第三人造成无民事行为能力人或者限制民事行为能力人损害的，由第三人承担侵权责任。教育机构在其未尽到管理职责的范围内承担补充责任，可事后向第三人追偿。

2. 谈谈你对高空抛物责任规则的看法。［上海交大 2021 年研］

答：高空抛物致人损害即从建筑物抛掷、坠落物品造成他人损害。根据《民法典》规定，其责任承担规则如下：

（1）侵权人依法承担侵权责任。即在侵权人明确的情况下，由侵权人承担侵权责任。侵权人包括：①实施抛物行为的人；②致害物品的所有人、管理人、使用人。

（2）可能加害的建筑物使用人的补偿责任。经调查难以确定具体侵权人的，除能够证明自己不是侵权人的外，由可能加害的建筑物使用人给予补偿。可能加害的建筑物使用人补偿后，有权向侵权人追偿。

（3）物业服务企业承担未尽到安全保障义务的责任。该责任承担的构成要件包括：①未履行安全保障义务；②被侵权人遭受了损害；③未履行安全保障义务与损害发生之间存在因果关系；④过错。

（4）公安机关等有关机关的调查职责。公安等机关应当依法及时调查，查清责任人。

高空抛物极易造成重大事故，产生不良影响，而这种情况下往往直接责任人难以追溯。为救济受害者，往往导致无辜住户承担其不应承担的赔偿责任，存在一定的不公平。《民法典》有关高空抛物责任规则的规定回应了社会热点问题，明确了公安机关的调查职责以及物业服务企业的安全保障义务，在极大程度上保障了案件事实的查明，有助于确定直接侵权人，对平衡住户与受害人双方的权利起到了积极作用。

五、案例分析题

李村旁边有一条河，村民都是靠这条河流灌溉农田。甲公司是李村附近的矿山开采公司，乙公司是建在甲公司附近的煤化工企业。甲、乙两家公司都存在向河流排放废水、废气的行为。李村村民发现村中水井的水质和味道都发生了明显变化，打上来的水有杂质，且有苦涩味。经专业机构检测水质后，得出的结论为李村的地下水已经不符合生活用水标准，不能饮用。村民们只得购买桶装水来满足生活需要。此事经当地知名媒体报道后，水污染事件持续发酵，李村村民的农家乐生意受到影响。虽然村民们告知就餐客户目前使用的是高价买来的桶装水，努力证明自己家的农家乐相关食品没有任何有毒有害物质，但尽管如此，也没有人敢来李村农家乐就餐。李村村民将甲公司、乙公司起诉至当地人民法院。

诉讼中，原、被告双方提出了以下诉讼请求和答辩理由。[2024年法硕(法学)真题]

请从法官视角分析是否成立，并说明理由。

(1)李村村民请求甲公司、乙公司赔偿其购买桶装水的支出。

(2)李村村民请求甲公司、乙公司赔偿其农家乐经营收入减少的损失。

(3)甲公司答辩称，自己无需承担赔偿责任，并提交了排污许可证以及鉴定机构出具的鉴定意见，证明自己排放的生产废水和废气符合国家的排放标准。

(4)乙公司答辩称，应由李村村民举证，证明损害是由乙公司排污所导致的。

答：从法官视角分析题中诉讼请求和答辩理由是否成立及其理由如下：

(1)李村村民的诉讼请求成立。

理由：李村村民因地下水无法饮用，只能购买桶装水满足生活需要。购买桶装水造成李村村民现有财产的减少，属于直接损失，因此李村村民有权请求甲、乙两家公司赔偿。

(2)李村村民的请求不成立。

理由：主张环境污染侵权责任的要件有：①存在环境污染、破坏生态的行为，通常表现为积极作为；②造成人身、财产损害；③环境污染、破坏生态的行为与损害之间有因果关系。本题中，排放污染物质与农家乐的经营损失并无因果关系，而是污染事件传播过程中的错误信息导致的经营损失，因而甲、乙两家公司不必对经营损失承担侵权责任。

(3)甲公司的答辩理由不成立。

理由：根据《民法典》第1229条规定，因污染环境、破坏生态造成他人损害的，侵权人应当承担侵权责任。据此，环境污染属于无过错责任，行为人不得以排污符合国家规定的标准或者行为不具有违法性主张免责，应证明不存在因果关系或者存在免责事由才可以不承担责任，因此该答辩理由不成立。

(4)乙公司的答辩理由不成立。

理由：根据《民法典》第1230条规定，因污染环境、破坏生态发生纠纷，行为人应当就法律规定的不承担责任或者减轻责任的情形及其行为与损害之间不存在因果关系承担举证责任。因此，如果行为人不能证明其行为和损害结果之间不存在因果关系，则认定有因果关系。本题中，应当由乙公司证明其行为和损害结果之间不存在因果关系，而无需李村村民举证，因此该答辩理由不成立。